围棋实战与攻略一本通

李元秀 编著

内蒙古人民出版社

图书在版编目(CIP)数据

围棋实战与攻略一本通/李元秀编著.-呼和浩特:内蒙古人民出版社,2018.1

ISBN 978-7-204-15255-1

Ⅰ.①围… Ⅱ.①李… Ⅲ.①围棋-基本知识 Ⅳ.①G891.3

中国版本图书馆 CIP 数据核字(2018)第 021875 号

围棋实战与攻略一本通

选题策划	石金莲　冯英辉
编　　者	李元秀
责任编辑	晓　峰　杜慧婧
封面设计	宋双成
制　　图	陈礼春
出版发行	内蒙古人民出版社
地　　址	呼和浩特市新城区中山东路 8 号波士名人国际 B 座 5 楼
印　　刷	呼和浩特市圣堂彩印有限责任公司
开　　本	710mm×960mm　1/16
印　　张	25.5
字　　数	300 千
版　　次	2019 年 2 月第 1 版
印　　次	2019 年 2 月第 1 次印刷
印　　数	1—3000 册
书　　号	ISBN 978-7-204-15255-1
定　　价	29.80 元

如发现印装质量问题,请与我社联系。联系电话:(0471)3946173　3946120

前　言

围棋是我国传统文化瑰宝之一,它充分体现每位棋手的智慧,淋漓尽致地表现每位对局者对围棋的理解、对基本技术的运用,它的万千变化体现出围棋的奥妙,展现黑白世界的无穷魅力。

围棋在我国有着悠久的历史,是一项很久以来一直为广大人民群众所喜爱的智力游戏。在一着一式的对弈中,它不但可以培养人们的思维能力,更可以增进人与人之间的友谊,是一项有益、健康、高尚的文体活动。

围棋的学习和提高过程,大致可以粗分为入门期和后入门期两个阶段。

入门期的内容,由易而难,顺序大概为基础规则,基础吃子法,基础死活,基础布局原则,基础吃子战术,基础对杀,基础官子,基础定式……虽然也有其逻辑关系,但到得后面,看起来更像一个大杂烩。而入门以后,就像是通过了狭窄的大门,走入了宽广的殿堂。各种需要学习的内容,以及需要加强的能力,分化为各个小块。这里的分化并非指下棋的过程中要用分化的思路去思考不同的局部,毕竟实际对局当中各种知识和能力是混而为一的,而指的是我们在学习过程中可以将技术动作分解,将复杂的实战所可能涉及的内容分割为各个板块,逐一击破。

很多人在通过了入门期之后希望通过单纯的大量对局提高棋力,实际上这种方式是事倍功半的,而且因人而异,会有不同高度的瓶颈期,甚至是天花板。于是经常可以在网上见到一些对局量多达几千,甚至几万的棋友,棋力却惨不忍睹,盖因没有做正确的事情。最难攀登的山峰不一定是最高最陡峭的,却很可能是蒙在雾中的。看不到高度和前路,会令人心灰意懒,难以前进。

所以首先我们要做的,就是打开战争迷雾,对要做的技术动作做一个分解,

看一看前方山路的全貌。

围棋看似简单的行棋方式实际蕴含着博大精深的哲学思想，充分体现了东方人独有的思维智慧，成为历代将相王侯、文人学士的雅爱。本书专为想学习和了解围棋的朋友而编写，详细介绍了围棋的各要素、发展与行棋规则，并通过实战案例。从最简单的说起，循序渐进，深入浅出，使读者能在短时间内了解围棋的基本知识，快速掌握简单实用的围棋对弈技巧。

目　录

第一章　了解认识围棋 ……………………………………… (1)
　　一、围棋的棋具 …………………………………………… (1)
　　二、下棋规则 ……………………………………………… (6)
　　三、常用围棋胜负判定法 ………………………………… (7)
第二章　围棋的气与吃子方法 ……………………………… (13)
　　一、气数 …………………………………………………… (13)
　　二、打吃和提子 …………………………………………… (18)
　　三、逃子 …………………………………………………… (20)
　　四、吃子的方法 …………………………………………… (21)
第三章　围棋死活知识 ……………………………………… (39)
　　一、死活棋基础 …………………………………………… (39)
　　二、常见的死活棋 ………………………………………… (53)
　　三、死活棋基本着法 ……………………………………… (56)
第四章　围棋攻杀与劫争 …………………………………… (80)
　　一、长气和紧气 …………………………………………… (80)
　　二、做眼 …………………………………………………… (82)
　　三、硬腿 …………………………………………………… (82)
　　四、公活 …………………………………………………… (83)
　　五、劫的定义 ……………………………………………… (85)
　　六、劫的种类 ……………………………………………… (86)
　　七、劫的运用 ……………………………………………… (90)
第五章　围棋的定式 ………………………………………… (94)
　　一、定式的概念 …………………………………………… (94)
　　二、常用定式 ……………………………………………… (94)

第六章　围棋的布局方略 …… (158)
　一、布局基础 …… (158)
　二、布局要领 …… (170)
　三、大场的知识 …… (188)
　四、布局类型 …… (191)

第七章　围棋的中盘战术 …… (220)
　一、攻击 …… (220)
　二、打入 …… (222)
　三、拆边 …… (223)
　四、腾挪 …… (225)
　五、浅消 …… (227)

第八章　围棋的收官知识 …… (231)
　一、收官 …… (231)
　二、官子种类及计算方法 …… (231)
　三、官子的价值 …… (238)
　四、终局计算 …… (245)

第九章　围棋巅峰对决经典布局 …… (248)
　一、对角小目布局 …… (248)
　二、一三五布局 …… (273)
　三、平行小目布局 …… (290)
　四、对角星布局 …… (306)
　五、二连星布局 …… (322)
　六、三连星布局 …… (347)
　七、对角星小目布局 …… (366)
　八、平行星小目布局 …… (382)

第一章　了解认识围棋

一、围棋的棋具

1.棋子

围棋的棋子分黑白两种颜色，扁圆形。正式比赛的棋子黑方181子，白方180子。一般用的棋子数量不需要非常精确的数字规定，多点少点关系不大。

正确的执子方法，是用食指和中指的指尖夹住棋子，准确地将棋子轻轻放在棋盘的交叉点上。有些人用拇指和食指夹住棋子，这种非标准的姿势，既不顺手，也不优雅，应该改正。

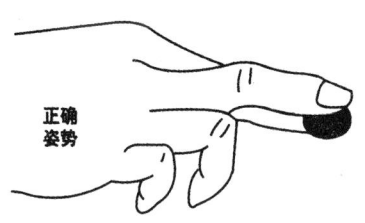

2.棋盘

围棋盘其形状略呈长方形，横短纵长，由纵横各19条直线相交而成。一般简易的棋盘可用硬纸或塑料制成，但比赛用的正规棋盘多为木制，有一定厚度。上等的棋盘叫棋墩，厚度达到30厘米以上，由上好的榧木、上等的工艺精制而成，视为品位家私，更具收藏之质。

棋盘上的交叉点所属,是计算胜负的方法。棋盘上一共有361个点,棋子皆落置于交叉点上,1子对应1个交叉点,由是,双方就各以$180\frac{1}{2}$子为归本数。为了抵消黑棋先下子获得的利益,规则规定黑方要让子。中国的围棋规则是黑方拿出$3\frac{3}{4}$子贴给白方,也就是说,黑棋数子若184子,则输$\frac{1}{4}$子。一般情况下围棋没有和棋。

简单地说,棋局的胜负,是由双方活棋所占据的地域的大小("空")来决定的。谁在棋盘上围的地域大,谁就是胜者。计算胜负的方法,在本书的第八章中将会详细论述。

棋盘看上去很简单,没有什么神秘的地方,实际上它包含的内容十分丰富。对于初学者来讲,认识和了解棋盘,并不像想象中那么简单。可以这样说,认识、了解棋盘各部位的名称和性质,是初学围棋者首先要搞懂的一个问题。下面,就让我们来进一步了解棋盘。

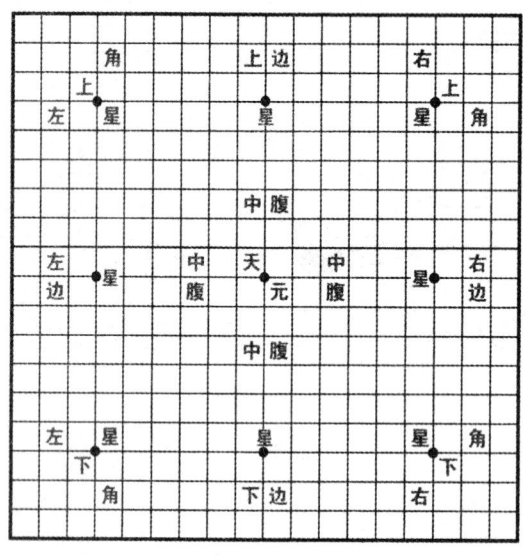

图 1-1

如上图所示，垂直交叉的19条平行线在棋盘内形成了361个交叉点，这些交叉点简称为"点"。

为了科学地划分棋盘，同时也为了便于快速识别棋子在棋盘上的位置，在棋盘上特别标示了9个点，这些点被称为"星"。

棋盘最外边一条边线叫底线，也叫一线，朝着棋盘中心的顺序，依次叫二线、三线、四线、五线等。四线是边和中腹的分界线，也就是说，边是由一线、二线、三线和四线4条线组成，五线以上就算是"中腹"的范围，一般不再称呼。

要注意的是，无论在一般的棋盘上，还是正式比赛中的棋盘上，都没有数字标记。

这些线将棋盘划分为9个部分，分别称为左上角、左下角、右上角、右下角、上边、下边、左边、右边和中腹。这9个部分只是大致的划分，并没有严格的界限。

在棋盘的每个角、每条边都有一个星，中腹的最中央也有一个星。角上的星称为"角星"，边上的星称为"边星"，而中腹的星称为"天元"。这些星在胜负上没有特殊意义，棋子下在星位上或天元上与棋的内容和规则都没有直接关系，包括"天元"在内的所有"星"都只是棋盘上的标位，方便直观识记。

下围棋时通常先从角上下手。而空角一般以角上的星为中心进行展开。第三线容易获得根据地围到空，是实利线；第四线易于向中腹发展，是势力线。角上这几个部位的着点是与三线、四线的根据相符合的，下面分别来进行介绍。

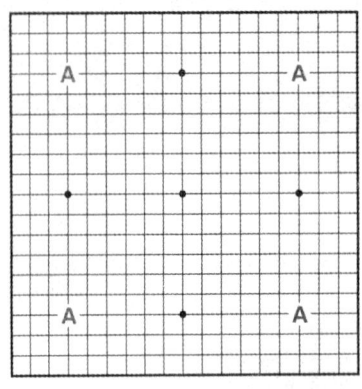

图 1-2

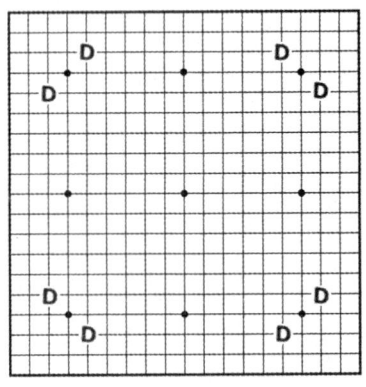

图 1-3

图 1-2 角上的 A 点是角星,是两条四线的交点。星在四线的位置,处于高线,由于它又是角上居中的位置,向两侧和中腹的发展机会和条件都是均等的,所以一般说来,星具有取势、步调快、善战的特点。它的不足是在围角空时不如其他位置容易。

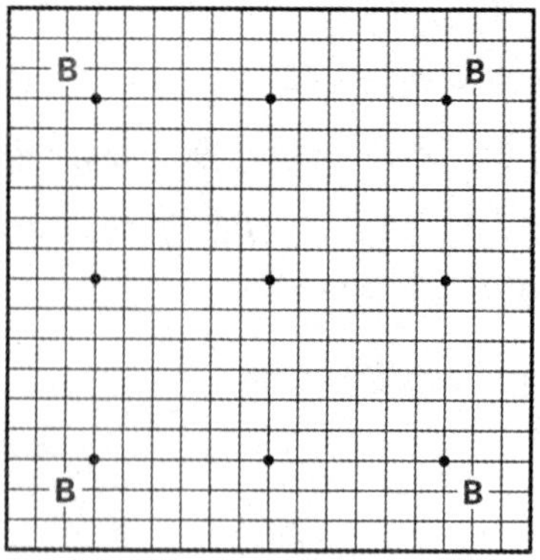

图 1-3 角上的 B 点是两条三线的交点,称之为"三三"。它与星一样,在角上是独一无二的,没有对称点。它的作用与星相反,取势的功效远不如星位,但它守角空最牢,不需要再花一手数就已经占有一个角空了,这是其他位置所不及的。

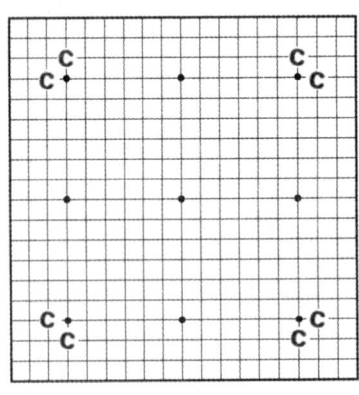

图 1-4

图 1-5

图 1-4 角上的 C 点是三线和四线的交点,叫做"小目"。小目是与角

图 1-5 角上的 D 点是三线和五线的交点,叫做"目外'。目外在小目

星直线紧邻的在三线的点。小目的特点是能攻能守,守角空只需再花一手棋。取势比星位稍逊,但也是很有作用的。而且,小目的变化十分繁多,选择面广,因此也是一种常见走法。

的外侧。它强调取外势,对边上和中腹的发展有很大的作用。它的变化也很多,但由于它处在角的外线,也称"外角",相对来说,就不如内角位置牢固,使用不好有落空的危险,没有小目结实。

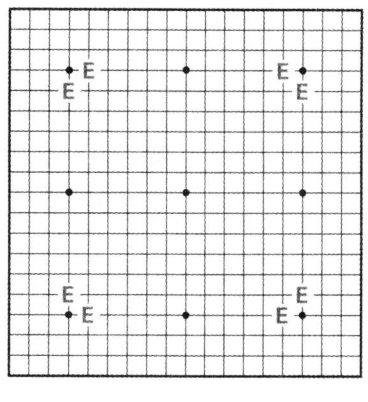

图 1-6

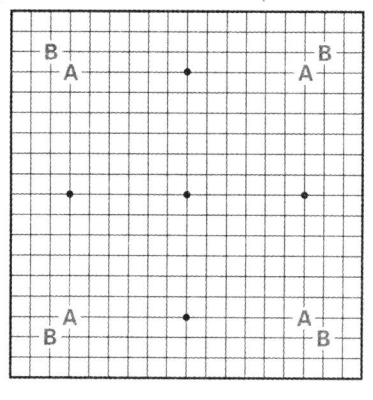

图 1-7

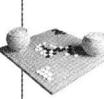

图 1-6 角上的 E 点是四线和五线的交点,棋手们从实际下棋出发,以天元为中心最高点,认为高目比小目高,所以称"高目"。它的性能与目外很相像,都是着重向中腹和边上发展,也属于外角位置。为什么称它们为外角呢?这是因为它们都留有对方在里面挂角的位置。

图 1-7 A 点是角星,B 点是三三,无论相对哪条边,A 点的位置都要比 B 点高,所以角星的位置比三三高。

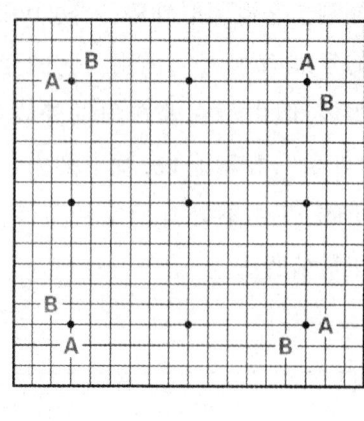

图 1-8

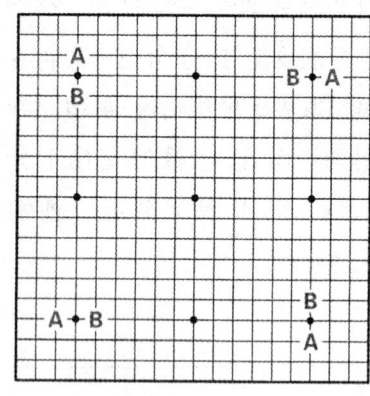

图 1-9

图 1-8A 点是小目，B 点是目外。如图所示，它们之间常以"小飞"组合形状一起来占领角地。这个小目和目外相对不同的边，位置高低情况会有所不同。

图 1-9A 点是小目，B 点是高目。如图所示它们之间常以"单关跳"组合形状一起来占领角地。

每个角上都有一个星，一个三三，两个小目，两个目外，还有两个高目，这 8 个点很重要。

二、下棋规则

1.猜先

猜先是围棋比赛中用来决定双方谁先行棋的方法，对弈双方赛前通过猜先的方式来确定谁先行。顺序是：先由段位高的手握若干白子，暂不示人。低段位者如果出示一颗黑子，则表示对方手中棋子是奇数；如果出示两颗黑子则表示对方手中棋子是偶数。然后再由高段位者公示手握白子之数，先后手自然确定。若双方段位相同时，由年长者握子。猜中者有优先选择执黑或执白，一般默认猜中者执黑。

2.分先

当两个水平相当的人对弈时,他们之间的下法叫做分先。意思就是交互执黑白棋。由于黑棋先走占有一定优势,所以终局时黑要贴给白棋 $3\frac{3}{4}$ 子,也就是7.5目棋。围棋中有 $\frac{1}{4}$ 子(也叫半目)的计算单位而无显示的方法,这样胜负就分出来了。黑若是184个子就算输 $\frac{1}{4}$ 子(半目),而黑185子就赢 $\frac{3}{4}$ 子(1.5目)。

分先棋中,单就数子判胜负而言是没有和棋的,但在对局过程中若出现"三劫循环"、"长生"、"互提二子"等等特殊棋局时,往往就判为无胜负。

3.让先

除了分先,当双方的水平略有差距时,可以采用让先、让子的赛法,让先或让子棋是可能有和棋的。让先的意思就是执黑先走的一方到终局时不贴白方的子,双方平数,也就是每方都要有180个半子方算和棋,超出这个数的为胜,少于这个数的为负。半子在棋盘中是可用双活形式存在的,所以让先有和棋,让先又叫不贴目。

当双方水平相差悬殊时,水平高的可以让水平低的几个子,就是让水平低的先摆上几个子(依双方水平的差距而定)。遇到这样的情况时,被让子的一方在终局数子时要还对方自己先放上棋盘的子数的一半,再进行让先时的数法,这样也能得出胜负了。比如:让2子,黑182子胜(181$\frac{1}{2}$和)。

三、常用围棋胜负判定法

在对局的过程中,如有一方确定自己已经失败,不必再计算到底是输多少的时候,可以在右下角,棋盘的外面放两颗棋子表示认输,这种情况叫作"不计点胜"或"不计点败",也称为"中局胜"或"中局败",在日本把这种情况称为"中押胜"或"中押败"。

什么情况要弃子认输是一个没有定论的问题，基本上，任何棋局都可以坚持到底，没有人能强迫你认输。但高手对局，到了局势已无可挽回的时候，硬要苦撑至最后，不但让对手难过，而且自己也有失身份，实在没有必要。

如果真要坚持下去，那么一局棋要到什么时候才算结束呢？一局棋进行到最后的时候，棋盘上已经是密密麻麻的棋子，此时把黑白交界之处全部补满，双方的地域完全确定，就可以开始计算输赢了。

在开始计算之前，还有一个必要的程序，那就是要跟对方打个招呼，看对方是否同意结束。下棋不是一方想结束就结束的，一定要双方同意才可以结束，除非是一方愿意认输，那么棋局随时可以结束。

跟对方打招呼不需开口讲话，只要拿起一颗棋子放在右下角棋盘外面，表示"虚手"建议终局，对方如果同意，也在棋盘外放一子，那么棋局就真正结束了。如果对方不同意，表示要继续坚持下去，建议终局的一方只好把虚手的那颗棋子拿起来，再继续下。如果是对方提议终局时，你认为还有棋可以下，当然可以继续下，因为终局一定要双方同意才可以。

明白了这些就可以了解以下围棋胜负判定的方法了。一般判定围棋胜负的方法有三种：比目法、数子法、计点法。

比目法

比目法是我国最早的判定围棋胜负的方法。围棋东传日本是在唐代之前，因此在日本一千多年的围棋历史里，始终是以比目法作为胜负的计算标准。后来围棋最先由日本传往世界各国，比目法也随之流传开来，因此，世界各地判定围棋胜负的方法也采用的是比目法。

什么是"目"呢？由活子所围成的空点就是目，1个空点是1目。一盘棋下完之后，看谁围的空点较多谁就获胜。目也称为"路"。比目法的特点在于强调棋子的围地效能，没有围到空的棋子称为单官，在比目法里单官完全没有作用。

例一

图1-10 角上黑棋有8个空点，也就是8目棋。

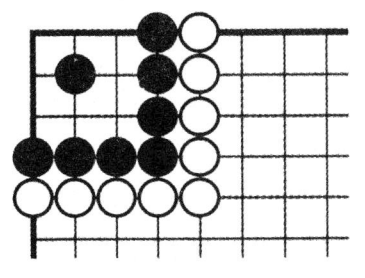

图 1-10

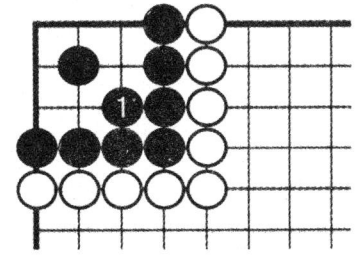

图 1-11

图 1-11 黑 1 是无意义的一手棋，在比目法里角上黑棋现在只有 7 目了。换句话说，黑 1 不但没有增加空点，反而减少了自己的空点。

例二

每一颗死子是 1 目，最后计算的时候死子要填在空点里。譬如，黑棋围了 40 目，但有 6 颗棋子被白棋杀掉，那么黑棋就只有 34 目了。

图 1-12 现在角上黑棋有 5 目，加上白棋两颗死子是 4 目，角上的黑棋就共有 9 目。白棋两颗死子拿掉之后，黑棋就多出 2 目，而两颗白棋死子还要填掉白棋 2 目，所以提掉的死子是 1 目，留在棋盘上的死子是 2 目。

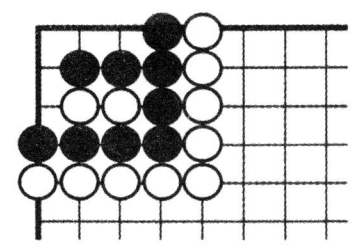

图 1-12

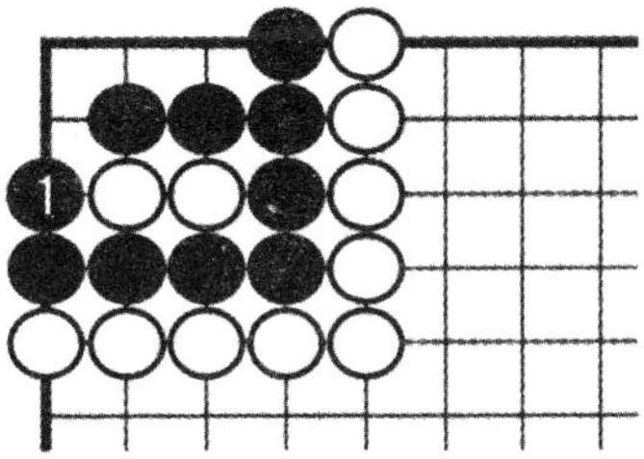

图 1-13

图 1-13 黑 1 提两个白子，在比目法里是损手，角上黑棋由 9 目变成 8 目。

但比目法有一个缺陷之处，那就是死子不能由提取来证明，这一点很麻烦。特别是初学围棋者，死活判断不是那么准确，多下一手就损失 1 目，不下的话，又实在放心不了。要是双方对死活产生歧义，那就不容易解决了。

数子法

数子法较之比目法有一个明显的优越之处,那就是死活可以用提取来证明。数子法的计算标准是把每方所有的活子加起来,看谁活的棋子多谁就是胜利者。

图 1-14 比目法黑棋是 8 目。

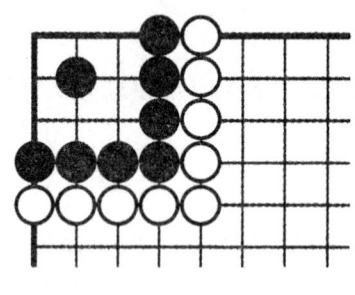

图 1-14

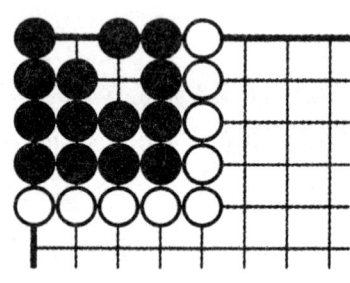

图 1-15

图 1-15 黑棋棋子和围住的目,总共活了 16 子。

图 1-16 黑 1 虽然是无用之着,但无损于角上空域,黑棋下与不下都只能活 16 子。

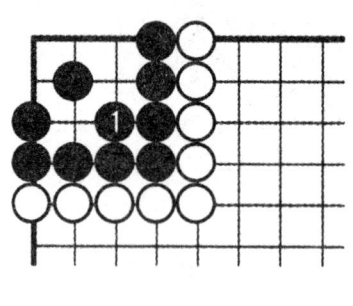

图 1-16

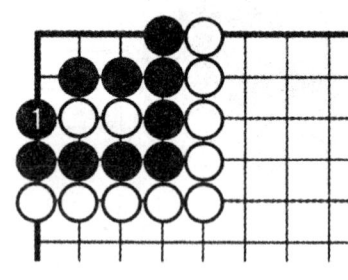

图 1-17

图 1-17 要证明白棋两个子的死活很简单,只要提取就可以。黑子不会因提取而减少,这是数子法最大的长处。

13 路的棋盘总共有 169 点,谁超过 85 子谁就取得了胜利。现在黑棋有 87

子,白子就不用查了,获胜方一定是黑方。那么黑棋到底能赢多少呢?169点的一半是84子半,黑棋有87子,相减之后黑棋多出2子半,也就是说黑棋赢了2子半,但正式比赛中黑方要贴5目。

为了计算方便,数子法也需要"作空"。把棋子全部填满后再一颗一颗数太费时间,不如拿掉一些棋子,把空域作成一块整数,再数剩余的棋子就会节省大量时间。不过这种方法会将整个棋形破坏,万一数错了就无法查证,这是数子法的一大弊端。

计点法

从表面上看计点法与数子法没什么两样,也是以棋盘总点数361为准,谁超过半数谁就获胜。一块活棋中,棋子是1点,空也是1点。道理和数子法完全一样,但是计点法要较数子法精密些,计算时不会破坏棋形,也容易查证。对初学围棋的人来说,利用计点法比较好,现在我们来看看计点法的计算方法。

图1-18终局的棋形。使用计点法有一个准备工作,那就是下棋之前先把棋子算好。

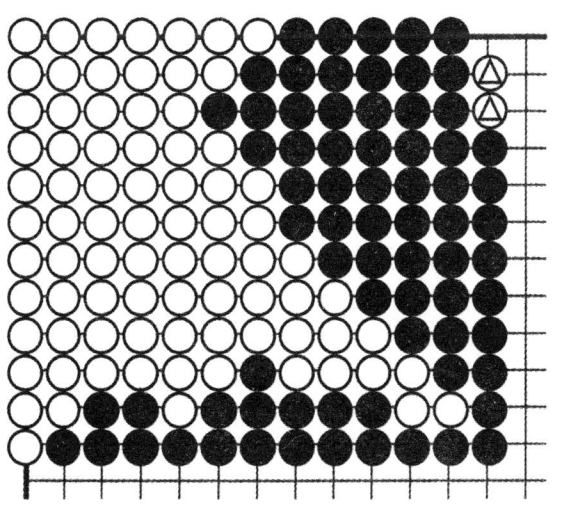

图1-18

根据棋盘路数的不同

19 路：黑子 180 颗，白子 180 颗。

17 路：黑子 144 颗，白子 144 颗。

15 路：黑子 122 颗，白子 122 颗。

13 路：黑子 84 颗，白子 84 颗。

11 路：黑子 60 颗，白子 60 颗。

9 路：黑子 40 颗，白子 40 颗。

现在把棋子填满，但要注意保持棋形的完整，罐子里剩余的棋子都要拿出来填，如果有棋子没地方可摆，表示空不够大，输了；如果还有多余的空，就是胜利者。现在黑棋多出 3 个空，白棋两个子没地方摆，只好借用黑空来放，显而易见黑棋赢了，那么，黑棋是赢几点呢？黑子 80 颗全部放在棋盘上是 80 点，加上多出的 3 个空也是 3 点，黑棋总共有 83 点。白子只有 78 颗棋子在棋上，所以白棋是 78 点。由此可知黑胜 5 点。还有一个最简单的方法是：多出的棋子加上多出的空就是胜负的答案。

综合以上三种胜负判定方式——比目法、数子法和计点法，比较之下计点法最为实用，但计点法的缺点是比较麻烦。

第二章 围棋的气与吃子方法

一、气数

1.一子气数

在下围棋的时候,由执黑棋的一方首先下子,以后双方轮流下子,每次只能下一个子,棋子落在棋盘的点上,下定后不能向其他点移动。

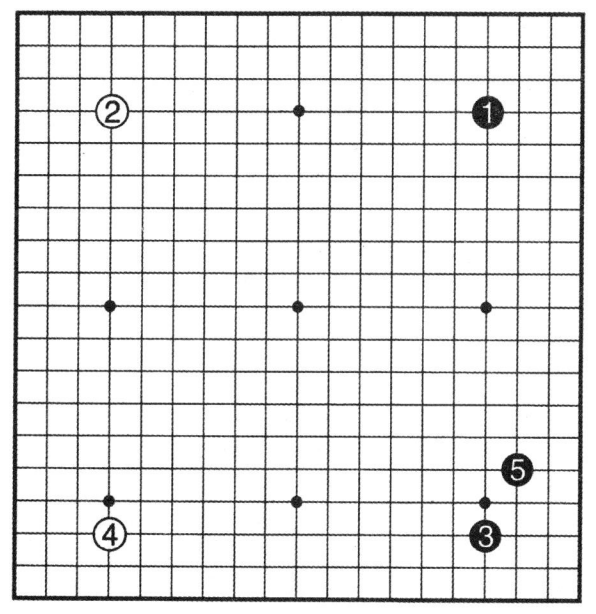

图 2-1

图 2-1 黑棋一方首先下子黑 1 后,白方下白 2,以后双方轮流下予,黑 5 后,又轮白方下子。

棋子所占的这个"十"字交叉点为中心,可以看成是上下左右有四条直线,因为这样的每条直线上又有若干交叉点,而只有一个紧挨棋子的点能决定棋子的生死,简单地说,就是与棋子连接最近的那些空着的交叉点叫做"气"。"气"是围棋术语之一,量词是"口"。为了叙述的简便,量词"口"也经常会被省略。

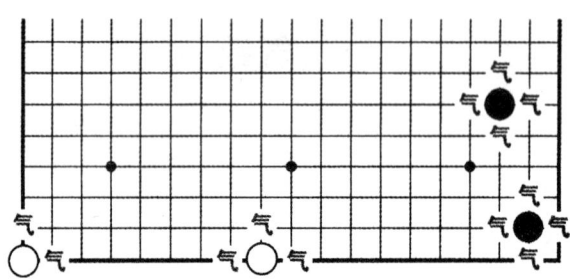

图 2-2

图 2-2 一个下在二线以上(包括二线上)、孤立的棋子,它的旁边有 4 口气。下在一线边上的有 3 口气,下在一线角上的有两口气。

减少棋子气的说法叫做"紧气"。

气是衡量棋子死活的关键,如果棋子被对方所包围,只剩下"一口气",那也就处在"被打吃"的危急状态了。

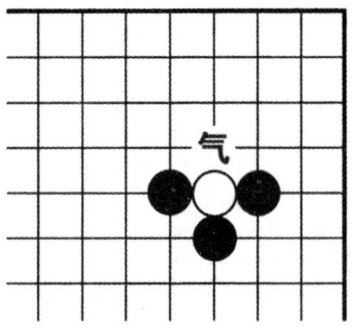

图 2-3

图 2-3 在白子直线紧邻的点上依次下了三个黑子,白子的气减少到 1 口。

从上图可以看出,对方把棋子下在我方棋子周围直线紧邻的点上,这是我方棋子的气减少的主要原因。棋子的气会减少,同样的,在我方的努力下,我方棋子的气也可以增加。

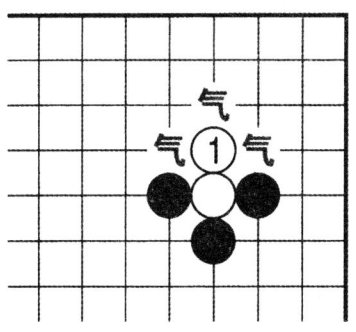

图 2-4

图 2-4 白棋一子只剩下 1 口气,现在轮到白方下子,如果在 1 位下一个白子,两个白子紧紧相连,不可分割,气从 1 口变成 3 口,增加了 2 口。白 1 后,两个白子成为整体。

棋子直线紧邻的点上如果下了自己一方的棋子,则它们相互连接成整体。连成整体,气可相加,整体周围直线紧邻的点是整体的气。整体可以是 2 个子,也可以是更多的子,如果整体与整体相连,又形成更大的整体。

2.二子气数

两个棋子连在一起形成一个整体,它们的气数也就是这个整体的气数。

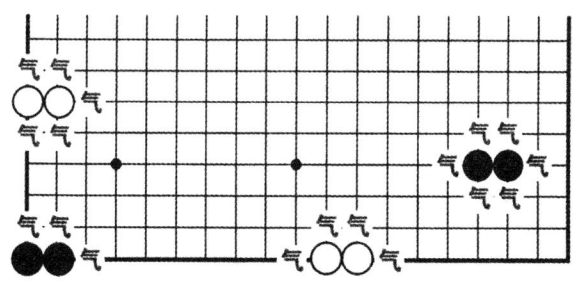

图 2-5

图 2-5 位于棋盘中央的两个棋子连成整体,一共有 6 口气。作为整体的棋子的 6 口气,比单一个棋子的 4 口气要多,相对而言对方要围住它难度就会加大。

另外，位于边线上两个连在一起的棋子，如果两子都在边线上，那它们一共有四口气；如果只有一子在边上，另一子升向腹地，那它们有五口气。如果两子的整体位于角上，即有一子在棋盘的角处，那它们只有三口气。

3.多子气数

棋子形成整体，可以巩固已经占据的地域。初学者随着知识的增多，就会熟悉各种棋形、各种不同的棋子组合的气数。

由于整体不可分割，如果整体的气减少到只剩下 1 口气，那这个整体里的所有棋子都处在危险状态。从上面介绍可以看出，棋子的气与棋子的位置有很大关系，位于中腹的气数较多，边上和角上的棋子气数相对较少。气数少的棋子，在交战中一旦陷入包围，则很容易处于被动而被消灭。

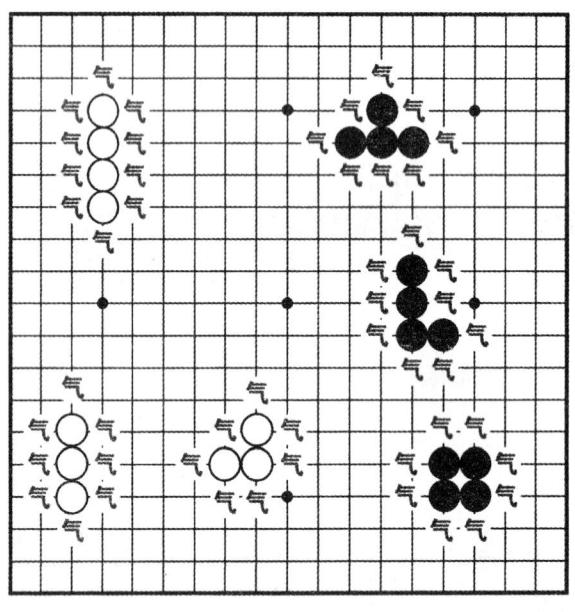

图 2-6

图 2-6 图中有 3 个子的整体，也有 4 个子的整体，都是居于棋盘中央。通过观察可以知道，图中 3 个子的整体或者是 8 口气，或者是 7 口气。而 4 个子的整体，有 8 口气、9 口气、10 口气不等。

4.双方子力交错时的气数

有一点需要指出，这里介绍的关于棋子的气的概念，只是一个基础的、静态的概念,没有考虑其他的变化因素,随着学习的深入,还要了解各种关于气的变化因素。

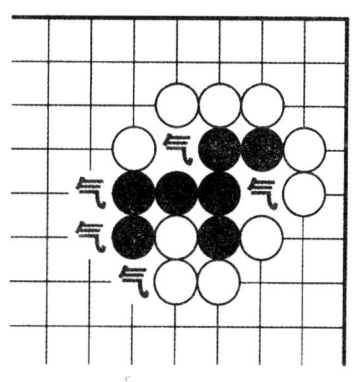

图 2-7

图 2-7 白要想提吃掉这 7 颗黑子,就需要在这 5 口气上再下 5 颗白子。

棋子交错是棋局进程中最常见的形态,表明有接触战了。所以我们要尽快数正确这里的气,为以后学习中盘打下坚实的基础。

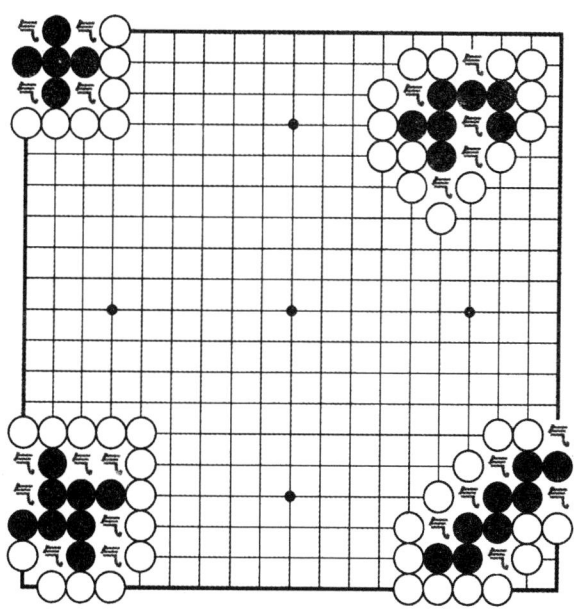

图 2-8

图 2-8 4 个图黑方分别为 4 口气、5 口气、6 口气、7 口气。这些气一收,黑棋没气要被提出棋盘。

二、打吃和提子

1.打吃

打吃是很简单的,棋子只剩下一口气叫"被打吃",即将任何一块棋子(无论子数多少)围住,使其只剩 2 口气时,若再下子收紧其中 1 口气的下法,就叫做"打吃"。

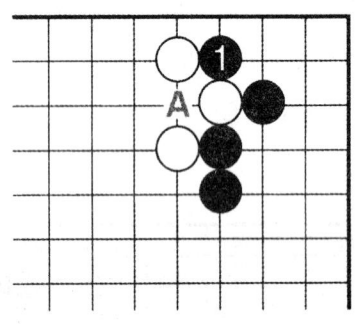

图 2-9

图 2-9 本图中的黑 1 是打吃,白若不应的话,黑在 A 位放一子就能吃掉白一子。即使对方有很多子,只要你将它收得只有最后一口气,那一步棋也叫做打吃。被打吃的一方往往要应。

2.提子

没有气的子是没有生命的,也不允许在棋盘上存在。将对方没有气的子提出盘外,就叫做"提子",提子方必须用手将没气的棋子第一时间提出盘外,不允许留在棋盘上。

当一方将另一方的一个或多个棋子紧紧包围,使其气点全部被堵上,被围的这些子就处于无气状态。按照围棋的规则,无气状态的棋子必须全部立即提出棋盘。

以下两种情况,就应该提子:

● 一方下子后,对方的棋子无气,应将全部无气之子立即提出棋盘;

● 一方下子后,双方的棋子都成无气状态,应将对方全部无气之子立即提出棋盘。

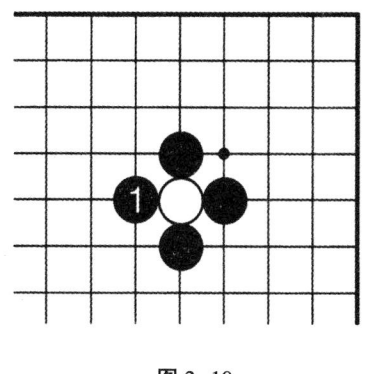

图 2-10

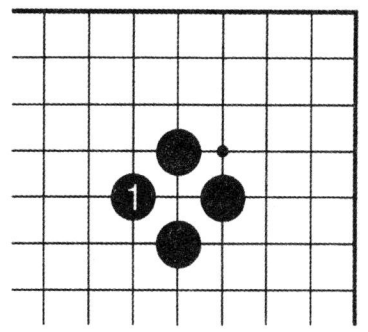

图 2-11

图 2-10 黑方下黑 1 后,白子无气。

图 2-11 白子被黑方提掉,移出棋盘。

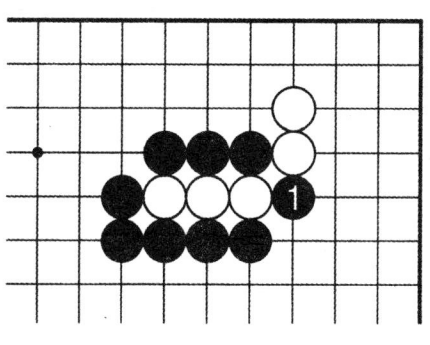

图 2-12

图 2-12 黑方在下黑 1 后,白棋整体无气,立即被提子出棋盘。

没有气的棋子是"死子",只有无气的"死子"才可以被提。而棋盘上任何一个棋子,只要它还有一口气在,那它依然可以放在棋盘上。

提子的一方进行提子,另一方负责监督。提掉的棋子放回棋盒,供继续下棋使用。简单地说,提子是连续两个动作,下一颗子将对方的棋子围死,再移出对方这些死子。

下棋时,不立即进行提子就违反了规则。这种情况在稍有一点水平的棋手中都是不会出现的,但刚刚学下棋的人却难以避免。在一盘棋里,如果出现了这种违规情况而没有被纠正,只能收拾棋子重新开始。

三、逃子

从打吃和提子的介绍中我们了解了一个子在棋盘上的生命力。正常情况,它们的生命力都是非常强的。因为我们知道,在二线以上的子都拥有四气,当对方来吃你的棋子时,走一步才收掉你一气,还有三气,对方不可能连走四步。这样的话,你还担心分散的子会被吃掉吗?这就是我们强调初学者走棋时不要一个连一个,应该分散了走,从而多占一些地盘的道理。

逃子的三个原则:1. 能长气;2. 有缺口冲出或可与己方外面棋子连接;3. 可先吃掉对方的子。逃子的方向,一是往出路宽广的地方;二是逃出后气要越来越多。

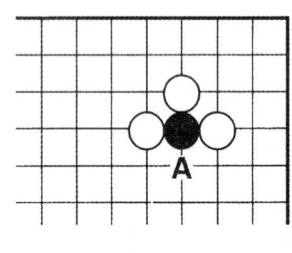
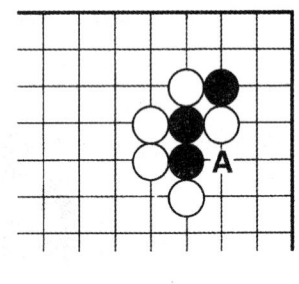

图 2-13　　　　　　　　　图 2-14

图 2-13 黑方棋子在 A 点下子长气逃出后,己方气增加,出路广阔,周围对方的子力不够再次合围。

图 2-14 黑方棋子下在 A 处,利用己方外围子力反打吃对方棋子,也可以成功逃出。

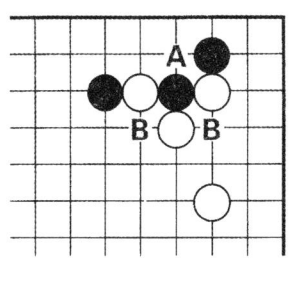

图 2-15

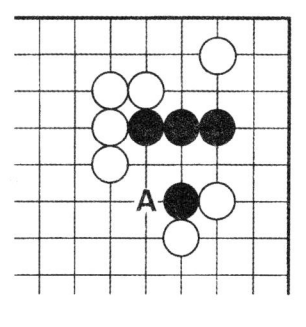

图 2-16

图 2-15 黑方棋子下在 A 处,与己方子力连接后,对方因自身断点(B 处)多而无暇再次合围。

图 2-16 黑方棋子下在 A 处,利用"双"的技巧从对方包围圈薄弱处(缺口)逃出。

四、吃子的方法

1.门吃

门吃,指像关门一样把对方的棋子关在笼子里,使对方的棋子不能逃脱。
要领:隔断对方连接。

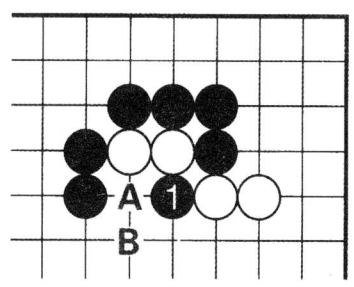

图 2-17

图 2-17 黑 1 打吃,白两子就不能再逃了,自如硬在 A 位长,那就会损失更多。像这样两边各一个子如同一扇大门一样的吃子着法叫"门吃"。

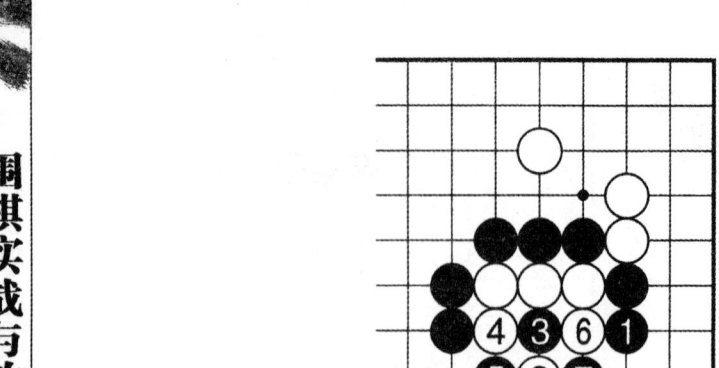

图 2-18

图 2-18 这是门吃的一种趣味形,名叫"乌龟不出头"。黑 1 长后没有给自己留下断点,而且还控制住了白棋的出路。白 2 跳,黑 3 挖断,白 4 打吃,黑 5 不在 6 位接,而是在 5 位打吃白棋。经过白 6、黑 7 后,白 5 子不能在 3 和 A 点同时下子,无法逃出,黑棋成功。

2.抱吃

抱吃是一种简单有效的吃子方法,由于它吃子的形状像一只弯曲的手臂抱住对方的棋子,所以得名抱吃。

要领:先看出已合围的三面,余下没已方子合围的方向就是抱吃住对方棋子的方向。

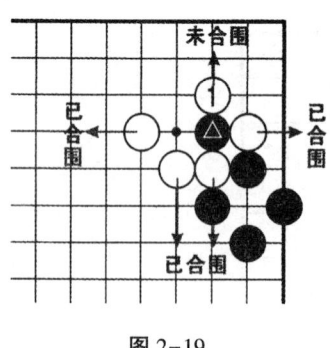

图 2-19

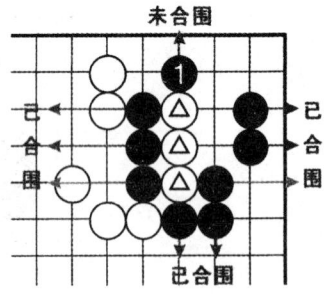

图 2-20

图 2-19 白 1 很像手臂将 抱住,使它无路可逃。抱吃在围棋中,是一

图 2-20 黑 1 扳,与其他黑子将 三子团团围住,无论白子怎么长都无

种安全、有效的吃子方法。　　　　　　法突出去。

3.双打

在大多数情况下,对敌子进行打吃的点都有两个,在这个点打吃或在那个点打吃,其结果会有很大的不同,而且往往有正确和错误之分。因此,在进行打吃时,必须对在哪个点打吃进行选择。打吃的难点就在选择打吃的点。

要领:中间分断两边打吃。

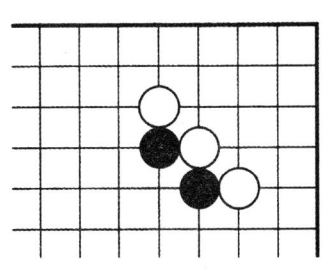

图 2-21

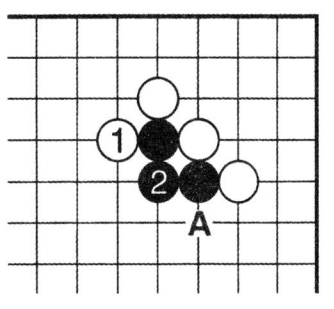

图 2-22

图 2-21 对两个黑子,白棋分别有好几个不同的点可以打吃,那么,应该在哪个点打吃呢? 在不同的点打吃,结果有可能完全不同。

图 2-22 白方选择在白 1 打吃,黑 2 接。白棋这样打吃没有什么收获。如果白方选择在 A 位打吃,其情况跟在白 1 位打吃也是一样的,没有太大的帮助。

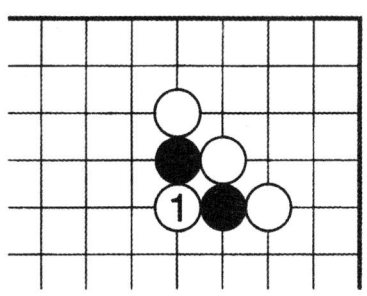

图 2-23

图 2-23 白 1 这样打吃,结果就完全不同了。白方在白 1 位置下子,对两处黑子都是打吃。像白 1 这样,一手棋对两处敌子同时都形成打吃,术语叫做"双打"。

双打是一种"一石二鸟"的技法,一旦形成双打,对方必将顾此失彼,无法兼顾。

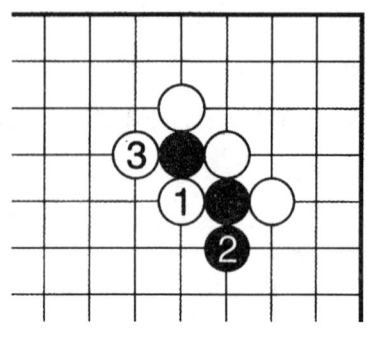

图 2-24

图 2-24 白 1 双打,黑如 2 位长,白 3 提子。对白 1 双打,黑如 3 位长,白则在 2 位提子。白 1 双打,黑子顾此失彼,总要被提掉一处。

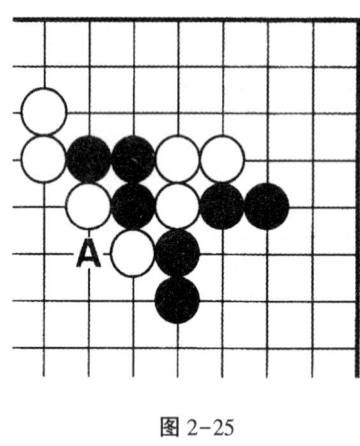

图 2-25

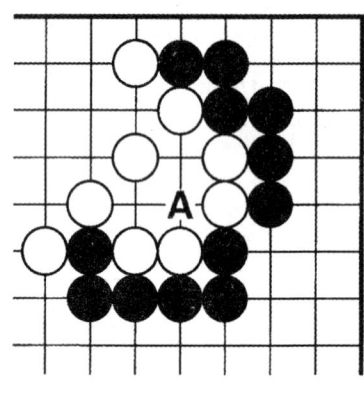

图 2-26

图 2-25、2-26 黑子下在 A 处,形成双打,白子无论逃往哪个方向,另一个方向的子都无法逃避打击,总要被提掉一处。

4.征吃

征是一种比较特殊的棋形,被征棋子呈阶梯状出逃,每延至两口气又会被打吃只剩一口气,直至碰上某方棋子或棋盘边缘为止。

要领:在对方逃出的最后两子形成的直线方向打吃。

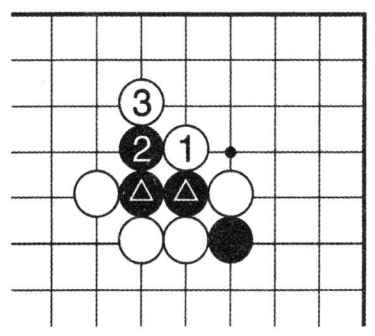

图 2-27

图 2-27 对两个黑子⚫进行白 1 打,黑 2 长,白 3 再打。

白棋这种穷追不舍的打法,就如雄兵征战不息,所以叫"征"。很明显,征是一个连续不断进行打吃的过程。

征也叫"征子"、"征吃",是一种长途跋涉、远距离围杀的技术。在下围棋的时候,一旦形成双打、关门吃、倒扑和接不归,就能保证局部捕获住对方棋子,而征则不然。所以,征是一种长距离围杀的技巧,一步都不可以错,否则自己外围全是被对方双打的毛病。

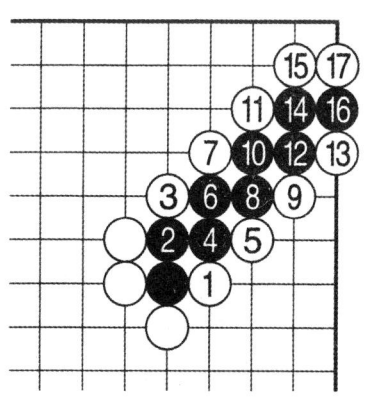

图 2-28

图 2-28 白 1 打吃方向正确,黑棋只能走 2 向下逃跑。白 3 打吃,黑棋走 4 继续逃跑。白 5 挡在黑 4 的前面,打吃黑棋。黑棋只好改变方向走黑 6。白棋连续打吃黑棋,使黑棋不断地改变方向,但最终还是逃不出被通杀的结局。

初学征子,最好一步步心算,掌握好以下规律:

1. 每次打吃后,对方只有 2 口气;

2. 对方逃子形状不可三子成直线;

3. 因对方逃子方向规律是一横一竖交错,故己方只要在对方每一直线前进方向下子打吃,就不会错了。

如果在征子之后,能够提掉对方的子,我们说是征子成功,反之则是征子不成功。在下围棋的过程中,逐步体验到怎样征子会成功,什么情况下征子不成功,这就是难点所在。

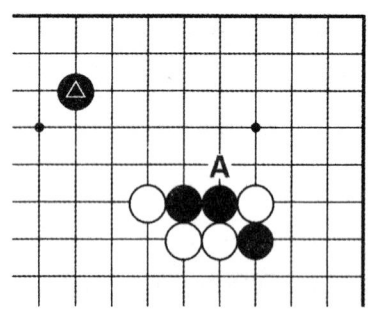

图 2-29

图 2-29 本图和前图相比,黑棋多了△子,白 A 打吃,征子的情况发生了变化。

图 2-29 的黑子△,它使白方的征子不能成功,像这样的棋子,术语叫"引征子"。

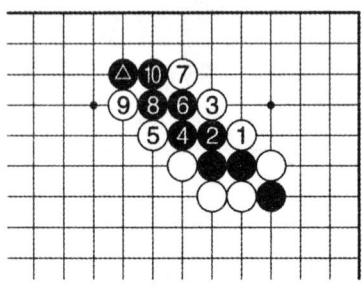

图 2-30

图 2-30 白 1 打,黑 2 长,以下白连续打征子。但由于有黑子▲,当黑 10 接后,白棋不能再打了,征子也因此失败。很明显,征子失败,不仅不能提掉敌子,还会给敌方留下很多双打。

在下围棋的时候,如果要进行征子,必须先看清对方有没有引征子,如果有则不能征,否则将招致失败。反过来,当对方打吃进行征子时,也要看清自己有没有引征子,如果没有,则被征之子不能逃,应另想对策,否则逃得越多,损失越大。下出引征子,术语叫做"引征",引征就是和征相对抗的战术。

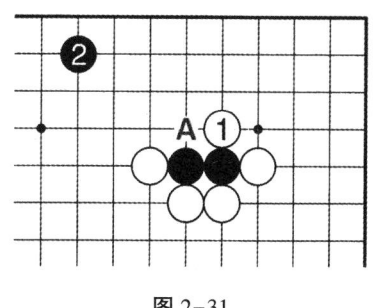

图 2-31

图 2-31 白 1 征子,由于黑棋没有引征子,黑棋不能在 A 位逃,现在黑下 2 位,黑 2 这子是引征子,所以黑 2 这手是引征。对黑 2 引征,白棋怎样应对呢?

对付引征的办法有两个,一是提掉被征的棋子,得到现有的优势,另一个办法是下一个子来抵消引征子的作用。

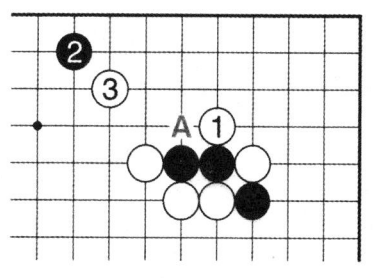

图 2-32

图 2-32 白 1 征子,黑 2 引征,此时白可 A 位提子,也可下 3 位。白 3 一子

抵消了黑 2 引征子的作用,白 1 的征子仍然成功。

5.扑、接不归

围棋中一方呈品字形的三个子,由三面围住一个空着的交叉点,称为"虎口"。虎口在棋盘的任何部位都可能出现。棋子下在对方的虎口里就会被吃掉。

但有的棋手,明知是对方的虎口却故意将棋子下进虎口,让对方提子,这是为什么呢?要领:通过送吃,达到紧气、减少相关棋子的气的效果。

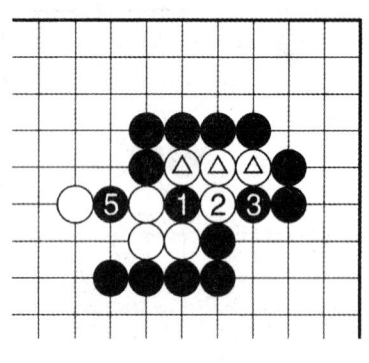

图 2-33

图 2-33 黑 1 送进时方虎口,被打吃,称为"扑",白 2 只能提吃黑 1。黑 3 打吃,白 4 在黑 1 位逢,黑 5 门吃,白棋无法逃脱。

④=❶

由上面的图我们可以看出,"扑"是一种积极的进攻战术,先故意进入对方虎口,目的是减少对方棋子的气,从而消灭敌子。

扑不可随便使用,一般情况,若无后续获利手段,走在对方的虎口里即是送死。

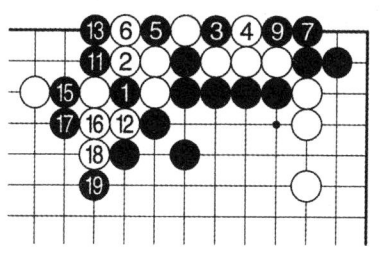

图 2-34

图 2-34 黑 1 挖,白 2 打吃,黑 3、5 连扑两子,以下至黑 19,即可吃白征子。
⑧=❸　⑩=❺　⑭=❶

"接不归"就是接不回家的意思,是说防守方不能通过接的手段来阻止对方提子。习惯上,我们也把"接不归"作为一种消灭敌子的进攻战术。"扑"和"接不归"常常连环使出,结伴而行,从而令对手防不胜防。

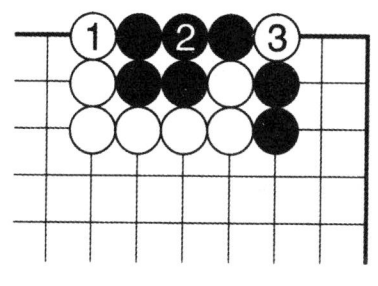

图 2-35

图 2-35 白 1 打,黑 2 接不能避免黑子被提掉。白 1 打,黑 2 如接,白下 3 位将 5 个黑子全部提掉。黑 2 若下 3 位,白就下 2 位提掉 3 个黑子。

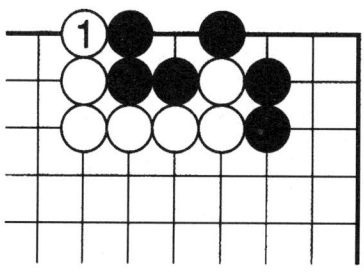

图 2-36

图 2-36 当白 1 打时,黑棋 3 个子不能通过接来进行防守,实际上已经被吃掉,这种情况就是接不归。

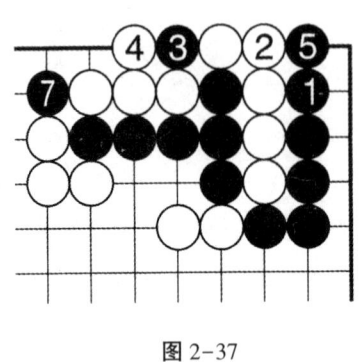

图 2-37

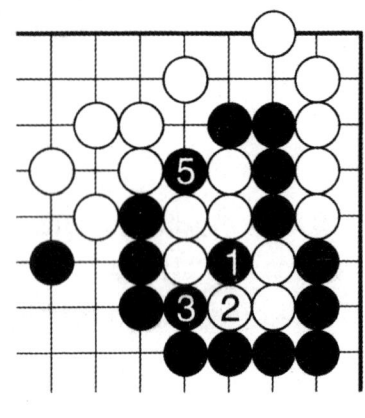

图 2-38

图 2-37 黑 1 打吃,白 2 连,黑 3 打吃,白 4 提黑 3,黑 5 再打吃,白 6 下 3 位连,黑 7 扳,白棋已无路可逃。白棋这种情况就是接不归,挣扎得越厉害,被杀的棋子就越多。

⑥=❸

图 2-38 黑 1 打吃,白 2 提,黑 3 再打吃,白 4 下 1 位连,黑 5 提,白子这一块全都损失。

④=❶

6.倒扑

倒扑又叫"倒包",是指在对方虎口内投一子送给对方吃,如果对方提吃,仍可再吃掉对方若干棋子的着法。一开始下子至敌方虎口,看似有所损失,其实伏下厉害的后着,紧掉了对方的气,反而可以提取对方更多的子,更为重要的是取得了地盘上的优势。

该技术为最简单的初级围棋技术,所有的围棋爱好者都要掌握。

要领:只送一子,得回数子。

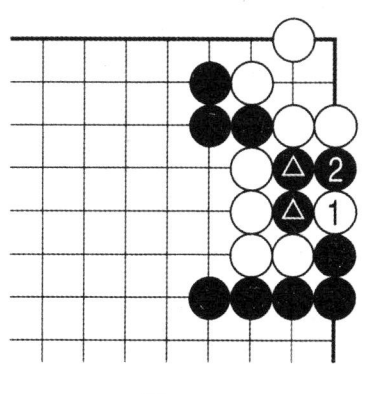

图 2-39

图 2-39 白 1 打吃,黑 2 提,白 3 提走三颗黑子。白 1 送到黑棋的包围中,其实是为了白 3 的倒扑。

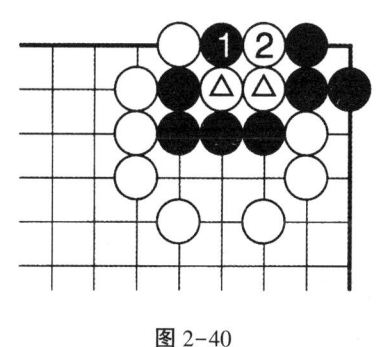

③=①

图 2-40

图 2-40 黑 1 先往白方的虎口送吃一子,白 2 提 1 子后,黑 3 再下在 1 位处,就可以吃掉白⚆及白 2 等三子。

❸=❶

7.枷吃

"枷"是利用子力上的优势,用一手棋同时封锁住对方的几条出路,达到吃掉对方的目的。由于没有与敌子接触,实施"枷"的棋子既控制了敌子,又保持了自己的气数,这是围棋中典型的"不战而屈人之兵"。

一枚棋子的气数越完整，它在接触战中的活力越大，其生存能力越强。"枷"之所以能既打击敌子，又保存自己，其实和它与其他棋子的配合有直接的关系。所以，又可以说"枷"是通过关系攻击敌子的。

要领：一、不收对方被吃子的气；二、找出中心点来封锁；三、我方各处合围子的气比对方被吃子多。

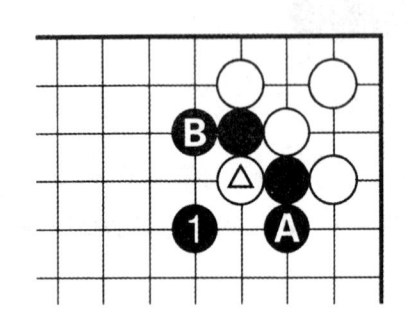

图 2-41

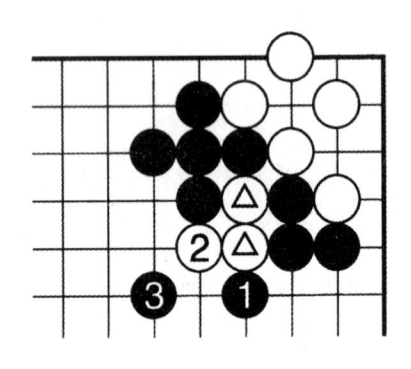

图 2-42

图 2-41 黑1占住白⊙两口气的中心点，白子被困在中间无法逃出。

图 2-42 黑1打吃，白2逃跑，黑3跳起枷，至此白棋剩2口气，无论白棋怎么跑都跑不出去，黑棋胜利。

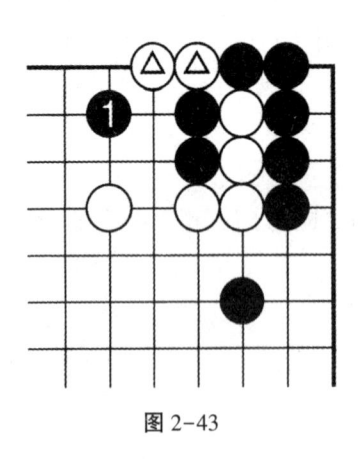

图 2-43

图 2-44

图 2-43 此图黑1是吃白二子的跳枷。

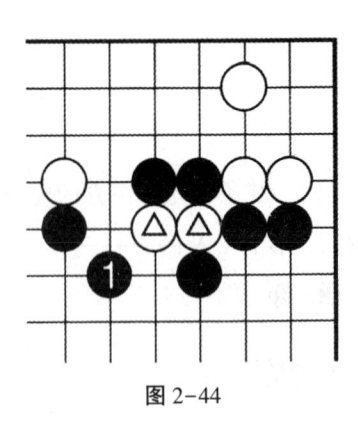

图 2-44 此图黑1尖枷，白二子无处可逃。

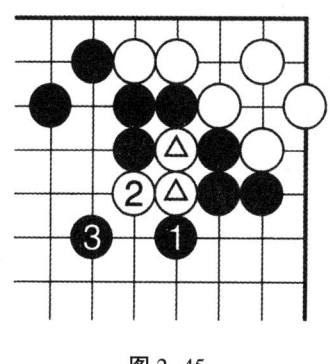

图 2-45

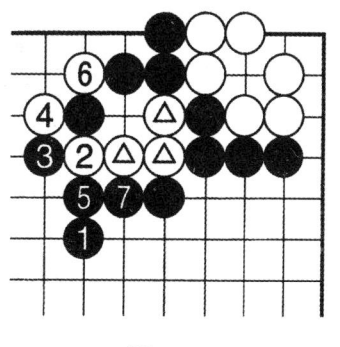

图 2-46

图 2-45 黑 1 先打,白 2 长,黑 3 枷,白子无处可逃。

图 2-46 黑 1 "飞枷"后,白▲ 3 子瞬间被擒。若白 2 逃,则经过黑 3、白 4、黑 5、白 6、黑 7 后,白被倒扑。

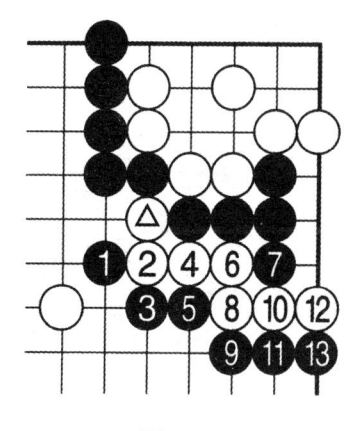

图 2-47

图 2-47 黑子从 1 打到 13,步步为营,实行缓枷,白子逃得越多,损失越大。

8.高级吃子方法

金鸡独立

金鸡独立是一种非常有趣的吃子方法。

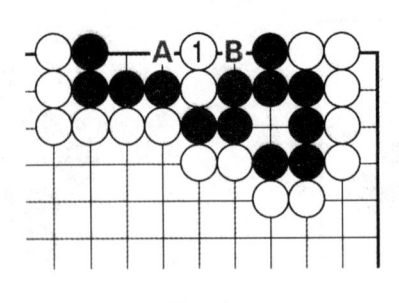

图 2-48

图 2-48 白1在一路线上立下,造成黑A、B位都不能下子。白1的手段就叫"金鸡独立"。白1后,黑死(因为以后白方可在A位打吃黑棋左边四子)。

金鸡独立,一种利用对方气紧,在一路立,而形成对方棋子"两头不入气"的着法。

在实战中,"金鸡独立"的下法通常十分严厉,对方棋子可能两侧或一侧不入子,从而导致数子被吃,甚至整块棋成为死棋。

要领:中间分断立一线,两边不入正得意。

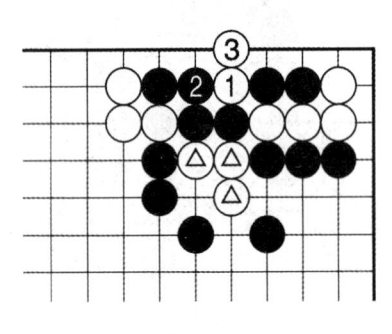

图 2-49

图 2-49 白△三子十分危险,只有三气,无法冲出黑的包围圈。只有对底下的黑五子进行攻击才行。白1充分利用了黑棋形上的弱点,使黑分成了两块,并且两边都不入子而快一气获胜。

倒脱靴

"倒脱靴"的下法主要用于攻杀和死活棋中。它的变化比较复杂,因此只有熟练掌握其他吃子着法才能学习"倒脱靴"的变化。"倒脱靴"的变化比较难,但十分有趣。如果能在对局中下出一个"倒脱靴",那你会感到妙趣横生。

要领:二路上有断点,被吃子包含"闪电弯四"或"方四"棋形。

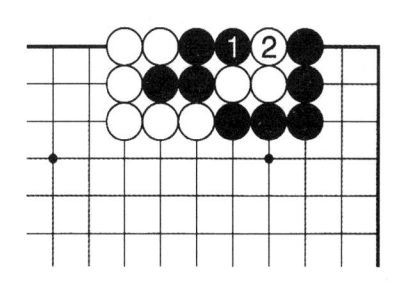

图 2-50

图 2-50 被白打吃的 3 个黑子已经跑不掉了,这时故意多送一个子在 1 位打吃白子,白 2 提,成下图的形状。

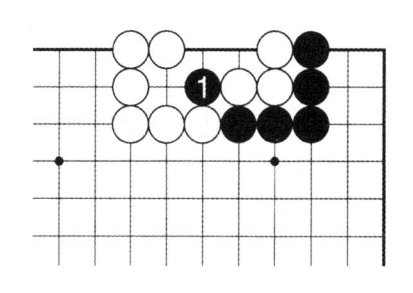

图 2-51

图 2-51 黑 1 打吃又吃回 3 个白子。

黑棋这样先送给对方若干个子(最少 4 个子),然后再回吃对方若干个子的着法就叫"倒脱靴"。

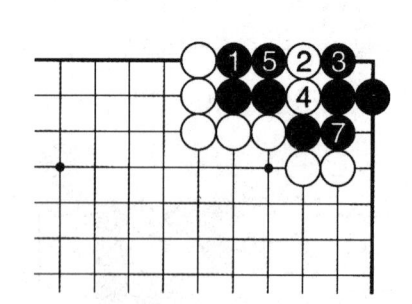

图 2-52

图 2-52 黑 1 挡住是最顽强抵抗的着法，白 2 点眼必然，以下黑 3 做眼，白 4 扑，黑 5 提，白 6 再于 4 位扑，这时黑 7 连是正确下法，当白 8 提黑四子之后成下图的形状。

⑥=④
⑧=②

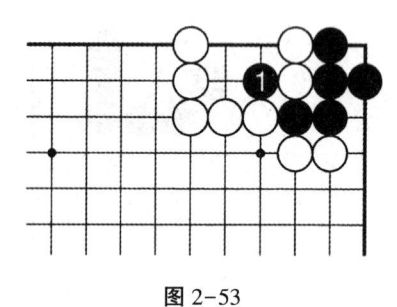

图 2-53

图 2-53 黑巧妙地造成了倒脱靴的形状，这时黑 1 简单地回吃两个白子就活了。

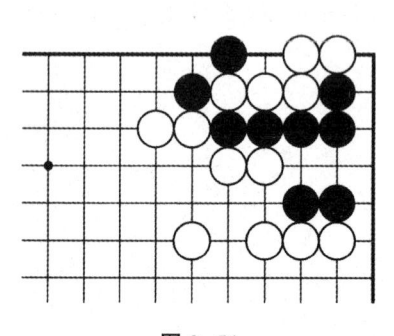

图 2-54

图 2-54 黑棋只能做一个眼,还有希望活棋吗?

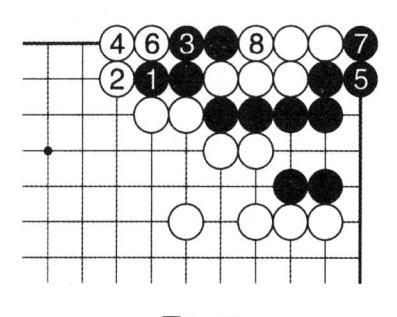

图 2-55

图 2-55 黑 1 长、3 粘是倒脱靴的前期准备工作,白 4 立,黑 5 也立,白 6 打吃,黑 7 也打吃,白 8 提。

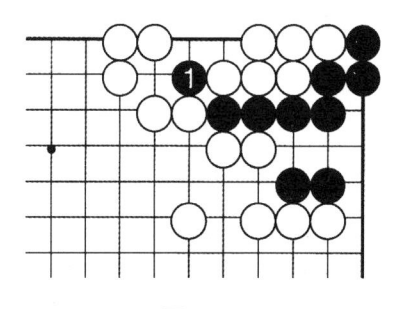

图 2-56

图 2-56 黑 1 吃回白 6 个子,不但活棋,收获也很大。

夹·门吃

"夹·门吃"是夹和门吃相结合的一种攻击手段。

要领:靠单。

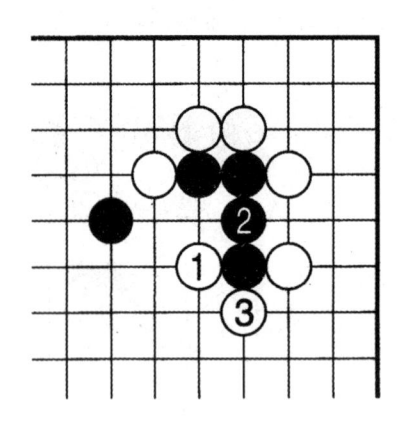

图 2-57

图 2-57 白1夹,黑2连,白3门吃,黑子无法逃脱。

滚打包收

滚打包收是一种非常痛快的吃子方法。棋谚:"滚打包收俱谨避",意思是说对"滚打包收"应该谨慎地避开,以防对手将自己的棋打成愚形或破坏自己的眼位。

要领:卡眼后收气。

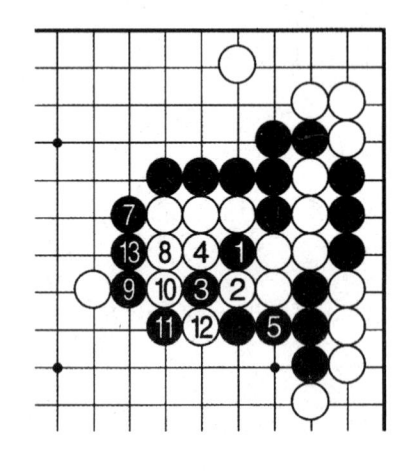

图 2-58

图 2-58 黑1到7连续弃子滚打至8后,只需9位轻松一枷,白方大团棋子无处可逃。

⑥=❶

第三章　围棋死活知识

一、死活棋基础

真眼与假眼

前两章所讲述的都是有关围棋的基本知识或基本原则，并没有把实战时的各种因素考虑在内。例如，前面所提的好几个例子，在围杀一团棋子的时候，可以连续排下很多棋子把它围住，但实际对弈时必须遵守"黑白交互下子"的原则，所以要对围棋的下法有个重新的认识。

例一

图3-1 排成直线的棋子是连接在一起的。

图3-2 斜向排列的棋子呢？暂时无法断定它是连接在一起或被切断。

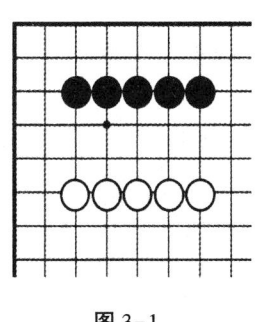

图3-1 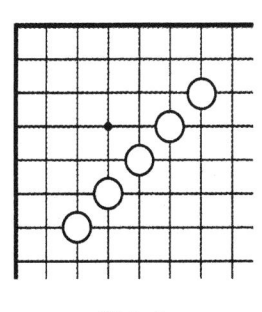　　　　图3-2 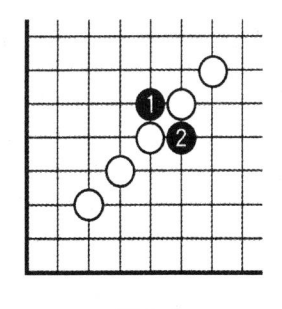　　　　图3-3

图3-3 被黑棋占到1、2的位置，白棋就被切断。但是黑棋要连续下完1、2两手才算数，但在实际的对局中，连下两手的情况不会发生。

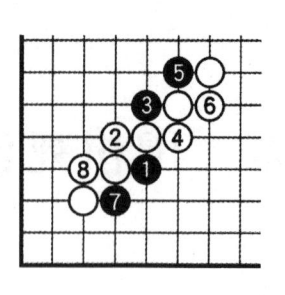

图 3-4

图 3-4 黑 1 时白 2（若黑 1 改下 2 处，则白 2 就下 1 处），黑 3 时白可以在 4 处接。以下黑 5、白 6、黑 7、白 8，结果白棋还是可以全部连接在一起。

例二

如果白棋不应对，而把棋下在别处，就会被黑棋切断。在真正下棋时要注意绝不可抱着侥幸的心理，期待着对方疏忽以切断其棋子而获利。

图 3-5 白棋的形状叫作"双"，这种形状的棋子是连接在一起的。

图 3-6 黑 1 准备切断白棋时，白棋可以白 2 接。如果黑 1 改下 2，白可以 1 接。

以下黑 3、白 4、黑 5、白 6，白棋可以连接在一起。下黑 1 时如果白棋不应对，当然会被黑 2 切断，但下棋要本着"黑白交互下子"的原则，白棋是不怕被黑棋切断的。

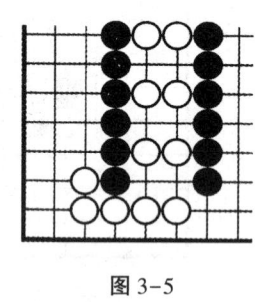

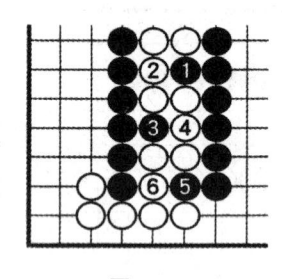

图 3-5　　　　　　　　图 3-6

死棋与活棋

例一

图 3-7 图中被白棋团团围住的两块黑棋是无论怎样都无法杀死的活棋,也就是典型的"有两眼的活棋"。

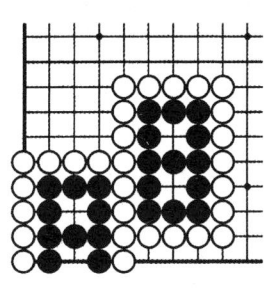

图 3-7

图 3-8 那么这一块黑棋如何呢?好像和前图很相似。

图 3-9 其实两者大不相同,图 3-8 的下方三颗黑棋已经被叫吃,白棋可下白 1 提掉这三颗黑子。

图 3-10 黑棋被提掉三子后,剩下的一半也被叫吃,所以这整块黑棋是死棋。

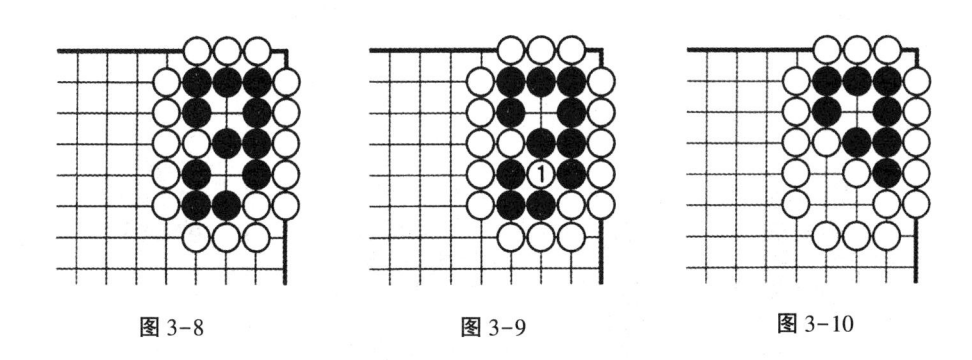

图 3-8　　　　　图 3-9　　　　　图 3-10

例二

图 3-11 这块黑棋又是如何呢?实际上图中上方的五颗子被叫吃。

图 3-12 因此白棋可以提掉这五颗黑子,而剩下的一半也无法逃脱,所以这块黑棋也是死棋。

都有两个眼的棋,之所以一个属活棋,一个属死棋,其差别就在两者有"真眼和假眼"之别。因此要能区别真眼和假眼才不会吃亏。

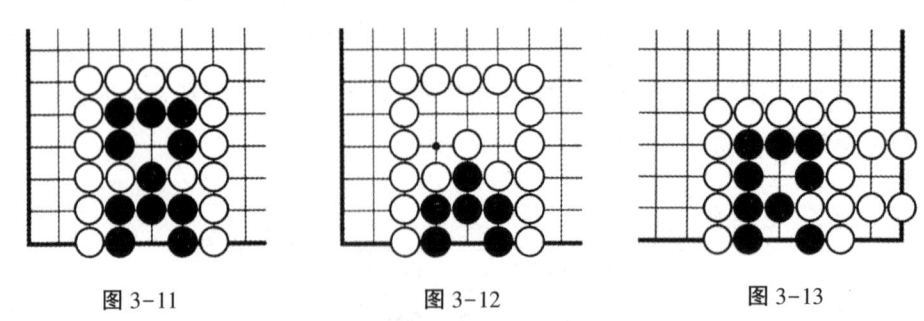

图 3-11　　　　　　　图 3-12　　　　　　　图 3-13

图 3-13 中的黑棋是活棋还是死棋呢?虽然上方的一眼是真眼,但下方边上的一眼是假眼,所以这块黑棋是死棋。这块棋也不属于要"打劫"的棋。白棋可以不理,等全部棋走完了,白再来提取黑子,因此时黑子再也找不到劫材,所以白棋可以第一次提一黑子,第二次待热子变冷后就把剩下的八子提掉。

例三

图 3-14 此形的黑棋也同样是属于死棋。

图 3-15 右边的黑棋是死棋,而左边的黑棋是活棋。

从中可以看出区别真眼和假眼对棋的死活的重要性。

图 3-16 判别真眼和假眼的差别,首先要注意眼的四个角落的棋子,也就是有△记号的棋子。

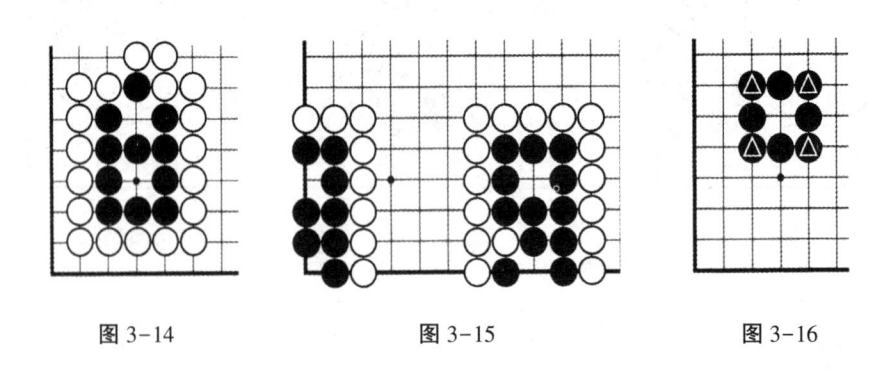

图 3-14　　　　　　　图 3-15　　　　　　　图 3-16

例四

如果四角的棋子齐全这个眼就是真眼(要有两个真眼才能活)。

图 3-17 本图的眼在 A 处缺少一子,但仍是真眼,其效力与前图完全相同。同时也并不限于 A 处缺少一子,就是缺少△的一子,只要其反侧的 A 处补有一子,效力便完全相同。换句话说四角中仅有一个角不完整,仍然是真眼。

图 3-18 但如果四角中有两角不完整,这个眼就可能变成假眼。

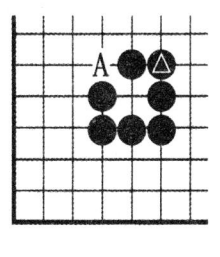

图 3-17 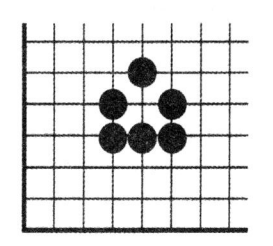　　　　　　　图 3-18

例五

图 3-19 黑棋眼形的两个角被白棋所占,这个眼就会变成假眼。

图 3-20 形状如图示的眼也是一样。

图 3-21 如果这两个不完整的角被白棋所占,就会变成假眼。

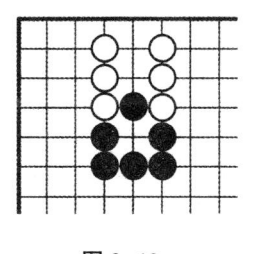

图 3-19 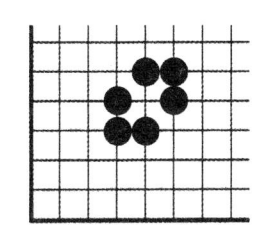　　　　图 3-20 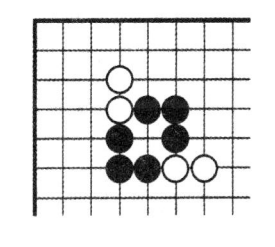　　　　图 3-21

例六

以上都是在棋盘中央形成的眼,下面我们来看一下角上和边上的眼。

图 3-22 这是边上的一个真眼。围成此眼的五颗黑子中如果不全,这个眼就会变成假眼。

图 3-23 像本图所示有一个角不完整,就会变成假眼。图 3-13 中边上的一眼就是因此而变成假眼的。

图 3-24 下面是角上的眼,同样图中三颗黑棋中缺任何一子都会变成假眼。

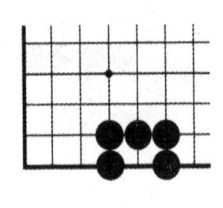

图 3-22 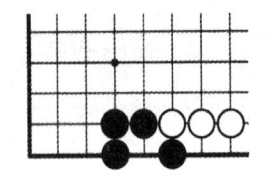　　　　　　图 3-23 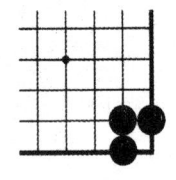　　　　　　图 3-24

上面所讲述的这些都是为方便而做的单方面解释。但真正对局起来，棋势会随着你一子我一子而时刻变化。因此，敌我的眼形也会随之变化无穷，以致形成真眼、假眼及未完成的眼形等。

如果不具备辨别真眼和假眼的眼力，在实际比赛中将会吃亏，此外，还要训练养成能看出后面几步棋的变化，才会进步。但一定要记住围棋"交互下子"的原则，并随时预测对方的下一步棋将下在何处。

例七

图 3-25 下一步该白棋下子，这一块黑棋是活棋还是死棋？

图 3-26 答案是"活棋"。若白 1 则黑 2 就成真眼，倘若白改下 2 处，则黑 1 同样成真眼。

图 3-27 这块黑棋是死或活？

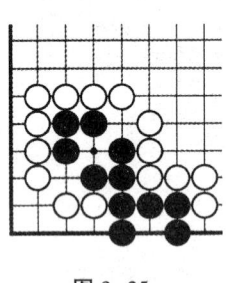

图 3-25 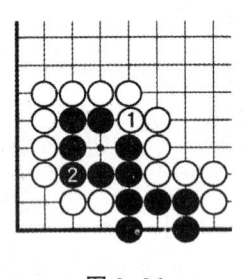　　　　　　图 3-26 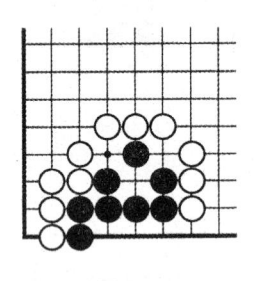　　　　　　图 3-27

图 3-28 是活棋。白 1 时黑 2，白 3 时黑 4，便有上下两眼。倘若白由 3 改下 4 处，黑棋可以下在 3 处吃掉这一颗白子，同样可以做眼。

图 3-29 图中这块黑棋属于活棋，还是属于死棋？

图 3-28　　　　　　图 3-29　　　　　　图 3-30

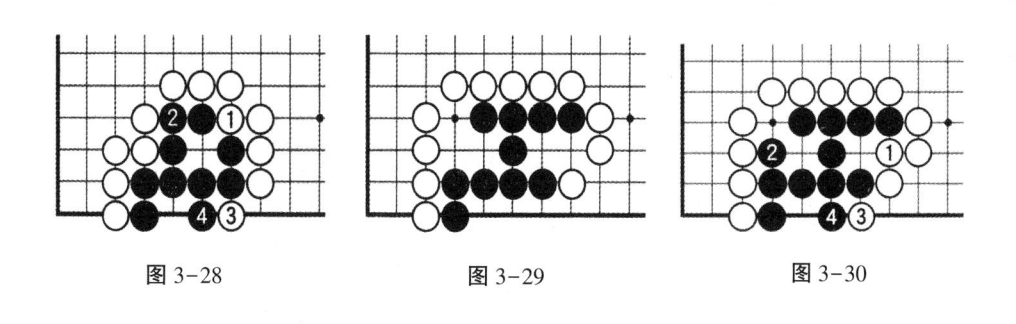

图 3-30 这块黑棋虽然还未做出一个真眼来,但确实是活棋。比方说白 1 黑 2,白 3 黑 4,很轻松地就可以做出两眼。

在此 1 和 2 处是可以相抵的,因为白棋无法做到在同时破坏黑棋的两个眼位,所以黑棋可以保留其中之一。

大眼与小眼

前面的眼的知识看起来简单,但在实际对局中,眼的形态千变万化,很容易被迷惑,因此需要加以区分,把握棋局变化。如本节的大眼和小眼,其实都是一个眼,如果不搞清楚,在实战中就难以把握。

图 3-31 同样是一个眼,却有大小之分,右边的三个眼是标准的小眼。

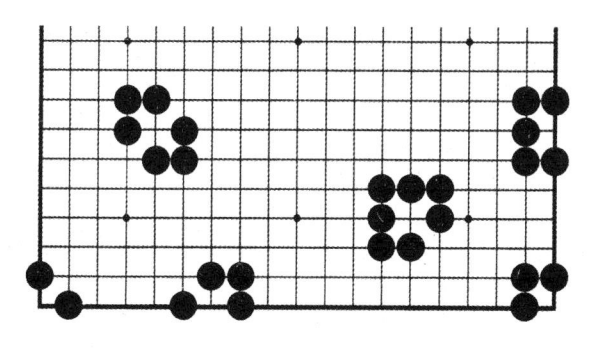

图 3-31

图 3-32 这里被白棋分别围住的四块黑棋也都是一个眼,却是大眼。通过紧气,大眼最终越变越小,直到被吃。

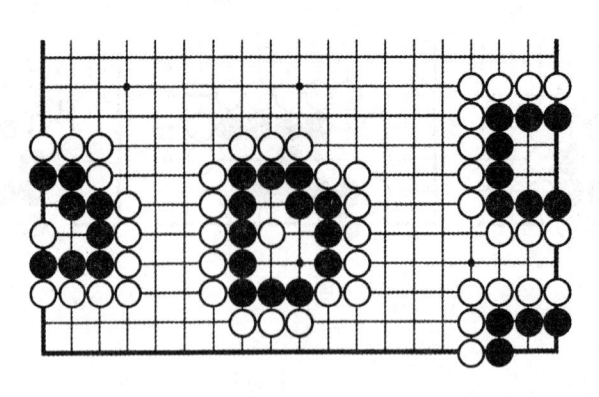

图 3-32

初学者禁忌

初学围棋者往往会犯一些毛病，在这里就这些易犯的毛病加以论述一下，以提高其认识。

例一

图 3-33 图中的黑棋是全部连接在一起的，但初学者往往会有"害怕被白棋切断"的心理。

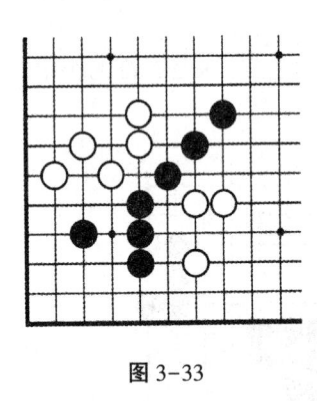

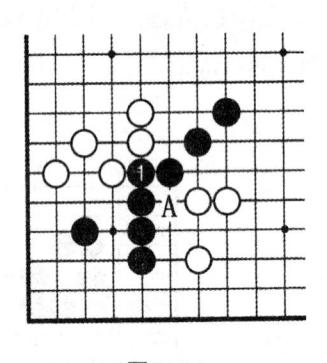

图 3-33

图 3-34

图 3-34 如在黑 1 处粘，以为这样比较保险。其实黑棋只要等白 A 时才以黑 1 应即可，在该处粘实无必要。这种未雨绸缪的做法，本来是无可厚非的，只是在比赛之中却不容这么做。因为围棋是最讲究效率的比赛，棋艺高深莫测，一着下错的结果就可能导致败北，所以绝不可浪费任何一手棋。

倘若白 A 改下 1 处，黑棋以黑 A 应还来得及。没有必要先接，但许多初学者都认为这样保险一些。

例二

对初学者来说,冒险求进的精神相当重要,有了不怕冒险的勇气,棋艺才会一步一步地得到提高。

图 3-35 这块黑棋是活棋,这一点谁都能看得出来。所以黑棋大可不必去理它,这块黑棋无论怎样都是活的。

图 3-36 可是仍然有些初学者常常抢先下黑 1 这一手无用之棋。其实等到白棋 A 或 1 时,黑棋再以 1 或 A 应还来得及,无须自动去补一手,纯属浪费棋子。

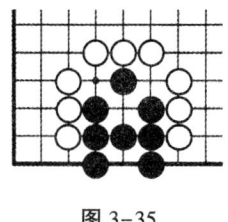

图 3-35

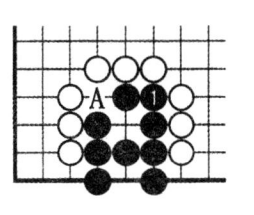

图 3-36

活棋的基本形式

初学者要记住不浪费每一手棋。另外,初学者还应掌握一些活棋的基本形态。

形态一

图 3-37、图 3-38 这两块黑棋都是各有两眼的活棋。同时两眼都属真眼,白棋已找不到任何机会杀黑了。

图 3-37 是被白棋围在中央,而图 3-38、图 3-39 两例各为边上和角上的棋形,尤其图 3-38 左下角的黑棋是以最少的棋子保持活棋的例子。

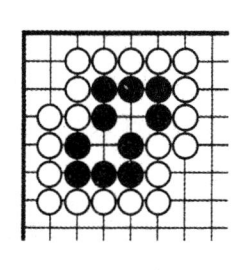

图 3-37

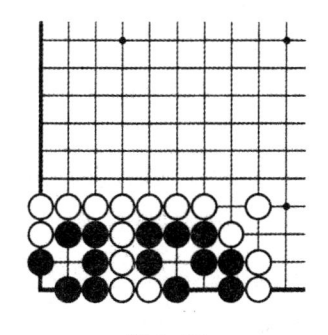

图 3-38

形态二

图 3-39 这块黑棋是活棋,还是死棋?

图 3-40 想一想图中的黑棋是否为活棋。

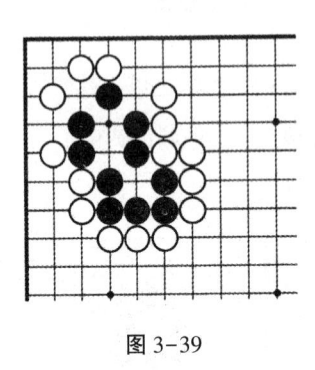

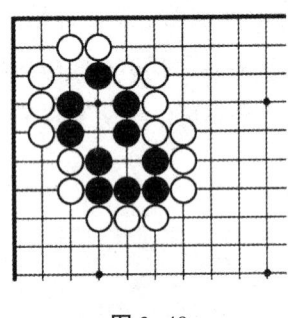

图 3-39　　　　　　　　图 3-40

图 3-41 本图是图 3-39 问题的答案。黑棋是活棋。因为白 1 时黑 2,就有两个真眼。

图 3-42 是图 3-40 的答案,而这块黑棋却是死棋。

因为白 1 有机可乘。这一手棋叫作"扑",也是一种弃子破眼的妙手。

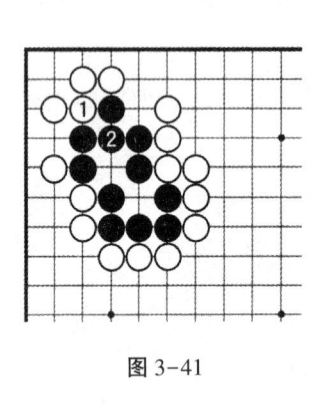

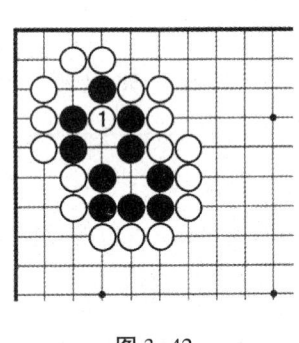

图 3-41　　　　　　　　图 3-42

图 3-43 如果黑棋以黑 2 提取一颗白子,白棋可用白 3 破黑棋的眼位,使之变成假眼,可使黑子成为死棋。

图 3-44 既然有了这种方法,那么对图 3-45 的黑棋,白棋是不是也可以采用此方法呢?

图 3-43

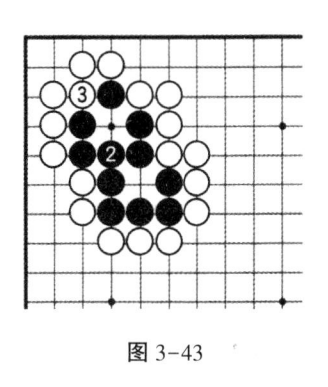

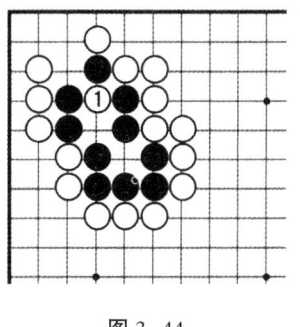

图 3-44

图 3-45 答案是否定的。倘若黑棋不小心以 A 处提取扑进的一颗白棋,就会被白棋在 2 处破眼成为死棋,但实际上黑棋可以在 2 处接,等白 B 叫吃时再以黑 A 提掉白子,就成两眼。

图 3-46 那么图 3-40 的黑棋若被白 1 扑进时,黑棋是不是可以黑 2 接?

答案也是否定的。请看图例,若黑 2 接则左边四颗黑棋被叫吃,白棋马上可以把这四颗提掉。

图 3-47 图 3-40 和图 344 虽然相似,但不属一类。关键在于 A 处有没有白子,这可以决定整块黑棋的生死。

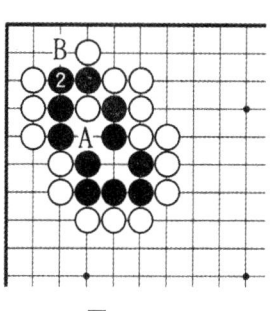

图 3-45

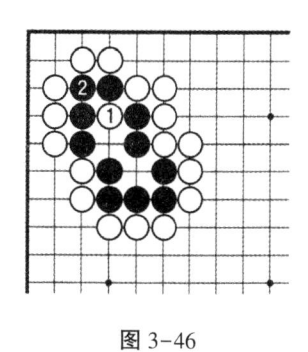

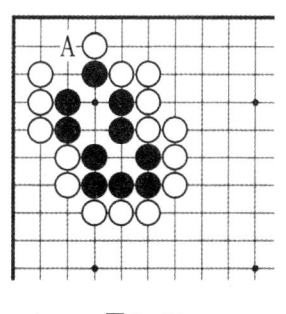

图 3-46

图 3-47

形态三

图 3-48 看看本图的黑棋是活棋还是死棋?

图 3-49 如果被白 1 先下手,黑棋就只有死路一条了。黑棋若以 A 欲吃白 1

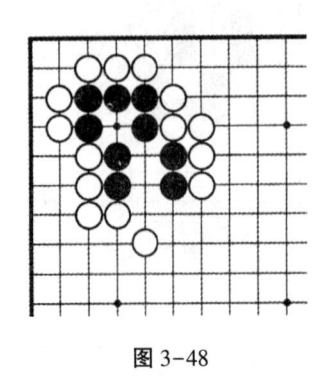

一子，反而会被白B吃掉而无法做眼，所以是死棋。

图 3-48　　　　　　　　　图 3-49

图 3-50 如果黑2、白3、黑4、白5，结果黑棋仅剩一眼而死。
图 3-51 那么本图的黑棋是死是活呢？

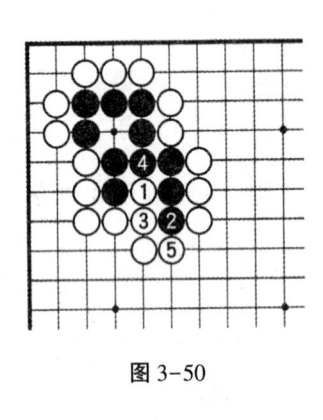

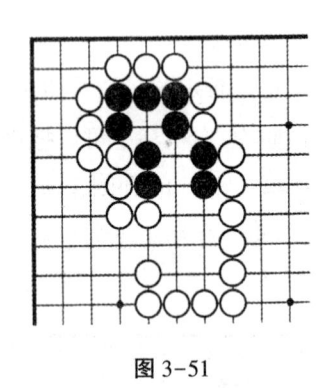

图 3-50　　　　　　　　　图 3-51

图 3-52 这种模形的黑棋仍是死棋，白棋还是可以用白1破黑棋眼位，如果此处被黑棋所占则黑棋成立两眼，白棋就无计可施了。所以白1是非下不可的一手。

下一步黑2时，白3把黑棋弄成假眼。其次，黑4若改提白1子时，经白4叫吃黑2一子，黑棋就死定了。倘若黑4向外逃，经白5、黑6、白7的追击，仍然没有做活的机会。

图 3-53 双方下到这里，白A便叫吃三颗黑子，所以黑棋不得不以黑B提取一颗白子。然后白C仍然叫吃三颗黑子，结果黑棋只能保有一眼，最后还是死

定了。

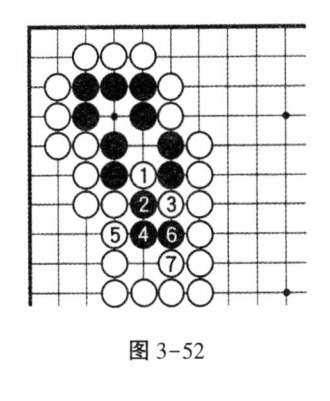

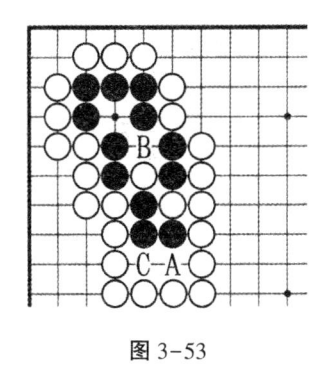

图 3-52

图 3-53

形态四

图 3-54 本图的黑棋是活棋还是死棋？

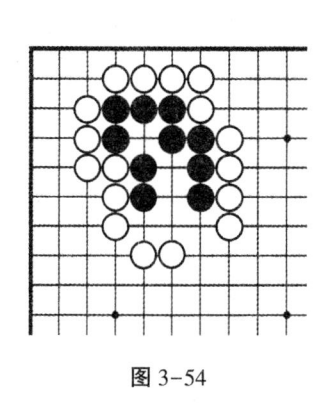

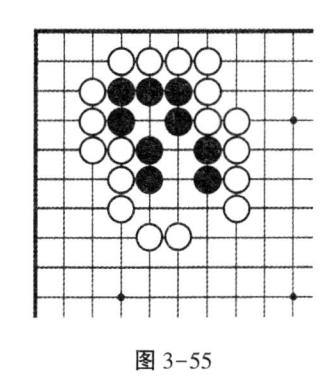

图 3-54

图 3-55

图 3-55 本图的黑棋是活棋还是死棋？

可以比较一下双方的棋形，并找出两者不同之处，然后再研究其是活棋还是死棋。要研究这种问题时，最好在棋盘上排出实际图形，不但方便且易于理解。

图 3-56 是图 3-54 的答案。

即使白 1 来攻，黑棋可用黑 2 做活。

图 3-57 下一步白 3 时，黑 4 可以活。如果白 3 改下黑 4 处，黑棋亦可用白 3 处做活。黑棋绝不可以在 A 处下子提掉白子，否则就会被弄成假眼而死。

图 3-56

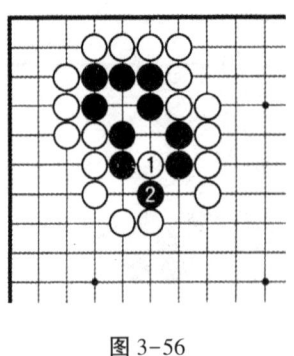

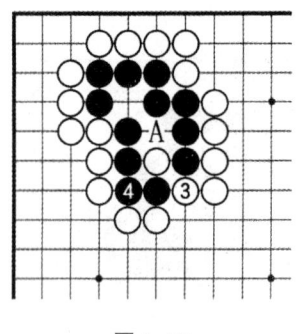

图 3-57

图 3-58 是图 3-55 的答案。

本图的黑棋是死棋。因为白 1、黑 2、白 3 时,黑棋若在 A 处粘,白棋可以在 B 处下子吃掉右边两颗黑子。又黑棋若在 B 提取一颗白子,则白下 A 处,黑棋将成假眼而死。

图 3-59 图 3-55 和图 3-56 的不同之处是在 A 处有无黑子,而分别形成活棋和死棋。

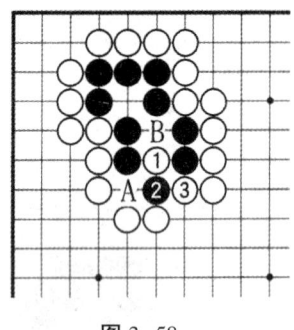

图 3-58

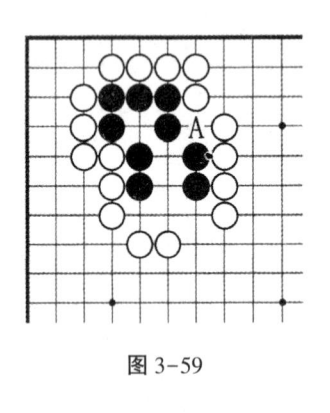

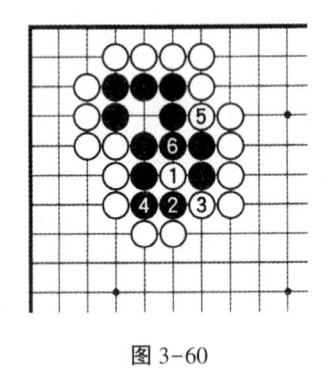

图 3-59

图 3-60

如果在 A 处没有黑子也没有白子时,那情形又将是怎样的呢?

图 3-60 答案是黑棋为活棋。

经过白 1、黑 2、白 3 时,右边二目黑子不被叫吃,所以黑棋可以用黑 4 粘。等白 5 叫吃时再以黑 6 提掉一子做活。

有关判别真眼和假眼的方法,有许多值得注意的事项,但这些方法与注意事项不宜死记硬背。因为棋形是千变万化的,绝不能一概而论,因此平时就要养成临机应变的能力,随棋局的变化以最佳的手法应付,这才是下棋之道。

本节总结如下:

活棋被对方围住,但具备了有两个真眼的条件的棋是活棋,没被对方围住的棋是活棋。

死棋被对方围住,并且只有一个眼的棋或没有眼的棋都是死棋。

二、常见的死活棋

直三

图 3-61 白棋内围了一条直线三个点,黑先,白棋是死棋还是活棋呢?这问题很好解答,黑先在 A 位一点眼,白棋就死定了。这样的棋形叫"直三"。

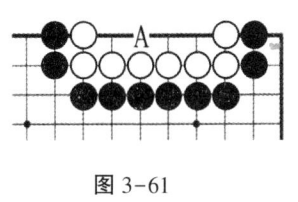

图 3-61

曲三

图 3-62 黑先,被围的白棋是死是活呢?黑下 A 位,就把白棋点死了,这种棋形叫"曲三"。

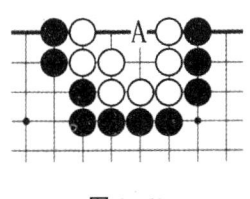

图 3-62

直四

图 3-63 白棋内围了一条直线四个点,黑先,白是死是活?在此图中,黑在 A 位点眼,白可下 B 位做成两个眼;黑在 B 位点眼,白可下 A 位也能活棋。总之,白是活棋,这样的棋形叫"直四"。

曲四

图 3-64 白棋内围了四个点,同样黑也无法杀白,这样的棋形叫"曲四"。

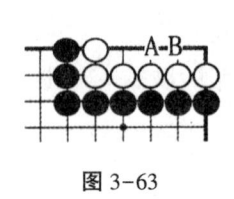

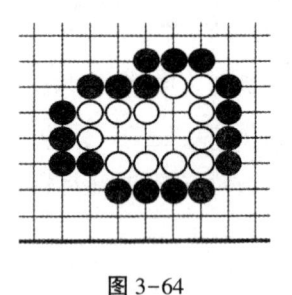

图 3-63

图 3-64

丁四

图 3-65 白棋内围了丁字形四个点,黑先在 A 位点眼,白棋只能做一个眼就被杀死了,这种形状叫"丁四"。

方四

图 3-66 白棋内围了方形四个点,这时黑不用点眼白已经是死棋形了。这是因为白在四点中任何一点下子都会变成"曲三",那时黑再点眼也来得及,这种棋形叫"方四"。

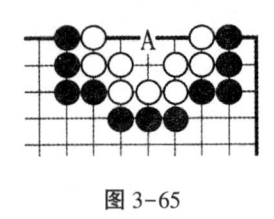

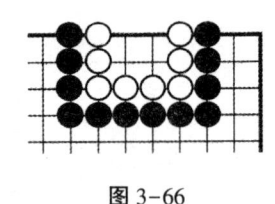

图 3-65

图 3-66

梅花五

图 3-67 白棋内围了十字形五个点,白是死棋还是活棋?黑先在中央 A 位点眼就可把白杀死,这种棋形叫"梅花五",以后黑可在 B、C、D 位下三个子,当白提掉四个黑子之后是"丁四",黑再点眼,最后总可以把白棋全提掉。

刀五

图 3-68 白棋内围了五个点,形状极像一把菜刀,因此形象地称它为"刀五"。黑先在 A 位点眼白就被杀死了。以后黑可在白棋内做成丁四,再缩小成直三,直至把白棋吃掉。

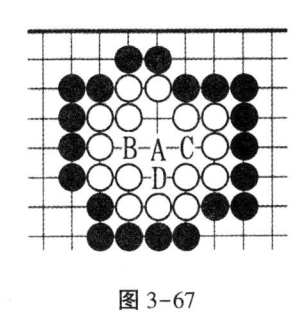

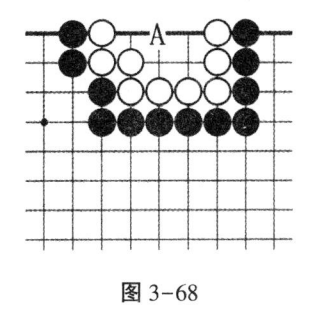

图 3-67

图 3-68

葡萄六

图 3-69 白棋内围了六个点,那它最终能否被杀死?黑先在 A 位一点眼照样能杀白。以后白如下 B,黑可下 C,白下 C,黑可下 B,白都无法做两个眼。白如不下,那黑可在白棋内先做成刀五或梅花五,直至最后把白全部吃掉,这种棋形叫"葡萄六"。从上可知,直三、曲三、丁四、方四、刀五、梅花五、葡萄六是死棋形,直四、曲四是活棋形。

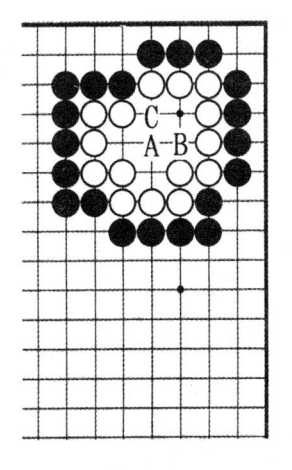

图 3-69

三、死活棋基本着法

点 眼

棋盘上所有的交点都称为目,而四周都被围住的目称为眼。

现在以三目、四目、五目、六目等方面对点眼这一着法及应用前景作简单的介绍。

例一

图3-70 上方被黑棋围住的两块白棋都是活棋,而下方被白棋围住的两块黑棋都是死棋。

图3-71 中表示有两眼的两种类型,但其中两个眼是否分别存在,对棋子的死活起着至关重要的作用。

图中左下方的黑棋有两眼,所以是活棋,那么右上方的黑棋也是活棋吗?

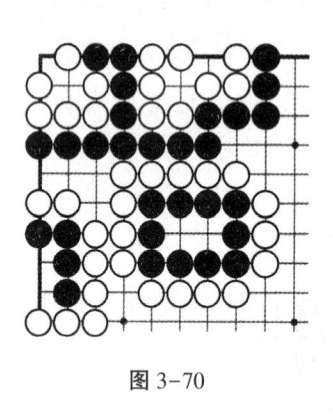

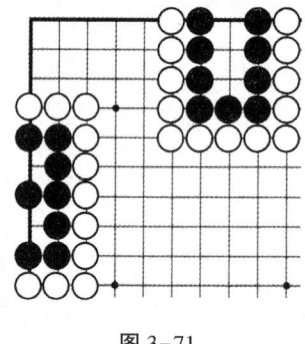

图3-70

图3-71

图3-72 其他也有曲三的类似棋形。

图3-73 图中的两块棋,如果轮到黑棋下子,则黑棋可在1处下子,如此便造成两眼而成为活棋。可是,一般讨论这种棋形是活棋或死棋时,往往是轮到对方下子,所以这两块黑棋都会因轮到白棋下子而变成死棋。

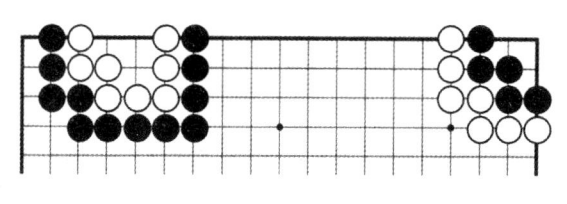

图 3-72

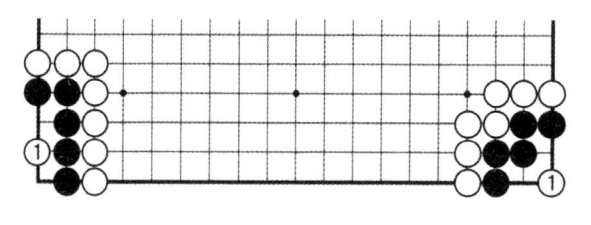

图 3-73

试演如下：

图 3-74 如果黑棋在 A 处下子，整块黑棋就会被叫吃而被白棋提掉，这么一来黑棋便无从下手了。

另一方面，白棋可按图右下方的方法以白 1 来叫吃，但如果黑棋以黑 2 吃掉白棋两子的话……

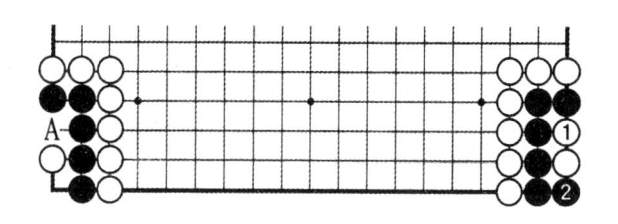

图 3-74

图 3-75 形成直线的两目，然后如前述，白 A、黑 B 变成一眼。如此看来，纵使黑棋是曲三或直三，如果被白棋在中间点眼，就会变成死棋。

像这样，白棋在黑棋的围地当中下子叫作"点眼"。原来有三目地的眼形，如果被敌方点眼，就会变成两目，最后再变成一目而仅剩一眼。

因此我们可以说"曲三或直三的棋形必为死棋"（这当然是假定会被敌方点眼）。

图 3-76 三颗白子在黑阵内。黑棋虽然随时可把三颗白子提掉，但马上又

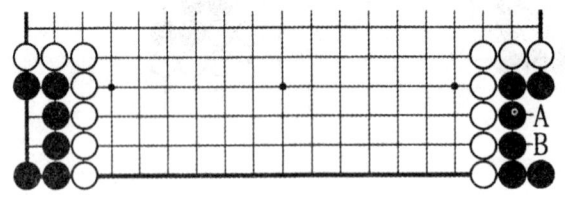

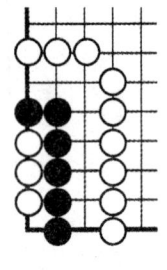

会被白棋点眼，最后变成一眼而不能活，所以这块黑棋便算是死棋。

图 3-75

图 3-76

例二

图 3-77 下面以直四的棋为例来说一说点眼。这是在边角上有直四的黑棋，如果白棋要吃它……

图 3-78 不论像右图或左图，只要白棋下 1，黑棋就会以 2 应，使黑棋仍保有两眼，所以这块黑棋是不会被吃掉的，换句话说它是活棋。

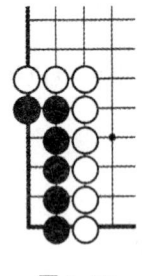

图 3-77

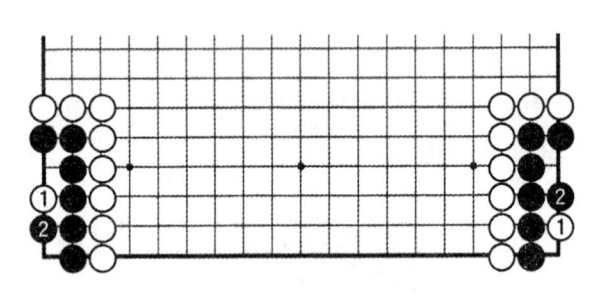

图 3-78

图 3-79 这种道理无论是在棋盘中央或边角上都成立，都是直四的形态，而且全部属于活棋。

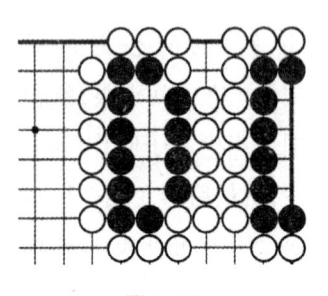

图 3-79

例三

图 3-80 这是曲四的棋形,上图在棋盘中央,而下图则在棋盘边上。

图 3-81 如果白棋以 1 攻黑棋,黑棋可用 2 应,而且上下两图同形,所以两者都属于活棋。

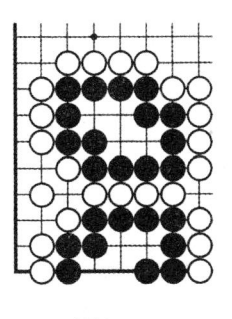

图 3-80 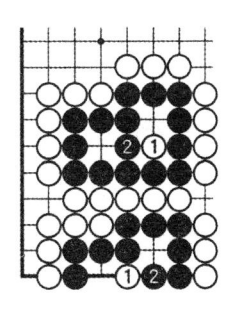　　　　　　图 3-81

图 3-82 这也是曲四的棋形,这种棋形是活棋还是死棋呢?

图 3-83 这种棋形也和前图相同,无论白棋怎么个下法,都无法置黑棋于死地,因此可得到一结论"曲四是活棋"。

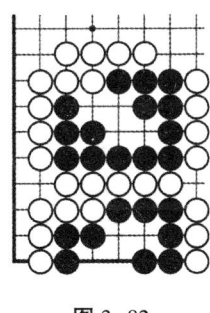

图 3-82 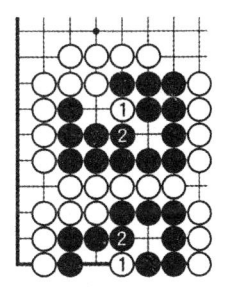　　　　　　图 3-83

图 3-84 如果四目地形成这种形状又如何呢?这种棋形称为"丁四"。

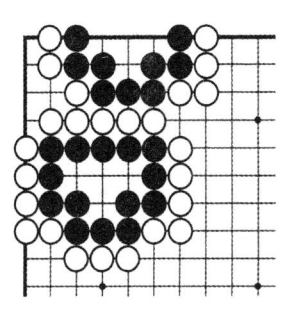

图 3-84

图 3-85 丁四若被白棋在中间 1 的要害处点眼,就无法做出两眼,所以同样

是四目地的棋,这种棋形却是死棋。

具体原因试演如下:

图 3-86 上边——如果黑棋下 A,就会变成前述的三目点眼成为死棋。除了 A 处外,黑棋若从其他两处进攻,也同样会形成三目点眼,所以还是死棋。

下边——如果白棋先下△和白 1(此时黑棋无法还手,如果黑棋下子,就会被吃掉),接着白 3 叫吃,虽然黑棋可以下 A 提掉三颗白棋,但白棋又可在△处点眼,所以还是死棋。

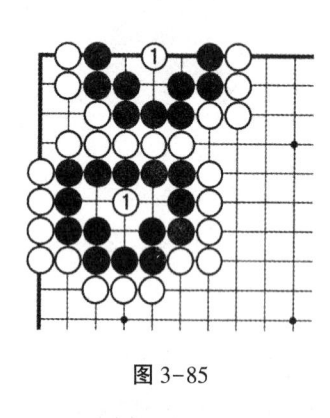

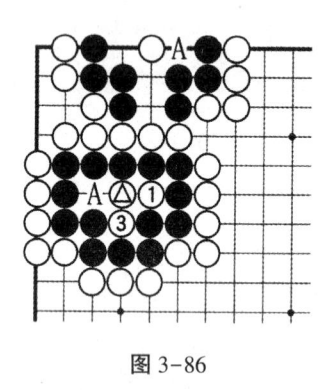

图 3-85

图 3-86

例四

图 3-87 下面是方形的四目地棋形,这种形状的棋,无论上下图都一样,很显然是死棋,白棋可不用理它,总之,黑棋是活不了了。

图 3-88 如果黑棋想以 1 求活,就会被白棋以 2 点眼,所以还是活不成,这种形状的棋叫作"方四"。

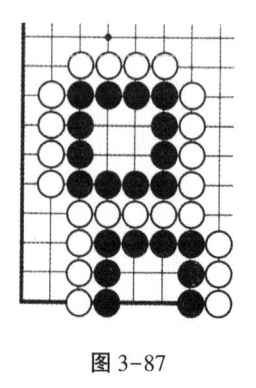

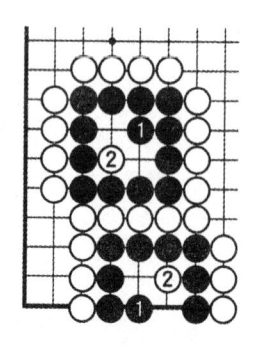

图 3-87

图 3-88

例五

下面再来看看五目地的棋形又是怎样的？

围地多达五目，死形就愈来愈少。直五和曲五当然属于活棋，五目地的棋形属于死棋的仅有下面所示两形而已，也就是图 3-89 和图 3-91。

图 3-89 这就是刀五的棋形，是"方四"边多一目的形状。

白棋从何处下手才能吃掉黑棋呢？

图 3-90 就是这样，白棋以白 1 来阻碍黑棋做眼，就可置黑棋于死地。

如果黑棋继续下黑 2，白棋可用白 3 应。如果黑棋将黑 2 改下 3 处，则白棋可在 2 应，黑棋还是无法做出两眼。

如果白棋下在白 1 以外的地方，当然会被黑棋做活。

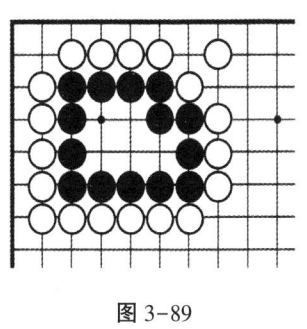

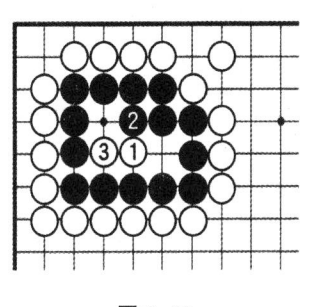

图 3-89　　　　　　图 3-90

图 3-91 这种棋形也相同，如果被白棋先下手，黑棋只成一眼。因为黑棋的空地形成梅花形，所以被称为"梅花五"。

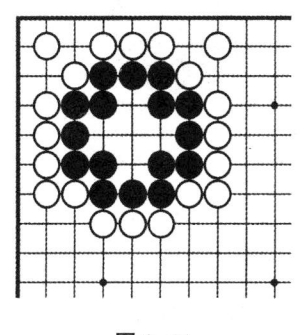

图 3-91

例六

下面再来看看六目地的棋形,有六目之多的棋形多半属于活棋,死棋只有一形而已。

图 3-92 这一形即死棋,通常称为"葡萄六"。

图 3-93 白 1 点眼之后,如果黑棋下黑 2,则白棋可用白 3 破眼,最后必定可将黑棋杀死。

为何黑棋会被杀死,如果黑棋不应,那情形又将是怎样的呢?

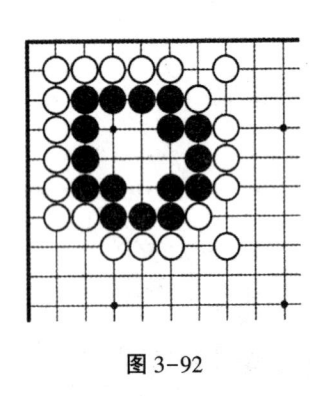

图 3-92

图 3-93

图 3-94 如果黑棋不应,白棋可用白 1、白 3 来叫吃,那么黑棋只好以 A 来提掉四颗白棋,然而提掉后的形状刚好是"丁四",所以还是会被白棋在 △ 处点眼而死。

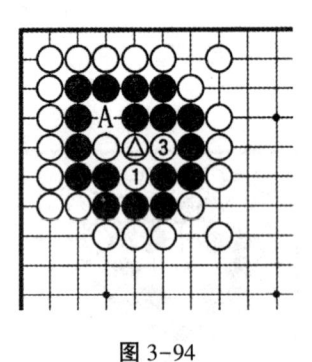

图 3-94

例七

那么,有七目地的棋形是死是活呢?

图 3-95 这是最不理想的七目地棋形的例子。

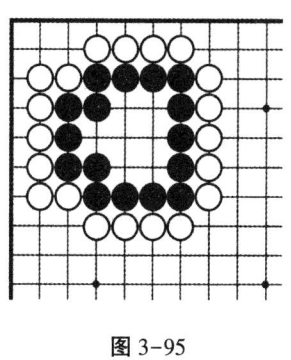

图 3-95 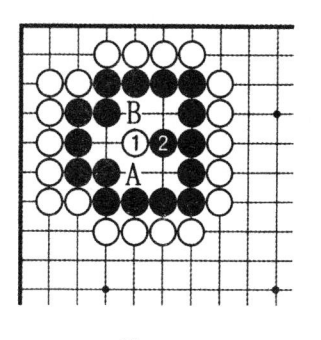　　　　　　　　　　图 3-96

图 3-96 如果白棋以 1 点眼,黑棋可以黑 2 应,下一步如果是白 A,则黑棋以黑 B 应便活了。如果白棋把白 A 改为白 B,则黑棋以黑 A 应,照样可以活。

有七目地以上的棋形,不管它呈何种形状,都不会是死棋。现在把被点眼而死的棋形重新整理一下。

三目——全为死形。

四目——直四、曲四是活形,丁四及方四是死形。

五目——仅有刀五和花五是死形。

六目——仅葡萄六是死形,其他全是活形。

攻　杀

互相围攻的场面称为攻杀。

例一

图 3-97 观察此图,中间的三颗黑子和三颗白子,都不和外侧自己的棋子相连,现在来判断双方这三颗棋子的生死。

就结论而言,双方的三颗棋子都不是活棋。

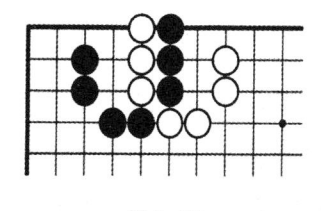

图 3-97 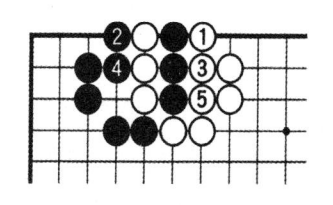　　　　　　　　　　图 3-98

图 3-98 如果轮到白棋下子，白棋可在白1下子，接着，黑2、白3、黑4时，白5提掉三颗黑子。

图 3-99 与此相反，如果轮到黑棋下子的话，黑棋也可如法炮制，提掉三颗白子。总之，双方的三颗子都不是活棋，所以早一步把对方棋子杀死的一方才能得胜。

白棋下子会把黑棋杀死，总共需要三手就可把黑棋杀死。同样的，黑棋也可用三手来提掉三颗白子，因此这场攻杀是三气对三气，谁能先下手，谁就可以获得胜利。

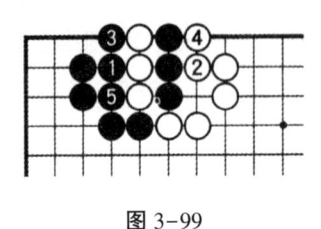

图 3-99

例二

图 3-100 那么，这个例子的结果是怎样的呢？算一算双方所剩的气可发现，黑棋有三气而白棋还有四气。

图 3-101 即使是黑棋先下手，以黑1围攻，当双方下到白6时，黑棋仍会被白棋吃掉。由于这个例子白棋多一气，因而白棋弃之不理也会获胜。

图 3-100　　　　图 3-101　　　　图 3-102

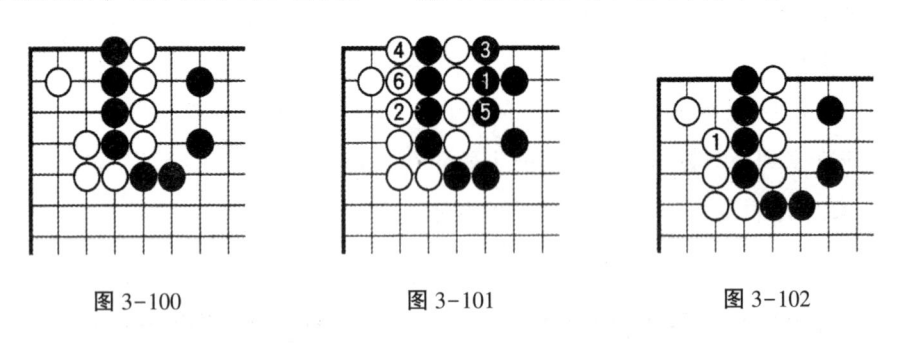

图 3-102 如果白棋先下手以白1围攻，黑棋仅剩下两气，便能杀死黑棋，但实际上白可不必如此，白1围攻等于是一种浪费。

总而言之，双方准备攻杀时，必须先算算彼此的气还剩多少，气多的一方获胜是必然的，且是不变的。

例三

图 3-103 譬如此例,黑白双方都剩下很多气,但计算后发现,黑棋剩九气而白棋有十气,所以可判断这场攻杀,白棋胜券在握,就算黑棋先下手也占不到便宜。

图 3-104 这是前图的详细说明。从黑 1 开始,双方一直下到黑 17,白 18 将黑棋提掉。但不要以为攻杀时"不早点下手,就会被敌方杀死",事实上这种想法是错误的,因为围棋是你来我往轮番下子的,所以一定要先详细计算双方所剩的气数,有把握时才可以下手攻杀。

从理论上讲,攻杀时"一定是气多的一方获胜"。可是,事实上又不完全如此,因为还有几个例外。

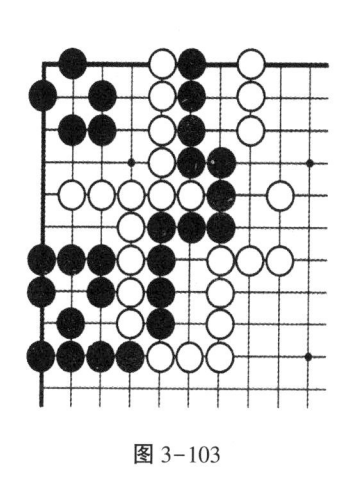

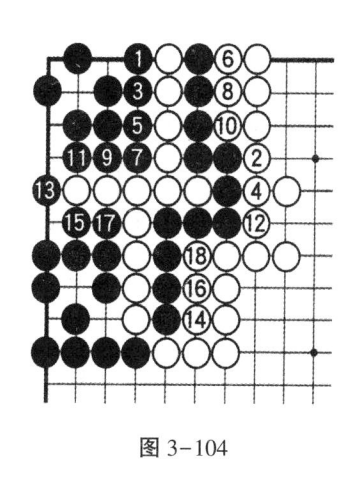

图 3-103　　　　　　　图 3-104

例四

图 3-105 的棋形,黑白双方都只剩下两气,因此应该是先下手的一方获胜,而实际却不是这样。

图 3-105 是在棋盘边上,而图 3-108 是在角落,各有特殊的性质,而无法直接下手,所以其中一方会比表面上多出一气。这种情况不仅出现在边上或角落,有时在棋盘中央也会发生。

图 3-105

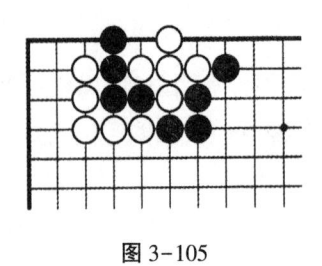

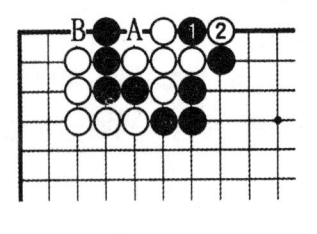

图 3-106

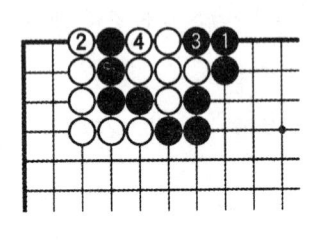

图 3-107

图 3-106 黑棋如果下 A，就会被白 B 提掉，所以黑棋不可从 A 处下手。但是如果黑棋从黑 1 围杀，又会被白 2 提掉，反而使得白棋的气数更多。

图 3-107 这么一来，黑棋势必得从黑 1 下手围杀，但经过白 2、黑 3、白 4 后，仍然会被白 4 提掉，所以看起来双方同样是剩两气的这块棋，实际上白棋等于有三气，因此白棋的获胜是必然的。

例五

图 3-108 黑白双方都剩三气，按理说黑棋先下手便可胜白棋。

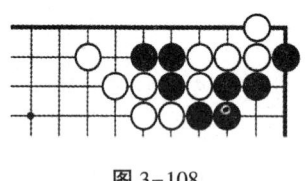

图 3-108

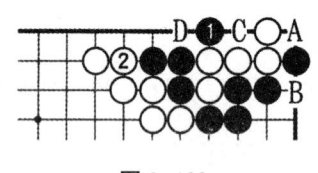

图 3-109

图 3-109 黑棋以黑 1 紧气，白棋当然会以白 2 紧气。下一步，如果黑棋从 A 处进攻，就会被白 B 提掉，同样的，以黑 C 紧气，也会被白 D 提掉两子。

图 3-110 继前图，无奈之下，黑棋只有以黑 3 接，而白棋会以白 4 立下，此时若黑棋不先以黑 5 粘，就不能下黑 7，所以慢了一步便会被白棋以白 6 叫吃而

遭失败。

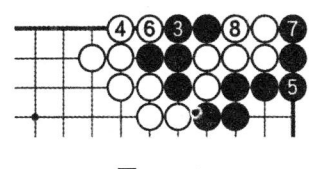

图 3-110

例六

图 3-111 如图中的例子，黑白双方都只剩下两气，但白棋如以 A 紧黑气，就会被黑棋以 B 提掉一子。同样，白 C 也会被黑棋以黑 D 提掉。这样一来，白棋必须先在 B 或 D 处补一子，才能紧黑气，但如果这样，黑棋又可先以 E 紧白气，所以白棋败局已定。像这种棋形，黑棋实际上有三气，获胜是当然的。

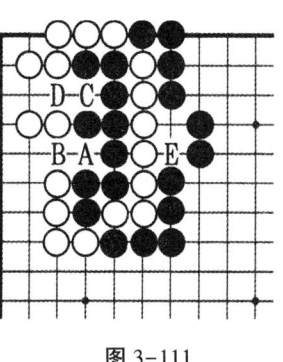

图 3-111

例七

图 3-112 这块棋白棋有四气，而黑棋却只有三气，从这来判断是白棋赢。

图 3-113 可是经过黑 1、白 2、黑 3、白 4、黑 5 后，却是黑棋获胜，问题出在哪里？

原来通常在攻杀时，双方皆有各自的"外气"和共有的"内气"。

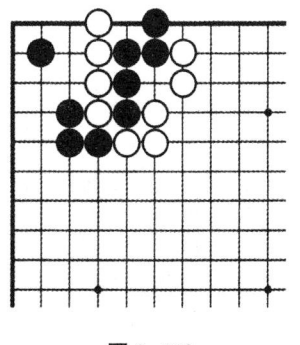

图 3-112

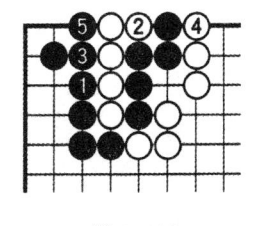

图 3-113

图 3-114 对照一下图 3-112,然后再看本图。A 处都是外气,而 B 处就是属于双方共有的内气。

图 3-115 黑棋下黑 1 时,白棋先以白 2 把外气缩短,接着黑 3、白 4 各把外气填满,等到黑 5 时,白棋才将白 6 下在共有的内气处,便可获胜。这个例子告诉我们"攻杀时一定要从紧外气开始",如果不遵守这个原则,赢的棋往往会输掉。

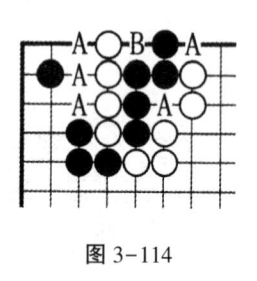

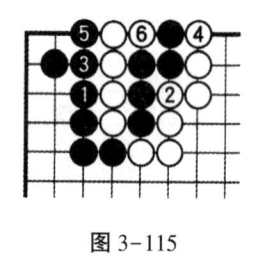

图 3-114

图 3-115

有眼杀无眼

例一

3-116 这也是攻杀的例子,照前面的说法,应先算一下双方的气数还剩多少。

经计算可以发现黑棋有四气,而白棋计算起来就比较困难,表面上它是剩下三气,但实际上是不是如此呢?

图 3-117 因为黑棋不能直接下在 3 处,所以必须先下黑 1,这么一来白棋也应该算是四气。

白棋有四气,黑棋也有四气,而现在由黑棋先攻,照理说黑棋应该赢才对,但是当双方下到白 4 时……

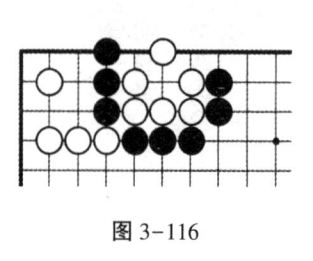

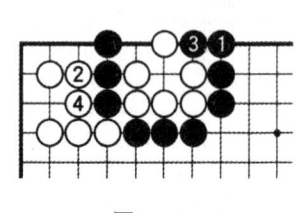

图 3-116

图 3-117

图 3-118 黑棋如下黑 A,就会被白棋以白 B 提掉,原因何在呢?

图 3-119 我们再重来一次,黑棋在被禁止的内气上先下黑 1,看看会有什么结果?经过白 2、黑 3、白 4……仍是黑棋输。

图 3-120

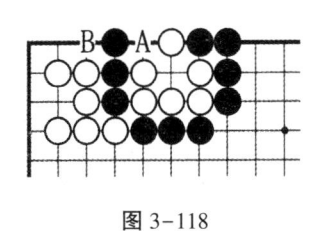

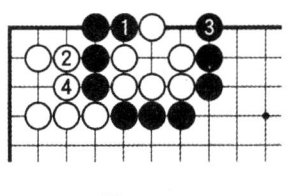

图 3-119

图 3-120 假定图中的黑白双方要对杀,因为黑棋有四气而白棋只有两气,就算白棋有三气,仍然会输。

图 3-121 原因是这样的:

白 1 围攻时,黑棋可以不加考虑地以黑 2 叫吃白棋,如果白棋继续以 B 紧气,黑棋便随时可以把白棋提掉,所以获胜的一方必是黑棋。反言之,黑棋改由外气进攻,以白 1、黑 A、白 B、黑 C 的顺序攻杀,黑棋一样会赢。但图 3-118 的例子黑棋败的原因又是什么呢?

图 3-120

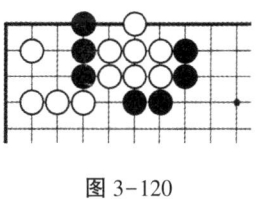

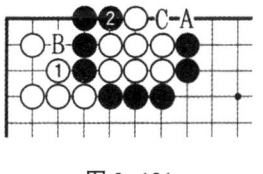

图 3-121

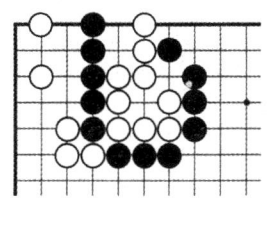

图 3-122

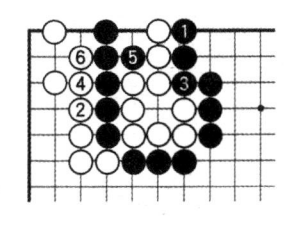

图 3-123

图3-122 此例黑棋有六气而白棋有五气,按理说不必去理会,黑棋也应获胜才对。

图3-123 如果由气较多的黑棋先下,应该会多两气而胜白棋,可是经过黑1、白2、黑3,再进行到白4、黑5、白6时……

图3-124 演变成这种情形。如果黑棋继续以A紧白气,就会被白棋以白B提掉,其原因何在呢?这是因为白棋有一眼而黑棋无眼之故,这种情形便称为"有眼杀无眼"。

图3-124

例二

图3-125 此图中黑棋有五气,而白棋仅有四气,因此黑棋不理也应该胜白棋。

图3-126 白棋先以白1紧气,可是等到双方下到黑8时,仍然是黑棋赢。这个例子同样也是有眼与无眼对杀的棋形,黑白双方剩下的气是五气对四气,而且是由四气的白棋先攻,仍然无法获胜。

图3-122的例子显示,白棋有五气,黑棋有六气,且黑棋先攻,结果却败给白棋,是什么原因使这两例结果不同?

原来图3-126没有共同的内气,而图3-123则有两处共同的内气,这就是造成结果差别的原因。总而言之,即使是一方有眼一方无眼,但如果内气全部紧气的话,就无法发挥有眼的威力;相反的,双方共有的内气越多,有眼的威力就越大。

看一看下一个例子。

图3-125

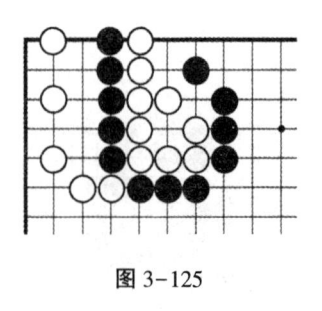

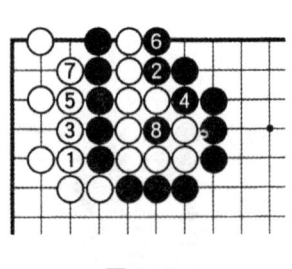

图3-126

例三

图 3-127 此例白棋有八气,黑棋有十四气。

图 3-128 如果黑棋先以黑 1 紧气与白攻杀下到白 12 时……

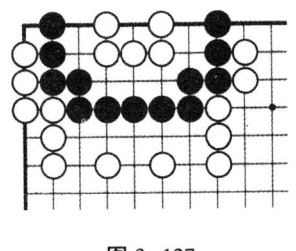

图 3-127

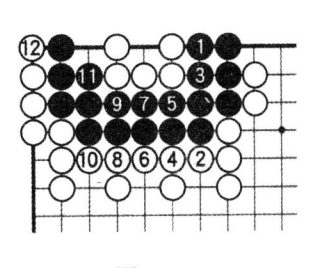

图 3-128

图 3-129 下一步,如果黑棋以 A 紧白气,就会被白棋以 B 提掉,结果以一气之差败给白棋,其最大的原因是双方共有的内气有七气。

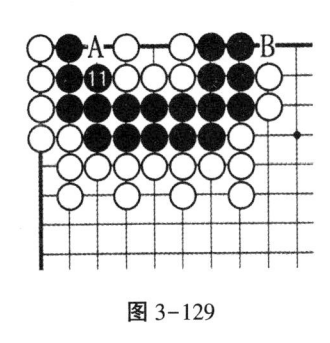

图 3-129

双 活

例一

图 3-130 双方下成这种攻杀的场面时,不论轮到谁下子都没有什么影响了。现在假定轮到黑棋下子。

图 3-131 如果黑棋以黑 1 从内侧紧气,就会被白棋以白 2 叫吃。

图 3-132 那么,假如让白棋先下,白棋若由内侧以白 1 紧气,同样会被黑棋以黑 2 叫吃,照这样看双方都不能先紧内气。

图 3-133 如要到黑棋下子,要由外侧以黑 1 来紧气,接着白棋也会以白 2 从外侧紧气。

图 3-130

图 3-131

图 3-132

图 3-133

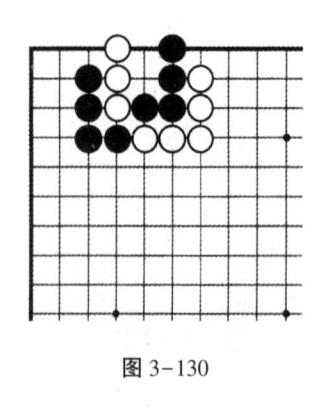

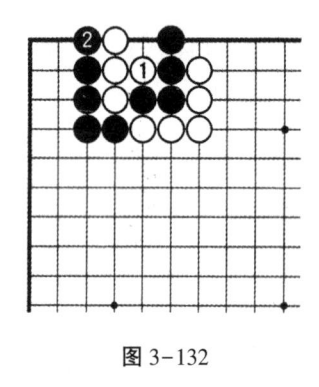

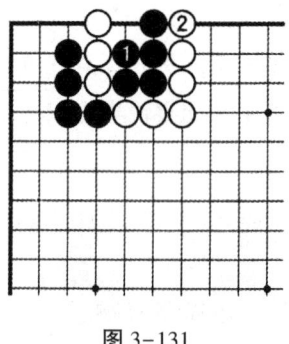

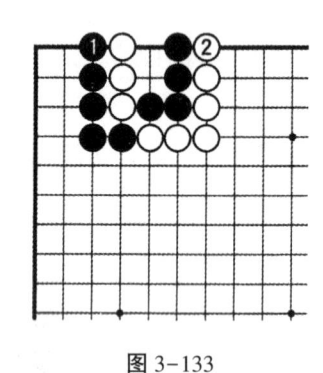

图 3-134 就算白棋先下，也要如图示，由白 1 来紧气，而黑棋当然以黑 2 应，结果和前图相同。

图 3-134

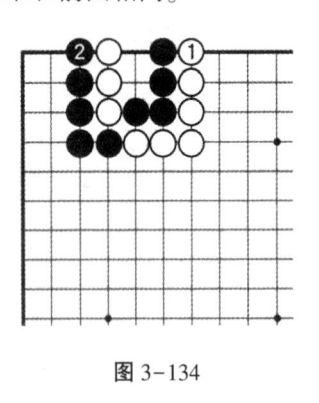

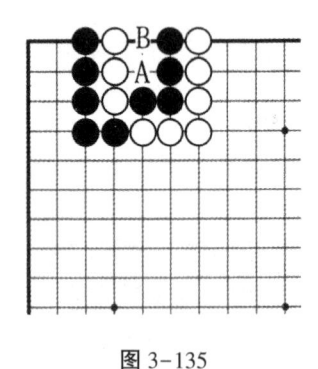

图 3-135

图 3-135 换句话说，双方若下到这种情况，以后任何一方只要先下 A，就会被对方以 B 提掉；当然若先下 B，也会被对方以 A 提掉。这样后出手人反而占到便宜，所以黑白双方都不愿继续进行，这种状态便称为"双活"。

在实际比赛中出现此情况时,该如何处置呢？答案是双方都维持现状直到结束。这种情形虽然违背"拥有两眼的棋子是活棋"的原则,可是因为双方都不能杀死对方,所以仍算是"活棋"。不过,造成双活的条件,必须双方共有的内气有两处以上才可。如果全无共有的内气,双活局面是不会出现的。

例二

图 3-136 这个例子也是双活,其内气包括 A 在内还剩三处。此时双方都可在 A 处下子,但如果进一步紧气的话,就会被对方提掉,虽然目前黑白双方随时可在 A 处（A 处以外的另两处也一样）下子,但这一子与双方的得失没有什么影响,可以说是浪费的一子,在实际比赛时,通常双方都不会下 A 子,而维持现状直到终局。

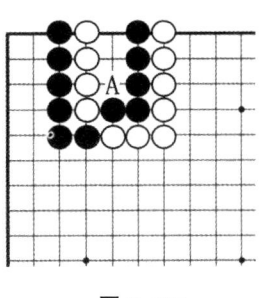

图 3-136

图 3-137 本图是双方各有一眼的双活,共有的内气仅有一气,因为这一气双方都无法加以紧气,所以致使双活的局面出现。

图 3-138 这也同样是双方各有一眼的双活,这样看来,须要有两手以上内气的双活形状,双方都不会有眼；如果双方各有一眼,只有一处内气就可造成双活。

图 3-137

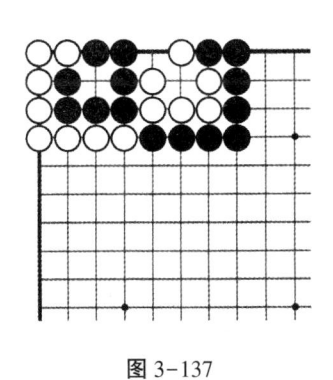

图 3-138

例三

那么,一方有眼而一方无眼时双活是否能出现呢？答案是"有眼杀无眼",所以不会成为双活。不过这也有例外,那么这种特殊形状的例外究竟如何？看看下面的例子便知。

图 3-139 中间的三颗黑子并没有眼,而其两边的白棋各有一眼,但这种局面并不属有眼杀无眼,因为在这种情况下,黑白双方都不能再进一步紧气(如果紧气就会被对方提掉),所以算是双活。

图 3-140 虽说有眼的一方威力较大,但如果对方的气数很多,无眼也会获胜。例如本图,假如由白棋先紧气．获胜一方仍然是黑棋。

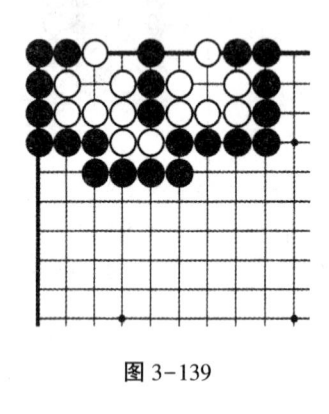

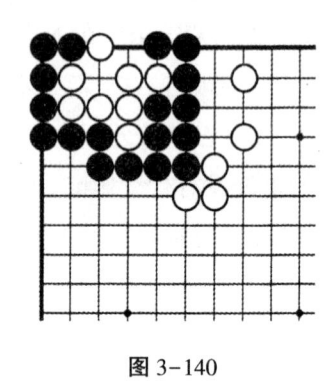

图 3-139

图 3-140

例四

图 3-141 这是双活的棋形。

图 3-142 但如果外侧的棋子被封塞,例如本图外侧的黑棋。

图 3-143 结果五颗黑子被白棋提掉,使得左边原来双活的四颗黑子也跟着死掉。

图 3-144 白棋也会发生同样的情形。

图 3-141

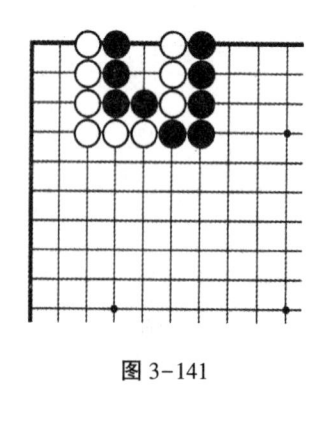

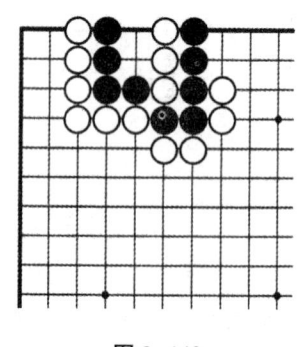

图 3-142

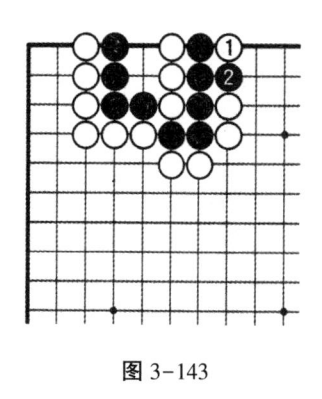

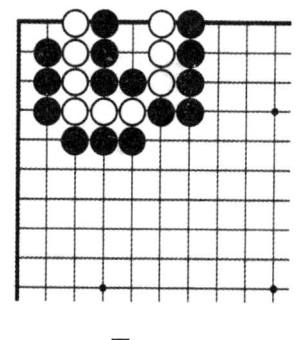

图 3-143　　　　　　　　　图 3-144

图 3-145 像这样，白棋被提掉的话，右边原来双活的三颗白子也会跟着被杀。

可以把这种情况称为"双活崩溃"。因此，如果要使双活维持至终局，外侧的棋子便必须保持为活棋。

图 3-146 双方外侧的棋子很明显的都是活棋，如此，在中央维持双活的棋子，才算是真正的活棋。

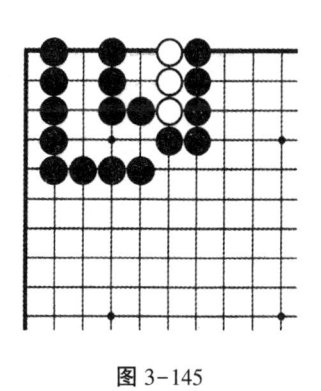

图 3-145　　　　　　　　　图 3-146

例五

下面要说明一下有关双活的要点。

图 3-147 这种棋形究竟是什么呢？

图 3-148 白 1 有意提取三黑子。

图 3-147

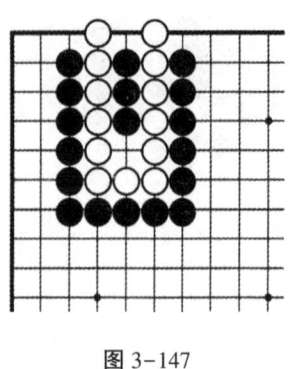

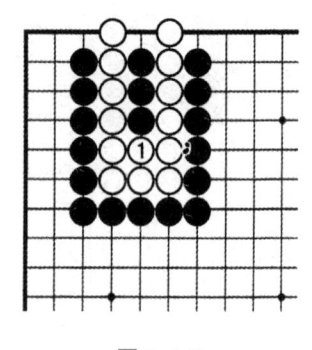

图 3-148

图 3-149 但是，如果白棋外侧全被紧气之后，所有白棋便会被叫吃。如果白棋不理，黑棋即可在 A 处下子，提掉全部白棋，因此白棋不得不把三颗黑子提掉。

图 3-150 黑棋被提掉之后，黑棋可以在黑 2 点眼而杀死白棋。在前图的情况下，白棋虽可提掉三颗黑子，但如果太急于去提它的话，也可能会促成自己死亡。

图 3-149

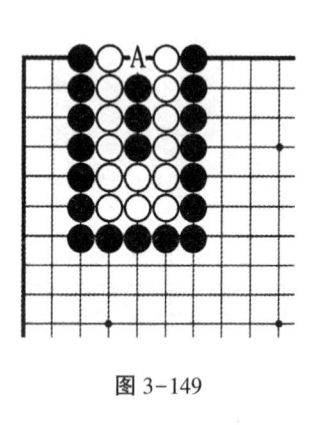

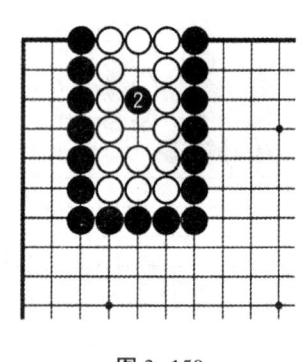

图 3-150

图 3-151 那么，假如轮到黑棋先下，就算黑棋堵塞住全部的活气，最后以黑 1 叫吃白棋，那白棋当然要以白 2 提掉四颗黑子。

图 3-152 结果变成这种情形，这是属于直四棋形，所以是活棋。

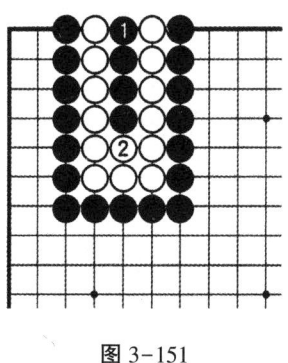

图 3-151 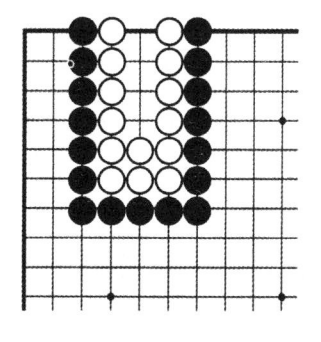   图 3-152

像这样，黑棋积极地去紧白气，将会促进白棋做活，所以双方都不能先出手，而必须保持图 3-148 双活的情况直至终局。就结论来说，双活有"紧气双活"和"关系死活的双活"这两种形式。

例六

图 3-153 这是双活的棋形。

图 3-154 这也与前图完全相同。

但有些形状与此很相似而结果却完全不同的棋形，如果不能准确地加以判别，便很容易吃亏上当。

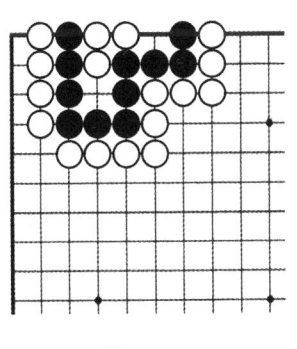

图 3-153 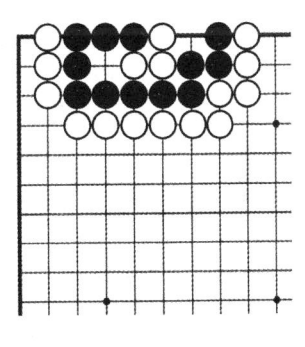   图 3-154

例七

图 3-155 这种图形是否为双活？

图 3-156 如果白棋下白1，则黑棋可用黑2提掉它。

图 3-157 结果变成"曲四"的活棋。

图 3-158 像本图，白 1 叫吃，而黑 2 提掉四颗白子之后那情形又将是怎样的呢？

图 3-159 继上图，就会变成丁四，白棋可在中央点眼杀死黑棋。

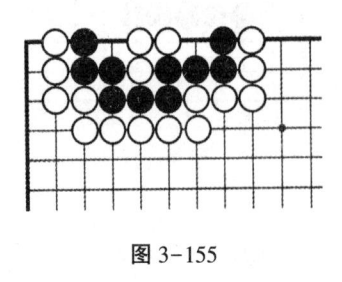

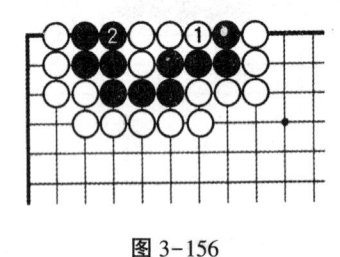

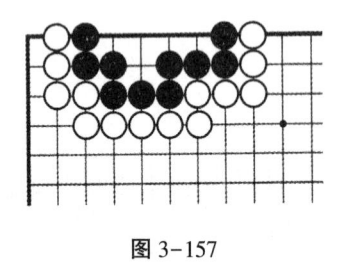

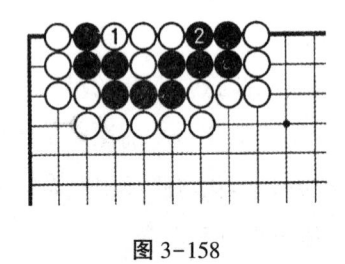

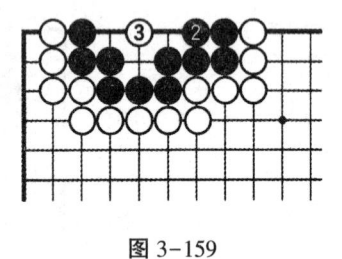

图 3-155

图 3-156

图 3-157

图 3-158

图 3-159

接不归

接不归是最基本的提子技术之一。以接不归来提子可使围棋的趣味性大增，如：

图 3-160 此形，为救三个黑△，只有用接不归之法了。在不懂接不归时，下黑 1 时白 2 连接，最后黑子还是被吃。

图 3-161 下黑 1 不是"被提"而是"扑"。因为被叫吃，白只能下白 2 来提。

图 3-160

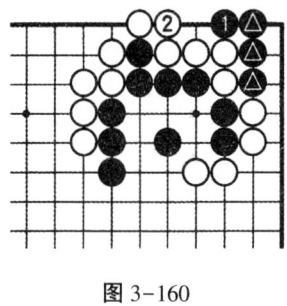

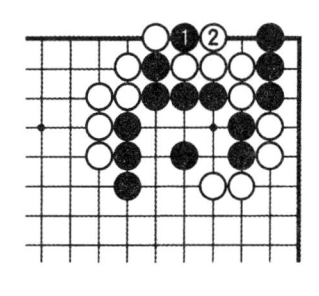

图 3-161

图 3-162 在此，黑 3 叫吃。白下白 A 的话，黑以黑 B 来提，或是白下白 B 的话，黑以黑 A 提子。

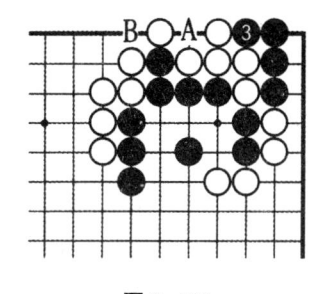

图 3-162

第四章 围棋攻杀与劫争

一、长气和紧气

"长气"和"紧气"是围棋最重要的基本技术之一。如果不理解"长气"和"紧气"的概念,就会形成本来可以吃掉对方的棋,反而因为一气之差被对方吃掉的局面,使胜负颠倒过来。

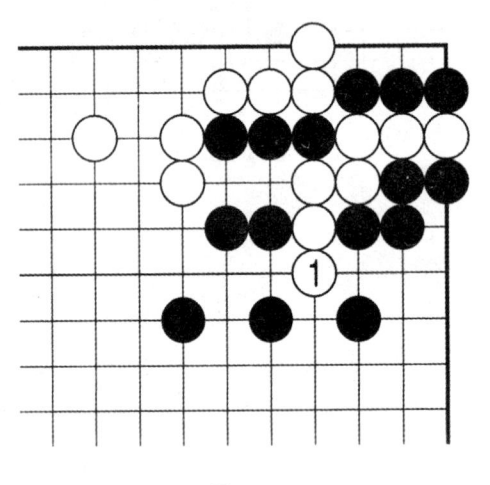

图 4-1

图 4-1 六个白子和三个黑子被相互分割包围,形成了对杀,黑子有三气,白子只有两气。这时轮白走,白直接紧气肯定是不行的。白 1 是"长气"的好手,现在白棋有四口气,角上的三个黑子差一气被杀。

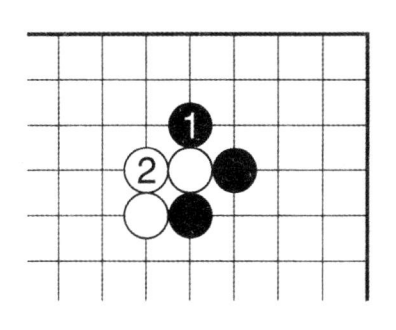

图 4-2

图 4-2 黑 1 打。对黑 1 打，为了防止黑棋提子，白下 2 位。白 2 增加了自己棋子的气，成功地进行了防守，白 2 这手棋就是长气。

我们已经知道，长就是在己方棋子直线紧邻的点上下子，是主要的一种防守手段。图 3 白 1 也是长，它增加了自己棋子的气，为下一步更有力地进攻黑子创造了条件。

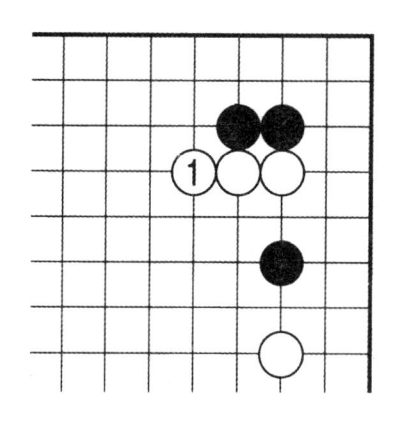

图 4-3

图 4-3 白 1 也是长，它增加了自己棋子的气，为下一步更有力地进攻黑子创造了条件。

图 4-2 中，白 2 是在当对方黑 1 打的情况下长，这是被动的长，以达到阻止对方提子的效果。而图 3 中，白 1 在是黑方没有形成打的情况下而长，这是主动的长，它的作用是整顿己方棋子的队形，使之利于生存，同时为更有力地进攻敌子创造条件。

二、做眼

凡"做眼"后能取得先手,称为"先手眼";做眼后要落后手,称为"后手眼",也称"半只眼"。

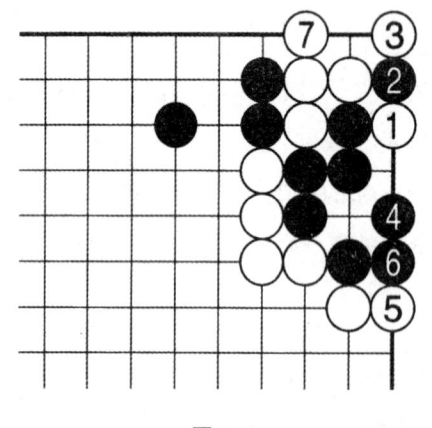

图4-4 白1扳是一着错棋,然后黑2扑、黑4做眼皆好手,做眼可长气,一直到白7,白方后手双活,攻击失败。

图4-4

三、硬腿

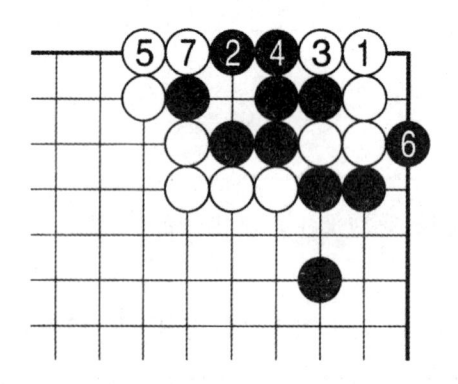

图4-5

图4-5 白1立,做成硬腿,可长气,白方攻杀获胜。

四、公　活

1.双活

凡是能做出两只真眼的棋才是活棋。如果只做出一只眼,或者一只眼也做不出来,那么气终将要被对方紧掉。

但是,围棋是千变万化的,有一种棋虽然一只眼也做不出来,或者只做出一只眼,可对方却无法紧住你的气而吃掉你的棋,这就是"双活"。

图 4-6 中间黑白子各自交错,往外都没有气了,只能共 A、B-气。然而无论谁先在这里下子,谁就保不住自己的棋子。于是双方都不愿再下子进去,术语里称为"双活"。

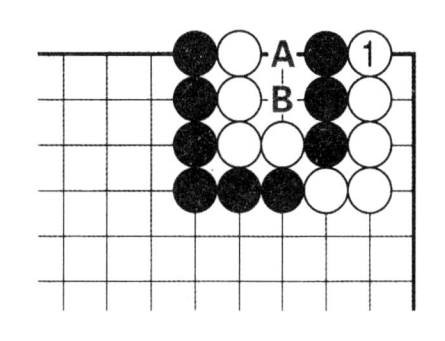

图 4-6

需要注意的是,在实际下棋中,绝大多数时候活棋都是成两只眼的形态,特殊形态的活棋出现的时候不多。

图 4-7 中间 5 个黑△子被包围,没有眼,中间 5 个白⊙子也被包围,同样没有眼。但是,双方都不敢在 A 点或 B 点下子,否则就会被对方提掉;所以,双方谁也不能提掉对方。

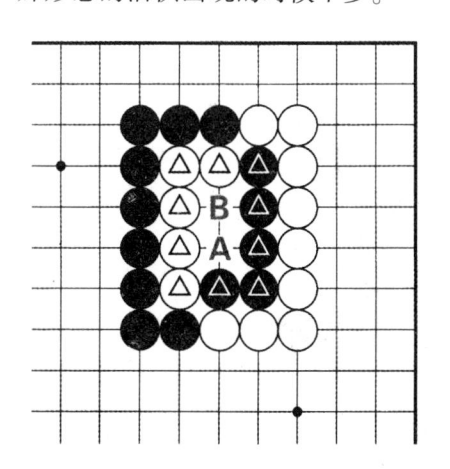

图 4-7

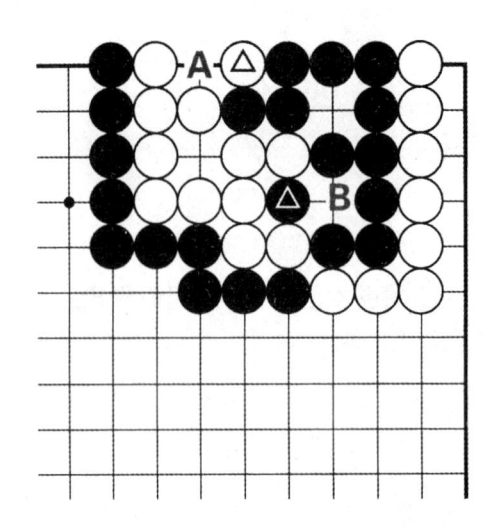

图 4-8

图 4-8 互相包围的双方各有一只眼，另外双方还各有一只成打劫状态的假眼。如果黑下 A 位提劫，白下 B 位提劫，黑找劫材后再在黑▲位提劫，白又在白△位提劫。照这样下去，黑棋永远不可能提掉这块白棋，当然白棋也不能提掉这块黑棋。所以我们说，这种情况也是双活，叫"循环劫双活"，也是没有两只真眼活棋的特殊棋例。

2.多活

多活是一种特殊的双活形式。双活，是指黑白双方都有存活的条件和机会，双方棋子都能活下来。而多活，虽然也是黑白双方都存活下来，但与普通双活不同的地方，在于它活下来的地域不只黑白两块，而是更多。

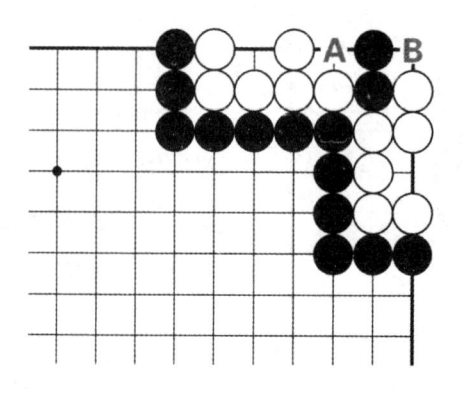

图 4-9

图 4-9 白棋被黑棋分断成两块，两部分各有一只眼，但黑棋无法在 A 或 B 位紧气，否则就会被吃掉。白棋也吃不掉两个黑子，这种棋称为"三活"（一方有眼一方无眼）。

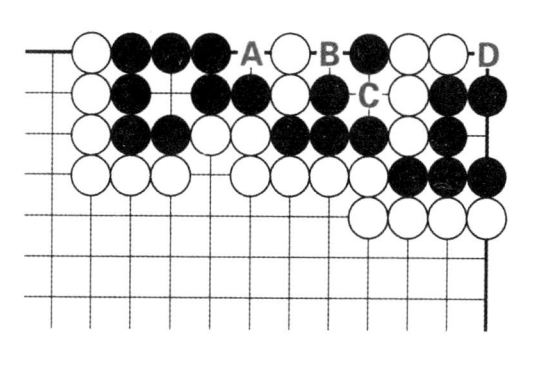

图 4-10

图 4-10 黑棋三块棋，白棋两块棋，互相围住，双方谁也不能在 A、B、C、D 四点放子紧气，否则就会被对方吃掉，所以黑白两方五块棋被称为"五活"。

五、劫的定义

围棋的对局有一个与众不同的要求，那就是棋局结束一定要双方同意才算真正终结。因此有禁止的限制，就是避免有一方赖皮，故意拖延时间，以自尽来阻碍棋局的进行。

但是，还有另外一种情形同样会令棋局无法进行，那就是反复提取棋子。因此在围棋的规则中，把棋子的反复提取称为"劫"，当然有规则上的限制，先来看看具体什么是劫。

图 4-11(1) 白 1 下后，造成对方气尽，可以把黑子提取。

(2) 此时黑不能立刻下在 2 位提取白子，否则棋局永远无法结束。

图 4-12 白 1 下后，造成双方气尽，可以把黑子提取。

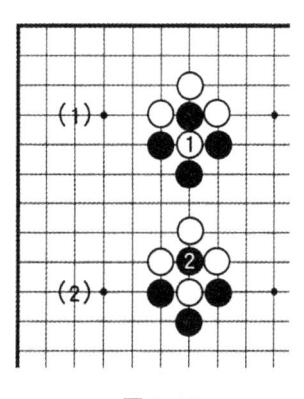

图 4-11

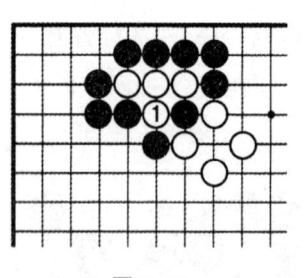

图 4-12

图 4-13 此时黑可以下在 2 位提取白四子，因为提取后棋局已产生了新的变化，棋局可以继续进行。

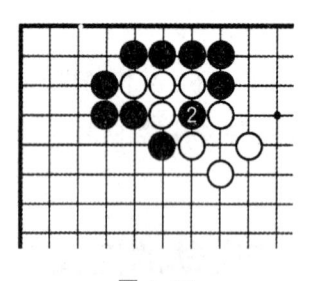

图 4-13

对劫的解释，简单地说"一对一的双方气尽"就是劫。因为一对一的双方气尽会造成反复提取，妨碍棋局进行。如果提取之后，棋形改变，则对棋局进行没有影响，就可以不受任何限制。

六、劫的种类

单　劫

劫的胜负不影响其他棋，即只有关系到一个子得失的劫就叫"单劫"。
图 4-14、图 4-15 黑 1 提就是单劫。
单劫一般是收官子的阶段打。不要轻视单劫价值，有时在盘面很细的局面将决定一盘棋的胜负。

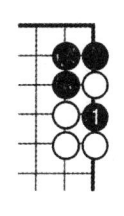

图 4-14

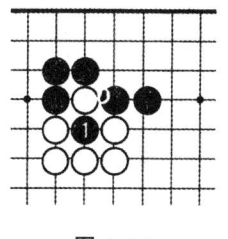

图 4-15

生死劫

能影响到双方多个子的得失,同时对全盘的胜负起重大作用的大劫,就叫"生死劫",也可以称之为"天下劫"。

图 4-16 黑 1 提,形成生死劫。

图 4-17 白如果没有合适的大劫材时,黑 3 便不顾一切地粘上。这样黑既可以救活两块黑棋,还可以杀死白棋,可谓一举两得。

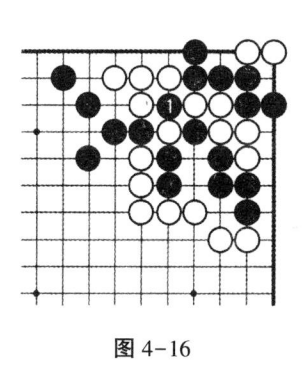

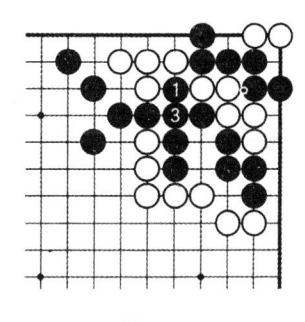

图 4-16

图 4-17

图 4-18 如果白有合适的大劫材,黑就必须在别处应一手,白 4 便可回提劫了。

图 4-19 白提劫后,如果黑没有合适的大劫材时,黑 5 只能走在其他地方,白 6 也会不顾一切地粘上。白在救活自己一块棋的同时,还可杀死黑两块棋,白大胜。

图 4-18　　　　　　　　　　　　图 4-19

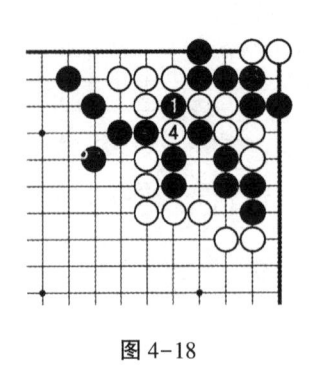

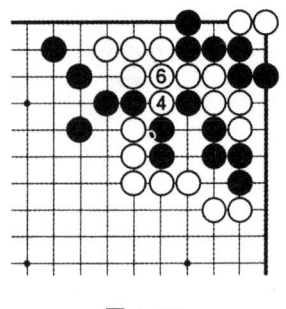

从例子中可以看出,此劫谁胜谁负对于双方来说都有极重大的影响,很可能关系到这盘棋的胜负,所以说此劫是生死劫。

无忧劫

劫的胜负影响不到自己一方的劫就叫"无忧劫"。

图 4-20 黑 1 提,形成打劫。黑如劫胜,可吃掉白五个子;如劫负,也只是让白救走自己的子,影响不到自身。所以此劫对黑来说就是无忧劫。

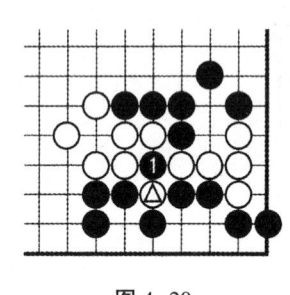

图 4-20

紧气劫

提劫后打吃对方的劫叫"紧气劫"。

图 4-21 黑 1 提劫,同时打吃对方的五个子,这样的劫就叫紧气劫。

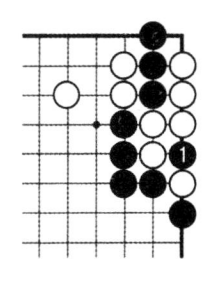

图 4-21

缓气劫

提劫后还需要再紧气才能打吃对方棋的劫叫"缓气劫"。

图 4-22 黑 1 提劫，下方六个黑子由一口气变为两口气，但再下一手棋，也无法提掉角上白棋，所以此劫对黑棋来说就叫缓气劫。

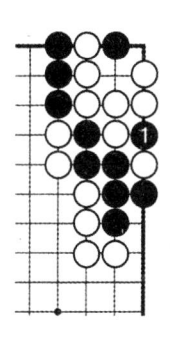

图 4-22

先手劫与后手劫

产生劫之后先提劫的一方为先手劫，对方即是后手劫。

图 4-23 白一子紧气打吃黑三个子时，黑 1 提劫，这时黑就是先手劫，白需要找劫材再回提打劫时就是后手劫。

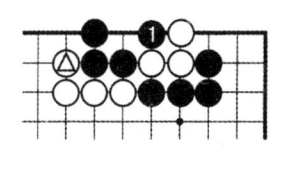

图 4-23

七、劫的运用

劫　活

利用打劫来争取活棋就叫"劫活"。

当你的棋不能无条件活,你就应考虑一下是否可以运用打劫来扩大眼位而活棋。

图4-24 当白1打时,如果黑2老实地粘上,白3长,黑因没有两个眼而死。

图4-25 此时黑2挡才是正着,用打劫的方式来争取做活。

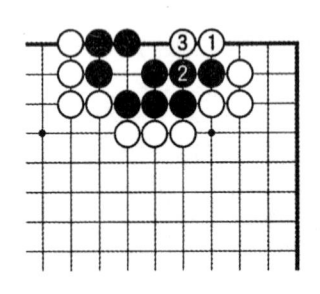

图4-24 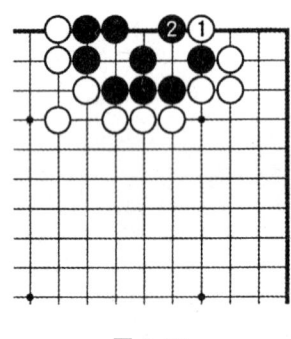　　　　　　　　图4-25

图4-26 此时白活棋的唯一方法就是虎,黑如A位打,则白B位挡做劫。白先走A位或B位均不行,黑可在白1处点。

图4-27 走成此形时,黑先走能活吗?

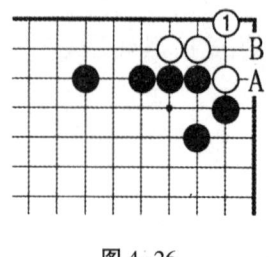

图4-26 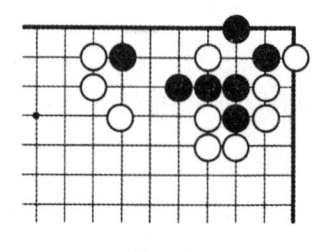　　　　　　　　图4-27

图 4-28 黑 1 扑是正着，白不能在 A 位接，否则黑在 C 位继续打，同样是打劫，白将遭受更大的损失，即使白走 B 位切断黑棋也是劫争。

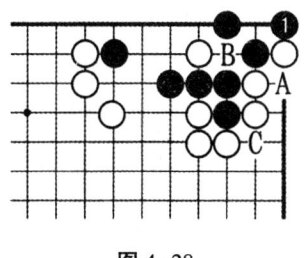

图 4-28

劫　杀

利用打劫来杀对方的棋就叫"劫杀"。

当你不能无所付出杀死对方的棋时，你就要设法利用打劫来杀死对方。

图 4-29 黑先手在握，有办法杀死白棋吗？黑如在 A 位连，白 B 立就可做活。这时应该考虑是否可以用打劫来破对方的眼。

图 4-30 黑 1 在 B 位扳是强手，白 2 打吃时，黑 3 可在一路做劫，这样白将面临被劫杀的可能。

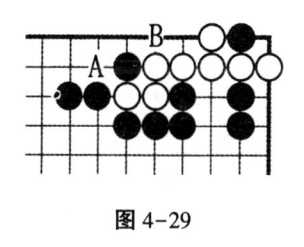

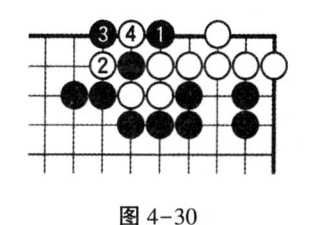

图 4-29

图 4-30

图 4-31 此时白一子扳是错误的一手棋，如果黑随便在 A 位打一手，经白 B、黑 C 粘后，白的毛病就没有了。其实黑有妙手可以杀白。

图 4-32 黑 1 尖，瞄着 A、B 位的打劫才是正着，黑必得 A、B 两点中一个。白如 A 位粘，则黑 B 扑、白 C 长、黑 D 跳形成劫杀。虽然白是缓气劫，但这要比白净活强。

劫杀是属于有条件地杀对方，但也有一种特殊的劫杀可让对方无条件地死。这种特殊的劫杀方式就是连环劫。

图4-33 黑先手在握时,能无条件杀死白。

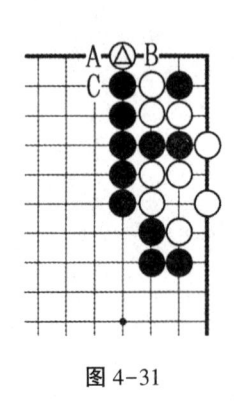

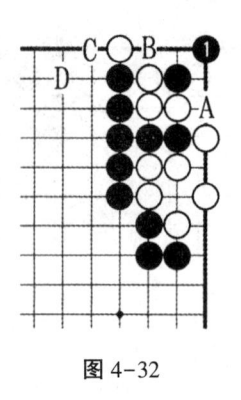

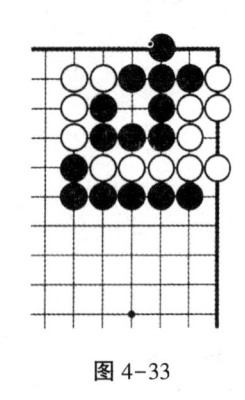

图4-31

图4-32

图4-33

图4-34 一般人可能会黑1挡,待白2立下后,黑再考虑是在A位扑入打劫,还是走B位做成双活。其实黑没有想到最好的方法。

图4-35 黑1先扳一手才是正着,如白2挡,黑3就紧气。白A提劫时,黑B位扑入打劫,形成连环劫。像这种特殊的打劫,黑可以无条件吃白。

图4-36 这一例讲的是破眼的连环劫。黑1倒虎是此形要点,白2如做眼,经黑3、白4之后,就形成了黑A和B的连环劫,白无条件死。

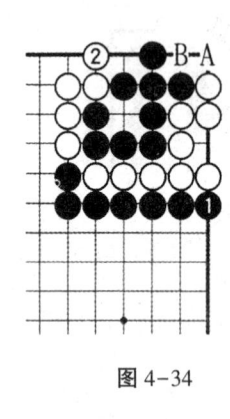

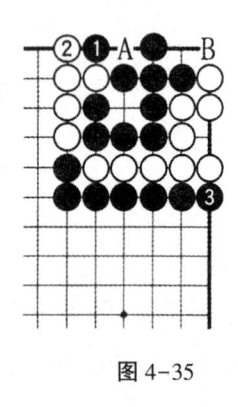

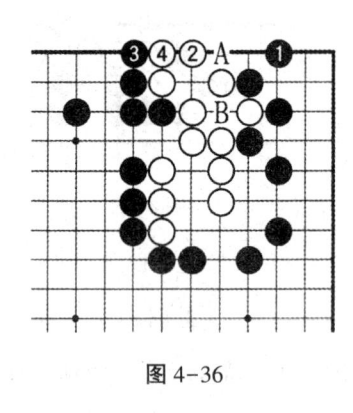

图4-34

图4-35

图4-36

不过有一点需要留意:以连环劫吃棋的场合,在其他的打劫出现时,不要忘记对方的劫材是无穷无尽的。

借劫出棋

有些子被对方围住,在没有完全成为死子之前,可运用打劫的手段把它们救出虎口。

图 4-37 黑两子被围,有没有解救的办法?

图 4-38 黑 1 尖是好手,瞄着 2 位的打劫,白怕被劫杀,只好在 2 位连,黑 3 渡时黑子已被解救回去。

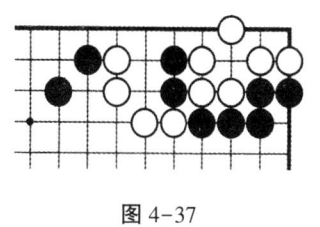

图 4-37

图 4-38

图 4-39 白两子被围,似乎已死,但白可运用打劫使黑棋很难吃掉它。

图 4-40 白 1 曲,黑 2 扳时,白有 3、5、7 的做劫手段,虽是两手劫,但黑却很难应付。

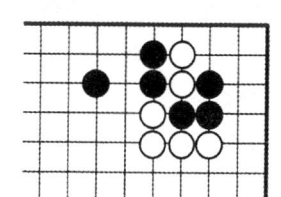

图 4-39

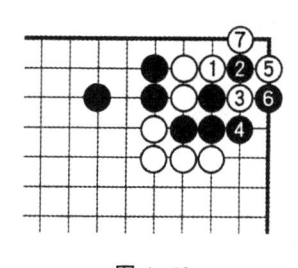

图 4-40

第五章　围棋的定式

一、定式的概念

有些下法在局部形成两分形势，合情合理；有些下法从局部看是不合理甚至吃了亏的，但这种吃亏却符合了全局的作战要求，这也是可取的。正是基于这种思想，定式的种类林林总总，难以计数。

二、常用定式

小　目

图5-1 黑1的位置就叫作小目。作为分先下法的第一手棋，最先在这里落子是非常多的。白2与黑1的距离是小飞，所以叫小飞挂。对白2，黑有A、B、

C、D、E、F等种种应法。

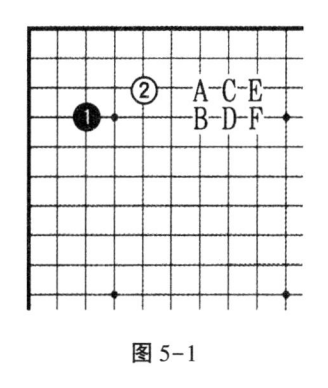

图 5-1

小飞挂·一间低夹

图5-2 黑1、3对白2形成夹攻之势，与白2只间隔一路，因此叫一间低夹。

白4飞压是对付一间低夹常用的战法。黑5属稳健之着。至白12是两分定式。白的要领是弃掉左面一子。

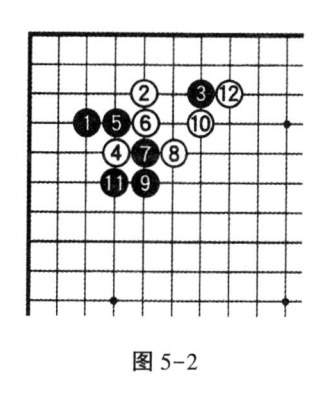

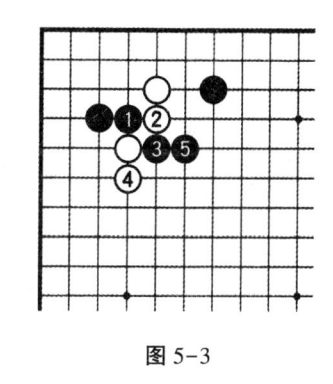

图 5-2

图 5-3

图5-3 白4违反了弃子要领。黑5长出后，白两子被困住。

图5-4 白2托、4虎，是想尽早在角上求得安定的下法。此后，A位即成为双方的好点。

图5-5 黑1是兼顾实利与眼形的好点。白2以下虽然加强了黑势，但也确保了自己的眼位。

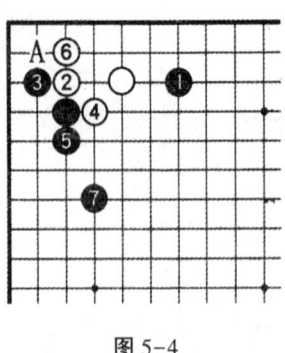

图 5-4

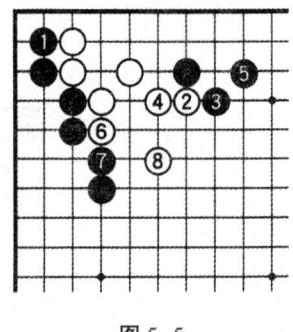

图 5-5

图 5-6 黑在重视外势的情况下,可以在 1 位尖封。白 2、黑 3 交换后,白若走 A 位,黑 B 位罩是好形。

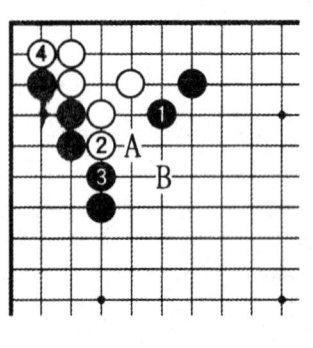

图 5-6

小飞挂·二间低夹

图 5-7 黑 3 的夹与一间低夹相比要远出一路,所以叫二间低夹。这种走法在棋中常用。

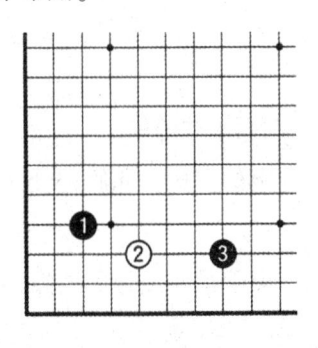

图 5-7

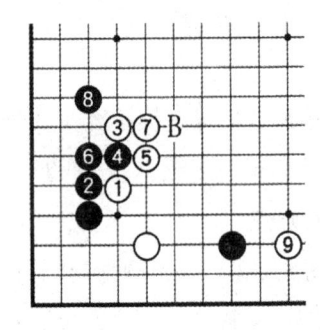

图 5-8

图 5-8 白 1 飞压是最常见的走法。黑 2 长稳健。白 3 跳是轻快的走法。白 7 也有在 B 位虎的。至黑 8 成为两分。

图 5-9 黑 1 时白也有在 2 位跳的。黑 3 顶时，白 4 挤、6 粘是好手，到黑 9 止。白得到先手。

图 5-10 白 1 托，至 5 在角上定形是完全从安全角度出发。黑 4 若在 5 位扳就弄颠倒了。

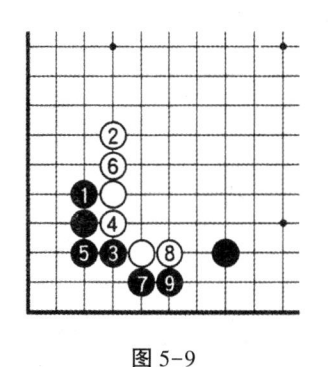

图 5-9

图 5-10

图 5-11 续前图。黑 1 封锁，白 2 压一手后可以在 4 位曲定形。不宜走白 A、黑 B。

图 5-12 对于白 1 的二间跳，黑 2 应普遍。白可以在 3 位夹攻，此后，黑有 A、B、C 等应法。

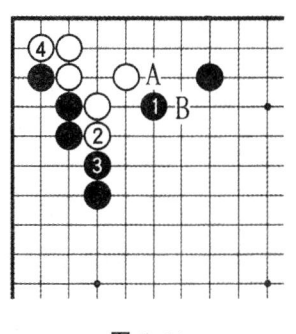

图 5-11

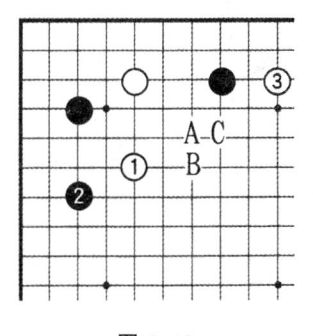

图 5-12

小飞挂·三间低夹

图 5-13 黑 3 的位置即是三间低夹。这种走法在实战中并不多见。

图 5-14 白 2、4 托虎是旧定式，由于黑 5 有 6 位扳打的变化，所以现在定式中 2 改为 4 位尖靠。

图 5-15 白 2 尖靠被认为是正确的次序。黑 1 间距远，黑 3 于 4 位立下的可能性小。

图 5-16 白 1 飞压，黑 2 至 4 应的形是实战中的常用形。

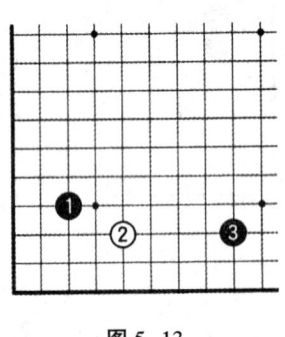

图 5-13

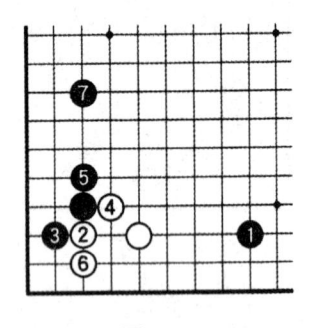

图 5-14

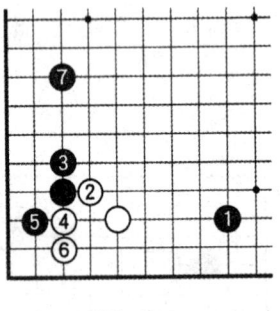

图 5-15

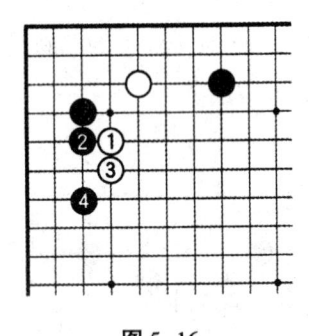

图 5-16

图 5-17 白 1、3 的意图是准备于 A 位大斜挂，黑 B 曲是要点，不使白于 B 位挡。

图 5-18 白 2 大斜挂，黑弃角，3、5 两手吃掉白一子，其结果黑也不亏。

图 5-17

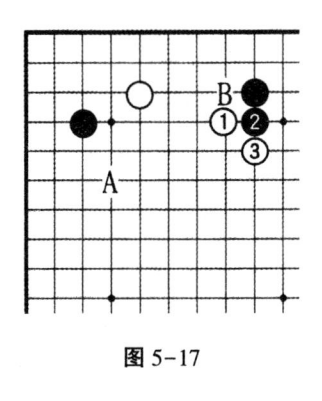

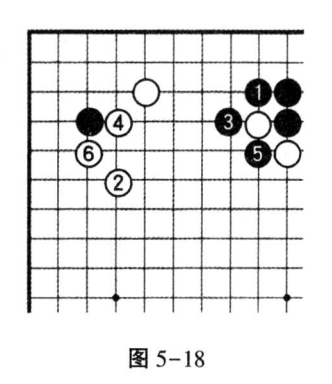

图 5-18

小飞挂·一间高夹

图 5-19 黑 3 是一间高夹，这是一种积极的下法，近代比赛多采用此法。

图 5-20 白 1 尖是属可灵活变动的一手。如直接于 3 位托，黑 1 位长。白将完全被压缩在里面。本图是避免作战的一型。

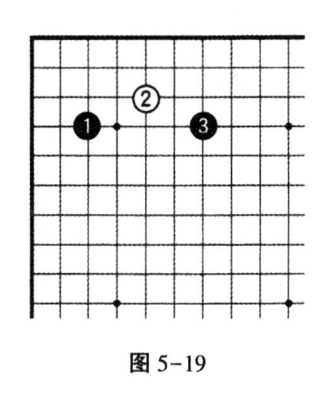

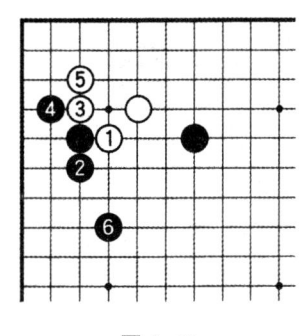

图 5-19

图 5-20

图 5-21 黑 2 以下至 6 平易地应接；就局部而言黑不亏，黑△子与 A 位的低夹相比也没有什么不好。

这是实战常用型。

图 5-22 在有黑△的时候，白走 1、3 托虎，此时黑 4 在 5 位扳不好。此后，黑 A 则白 B。

图 5-21

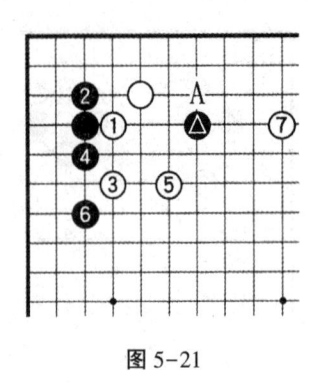

图 5-22

图 5-23 黑 2、4 是颇见力度的下法,对于白 5,黑 6 接成一根棒,黑 8 拆是生动的姿态。

图 5-24 这是一间高夹定式中最为简单的一种。白 2 跳出是正着,黑 3 是好点,在边上得到了实地。

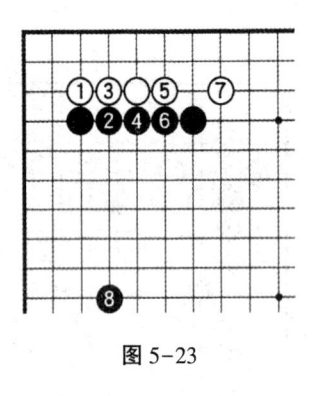

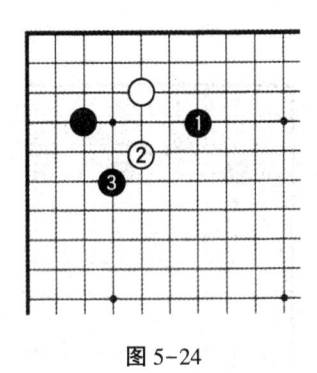

图 5-23

图 5-24

小飞挂·二间高夹

图 5-25 黑 3 称为二间高夹,它比二间低夹和三间低夹积极些,却不如一间高夹紧,不足之处是定式之后易落后手。

图 5-26 白 1 托三三至 5 整形在其他夹法中也能见到。

图 5-27 白 1 用小尖对付二间高夹是一种稳健的走法。黑 2 尖顶是侧重取空的下法。

黑 8 跳出后,白可脱先。

图 5-28 黑 1 顶时,白也可在 2 位飞。白 4 时,黑 5 扳正确,白虽进角,黑得

先手,这样才两不吃亏。

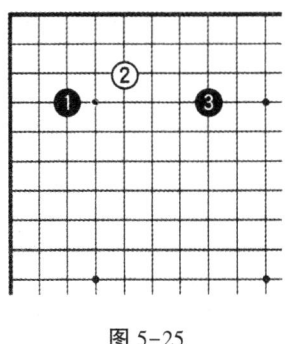

图 5-25

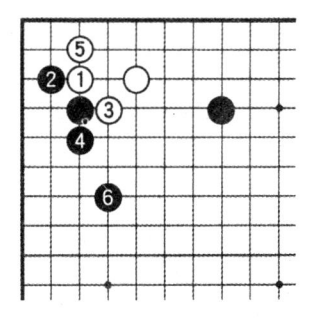

图 5-26

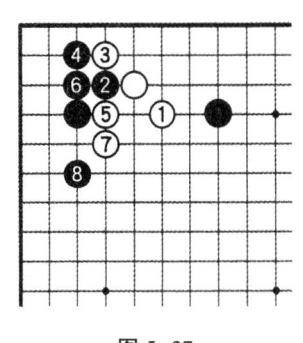

图 5-27

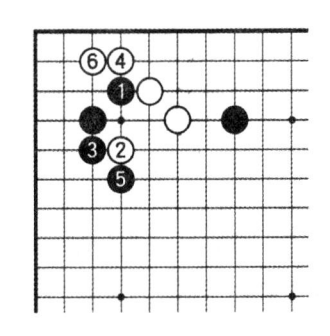

图 5-28

图5-29 白在1位跳,然后采用3、5托立的下法,保留在A位大飞的手段。双方各有所得。

图5-30 白3迫使黑4长后在5位跳的下法至白11止是一种常用形。

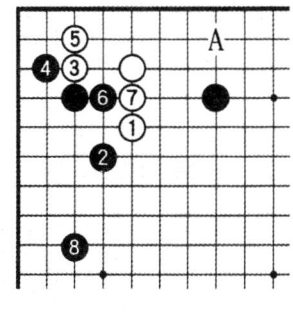

图 5-29

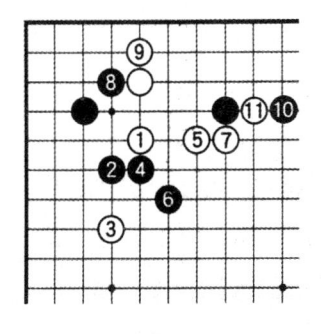

图 5-30

小飞挂·三间高夹

图5-31 黑3即为三间高夹。由于不能构成直接威胁或威胁不够,所以现在对局中多不采用。

图5-32 白1穿拆,使黑△子有漂浮之感。黑2至6是使白成凝形并坚实取地的下法。

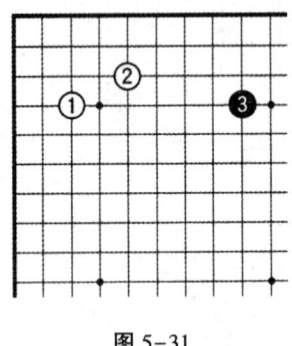

图5-31

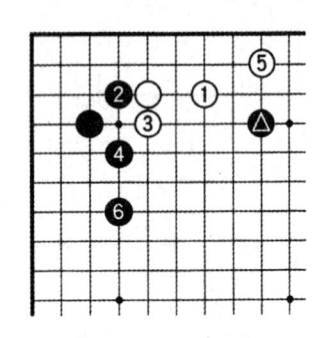

图5-32

图5-33 白1后黑2退稳妥,白5整形后告一段落。这是实战中的常用形。

图5-34 白1飞角,黑2小尖。白3拆虽窄却使黑漂浮起来,这是白生动的形。

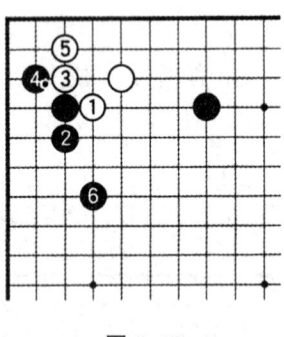

图5-33

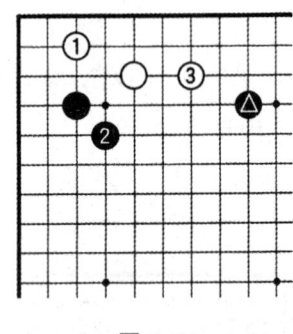

图5-34

图5-35 白1至黑4定形后,黑子的位置与黑A的急所配合较好。

图5-36 对于白1的二间反夹,黑2、4守。黑△位置高,白有A位跳的余地。这是实战中的常用形。

图 5-35　　　　　　　　　　　图 5-36

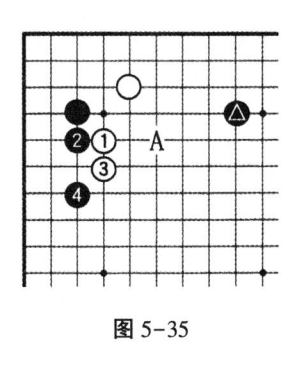

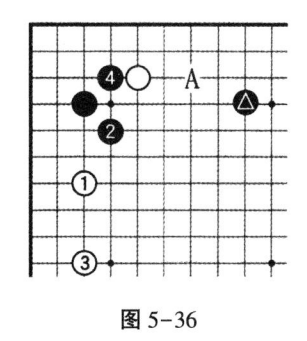

小飞挂·尖

图 5-37 黑 3 尖是坚实的应手，古来已有定法。

图 5-38 黑 2、4 是见白 1 窄而使其成凝形并守角的意图。黑 2 也可于左面拆。

图 5-39 黑 2、4 的目的是扩展中央形势。

图 5-40 白 1 小飞应是好手。2 与 3 交换后黑 4 守角。这是实战中的常用形。

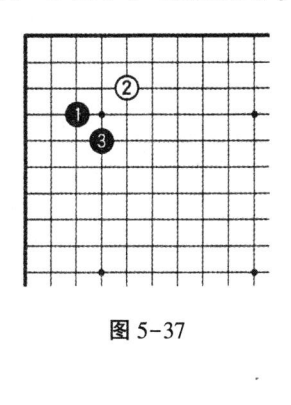

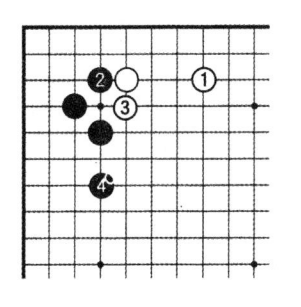

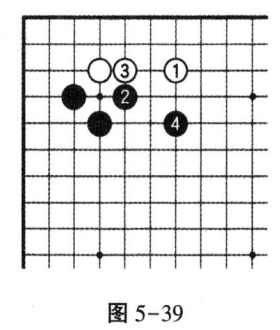

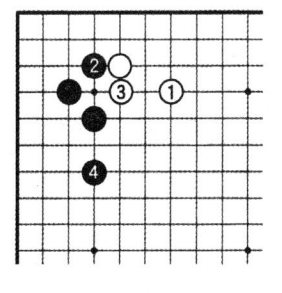

图 5-37　　　　　　　　　　　图 5-38

图 5-39　　　　　　　　　　　图 5-40

图 5-41 白 1 靠既带有避免黑夹的意味，也是如上是自己势力时则为扩张的下法。

图5-42 白1多为扩张右上模样的意图。此时黑2是急所,白3有必要防备,黑4则顺理防守。白5是要点。

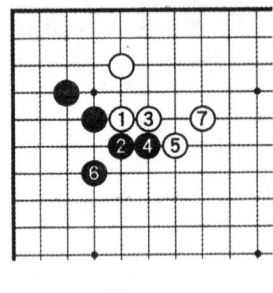

图 5-41

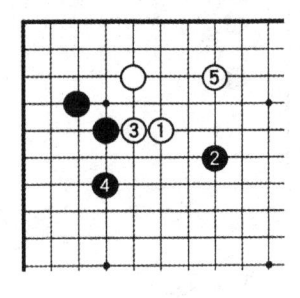

图 5-42

一间高挂·托

图5-43 白2即为一间高挂。对此,黑3下托是常见的应对,这也是取地的下法。白应手有A、B、C等。

图5-44 黑4是希望能在左边展开的走法。

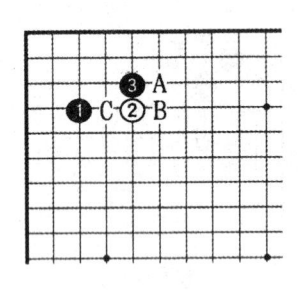

图 5-43

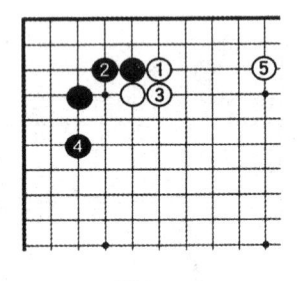

图 5-44

图5-45 黑2托退之后于4位补的走法也是很常见的。

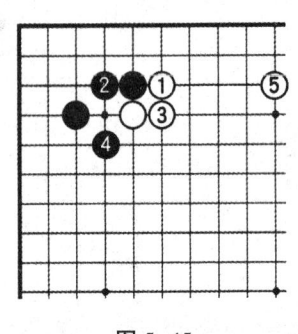

图 5-45

图 5-46 白 3 虎、5 拆与前形比远了一路。这也是实战中的常见之形。

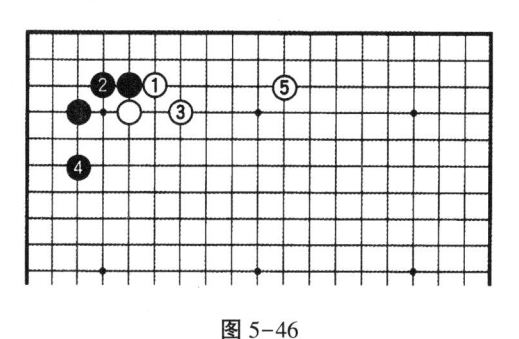

图 5-46

图 5-47 黑 4 刺后 6 小尖,此形黑 A 掏空的手段已不存在。

图 5-48 黑 2 的结果还原成二间高挂定式,白 3 也可脱先。

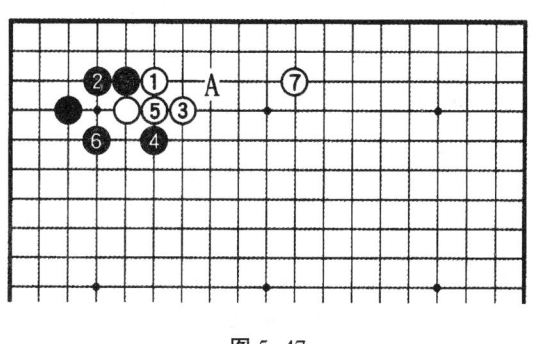

图 5-47

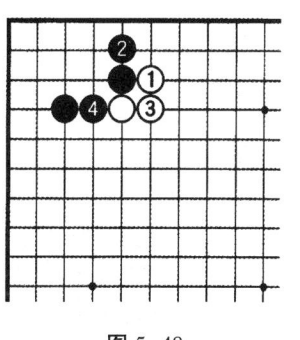

图 5-48

一间高挂·搭

图 5-49 对白 2 的一间高挂,黑 3 上搭是加强中央势力的下法。

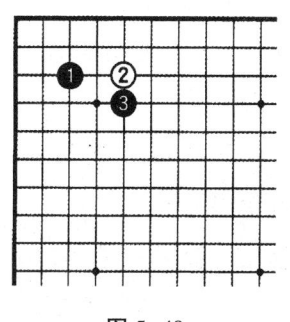

图 5-49

图5-50 对黑1,白2、4是最简单的应对。黑5是稳健的下法。以下白走A跳是好点。

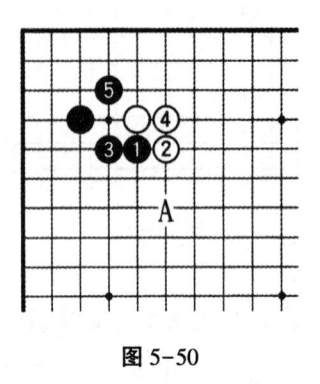

图5-50

图5-51 白走4位坚实地粘时,黑5尖好。黑7时白若在A位靠,黑B可以扳出。此形对双方来说都满意。

图5-52 对于白2黑于3位扳,白4立下将产生复杂的变化。白6、黑7双方各得其所。

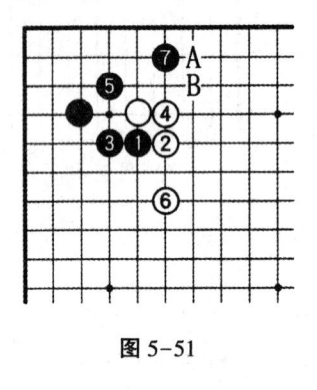

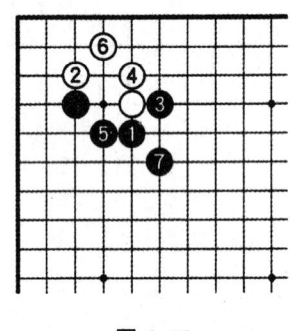

图5-51

图5-52

图5-53 黑1顶也是常见的下法。白应手有2或3位立,黑5以下白A则黑B。

图5-54 黑1小飞的下法对应角少许作些退让。黑5是坚实的着法。此手也可于A位长,但之后白有B位逼的手段。

图 5-53　　　　　　　　　图 5-54

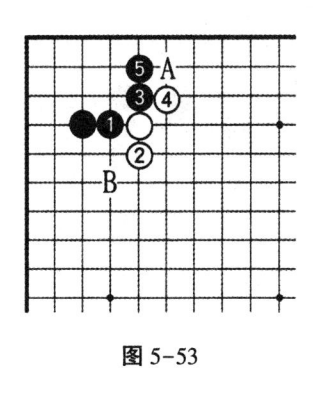

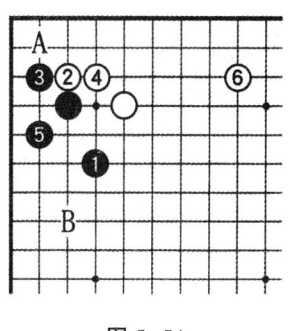

一间高挂・一间低夹

图 5-55 白 2 时黑 3 即为一间低夹，这也是一种较为积极的下法，对局中较多采用。

图 5-56 此为基本定式的一种。白 6 挖是重要的手段，黑 7 也可走 8 位。黑形虽厚但多走了一步。

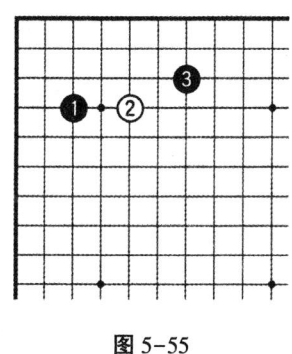

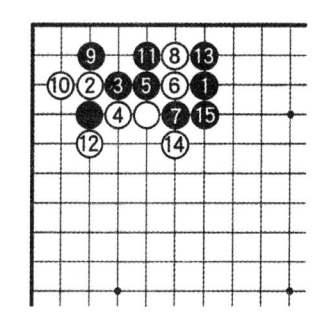

图 5-55　　　　　　　　　图 5-56

图 5-57 黑 7 挡后 9 位粘，如没有白 10 黑可在 A 位攻。

图 5-58 白 1 小尖时黑在 2 位靠是扩张上边的下法，4 位棒接后 6 位可渡，之后黑 A，白 B。

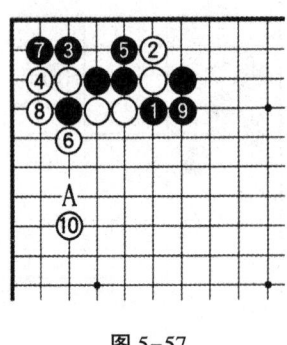

图 5-57

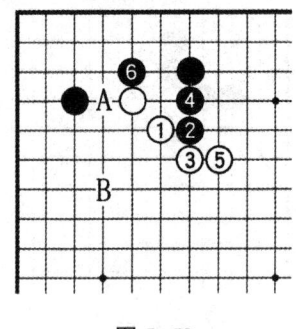

图 5-58

图 5-59 黑 3 长由于没有 A 位的渡，曾一度没被看好，但现在一般看来不坏。

图 5-60 白 2、4 靠长，以下黑 5 白 6 定形。双方各得其所。

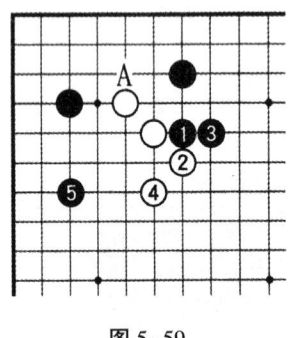

图 5-59

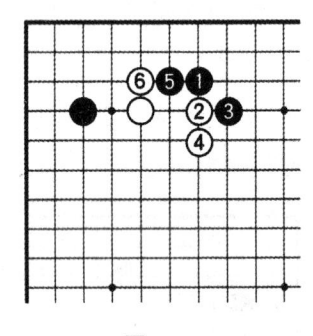

图 5-60

一间高挂·一间高夹

图 5-61 对黑 1 的一间高夹，白 2 跳为普通应对。此外，白也有走 A、B、C 点的。

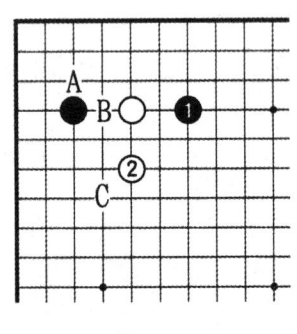

图 5-61

图 5-62 黑 1 至 7 应接后白走 8 位。黑 9 稍重,此后白 A 可渡。

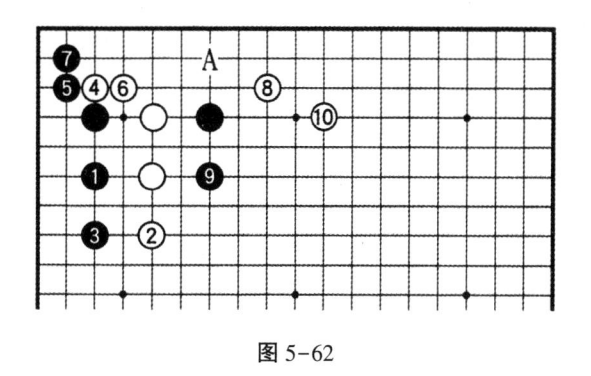

图 5-62

图 5-63 黑 9 后白 10 至 14 上边先取得联络,以下可瞄着 A 位的断。此形为两分。

图 5-64 白 2 托时黑 3、5 扳长,白 6 夹,8、10 走后 12 可确保渡过。

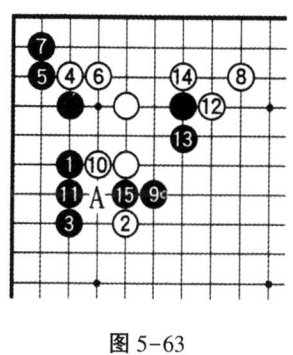

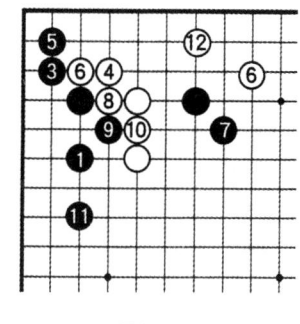

图 5-63

图 5-64

图 5-65 白 1、3 先托退后 5 跳,黑 6 可最大限度地守。白 7 因有白 A 的利用因而不怕黑 B 穿。

图 5-66 白 1 的下法很有趣。黑 2 牺牲一子至 8 加固双方无事。普通白 1 走 A 位小飞时黑这种下法是有利的。

图 5-65

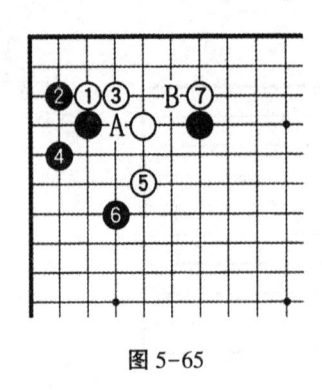

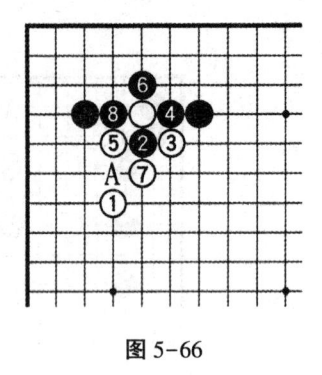

图 5-66

一间高挂·二间高夹

图 5-67 黑 3 的夹与一间高夹相比要远一路，所以称它为二间高夹。实战中也较为少见。白应手有 A、B、C、D、E、F、G 等。

图 5-68 白 1、3 托退、5 跳，黑 6 应一手是充分的配置。白 7 如走 A 位夹，黑可以 B 位跳。

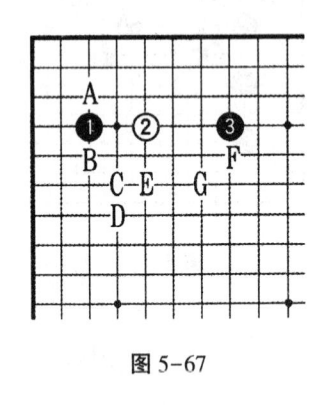

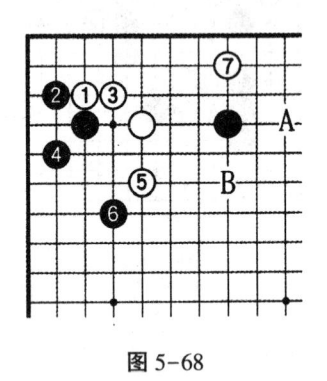

图 5-67

图 5-68

图 5-69 黑 4 打吃，白 5、7 整理好外边。黑 8 也可单走 A 位。

图 5-70 白 1 大斜挂。黑 4 顶是有趣的手法。白 5 如走 6 位，黑 5 长，白不利。黑 8 形成转换，简明。

图 5-69

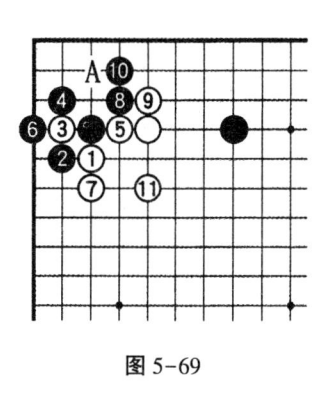

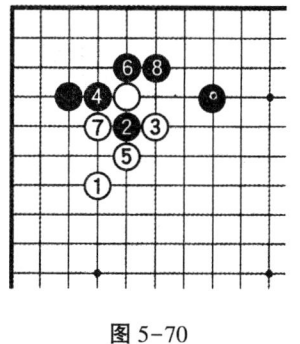

图 5-70

图 5-71 黑 1 上搭至白 4 后,黑 5 跳是好手。白 6 压,8、9 守后 A 位断点已补牢。

图 5-72 白脱先后黑走 1 位,白 2 小尖,黑 3 白 4 相当于小飞挂二间高夹定式。以后黑想攻则走 B 位,想守走 A 位。

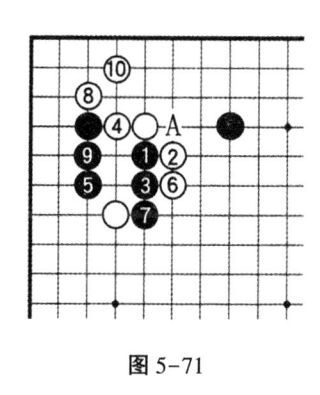

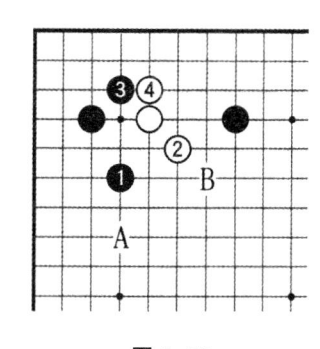

图 5-71

图 5-72

高目定式

图 5-73 高目即是黑 1 的位置。常见应法有 A、B 两种,下面加以详细介绍。

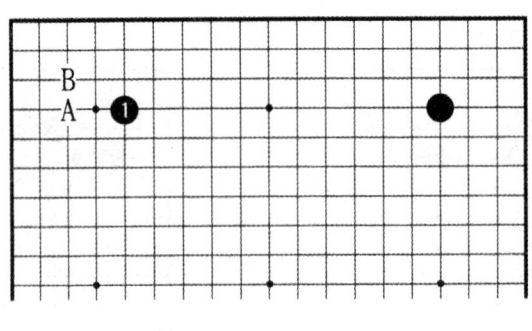

图 5-73

图 5-74 白小目挂，黑的应手有 A~F 等。

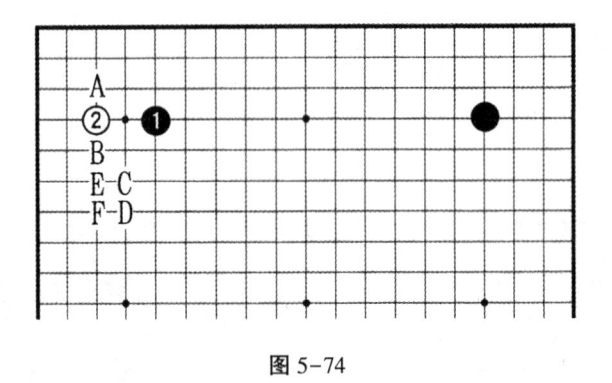

图 5-74

图 5-75 白 4 跳，以下 5、6 见合，但被黑 5 挡，地有所损失。

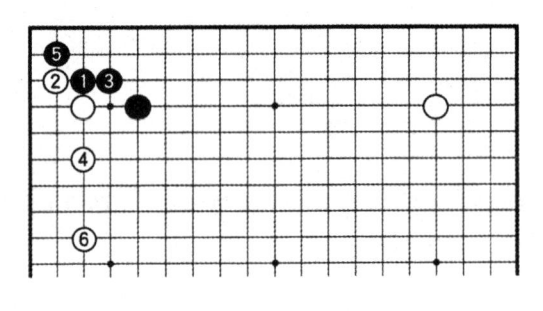

图 5-75

图 5-76 黑 1、3 外侧靠退，白有 A、B、C 等应手。其中白 C 扳的变化最多。

图 5-76

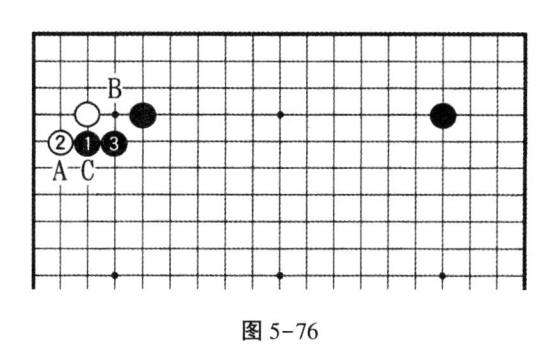

图 5-77 黑 1 小飞罩。黑 5 后 A 跳是好点。

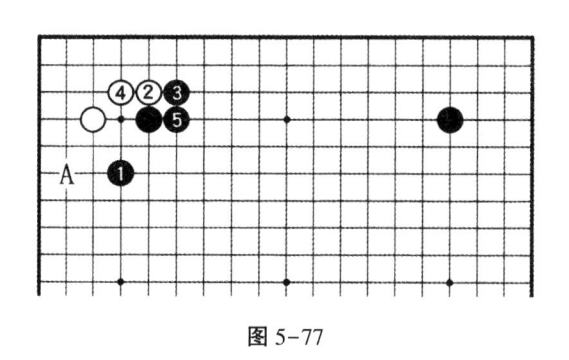

图 5-77

图 5-78 黑 1 大飞罩。由于黑 5 如走他处则白 9 并,所以 5 至 10 可以说是必然的接应。

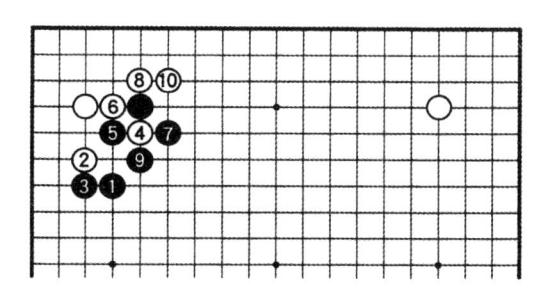

图 5-78

图 5-79 黑 1 一间反夹,白 2 平易尖出好,黑 3、5 手退后于上边展开也不坏。

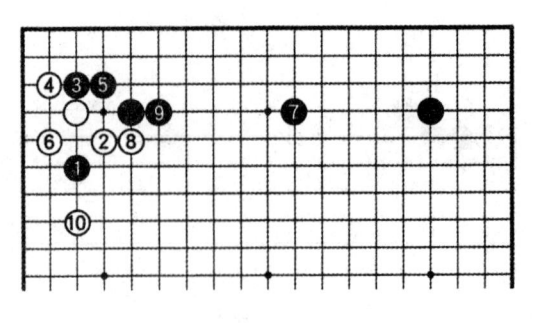

图 5-79

图 5-80 黑 1 二间低夹,白 2 坚实地出头不坏。黑 7 以下可于左夹。

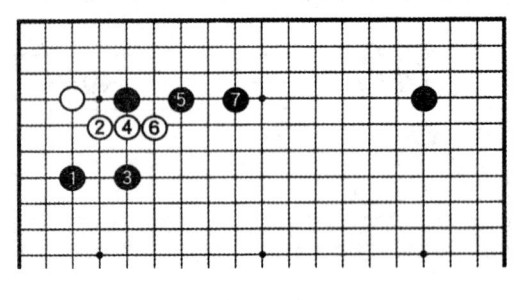

图 5-80

三三挂

图 5-81 白 2 走 3 三,黑有 A、B、C 等应手。

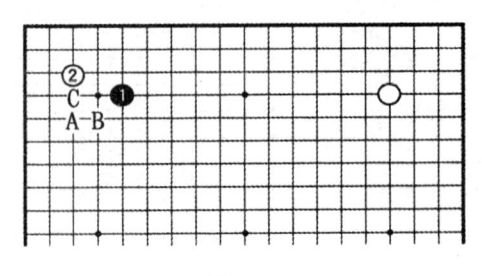

图 5-81

图 5-82 白 2 多见于 A 位有黑子的场合。白 6 瞄着左边的打入。黑 7 扩展

的同时防着白打入。

图 5-82

图 5-83 黑 1 一般是 A 位有黑子时扩张上边的下法。从局部上看对白稍有利。

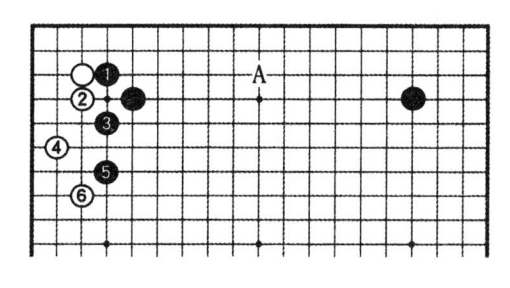

图 5-83

图 5-84 黑 1 靠正应了白整形的意图，白 8 先手获利。

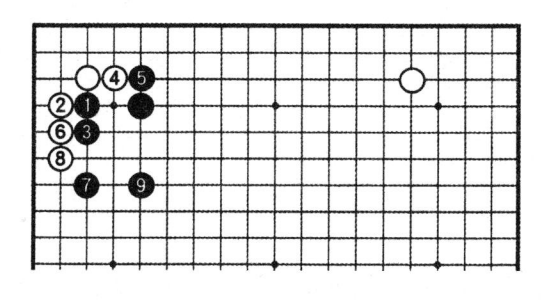

图 5-84

大斜定式

图5-85 大斜定式就是白棋占目外,黑1在小目挂角,白2大飞罩的定式。大斜定式是一个古老的定式,变化多且繁杂,为了更好地学习和掌握大斜定式的变化,以下分三类分别介绍。

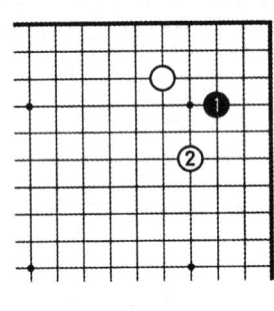

图5-85

并、托

图5-86 黑1并是一种简明的下法,白2尖,黑3跳出,这样可以闪开白棋设下的多种圈套。以后黑棋可以在A位尖顶或B位并来加强自己。

图5-87 黑1托也是一种下法,白棋2、4,黑5跳出,变成了白棋飞压的变化,这样下局面也很简单。

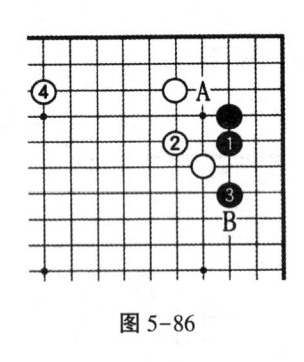

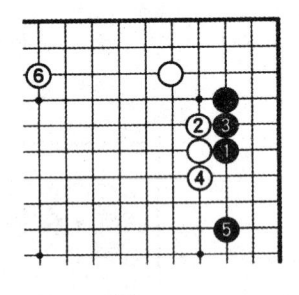

图5-86

图5-87

图5-88 当黑1托时,白2扳下是重视右边的下法,黑3虎、白4必然打吃,以下至白10拆三,各得其所。

图 5-89 白 2 扳、黑 3 扭断也是一种常见的下法，下面白 4 打吃、白 6 长是常识，黑 7 打吃得角，白 8 征吃一子取势，双方大体如此。

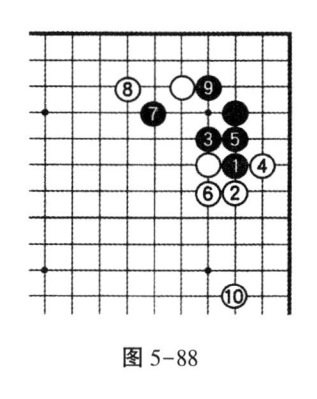

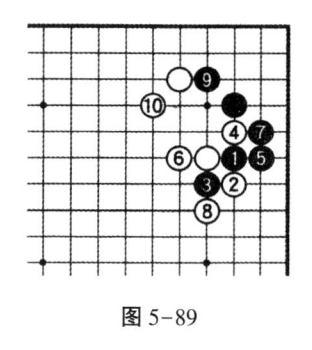

图 5-88

图 5-89

尖

图 5-90 黑 1 尖也是大斜定式中一种变化，白 2 挡住；白 2 如在 A 位立，就变成白棋一间反夹定式了。

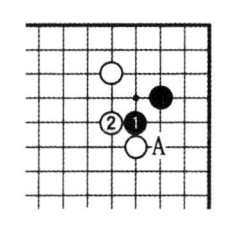

图 5-90

图 5-91 黑 3 虎、白 4 长，以下至黑 9 跳出，白 10 拆边告一段落，也是各居一处。其中要注意黑 7 必须再长一子，如白 6 长之后黑棋就急于跳出，那黑棋就很可能要吃亏。

图 5-92 黑 7 急于跳出，白 8 以后的手法使黑棋的缺陷暴露出来了，以下至白 18 断，黑棋只能放弃一部分。黑棋在 A 位连，白下 B 位吃掉一子。

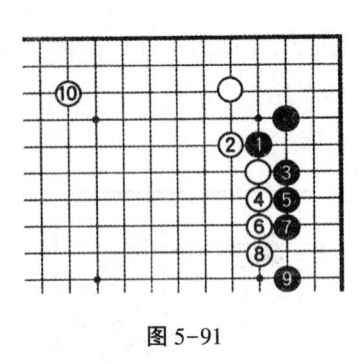

图 5-91 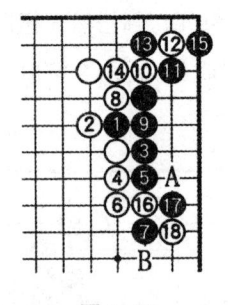　　　　　　　　　　图 5-92

图 5-93 黑 1 尖之后于 3 位挖是取角上实地的下法，白棋可以根据情况在 A、B、C 三点连。

图 5-94 白 1 连，黑 2 断，下面白棋 3 打、5 连，黑 6 吃住一个白子，角的实地很大，白棋取外势而且是先手，双方各有所得，也各有所失。

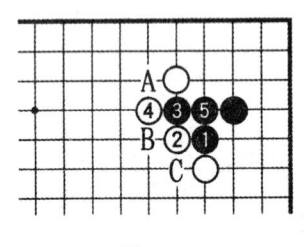

图 5-93 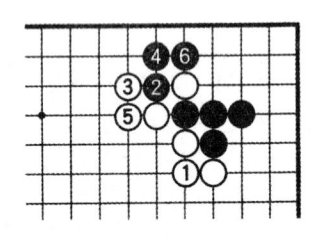　　　　　　　　　　图 5-94

图 5-95 白 1 连、黑 2 仍断吃一子，以下至白 7 虎也是一种变化。

图 5-96 当白 1 连时黑棋先在 2 位虎、4 位长，然后再断吃一子也可以下，这样黑棋角上实地多一些，但白棋外边的厚势也相应大一些，双方仍是不相上下。注意以后白棋 A 位曲非常大。

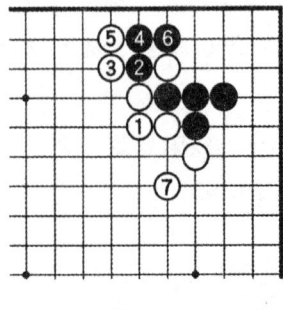

图 5-95 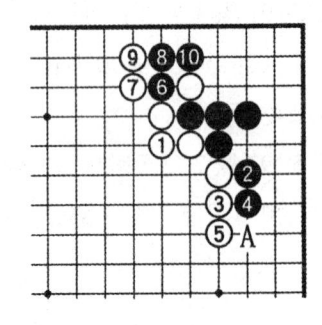　　　　　　　　　　图 5-96

图 5-97 当黑 2 断时白 3 立是一种寻求变化的下法,黑 4 直接拦下正确,以下至白 9 虎与图 5-95 大同小异。

图 5-98 当白 1 飞时黑 2 托不好,白棋 3、5 之后外势更强了,黑棋在二线多长两子没便宜可占。

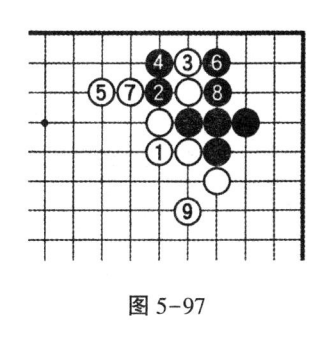

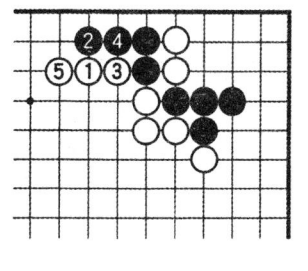

图 5-97

图 5-98

图 5-99 当白 1 立时,黑 2 长,这是因受白棋的诱惑而致的错误下法,看上去好像可以大吃白棋两子,但实际角上白棋有手段,下面白 3 大跳,黑棋只好下 4、6 冲断,以下至白 13,黑棋失败。

图 5-100 白 1 也可在上边连,黑 2、4 打吃,以下至白 11 告一段落,黑吃白三子,白棋得角地也是一种变化。注意白棋不要过早地在 A 位打吃,应"保留"变化,以后白棋还有在 B 位打吃的可能,中腹作战时可以借用。

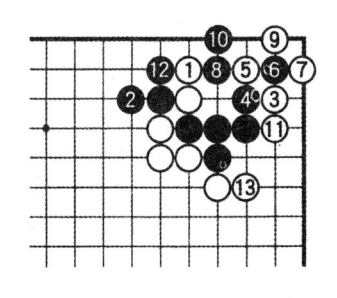

图 5-99

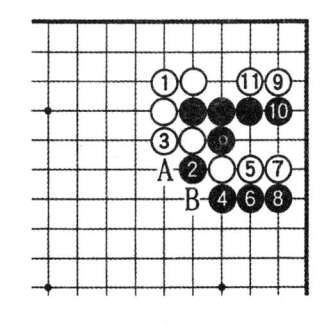

图 5-100

搭

图 5-101 黑 1 搭出针锋相对,预示不久即将有正面激战发生。

图 5-102 黑 5 连外边,是在黑棋征子有利的情况下取外势的下法。以下至白 12,黑先手取外势,白棋实地也非常大。

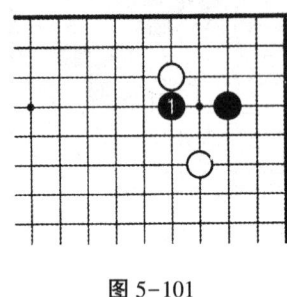

图 5-101

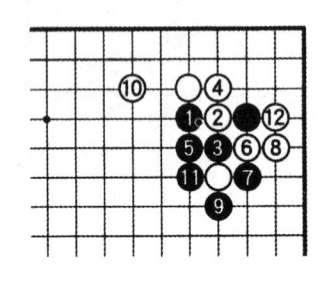

图 5-102

图 5-103 黑 5 连、白 6 打吃,这时黑在 7 位反打仍是一种简明的下法,以下至黑 15 拆边,双方各得其所。

图 5-104 黑 1 连、白 2 打吃,这时黑 3 长出,将引发交战的正式进行,下面将会产生很多复杂的变化,为了便于理解、学习,可分白 A 连、白 B 压、白 C 长三个部分介绍。

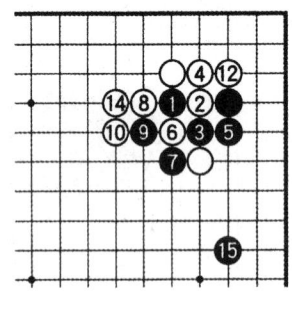

图 5-103

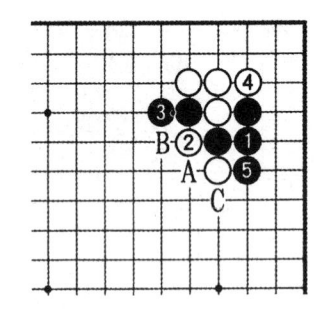

图 5-104

白A连

图 5-105 白 1 连,黑棋将如何应对?

图 5-106 黑 2 跳是正着,下面白 3 在二线飞。双方进行到黑 8 是大斜定式的典型变化。

图 5-105

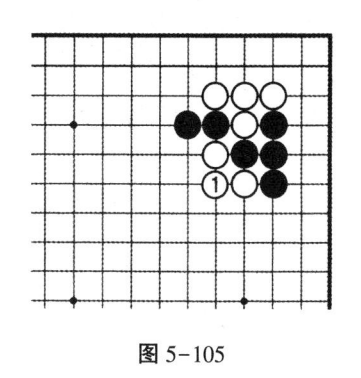

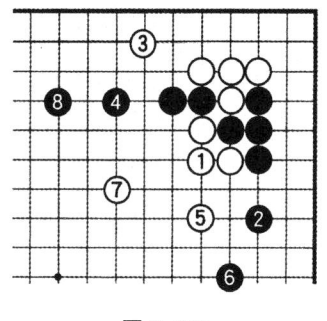

图 5-106

图 5-107 当白 3 飞时,黑 4 虎是放弃两子而取右边外势或争先占其他要点的下法。下面白 5 跳,两个黑子就不能再动了。

图 5-108 黑如不甘心失去两子,在 1 位长想逃出,白 2 长、4 扳,以下至白 14,黑棋被杀,可谓因小失大。

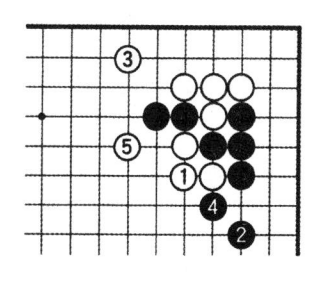

图 5-107

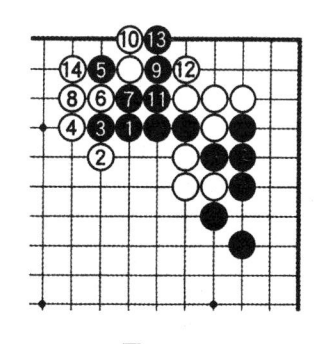

图 5-108

图 5-109 当白 4 扳时如果左下方黑棋征子有利,黑可在 5 位冲断进行反击。双方厮杀激烈,白棋稍不注意,就会被黑棋吃掉。当黑 11 长时,白 12 扳一

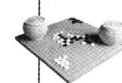

下，然后于 14 位连，只有这样才能确保平安无事。以下至白 20 出头仍是白杀黑。虽然黑棋吃掉一个白子，但从整体得失来分析，白居上风。

图 5-110 白 1 跳、3 扳是引诱黑棋冲断跳"陷阱"的骗着，下面黑棋 6、8、10 打吃，至白 21 结果把黑棋全部吃掉。那么黑棋应如何应对呢？

图 5-109

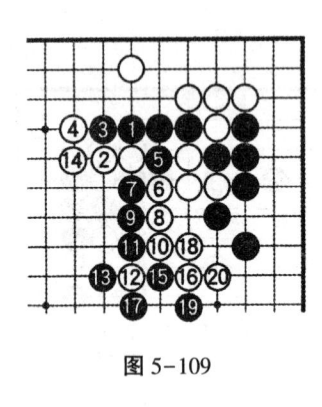

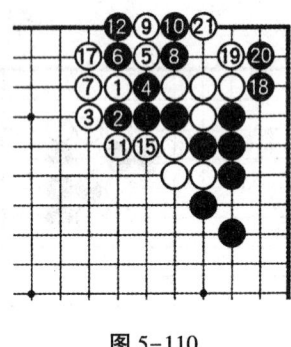

图 5-110

图 5-111 当白 1 立下时，黑棋在 2 位长出是正着，白棋没有得逞，只好在 3 位打吃，黑 4 扳角先手，以下至黑 10 长很大，以后黑棋在 A 位打吃是先手。

图 5-112 当黑 2 长出时，白棋在 3 位打吃，那么黑棋就在 4 位曲，然后在 6 位扳、8 位虎，这样，黑棋把中央的子加厚，夹在中间的三个白子已绝对难逃生。

图 5-111

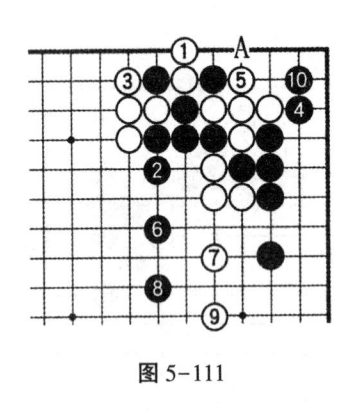

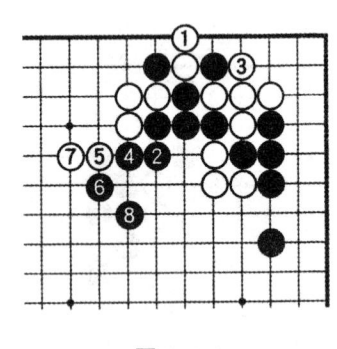

图 5-112

图 5-113 白 1 顶又是引诱黑棋冲下去的陷阱，黑如冲下去会获得怎样的结果呢？

图 5-114 黑 2、4 冲下，白 5 从上面封口，双方战斗至白 15，明显是白杀黑，

所以黑4不能冲下去。

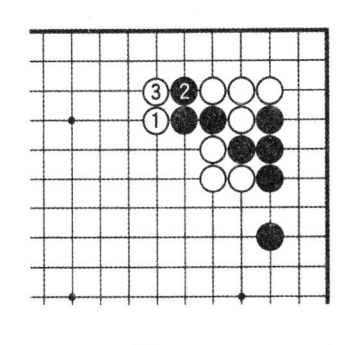

图 5-113

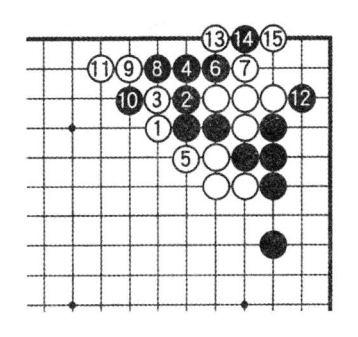

图 5-114

图5-115 黑4长出、6曲是正确下法，以下至黑10飞起。当黑6曲时白如在A位扳，那么黑棋可在B位跳，以后黑棋还可在C位断，白棋不利。

图5-116 白1迎头拦住，逼迫黑棋下去又是一个阴谋，黑棋2、4、6之后于8位尖出避免上当，以下至黑14跳，被围的三个白子已无法动弹。

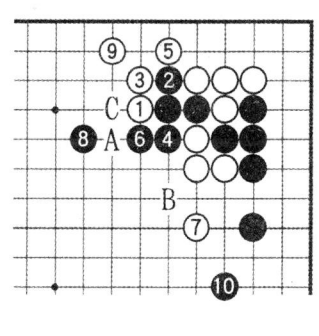

图 5-115

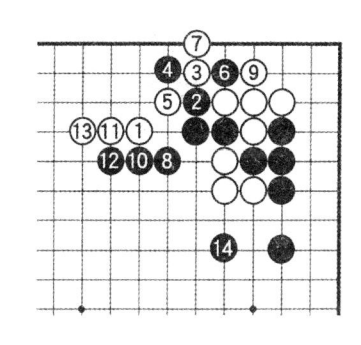

图 5-116

图5-117 白在1位打吃，那么黑2扳就成了先手，然后再于4位压与中间的三个白子作战，以后得机会可在A位长。

图5-118 白1跳、3飞下强行把黑棋包进去的着法，下面黑4、6扳粘至10托是双方必然的下法。

图 5-117

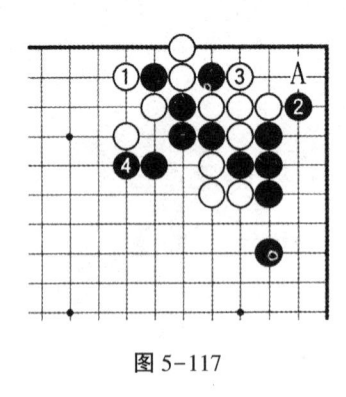

图 5-118

图 5-119 白 1 扳住是无理之着，但如果黑棋应对有误，那白棋就会得到意外的收获。下面黑 2 夹是正确下法，至黑 10 可吃掉白棋四个子。

图 5-120 当黑 2 夹时白 3 先在右边压是想先手加强一下再杀上边黑棋，以下激战至白 23，结果是白杀黑，但是黑棋先手取外势，以后黑下 A、B 上都是绝对先手，权衡得失，黑棋仍可满意。

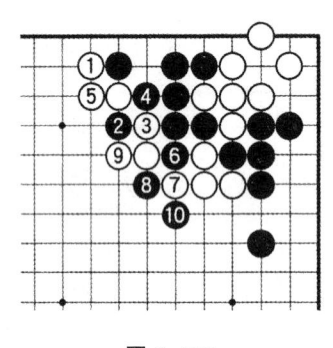

图 5-119

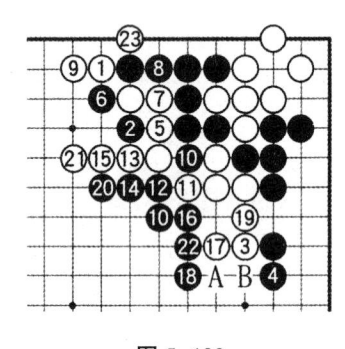

图 5-120

图 5-121 当白 3 压时黑 4 吃住一子虽然破坏了白棋意图，但被白棋 5、7 拦下，局势对黑不利。

图 5-122 为了避免以上一系列复杂变化，黑棋可在 1 位扳角，以下至白 8 连，双方可接受。

图 5-121

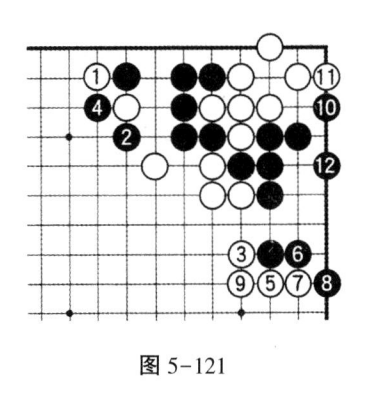

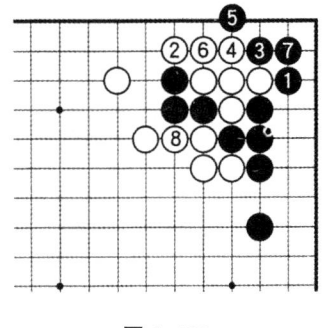

图 5-122

图 5-123 当白 1 扳时黑 2 断虽是常形下法,但在此时对黑棋不利。以下对杀至黑 14 成劫,但白 15 是绝好的劫材,黑 16 粘劫、白 17 立下,转换结果显然是白居上风。

图 5-124 黑 10 连是避免打劫,白 11 压,黑 12 长出,白 13 吃住两个黑子很大,中央黑白双方还要通过实战决定优劣。

图 5-123

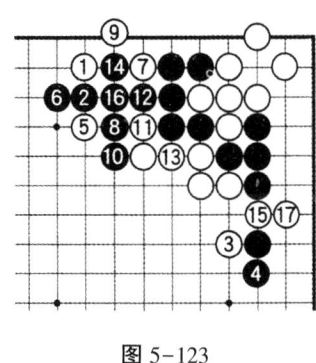

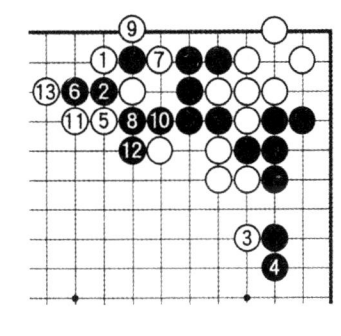

图 5-124

图 5-125 白棋 1、3 仍可把黑棋包进去,以下至白 9 活棋,那是必然的结果。那么黑棋怎样处理上边的棋呢?

图 5-126 黑 1 挖是此时解难的妙着,以下至黑 9 吃一子活棋是古老的定式。

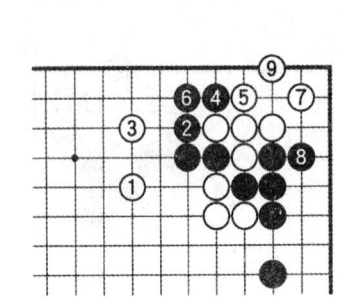

图 5-125

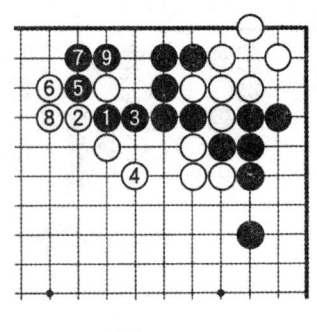

图 5-126

图 5-127 当黑棋左下方征子不利时，黑 1 挖的下法就不成立了，下面白 8 虎时，黑棋征不了中央的白子，只能在 9 位挡，最后黑棋被杀。

图 5-128 当黑 1 挖时，白棋一门心思想在 2 位打吃，那么黑 3 长，白 4 只好提一子，黑 5 封住白三子，以下双方激战至 26，白棋勉强做劫。如劫负，角上的白棋也难逃一死。

图 5-127

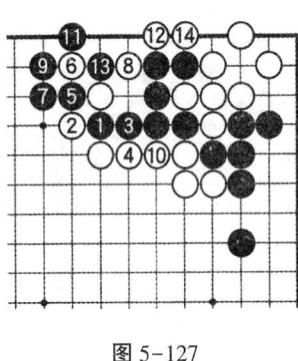

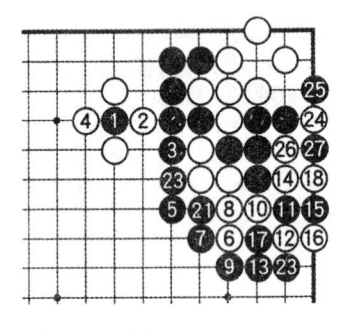

图 5-128

图 5-129 当黑棋左下方征子不利时，可采取在 1 位尖的下法，下面当白 6 连时，黑 7 托 9 长，白 10 不能在 11 位打吃，至黑 13 虎是黑棋一气杀白。

图 5-130 当黑棋在 1 位长时，白 2 跳出，那么黑 3 断，白只能在 4 位连，下面黑棋先手弃掉七个子取得上边厚势，转过来还可以加强右边黑棋，黑失小得大，占优。

图 5-129

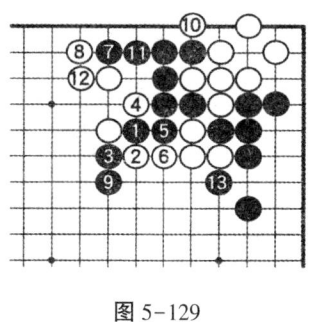

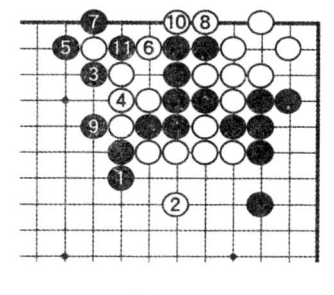

图 5-130

图 5-131 当黑 3 断时,白 4 连会是个怎样的结果？黑 5 打吃、7 连,以下至黑 25,仍是黑杀白。

图 5-132 当黑 1 尖时白 2 压,黑棋就不能应了,必须在 3 位扳,以下至黑 11 虎,黑棋可行。

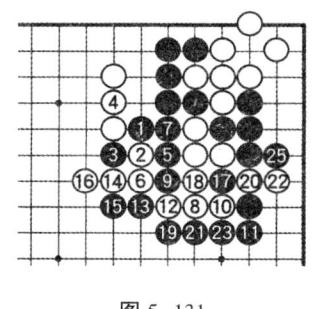

图 5-131

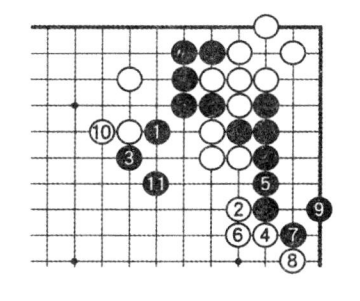

图 5-132

白 B 压

图 5-133 白不在 A 位连而在 1 位压,也是大斜定式中的一部分变化。

图 5-134 白棋连压四个子,然后于 11 位飞的下法是很严厉的,下面黑该如何应对呢?

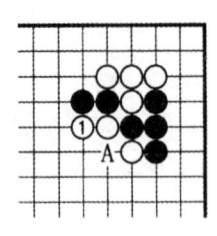

图 5-133

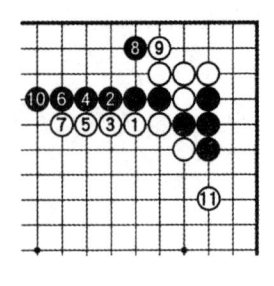

图 5-134

图 5-135 黑 1 打吃想出头，白 2 压，下面黑 3 长不好，被白棋 4 断、6 封很难下，只好借角上开劫来出头，以下至白 18 跳，空被白棋捞走，黑仍是一条孤棋。

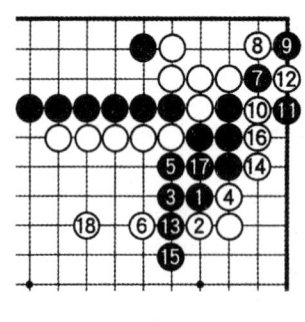

图 5-135

图 5-136 黑棋借角上开劫于 17 位冲出，至白 22 压，黑棋比图 5-135 要好一些。

图 5-137 当黑 11 扳时白棋有在 12 位托的下法，以下至白 28 压，白棋仍占优势。

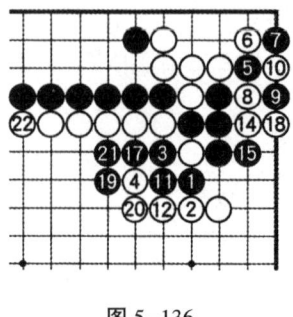

图 5-136

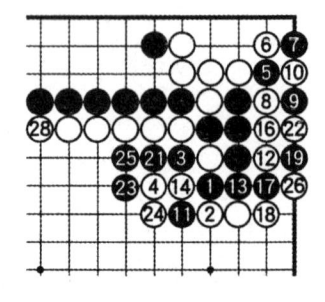

图 5-137

图 5-138 黑 1 打吃、白 2 拦之后，黑 3 可在二线托，这是正确下法，白棋只好在 4 位拦住，这样当黑 11 连回一子时，白棋必须在 12 位补棋。下面黑 13、15、17 先把白棋打成愚形，再于角上扳做活，至白 28 断吃一子补棋，大体是两分局面。

图 5-139 白 1 压、3 长，黑棋在征子不利的情况下不能飞，只能在 4 位长，下面白 5、7 连压两子之后，于 9、11 连扳也是非常凶的着法，黑棋只有借角上开劫做活，以下至黑 38 仍是白棋稍优的局面。

图 5-138

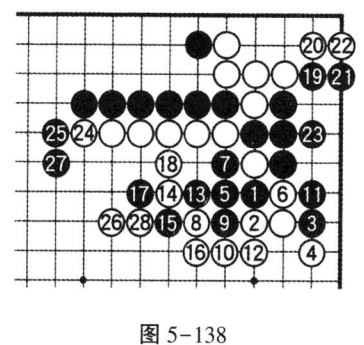

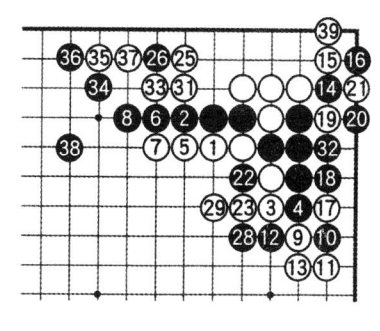

图 5-139

图 5-140 黑不愿损而在 1 位长，这时白棋有 2、4 打的手段，至白 8 补棋，黑棋被杀。

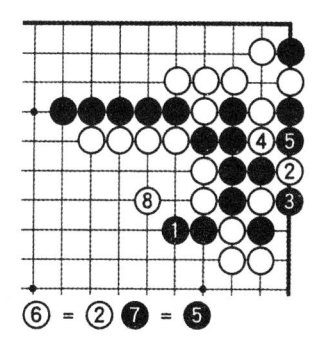

⑥ = ②　⑦ = ⑤

图 5-140

白 C 长

图 5-141 白在 1 位长也是大斜定式中的一部分变化，黑棋下法如何？

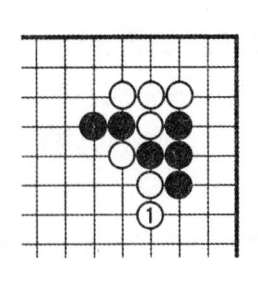

图 5-141

图 5-142 白 1 长，黑棋在征子有利时可在 2 位飞，当黑 4 打、6 长时，白 7 并是要点，以下双方进行到黑 18，大体两分。注意以后角上 A 位扳粘是非常大的棋。

图 5-143 当白 1 长时，黑也可在 2 位打，然后再于 4 位长，以下至白 19 是定式。以后黑得机会再活动上边的黑子。

图 5-142

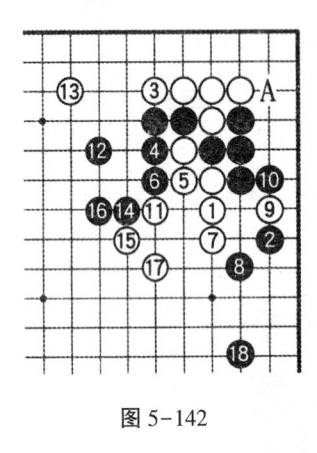

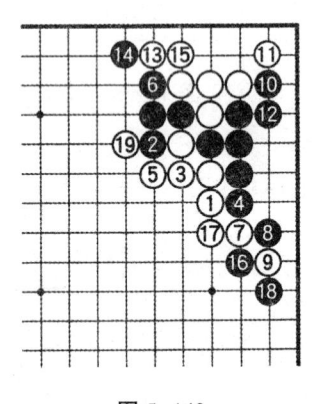

图 5-143

图 5-144 黑 3、5 连长两子之后于 7 位挡下也是一种变化，下面双方做活至白 20 也是定式。

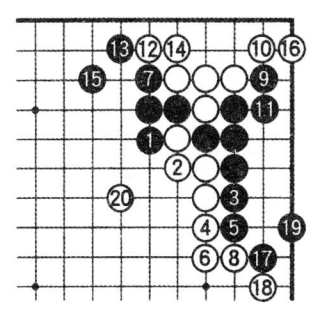

图 5-144

定式的安定

包围

棋之最终目的为争地与多多做地,在争战过程中,每以巧拙见胜负。因此重点掌握对弱子的攻杀,显得十分关键。这就涉及了定式的安定问题,下面从五个方面加以简单介绍。

图 5-145 白一子落孤的情况,黑 1 为好手段,使其陷于死地。

图 5-146 白 2、白 4 想冲出重围,但全部在黑子包围圈内,如果做眼,一个眼不能活,两个眼无法做。

攻击弱子最为重点。

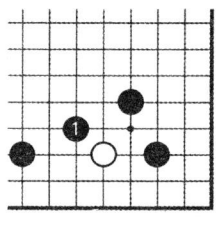

图 5-145 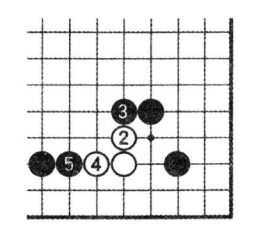   图 5-146

攻击

图 5-147 白的一子落孤情况,左方黑△紧逼,白棋须跑,黑棋坐收实利。

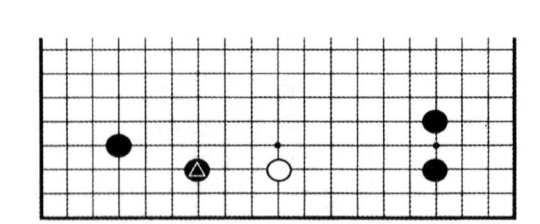

图 5-147

图 5-148 黑 1，为攻白的绝妙之着。

白受包围，白 2 向中央逃出。

黑 3 紧追不舍。

双方各下两子后，白虽然逃出，但黑 1、3 两着后，白右方新地模样可观。

一面攻敌，一面做地，为作战中之理想型，对方的弱子可造成本身的好势。

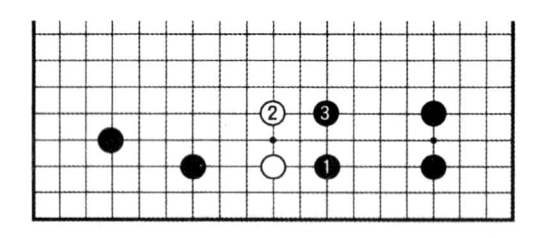

图 5-148

定式的安定性

当无处攻击时，为巩固自己的势力，最重要的是眼形，有两只眼的地，才能发挥坚强的攻击力量。

图 5-149 黑与白各走两手，比较一下，谁理想些？很显然，黑可于角上做活，稳居上风。

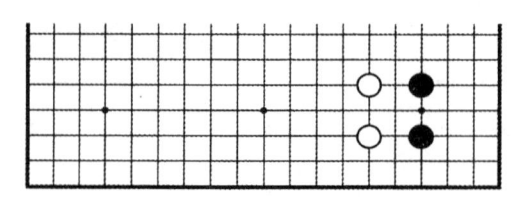

图 5-149

图 5-150 黑 1 夹，攻击白两子。

这就是定式的安定性，角的有利性。

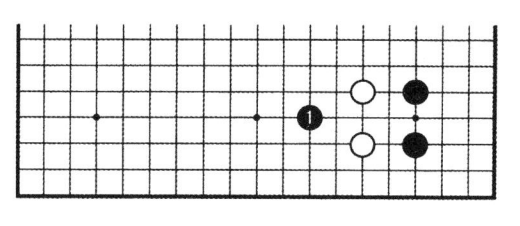

图 5-150

二间拆

在角上,边上做地终归有利,因在边处落子,易于做活,原因是这样的:

图 5-151 白 1 二间拆,是使孤子安定之基本型,按地形观测,边为平行,易多方发展出路,可相互呼应,单跳则无此利益,此白 1 称二间拆。

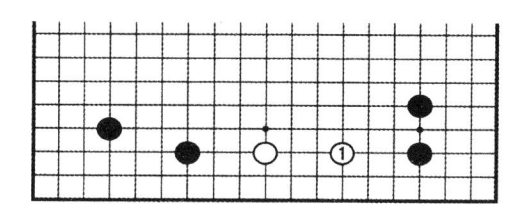

图 5-151

图 5-152 点线描绘之地形,为二间拆之资本,地并不大,但当遭受攻击时,此小地易于做活。

二间拆基本型成立后,此形对手仍可乘机打入,如被分断,则发生危险,当对方侵入时,立即予以先断,简单做活。

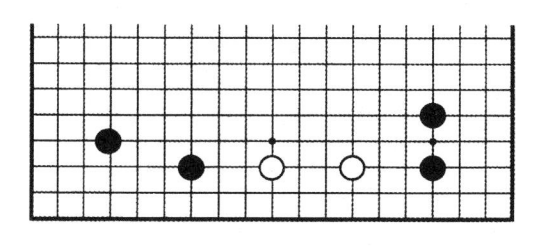

图 5-152

图 5-153 白 4 切断，黑 5 长时，白 6 连起无顾虑，黑 3 在第二线被封，出路太弱，黑 7 长，白 8 挡，黑二子再无路可走。

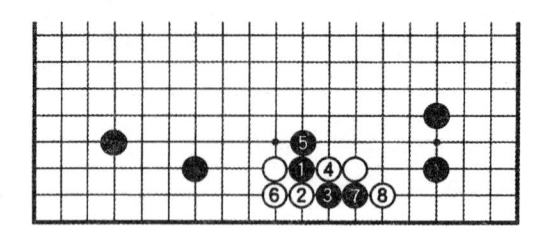

图 5-153

三间拆

图 5-154 较二间拆多一路，白 1 之拆称为三间拆，但三间拆间隔稍远，难于联系，常有被断的危险。

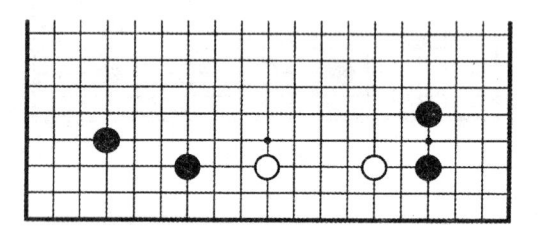

图 5-154

图 5-155 黑 1 打入，白很难应对，没有办法将之吃掉。

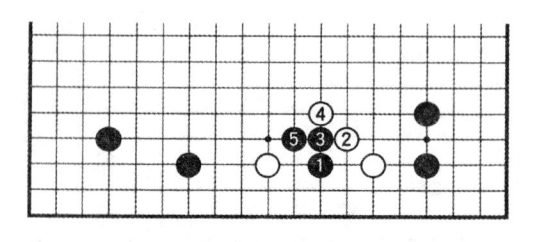

图 5-155

白 2 至黑 5 为一例，如此将白棋左右分断，白棋陷于苦战之中，白处劣势。

图 5-156 白 1 为配合白△，取三间拆，此情况与前图不一样，此形白无危险。

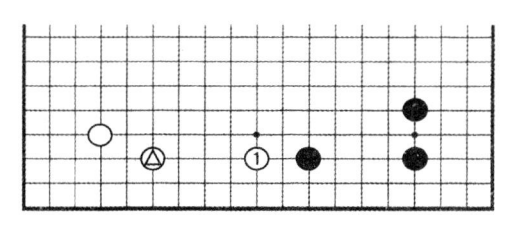

图 5-156

图 5-157 黑 1 中间打入，白 2 一间跳，黑立形孤单只得随之跳出。白 2 以后，黑亦黑 3 跳出，否则危险，双方成为"五五"之势。

另外一种三间拆，形势更佳，不虑失去联络，而有坚强防守力量。

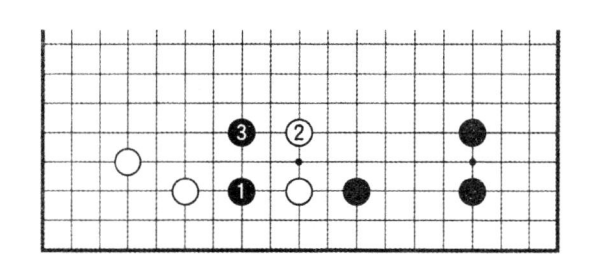

图 5-157

图 5-158 白 1 配合白右边做三间拆，因右方直立三子，形势特强，此三间拆无一弱点。

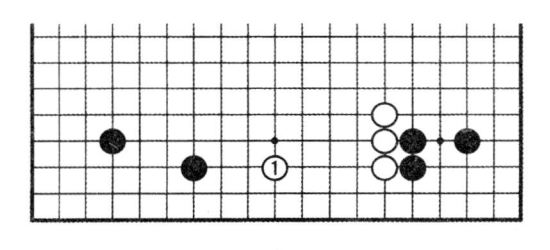

图 5-158

图 5-159 黑 1 中间打入,等于给大王送菜。白 2 之尖成立,黑 3 立,白 4 封挡,黑难以逃出。

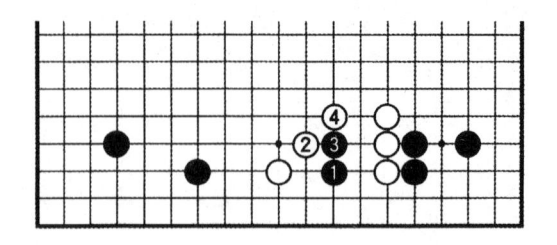

图 5-159

图 5-160 此白之三间拆,一方在第三线,另一方在第四线的位置,为三间拆之另外一种。

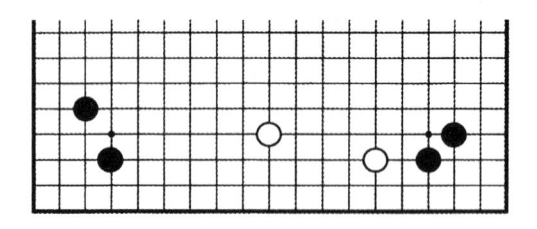

图 5-160

图 5-161 黑 1 中间打入,白 2 碰,防御力量甚强,黑 3 断,白 4 切为紧要,以下至白 8 止,黑方苦形,白可于 A 处枷吃黑 3,最初地形开扩时,不易崩散。

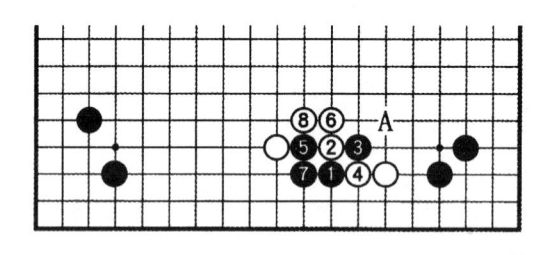

图 5-161

三三定式

图 5-162 黑 1 走 3 三,一手即可占据角上实利,这种着法就称为三三定式。白对三三的挂有 A、B、C、D 四种变化,以下加以分别介绍。

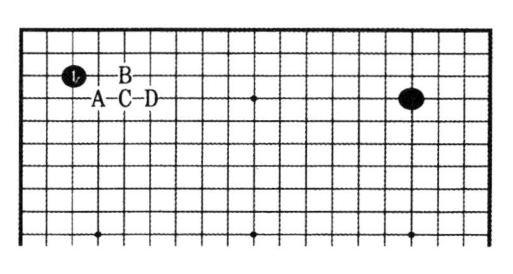

图 5-162

肩冲

图 5-163 三三位置低,对发展势力很不利,白 1 为了使黑的发展受到限制,就要采取肩冲的办法。

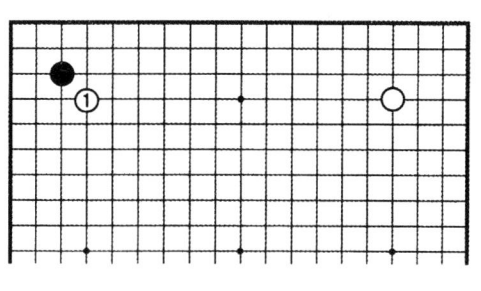

图 5-163

图 5-164 黑 2 至 4 是定形。

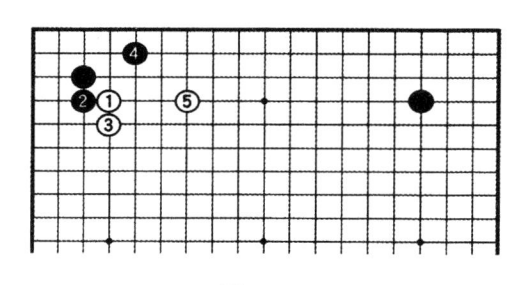

图 5-164

一间低挂

图 5-165 白 1 一间低挂,黑的应手有 A、B、C、D。

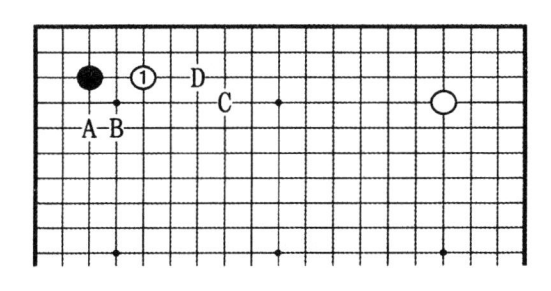

图 5-165

图 5-166 白 1 挂,黑 2 应是三三一子与白 1 同形先着走中间的意思。

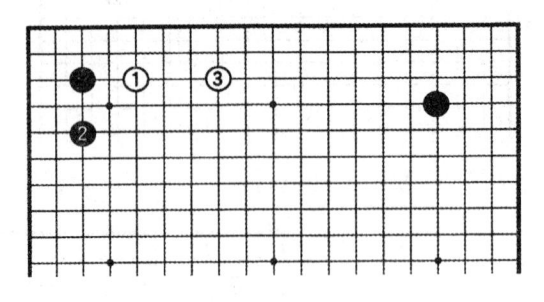

图 5-166

图 5-167 对黑 2 夹,白 3 飞压是好子,黑 4、6 扭断的下法如征子不利则不成立。

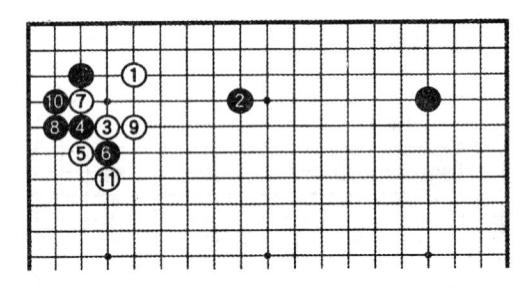

图 5-167

图 5-168 黑 2 一间夹,白 3 时,黑 4 靠渡的下法使白加厚,但右上有配置时也可下。

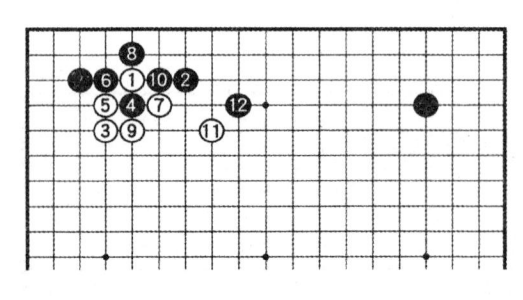

图 5-168

一间高挂

图 5-169 白 1 一间高挂，黑的主要应手有 A、B 等位置。

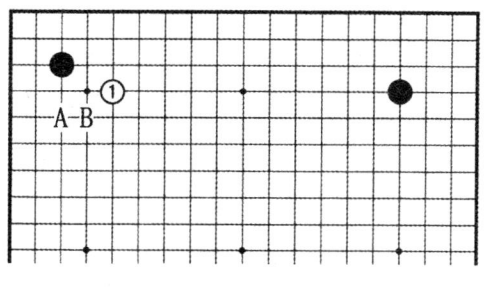

图 5-169

图 5-170 白 1、黑 2 的形与最初黑 2 占目外，白 1 高挂，黑跳入三三的形相同。

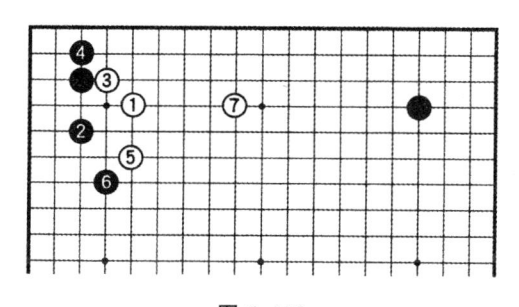

图 5-170

图 5-171 黑 2 的应对为好手。白 3 后黑沿四线爬，一般场合均为黑有利。

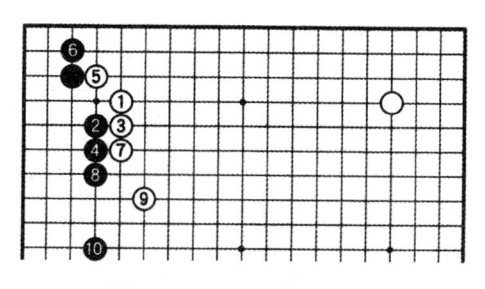

图 5-171

二间低挂

图 5-172 白 1 二间低挂，黑的主要应手有 A、B、C、D 等。

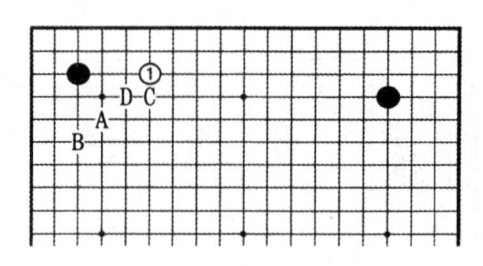

图 5-172

图 5-173 白 1 二间低挂。黑 2、白 3 是普通的应接。至 4 为实战中的常用形。

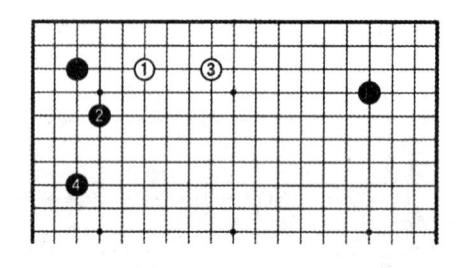

图 5-173

二间高挂

图 5-174 白 1 的二间高挂在实战中最为常见，黑的主要应手在 A、B、C、D、E、F 等。

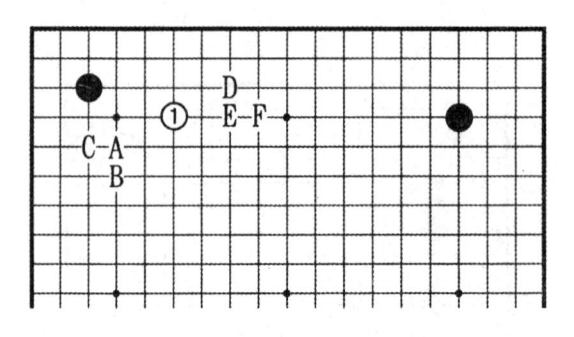

图 5-174

图 5-175 黑 2、白 3、黑 4 为一般应对，是实战常用形。

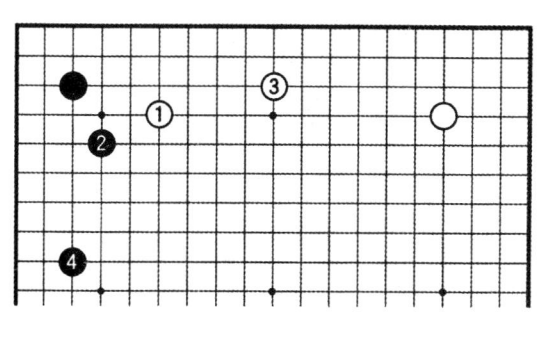

图 5-175

图 5-176 黑 3 大飞应保持着先的效率,故在实战中多被采用。白 6 守的同时瞄着角上的手段,一般黑应再补一手。

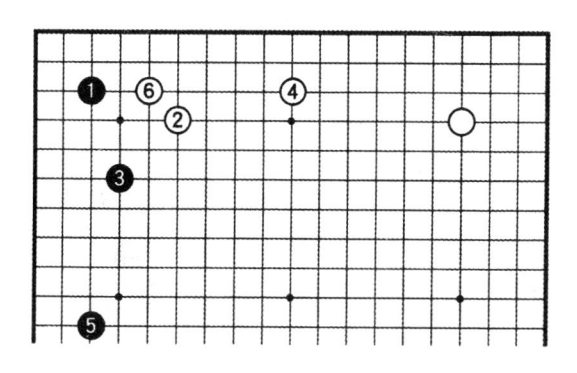

图 5-176

图 5-177 黑 1 从防守来说属坚固的形,以后可以轻易打入白阵。

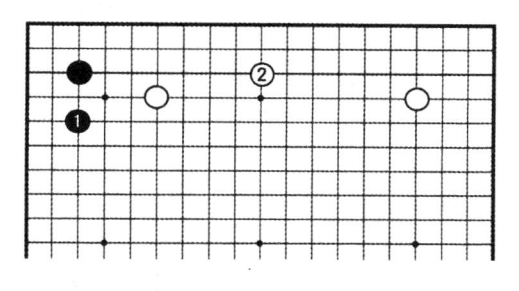

图 5-177

星

图 5-178 黑 1 即是星,白 2 小飞挂是常见的。黑对此有许多种应对之策,下面介绍一些常用的。

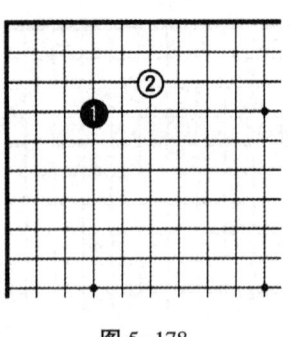

图 5-178

小飞挂·小飞应

图 5-179 白 2、4 为基本定式。以后黑 A、白 B、黑 C 压。

图 5-180 黑改在 2 位夹，白 3 进角，黑 4、6 封锁。黑是取外势的走法。

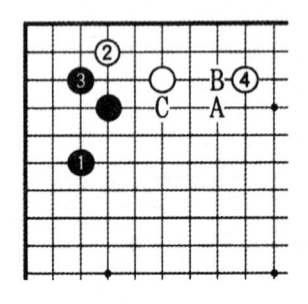

图 5-179

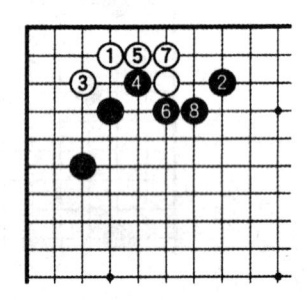

图 5-180

图 5-181 白 1、3 是基本定式。黑 4 粘坚实，此手也可走成黑 A、白 5、黑 B 的变化。

图 5-182 白 1 于另一侧逼，黑 2 立守角好。白 3 如不拆，黑夹攻的手段严厉。

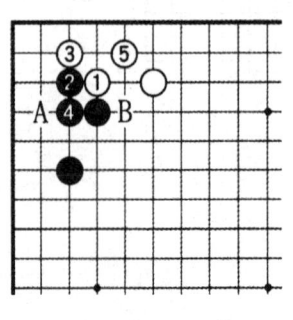

图 5-181

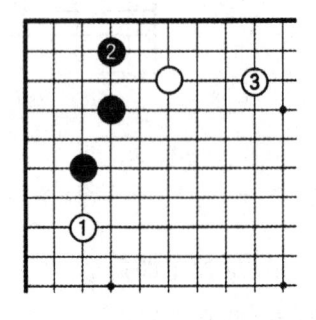

图 5-182

图 5-183 黑 2 跳补是好手。守角的同时也产生了黑 A、白 B、黑 C 渡的手段。

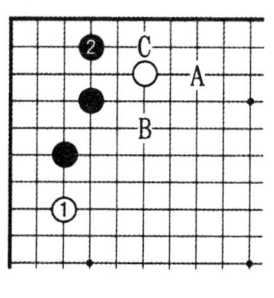

图 5-183

小飞挂·一间跳

图 5-184 对白 2 的挂,黑 3 跳的实例最多。

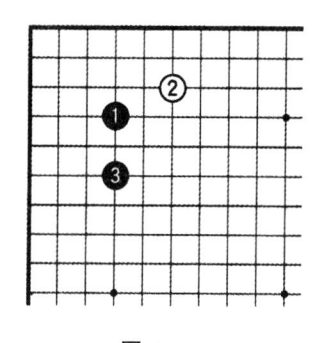

图 5-184

图 5-185 白 1、3 是角上的基本定式。黑 4 的着点很大,以后黑 A 将有几分攻击的意图。

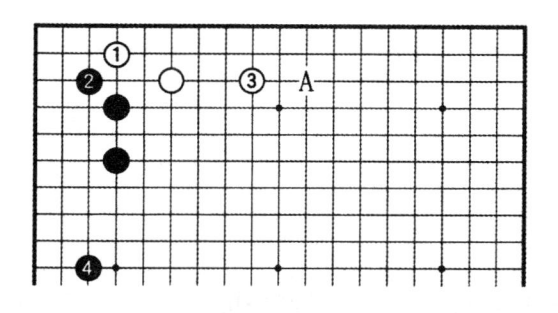

图 5-185

图 5-186 黑 2、4、6 是彻底占据外势的下法。白以下有 A 消或 B 逼后 C 托

图 5-187 黑 4 后，白不直接应而走 5 位。黑 6 立下，白 7 进入左边，这也是白的一法。

图 5-186

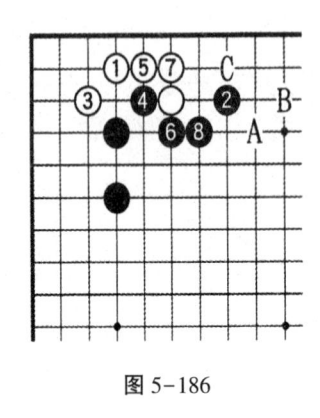

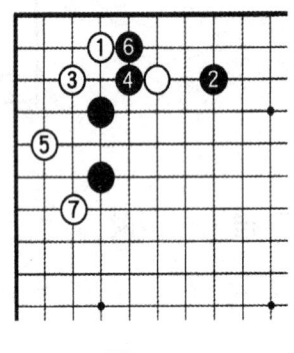

图 5-187

图 5-188 白 1、3 托虎是自我整形的下法。以后含有白 A、黑 B、白 C 打劫的手段。

图 5-189 白 1 于星下拆，黑 2 也拆，白 3 打入。黑 6 挡简明，之后黑 A 扩张的手段很大。

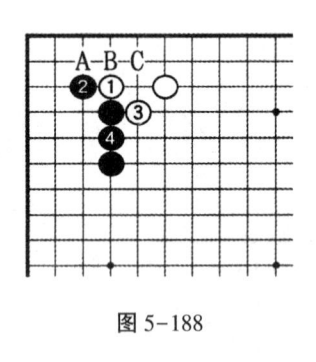

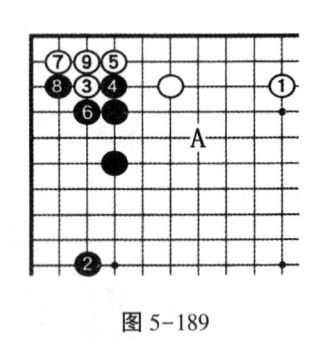

图 5-188

图 5-189

小飞挂·大飞应

图 5-190 黑 3 大飞在让子棋中比较多见。

图 5-191 白三三打入要选择时机。白 3 也可于 5 位先扳，白 3 后黑 4 长是

本手。

图 5-190

图 5-191

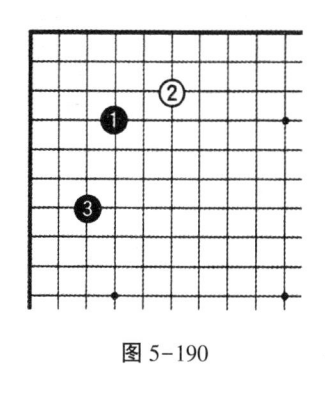

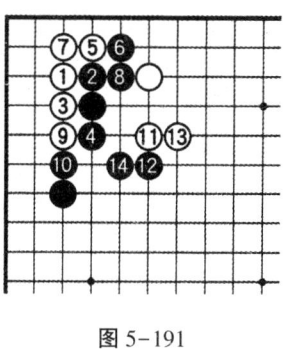

图 5-192 黑 4 挡，白 5 如先于 9 位扳，则黑 10、白 5、黑 6、白 7、黑 8 结果相同。

图 5-193 白 1、3，黑 4 退，这是"扭十字长一方"的典型下法。

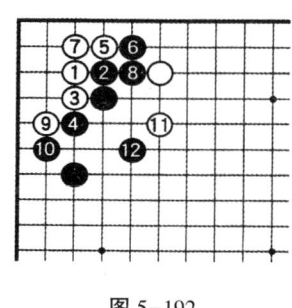

图 5-192

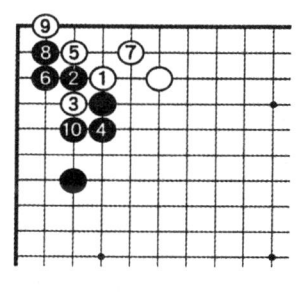

图 5-193

图 5-194 白 1 与黑 2 交换后，黑 4 守可防止白在角上的手段。白 5 拆，相互皆为本形。

图 5-195 白 1 跳，黑 2 立是好点。白 3、5 走厚中央，而黑可占 A 或 B 位大场。

图 5-194

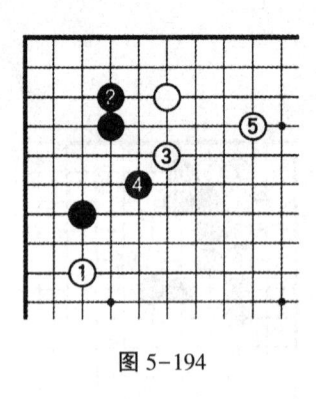

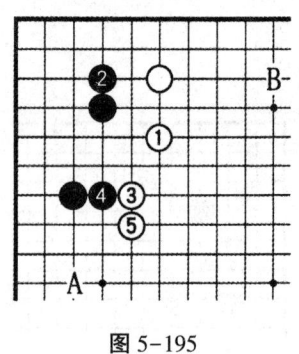

图 5-195

小飞挂·压

图 5-196 对黑 3 压的下法,白多于 A 位扳,接下来黑则有不同的应对手段。

图 5-197 黑 1、3 压长至 5 是定形。白 6 拆时,黑 7 拆星下不在 A 位补也不会被白冲断。

图 5-196

图 5-197

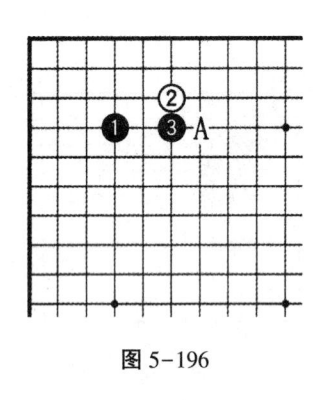

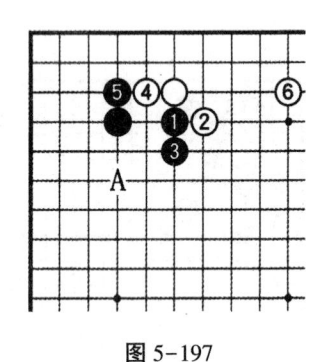

图 5-198 黑 1、3 虎接挡,5 以后白在 6 位粘,黑 7 白 8 各有所得。

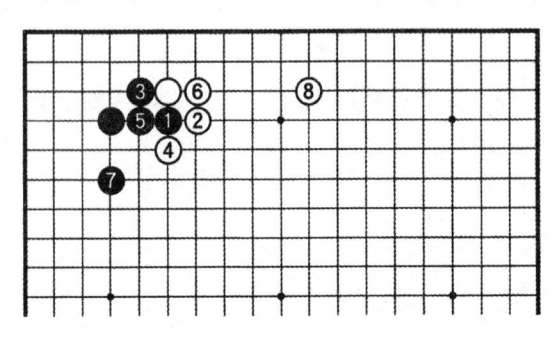

图 5-198

图 5-199 黑 3 反扳的下法多在让子棋中左边星位有星子的场合使用，一般说最后黑有点吃亏。

图 5-200 白 1、3 打后 5 长是充分的姿态。黑 6 如挡 A 位，白 6 位曲是好手。

图 5-199

图 5-200

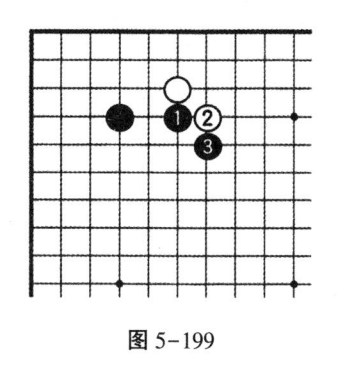

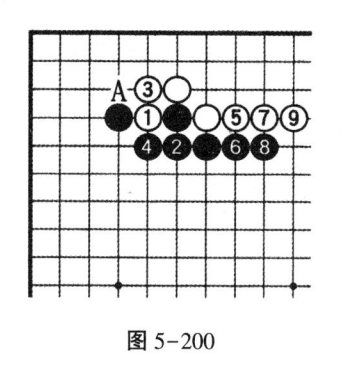

图 5-201 白在征子有利时可在 2 位挖。白 6、8 提吃后很厚，白方稍好。

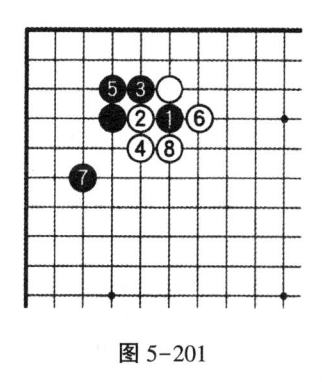

图 5-201

小飞挂·一间低夹

图 5-202 黑 3 的一间低夹是严厉的下法。

图 5-203 白 1 后黑有 2 挡或 3 挡两种选择。黑 2 挡△一子窄，4 可于角上扳粘，从局部上看，白稍占优。

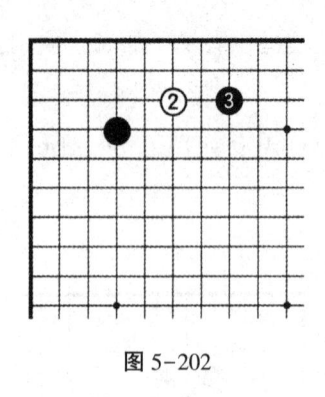

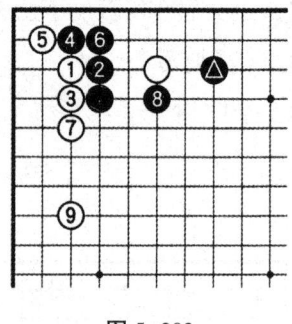

图 5-202　　　　　　　　　图 5-203

图 5-204 在左边有黑子的场合,黑 2 挡至 6 封锁是有效的手段。

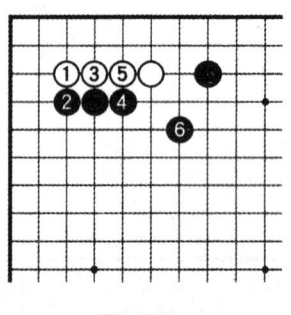

图 5-204

图 5-205 白 1 跳、3 罩压后黑 4 至 8 应,然后白 9 退补是必要的。

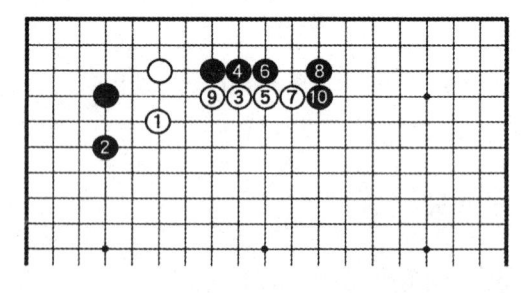

图 5-205

图 5-206 白 1 小飞出头的下法颇见力度。黑 2、4 是常识的手段。
图 5-207 白 1、3 靠退,黑 4 后白 5 断吃一子是坚实的下法。

图 5-206

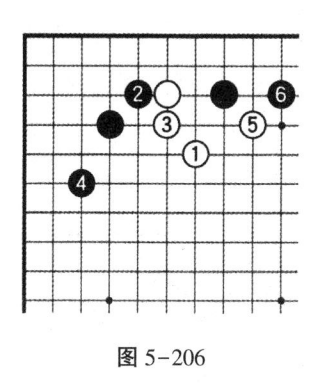

图 5-207

小飞挂·一间高夹

图 5-208 黑 1 一间高夹攻击严厉,白不能脱先。

图 5-209 白 1 打入三三是避免战斗的下法。黑 2 或 3 挡的取舍要根据左边配置来决定。

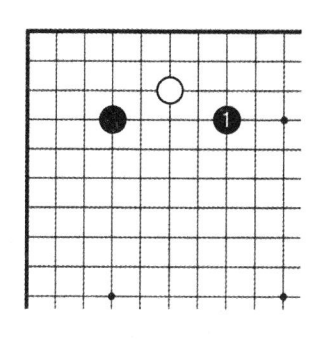

图 5-208

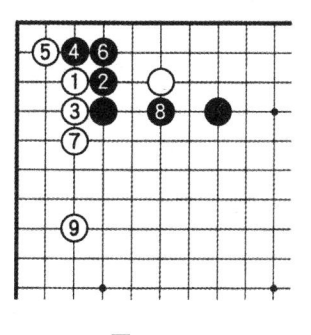

图 5-209

图 5-210 白 7 跳,黑 8 长后利用 10 包围是好形。此为两分局面。

图 5-211 白 1 跳出,3、5 两面飞整形,双方无事。

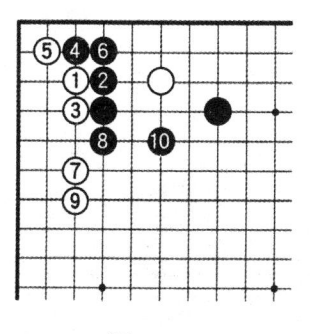

图 5-210

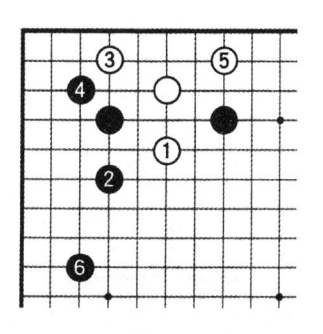

图 5-211

图 5-212 白 1 飞,黑 2、4 守角好。白 3 如走 A,则黑 B、白 C、黑 4 守。

图 5-213 白 2 立,黑 3 跳取地,右侧同时采取追攻的形。在实战中黑的走法比较积极。

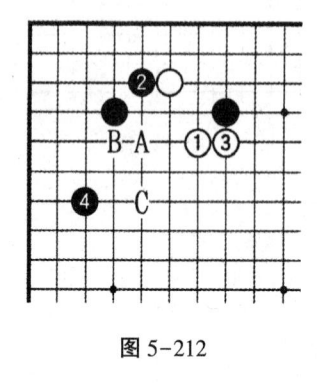

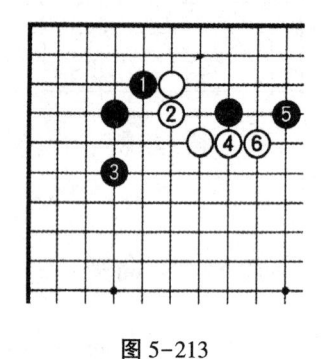

图 5-212

图 5-213

目外定式

目外定式主要指的是拆与夹手两方面的内容。

拆

图 5-214 白 1 对目外黑子以小目挂攻之。

黑 2 拆简单明了,如二间拆未免太小,至少三间拆才显其成。

白 3 尖,坚实守角,黑则须黑 4 补。

图 5-215 如白 3 脱先,是对小目黑 1 之高压手段,至黑 5 止,黑成强有势之外形,配合黑△一子相得益彰。

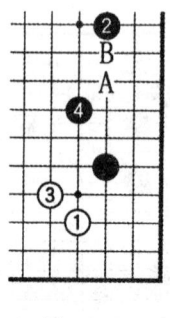

图 5-214

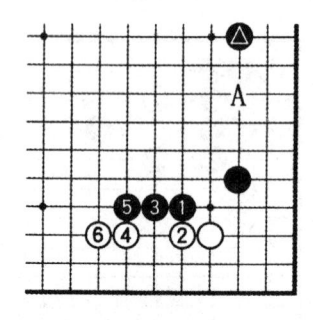

图 5-215

夹手

图 5-216 黑 1 之夹为急于求战，为有力之攻手。

白 2 出头，否则关进有损。

黑 3 守时，白 4、白 6 保角，先建根据地，以求安定。

黑 7 拆，扩展右方势力。

图 5-217 图 5-216 之白 4 至为重要，如未下，则黑 1 马步进为绝好手段。白失去安定机会，为黑之攻击目标。

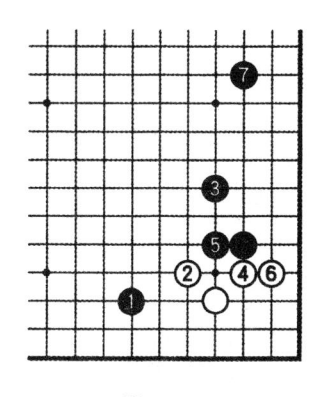

图 5-216

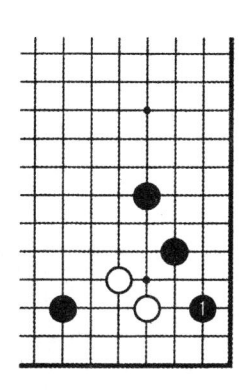

图 5-217

定式后的定形

定式后的定形根据达到定式的着法不同可分为星定式后的定形、小目靠压定式后的定形、一间低夹后的定形和高目定式后的定形四个方面。

星定式后的定形

图 5-218 黑先手时左上角的定式最有利的定形是怎样的。

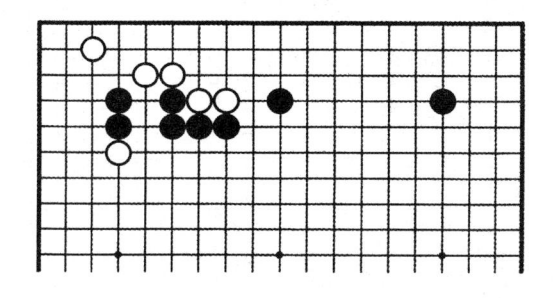

图 5-218

图 5-219 黑 1 点是定形的急所,黑 3 顶住棋形厚壮,与右边星位黑子的配合极好。

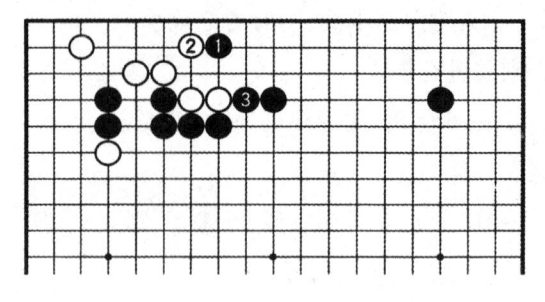

图 5-219

图 5-220 此时白 2 尖是唯一的反击手段,黑 3、5 挡下,至黑 9,黑通过弃子形成完整的外势。

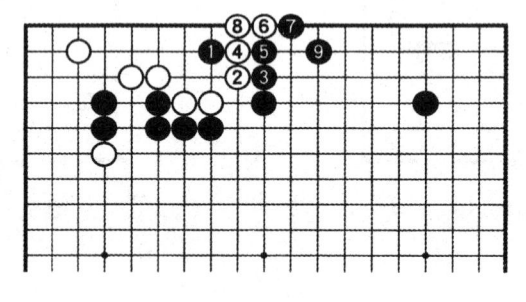

图 5-220

图 5-221 白 2 后如果白脱先,黑 1 至 6,白地被缩小。其中黑 5 亦可酌情走 A 位,以下白 5 黑 B 成为劫争。

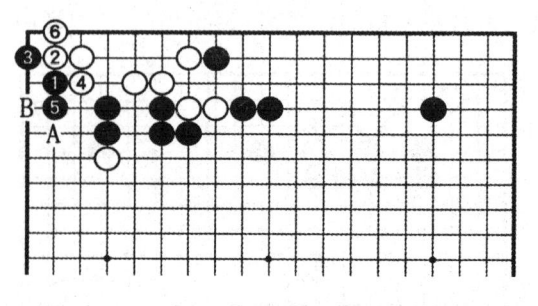

图 5-221

小目靠压定式后的定形

图 5-222 是小目靠压定式的一种变化，类似的棋形在棋局中常见。现左边星位有一黑子，所以黑 1 靠下，但白 2 扳，以下黑如何定形？

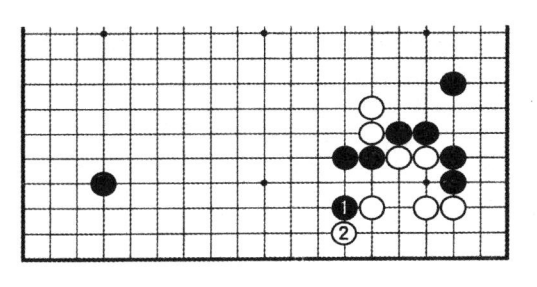

图 5-222

图 5-223 黑 1 单长，一般，至黑 3 跳虽亦算一型，但以后白可于 A 位挖，虽黑 B、白 C 是定形，但黑位太坏，而且白今后打入左边可借力。

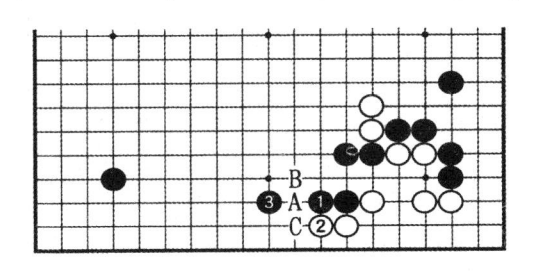

图 5-223

图 5-224 黑 1 断是整形的关键。黑 3 打是次序，至黑 7，黑漂亮整形。另外，黑 7 亦可于 A 位粘，现黑 7 有弹性，白如 A 位断打，黑可 B 位反打定形，形成铜墙铁壁，与左边黑子有着极好的配合。

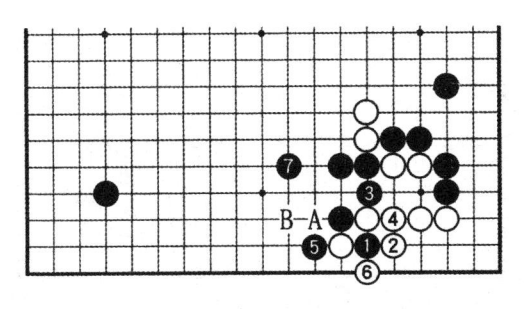

图 5-224

图 5-225 白 2 如反击,无理,黑不用 A 位粘而 3 反打,白棋大坏。

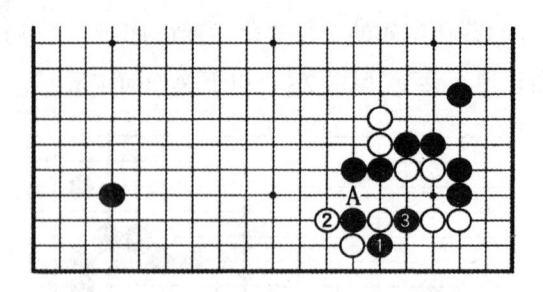

图 5-225

一间低夹后的定形

图 5-226 本图是一间低夹定式的一型,双方围绕着 A 位之点结合全盘局势来定形。A 位有关双方势力的消长。

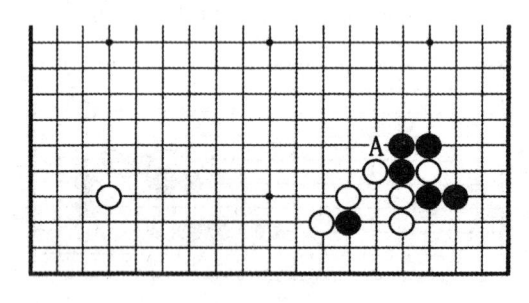

图 5-226

图 5-227 黑 1 压,是扩张右边大势的一手,白 2 至 6 在下边成空,这是定式之后的一种定形。

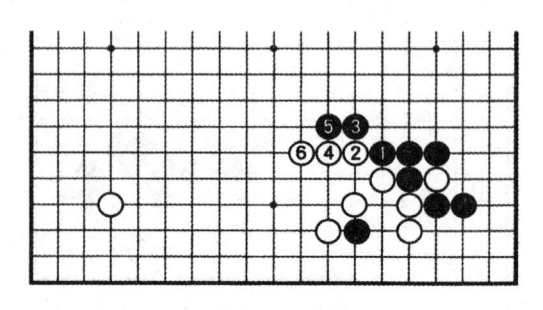

图 5-227

图 5-228 前图白 2 如脱先,那么黑 1 打至 5 长是黑加厚外势的型,白配合失败。其中白 4 重要,这里如被黑断,白更加无趣。

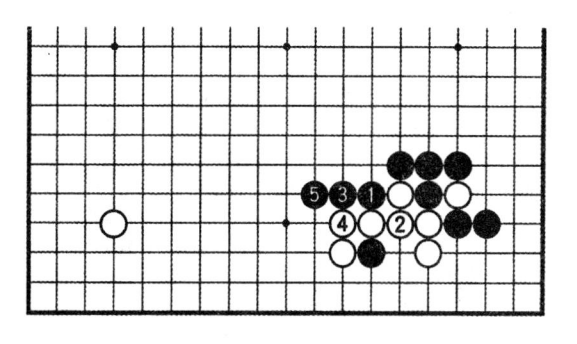

图 5-228

图 5-229 白 1 跳看似棋形好,但被黑 2 断,以后再 4、6 先手将角地围住,局部着黑得大利。

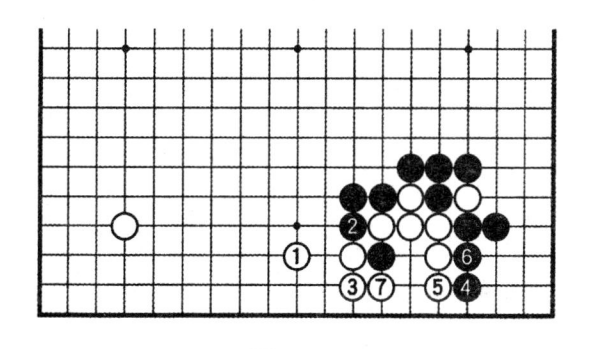

图 5-229

图 5-230 白 1 压也是扩张形势的好点。对此黑可 A 位扳或 B 位跳应。

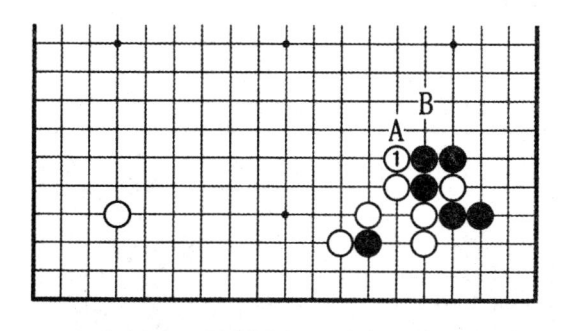

图 5-230

高目定式后的定形

图 5-231 本图是高目定式的一型,以后的定形变化可谓是"定式后的定形"。

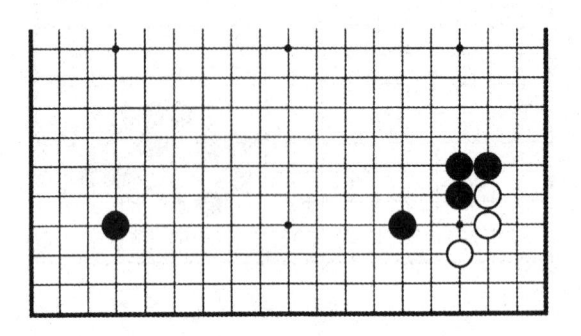

图 5-231

图 5-232 在本图左边的一黑子的背景下,黑取外势必然。黑 1、白 2 绝对,黑 5、7 整形,以下至白 20,黑得以先手完封外势。

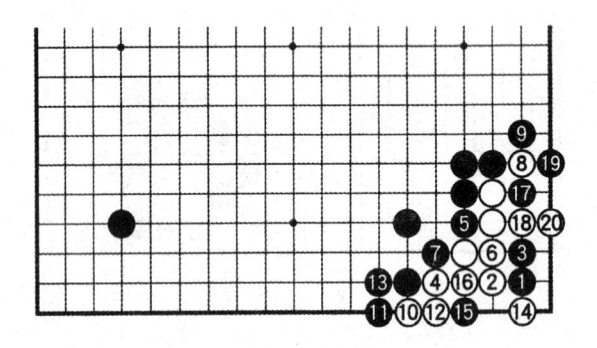

图 5-232

图 5-233 白 10 亦是一法,至 12 白角活棋与前图比较目数稍差。

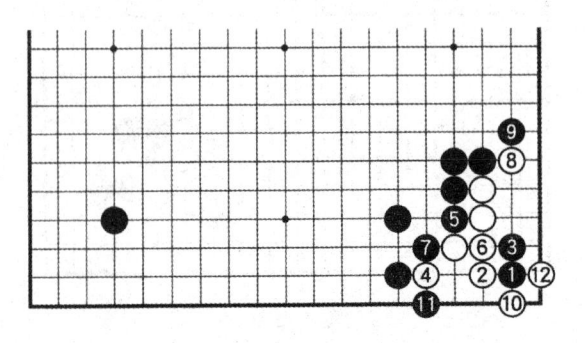

图 5-233

图 5-234 黑 5 次序变一下，期待白 6 在 15 位扳，那么黑 13 位打。黑更好。但白 6、8 反击必然，至白 22 亦算一型，此型黑较图 5-233 为差。过程中黑 9 如 21 位紧气，白 12 则 15 位扳，角上无事。

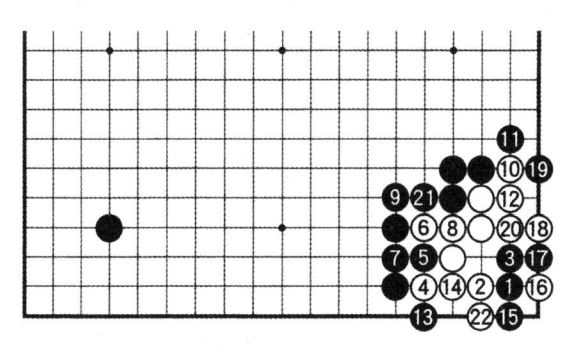

图 5-234

图 5-235 黑△若是虎的情况，那么白 4 先手很重要，白 6 再虎，黑怎么样也走不成前面的好形。

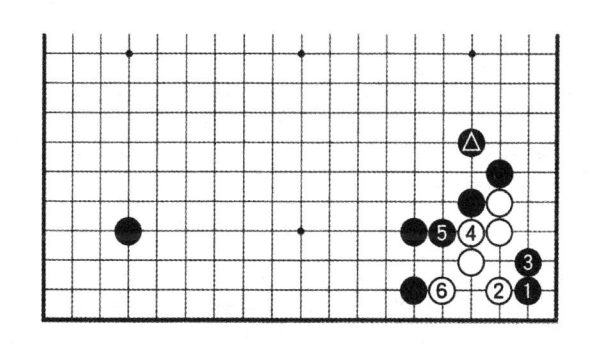

图 5-235

第六章 围棋的布局方略

一、布局基础

在布局阶段,除了在定式中会出现一些激烈的场面外,一般双方只是占据要点,很少有厮杀的现象。布局阶段大致包括占据空角、守角、挂角及定式、占据大场、对敌阵的分投、浅削、打入、扩张和加固己方模样等内容。

局布得好坏与战斗的成败关系极大,有时甚至会起到决定性的作用。因此,学习布局知识,掌握布局要领,是研究和学习围棋的一个极为重要的方面,断然不可掉以轻心。

但怎样的布局才算好呢?关键是要在容易成空的地方投入效率高的子,从而把更多的实地控制在自己的势力范围内。角上下子的位置

占角

对局开始总是先要占据空间。通常占角有五种,共八个位置,如图6-1,走在A位叫"星",B位叫"小目",C位叫"3、三",D位叫"目外",E位叫"高目"。

这五种位置,作用是不相同的,"小目"和"3、三"偏重于守角取实地;星、目外和高目偏重于控制边和中腹的形势。

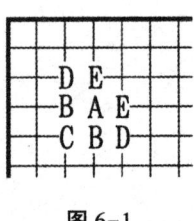

图6-1

守角

除了"3、三"能一手占角外,其他各种占角位置都需要再补一手,才能巩固。

通常小目守角有三个位置。如图 6-2,在 A 位守角叫"无忧角",在 B 位守角叫"单关角",在 C 位守角叫"大飞角"。这三种守角方式各有不同的作用。"无忧角"占地比较实在,较为多见。"单关角"在向两边开拆时,棋子的配合比"无忧角"好,但给对方留有抢角的机会。"大飞角"控制的范围较大,但使对方攻入的手段较多。

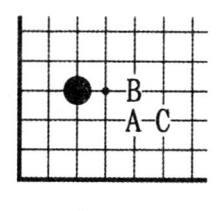

图 6-2

目外和高目的守角方式与小目很相像,但走目外和高目的目的,就是准备对方占角以后,采用多种手段取势或取实地等。

图 6-3 是黑走目外白走小目以后的各种手段。

图 6-4 是黑走高目白走小目以后的各种手段。

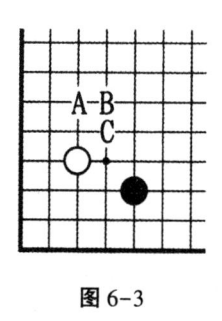

图 6-3　　　　　图 6-4

点角

"3、三"一着棋就可占角。往下再走就是向两边发展的问题了。

"星"是着重取势,便于伸向中腹。它如不补一着,对方也有侵角或点角的机会。如可以在图6-5白2侵角或图6-6在A位点角。

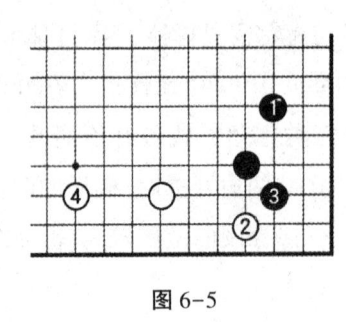

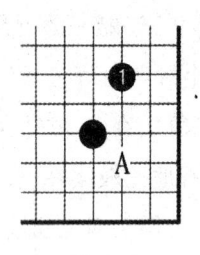

图6-5

图6-6

挂角

如图6-7、图6-8当黑方在小目或星的位置占角后,白方在黑方附近下子叫作挂角。挂角通常在A、B、C、D几种位置上,在三线上挂角叫低挂,在四线上挂角叫高挂。这几种挂角无优劣可言。一般低挂偏重于取实地,高挂偏重于取外势。

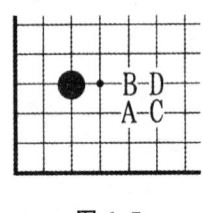

图6-7

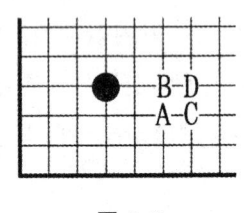

图6-8

图6-9 本图是走高目后,对方的几种挂角位置。

图6-10 本图是走目外后对方的几种挂角位置。

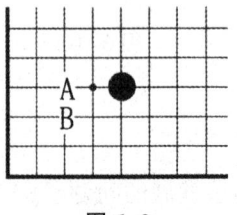

图6-9

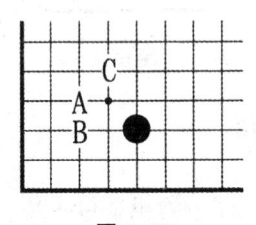

图6-10

"3、三"是一着棋占角,无挂角可言。但有攻击"3、三"的几个位置,如图6-11中 A、B、C、D、E 上五个点。

守角与挂角的价值基本相同,但挂角带有攻击性。

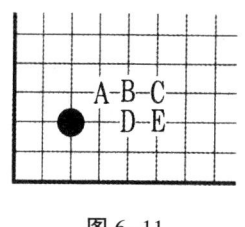

图 6-11

棋子的配置

棋子的配置在对局中有着极为重要的作用。初学围棋应了解并掌握其基本规律。

棋子要布开,配置要适当

图 6-12、图 6-13 在布局阶段,不要把棋走得过于密集。在附近没有对方棋子时,更不要并排着下。这样既不便做眼,也不便占地,子力不能充分发挥作用。但也不要把棋子配置距离拉得过大。

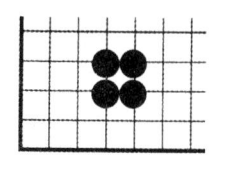

图 6-12 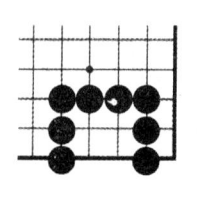　　　　　　　　图 6-13

图 6-14 走黑 1 是想在角上得到较大的地盘,但给白方留有侵入的余地。白在 A 位打入,结果至少是劫活,反倒事与愿违。要想守角,黑 1 应走在 B 位是好形。

图 6-15 在布局阶段,应当尽可能把棋子分布在全盘各个有利的部位,配置疏密要适当,棋形要舒展。如图 6-12 与图 6-15 比较,同是四个子,但图 6-15

走得舒畅。

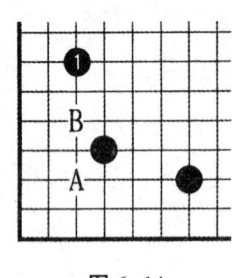

图6-14

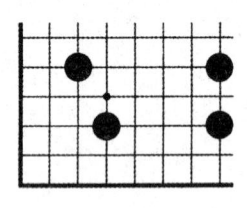

图6-15

图6-16 本图双方棋子配置都是好形。黑方走得坚实,实地较大。白方占据了边上的有利部位。棋子配置得灵活舒展。如黑方走在A位,白方要在B位跳起,否则黑有在C位打入的好点。

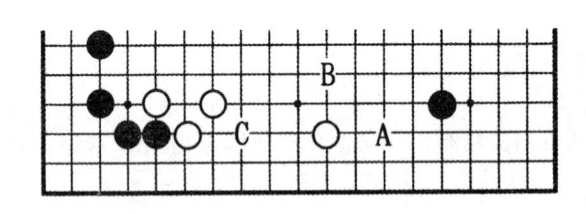

图6-16

高低配合

开局一般都走在边角的三、四线上。三线叫实地线,比较容易取地,但控制中腹却很难。四线叫势力线,比较容易取得外势、控制中腹,对占地有利。因此要三线和四线互相配合,这叫作高低配合。

图6-17 黑方1、5、7三着就是高低配合的好形。在整个一盘棋中都要时刻注意棋子的配置,不能脱节,根据具体情况,做到前后有应,紧密配合,使子力充分发挥作用。

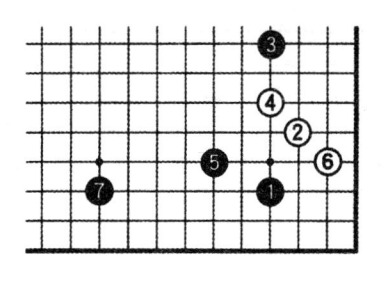

图 6-17

建立根据地

建立根据地,就是使一块棋具有两个以上的眼位,即成为活棋。如果没有眼位或仅有一个眼位,使之就成了一块孤棋,受到逼攻,后患无穷。有关根据地之着,同样是布局上的大棋。

如前面图 6-17 黑 1、5、7 三个子和白 2、4、6 三个子都有了眼位,特别明显的是白小飞抢角,就是为了建立根据地。

图 6-18 的 A 位是一着有关双方建立根据地的大棋。初学者断不可以轻视。

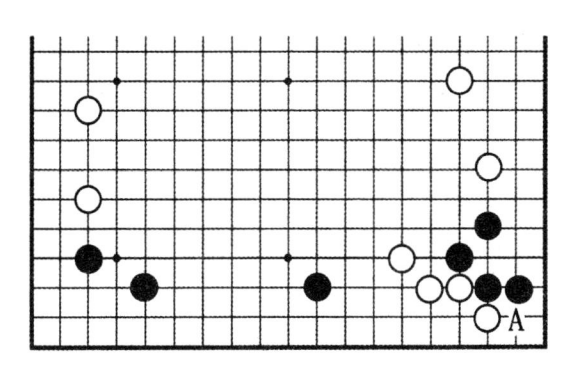

图 6-18

拆地与夹攻

拆地

拆地在边上不论向左或向右发展,都称为拆。

拆地一般都在三、四线上。

图 6-19 布局阶段在三线上走拆二为活棋型。

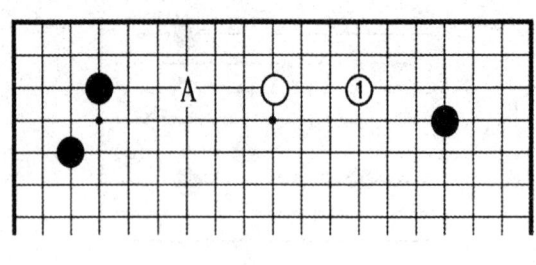

图 6-19

图 6-20 立二可以拆三。

图 6-21 立三可以拆四,立的子数越多,势力就越强,可以控制的范围就越大。

拆地还应注意两个问题:

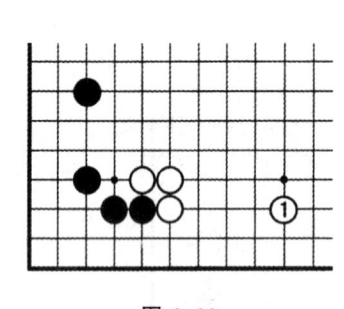

图 6-20

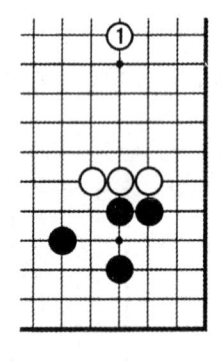

图 6-21

图 6-22 第一不要轻易接近对方的厚势,以免遭受攻击。如图 6-22,白应于 A 位拆二,不应在 B 位拆二。第二拆地兼攻击对方的孤子。如图 6-24,白 1 是拆兼攻的好点。

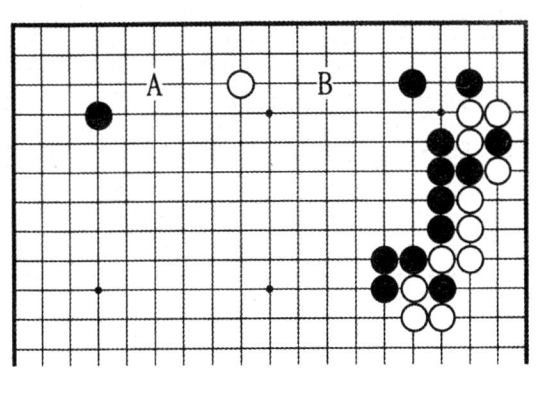

图 6-22

夹攻

配合角上一子夹击对方一子,叫夹攻。在三线上夹攻叫低夹,在四线上夹攻叫高夹。

根据距离的远近和高低去夹攻对方,一般有六个部位。如图 6-23,走黑 1 叫一间低夹,A 位叫一间高夹,B 位叫二间高夹,C 位叫二间低夹,D 位叫三间高夹,E 位叫三间低夹。

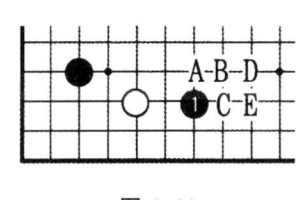

图 6-23

除此六点外,如果走的距离再远一些,就起不到攻击的作用,不能称为夹攻了。

夹攻的目的决不是一定要把对方吃掉,而是为了阻止对方拆地,破坏对方边角势力连成一片。同时,借夹攻对方使自己能够拆地,如图 6-24 就是很好的例子。

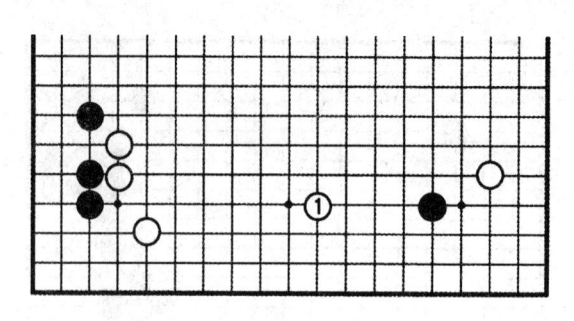

图 6-24

拆兼攻是攻守兼备的好着，容易取得全局的主动权，所以是高手下棋经常采用的手段。

分投

在对方阵势中选择左右都有拆二余地的着点投入，叫作分投。

图 6-19 就叫作分投，如黑在白 1 位拦住，白就在 A 位拆二。又如图 6-22 白子在 A、B 两点均可拆二，就是分投的好点。在布局阶段，分投能够有效地防止对夹兼拆，破坏对方阵势连成一片，而自己又能较安全地立在其中。选择分投点注意不要在靠近对方厚势的地方拆二，如图 6-25，这样白子拆二太贴近黑方厚势，反觉不安。要选择最大限度地限制对方阵势扩展的分投点，如图6-26。

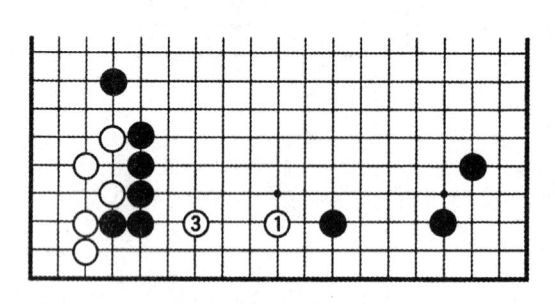

图 6-25

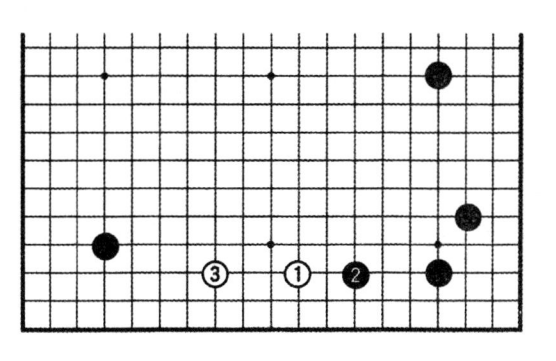

图 6-26

实地与外势

"实地"就是已经占有而对方又很难攻入的地域。

"外势"是在对方实地外面形成一个比较大的势力范围,但还没有取得完全肯定的地域。

有了较大的外势,可以构成大模样或开拓较大的地域。

图 6-27 白1利用右上角的外势开拓较大的地域,还可以攻逼对方。

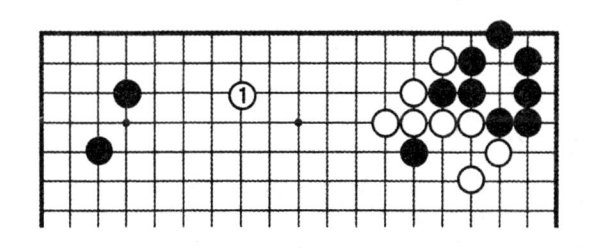

图 6-27

图 6-28 黑1利用右面的外势,既拆地又逼攻白一子。

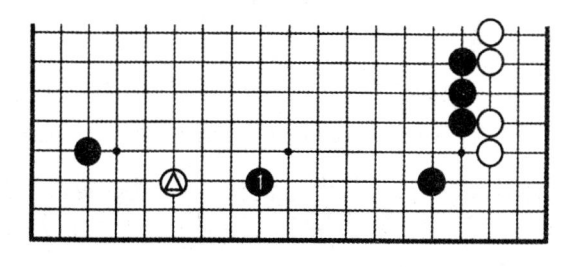

图 6-28

实地与外势在一般情况下是对立的,在对局中,什么时候占实地,什么时候取外势,要由全局形势来决定。虽然每个人的棋风不一定相同,有人喜欢实地,有人喜欢外势,但都不能过分。

图 6-29 白方仅得 20 目的角地,反使黑方的外势过大,因此白的走法是错误的。

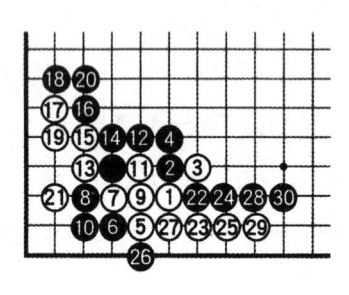

图 6-29

选三路还是四路

初学者看到布局的时候大多数棋都是下在三路或者四路,心里不由生起了很大的疑问:"到底三路好还是四路好?"

过去有一个图形图 6-30,被一些书上用来说明三路比四路优越的原因。理由是这样的:在三路下的棋取得实地,一共是 19 的平方-13 的平方 361-169=192;也就是说,占了三线要比占四线多得到 192-169=23 点!

但是,有一点要弄清楚,这 23 点是怎么得来的?围住三线的大圈子用了 4×14=56 个子,而围住中央的小圈子只用了 4×12=48 个子。所以两者的差距竟然有 8 个子,如果承认两者差距有 8 个子(相当于被让 8 手)那当然不好争胜负啦。我们知道如果现在的围棋贴目制度合理的话,每先行一手是要贴二又四分之三子的,所以还是四路围的效率要高些。

更为有趣的是,如果我们把四路与五路作比较,结果可就差太多了,五路围的一方围住一个 11 见方的 121 点格子,用了 40 步棋,而四路围的一方用了 48 个棋子,围的地盘达到 240 点,几乎大了整整一倍,这就提醒了我们,五路下棋是太空了一些。

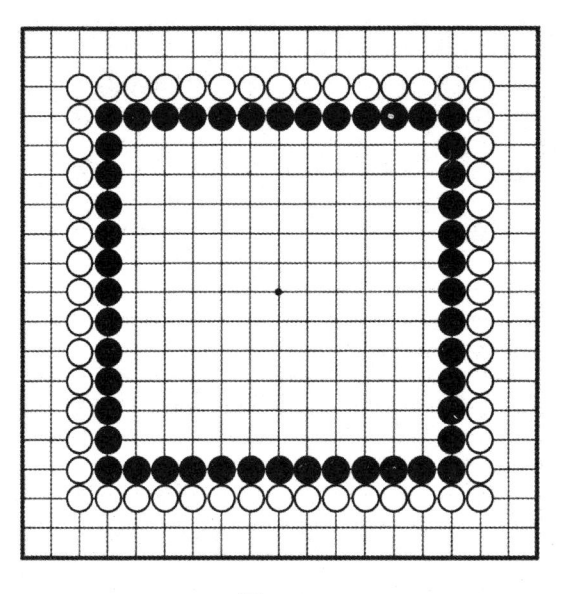

图 6-30

回头再来看四路和三路的争夺：虽然四路效率高一些，但是四路的地盘毕竟有限，而三路却优势得多，这就是近年来布局以四路开局的"中国流"（两个子在四路，一个在三路），二连星（都在四路）要比单纯的小目多的原因。而"3、三"现在很少用了。

围棋的星位放在四路而不是放在三路，不是偶然的。古代的坐子放在四路也是有道理可言的。

现在我们来看各种布局类型的守角法。因为我们既然知道围棋的三路和四路最重要，当然更说明角重要。守角的方法有图 6-31 中所示的几种。

对于每一个角的进攻或者分割，一般也是从对方要防守的点开始的，这在术语里称为挂角。这个图说明了四个角的一般开局情况。为了说明"3、三"的情况，我们用了白4这着棋。黑棋选择白棋最软弱的3、三为进攻的第一步，在两手的攻防中，把白压缩在比较矮的地方。

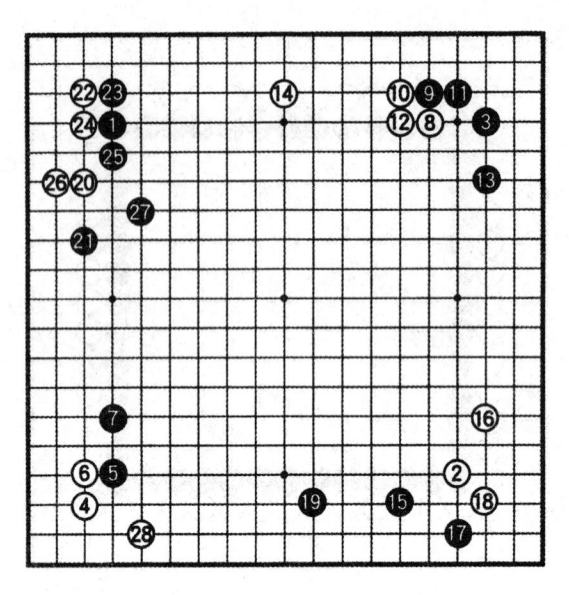

图 6-31

二、布局要领

布局速度要快

例一

所谓布局速度就是布局初期棋子抢占盘上各处要点的快慢程度。

图 6-32 白 1 占小目后,角还不干净,一般以后要先 2 位守角,第 3 手棋才开拆到边上。

图 6-33 星位占角后速度就比小目要快了,黑 1 占星位后,2、3 迅速控制了两条边,而 A 位的 3、三弱点在布局初期是不必过虑的。

如果执白棋,只知守角而忽视布局的速度就更可怕了。

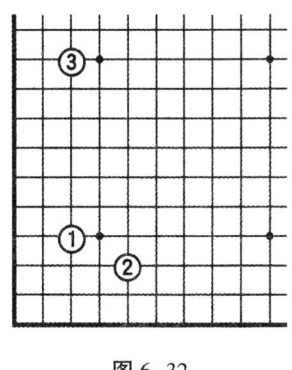

图 6-32

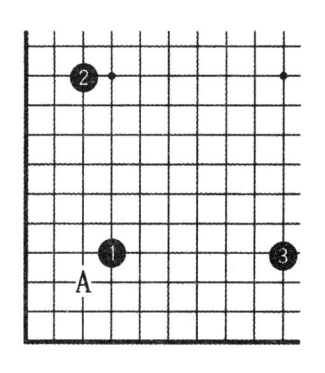

图 6-33

图 6-34 白棋 6、8 连续守了两个角,第 10 手才拆到边上,结果也只控制了一条边,而黑 5、7、9 连续控制了三条边,最后又于 11 控制中央。

布局至 11 已是黑稳居上风了,白布局的失败是显而易见的。究其原因,只知单纯守角是不行的,即便走了图 6-34 中 2、4 的小目,当黑 5 加快速度时白 6 已可考虑于 A 位挂角了,就算白 6 尚可,当黑 7 又占了一条边后,白无论如何应 A 位挂了,执白棋遇黑大模样作战时,连续守两个角是注定要吃亏的。

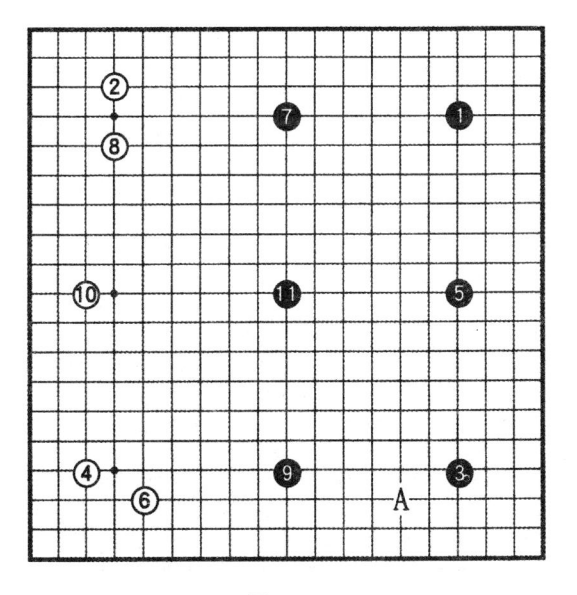

图 6-34

例二

重视布局的速度不只体现在占角的方式上,即便走星位,偏于一边也是不行的。

图6-35 走星位,尤其是三连星是重视速度的布局,但也要注意防止偏于一边,如图至14白布局成功。这是一个很有趣的构图,黑的每一手棋似乎都是符合棋理的,但至14却落后了,问题出在哪里呢?至白8双方布局应该是没有问题的,搜索应从黑9开始。黑9虽然是一种本手,但下于11尖顶追白脱先是非常有趣的,变化如图6-36、图6-37。

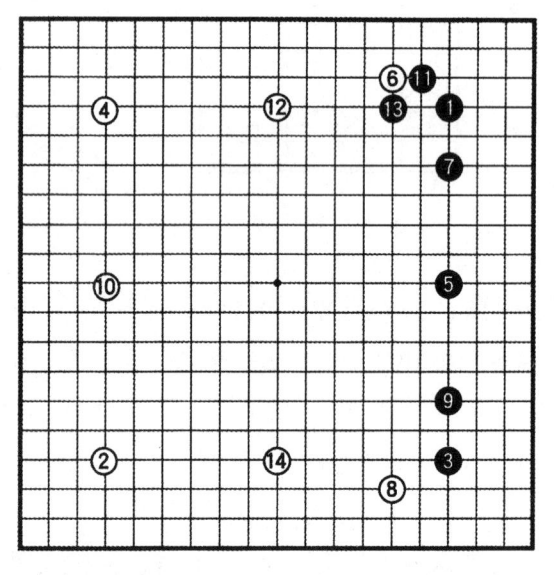

图6-35

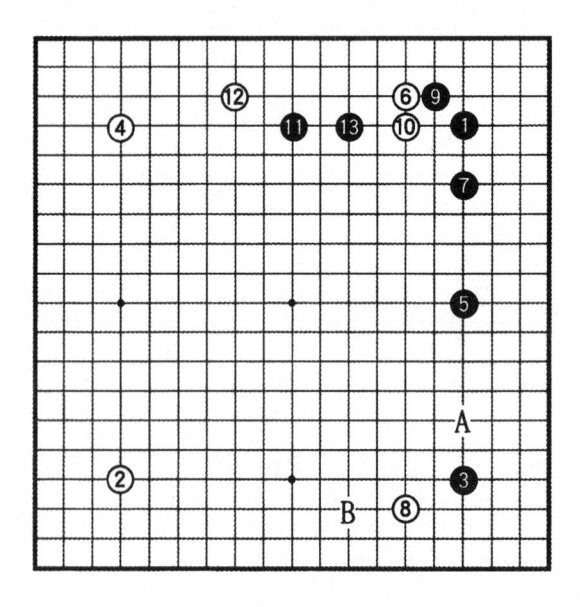

图6-36

图 6-36 黑 9 顶时白 10 若长,则变化至 13,白明显重,脱不开手,A、B 等处大棋将为黑抢先占领,对白极为不利。

图 6-37 黑 9 顶时,白若脱先于下边 10 位双飞攻黑 3,则黑选择 11 压,以下的简明变化至 22 抢先手于 23 攻,全局仍是黑简明有利的形势。

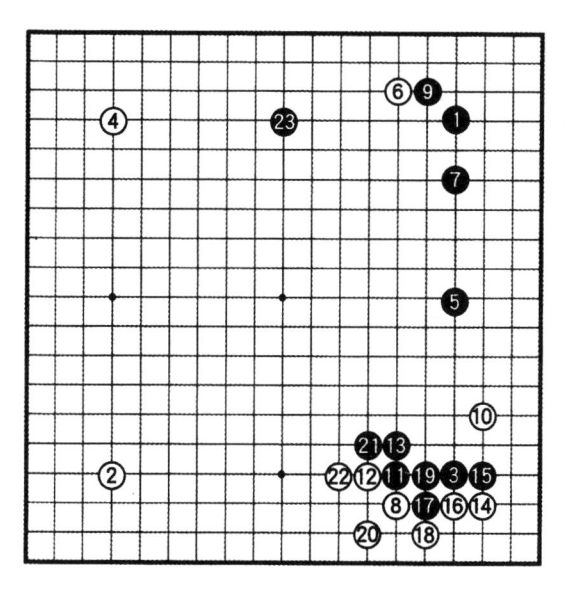

图 6-37

虽然如以上各图所示,图 6-35 的黑 9 有更积极的下法,但导致局面最终落后的却是图 6-35 的黑 11。黑 11 看似符合棋理但却偏于角上,应如图 6-38 那样下。

图 6-38 黑 11 抢占下边夹击白 8 一子,白 12 如于 13 点 3、三,则如图 6-39,黑有利,今 12 走流行变化至 25 仍为黑不错的局面。由以上各图的分析来看,重视布局的速度,抢占全局大场的意义是多么重要。

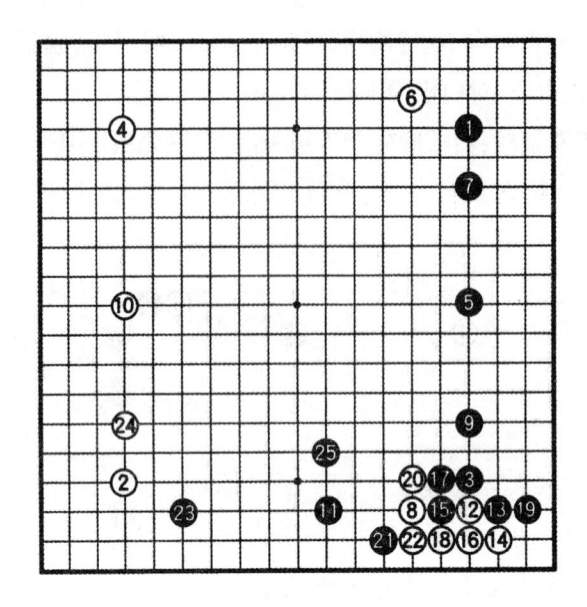

图 6-38

图 6-39 本图白 12 若点 3、三则不大好，局部至 27 黑太厚，白 28 虽抢占了上边大场，但黑 29、31 张势后下边、右边已近实地，而白左边、上边尚感空虚，所以至 31 黑优势明显。

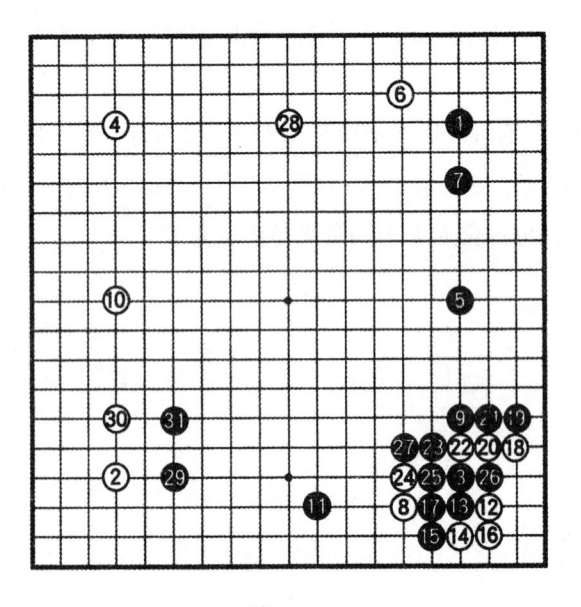

图 6-39

子的位置应高低协调

在布局初期，下子应位于三、四线上，但何时位于三线，何时又位于四线却是一个很深奥的技术问题。一般来说三线的子因相对稳定，多用于建立根据地；四线的子效率较高，多用于使己方的阵营更加庞大、完整。

例一

图 6-40 白 6 于三线分投，黑 7 亦着于三线，当白 8 拆逼黑 7 一子时，黑 9 拆二位于三线容易生根，白 10 亦于三线巩固根据地。

图 6-41 当黑 7 逼时白 8 若于四线高拆则不好，黑 9 尖后由于有 A 位的飞与 B 的打入白形极不安定。

图 6-42 白 6 于高位分投有疑问，当黑 7 逼时白 8 更不好，黑有如图走 9 以下分断白棋的严厉手段。白 8 恐怕只好于 A 位高拆二了，不过即使这样黑于 B 位大飞后仍是黑占有利的局面。

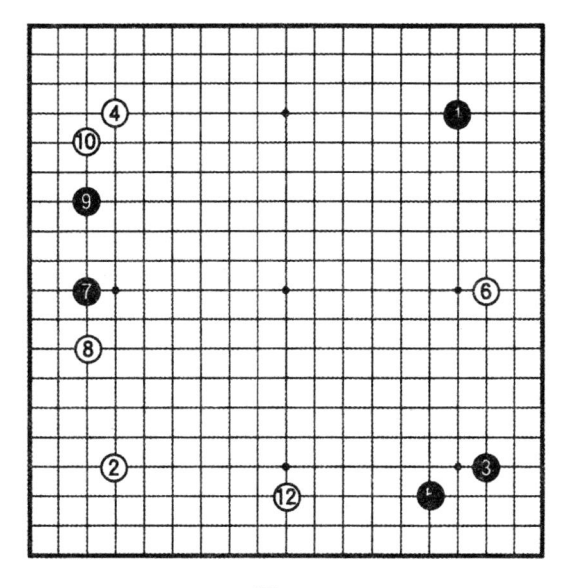

图 6-40

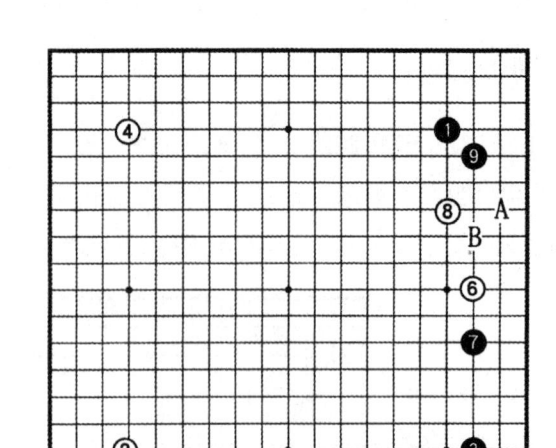

图 6-41

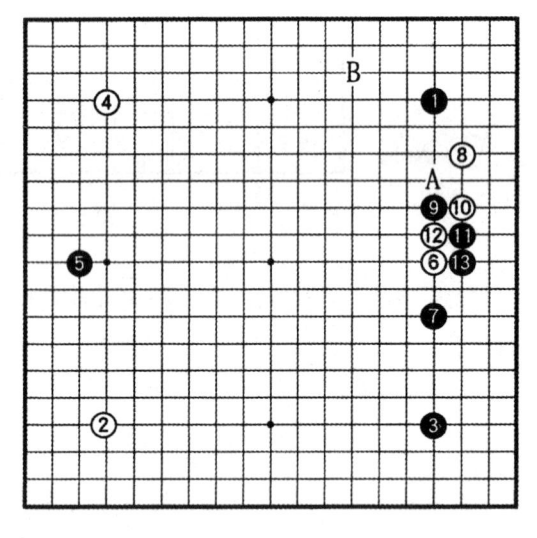

图 6-42

图 6-43 右下角,在常见的托退定式后黑于 15 位尖是正解,将来于 A 位高拆与左下形成极完整的实空。黑 15 于 B 位拆则不好,因左下位低,右下若仍走低位将来难于发展。

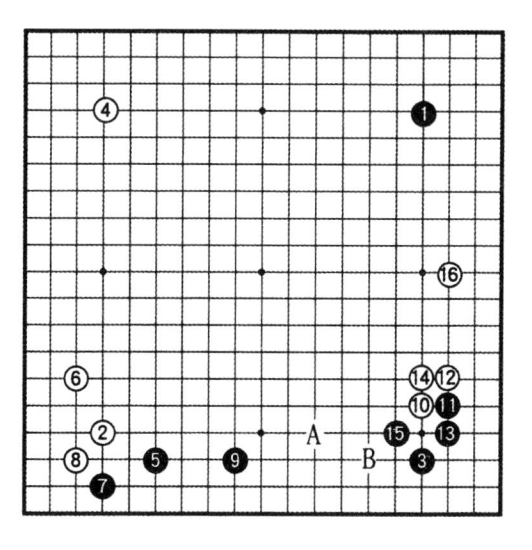

图 6-43

例二

图 6-44 白 6 挂时黑于 7 位一间关应是正解,与黑 5 低拆一子形成很好的高低配合。将来白于 A 位打入时黑只须 B 尖就将白子制住。

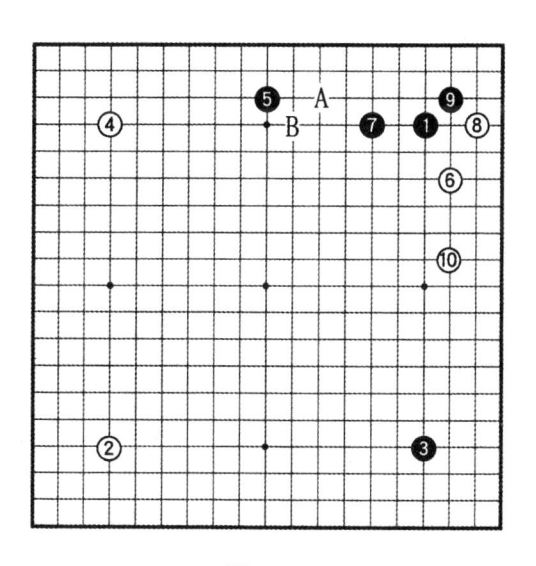

图 6-44

图 6-45 白 6 挂时黑 7 小飞俗手,与黑 5 一子配合极恶。黑不但围空效率不高,将来白于 A 位打入,黑 B 尖,白尚有 C 尖周旋的余地。

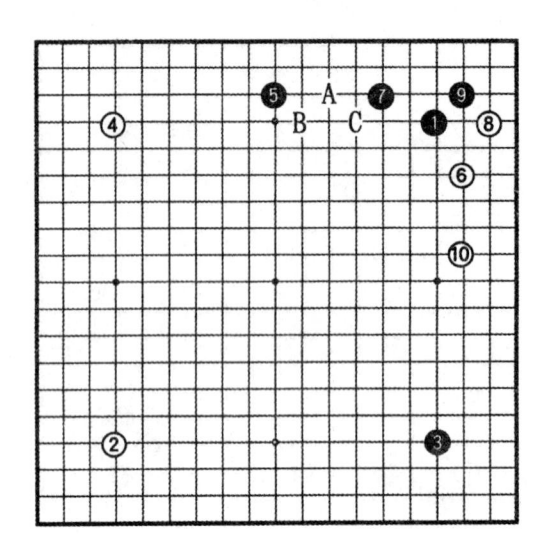

图 6-45

例三

图 6-46 当白 1 拆二时,黑于 2 位高拆与左边黑△形成极完整的结构;若于 A 位低拆则显得扁了,而且对白子的压力也不大。图 6-46 中白 1 拆二是本手,若不补黑有 B 位夹攻的手段。

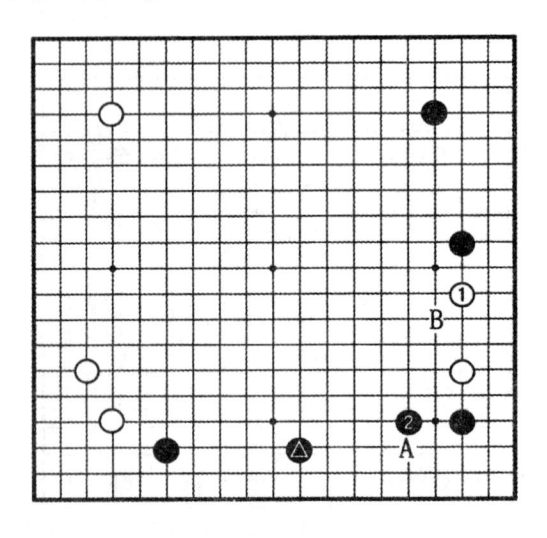

图 6-46

图 6-47 当白 1 拆二时黑 2 位单关应是本手,右下一带形成很理想的结构。图中 2 位单关若于 A 位守则如图 6-48。

图 6-48 白 1 拆时黑若于 2 位小飞守角则与左下配合失调,如图所示黑 2

与黑△两子均处于低位，不但难于发展而且将来白尚有以 A 或 B 位侵消黑阵地将黑压扁的手段，黑极为不满。补强自身形状的加高与建立根据地时常用的低拆形成很鲜明的对照，当然这是相对而言的。

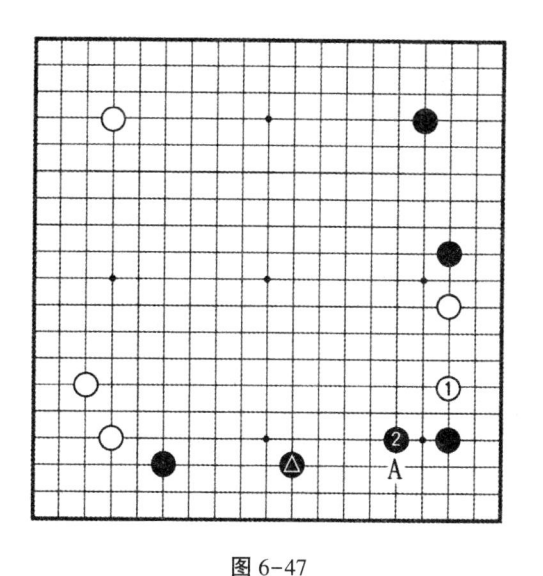

图 6-47

图 6-48

例四

图 6-49 黑 1 拆与 A 位拆建立根据地都是正解，不同的是若黑 1 位拆，当白

B时黑可脱先，而A拆时白B位逼，因瞄着D位的打入，黑一般于C位关补。

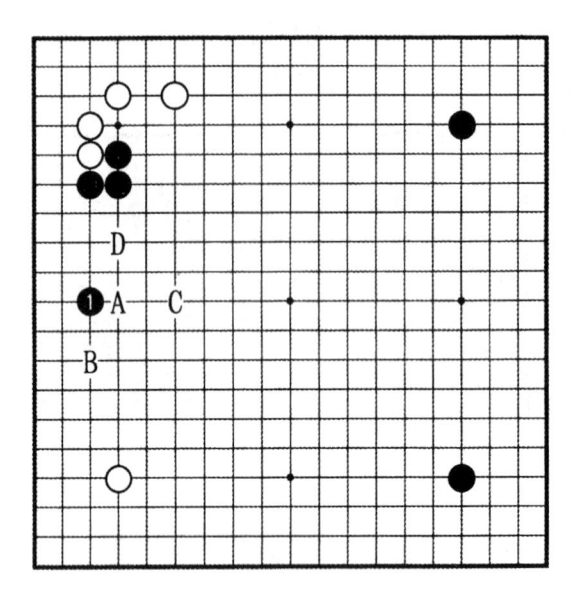

图6-49

图6-50 本图仍为常见局面，白刚△位拆。如图所示黑1二间高挂为挂3、三的常见挂法之一，白是怎样应对的？于图中2位飞加高或于A位飞都可视为正解。白2若于B位低拆则不好，因为△位置低。黑3于低位拆建立根据地是正解，兼顾了D位的打入；黑3若于C位高拆则不好。

例五

图6-51 黑3拆后白若于4位打入黑有5位碰的手段，如图正常应对至白8，黑于9位压，白4一子已难于动弹，白2着于A位时结果一样。

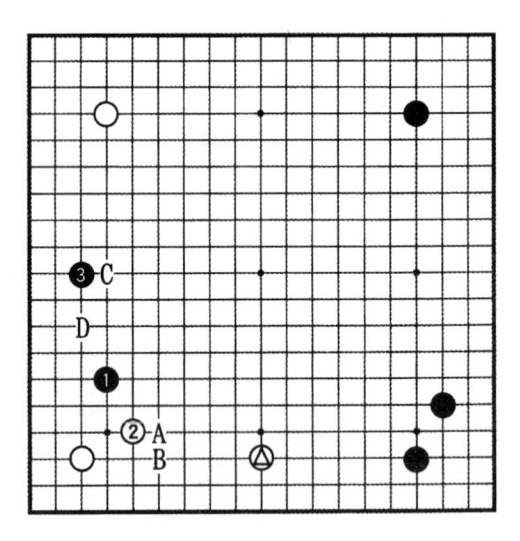

图6-50

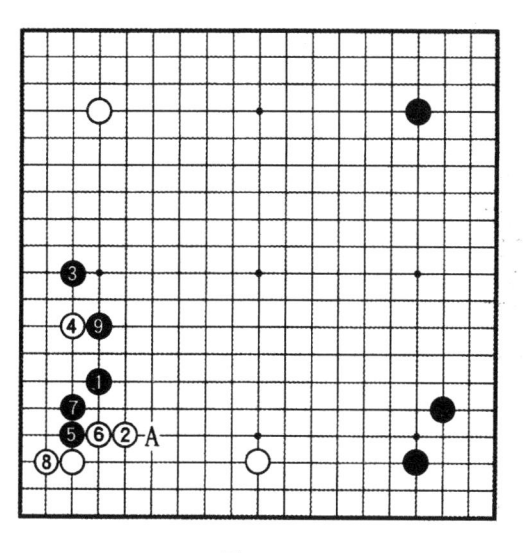

图 6-51

图 6-52 黑 3 若高拆，结果就不同了，如图白 4 打入时黑仍用 5 位碰的手段，但至白 8，黑无论如何也吃不住白 4 一子了。由以上各图可见布局阶段重视子的高低协调有多么重要。

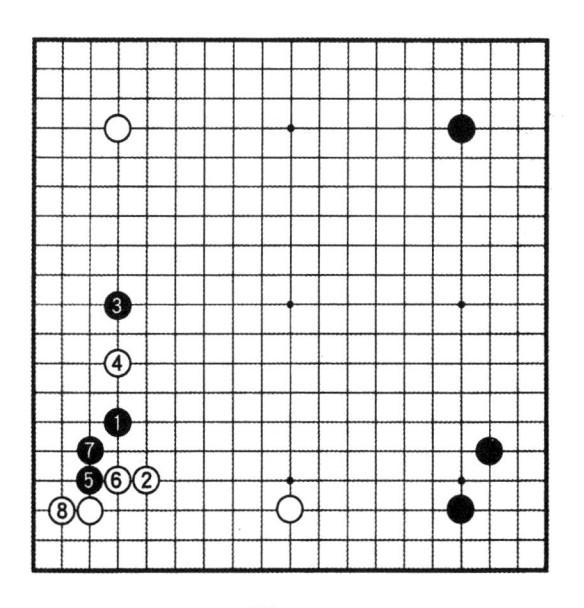

图 6-52

急　所

急所是关系到双方稳固、生死的要点。

例一

图6-53 白1位守角,何处为急所？正解为黑2打入,这是关系到白方根据地是否稳固的大棋,价值超过了其他大场。A.B.C等处价值虽也不小,但还不如黑2。

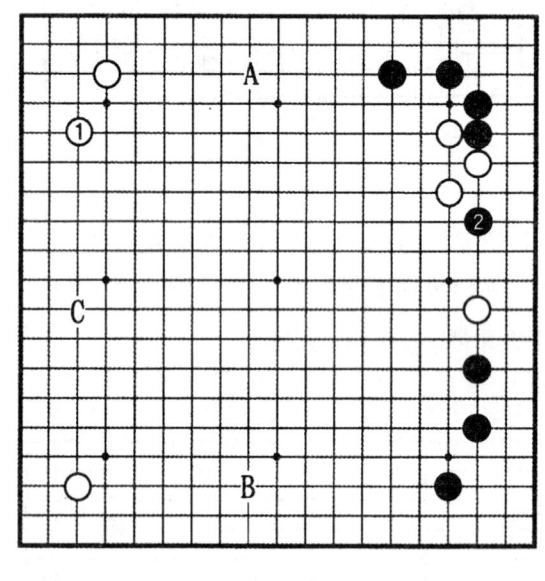

图6-53

图6-54 当黑1打入时,白2小尖阻止黑方渡过为正解,此时黑有两种下法。

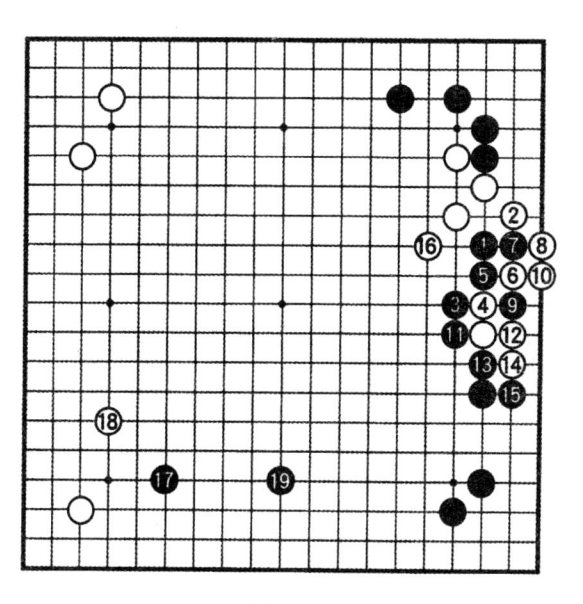

图 6-54

图 6-54 3 位的上飞,此为获取外势的下法,白 4 以下为正常应对。过程中白 14、16 不可省略。若不下 14,黑于 14 位先手打,16 若不着,则黑于 16 位跳,白只有一只眼,出逃势必累及全局,故 14、16 都为必着之手。如图进行至 16,黑先手获得了外势,再于 17. 19 扩张下边,这样对黑有利。

图 6-55 3 位的下飞,此为捞取实空的下法。黑 3 下飞后白 4 不可省。白 6 罩好手,黑 7 亦以针锋相对,意在争先手。以下变化至 16 黑获得了先手。从结果可以看到当初白 4 与黑 5 交换的重要,若无此交换,黑则有 A、C 冲断白棋的严厉手段。如图变化至 16 黑捞取了实空,且抢先手于 17 位分投,从全局看仍是黑优势的局面。

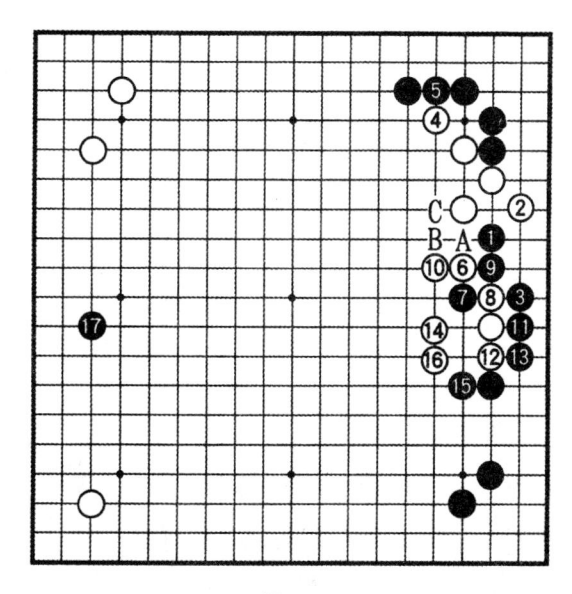

图 6-55

从以上两图分析看,黑结果都处优势,那么白问题手在哪儿?问题手出自图 6-53 的白 1,此手应下在图 6-56 中的 1 位方为本手。而且是事关白棋根据地的急所,与图 6-54 中黑 1 的打入有相同价值。有白 1 跳之手后,全局顿显细棋状的悠长之势。

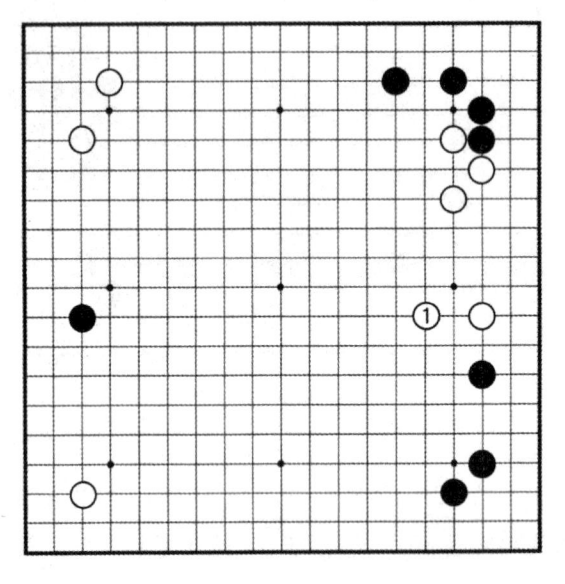

图 6-56

例二

图 6-57 此图为受二子棋局面里经常遇见的局势,白△刚刚分投左边,此时黑应选择何处大场呢?实战黑 1 于右边开拆,以大场的角度来说,这无疑是很大的一手棋,但却忽视了全局的急所,当白 2 拆逼左下黑单关子时,黑局面顿显局促,由此可见白 2 拆为关系黑白根据的急所。从以上分析看,黑 1 为有问题的一手,应如图 6-58 走黑 1 方为

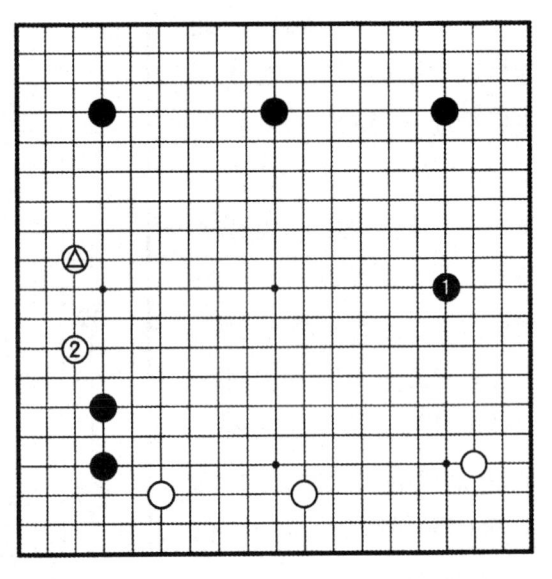

图 6-57

急所。

图 6-58 黑 1 为急所,经与白 2 交换后再快速占领右边 3 位的大场,如此局面是黑简明优势。白 2 拆时黑若于图中 A 位尖顶则不好。

图 6-59 白 2 挂时黑 3 尖顶虽为常形,但在此局面下则不好,因至 5 止局部必落后手,将被白抢先占领右边 6 位的超级大场。

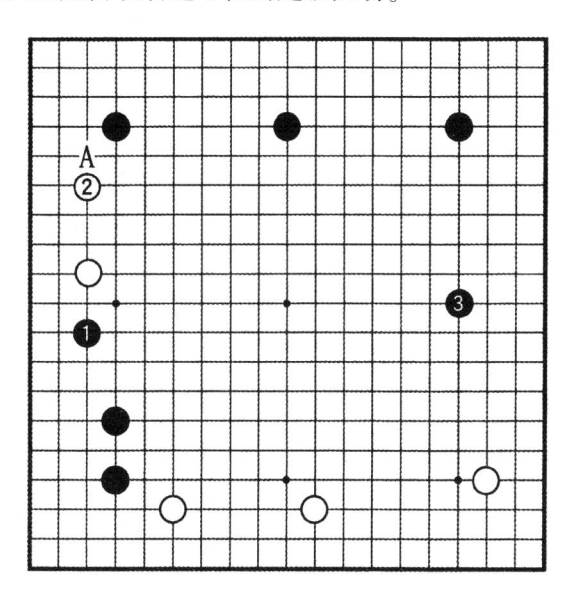

图 6-58

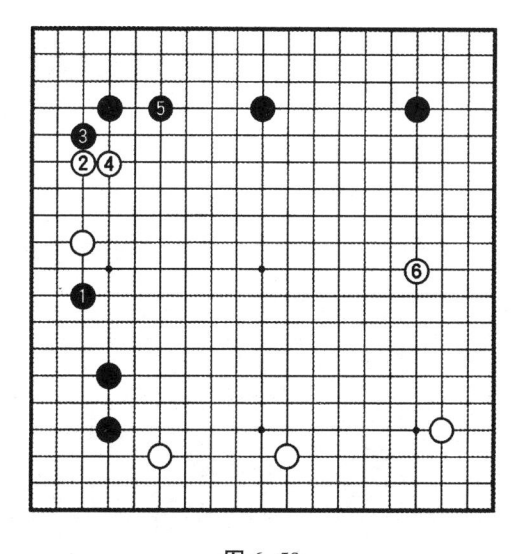

图 6-59

图 6-60 此图为黑大模样的棋，白刚于 1 位占大场，此时黑 2 为全局的急所，是这个局面下黑方形势消长的天王山。有黑 2 一手右边模样顿呈深谷状，是白方难下的局势。

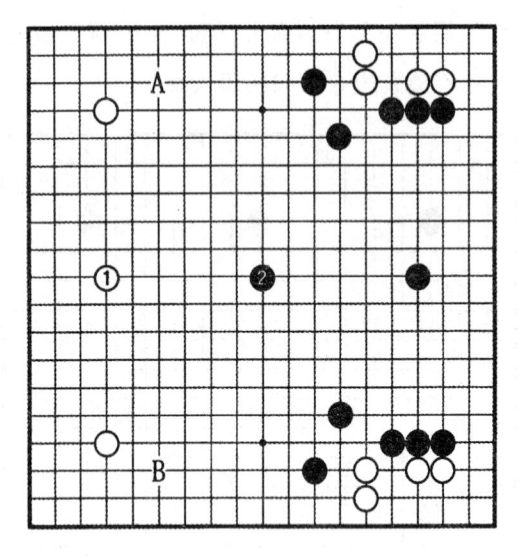

图 6-60

图 6-61 白 1 拆时黑 2 不好，将被白抢先占领 3 位的天王山，如此右边黑形势已大受牵制。图 6-60 中的白 1 也可考虑直接于图 6-61 中 3 位处侵消黑势，那样黑将于左边分投，全局不会很快结束。

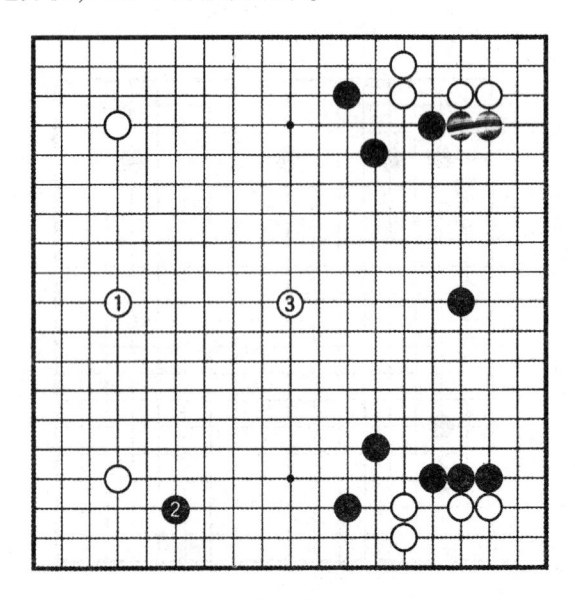

图 6-61

图 6-62 为黑走四连星的局面，右上为常见定式变化。白 1 位粘，此时黑于 2 位飞是此局面下的急所，有此一着右边形势颇为壮观。

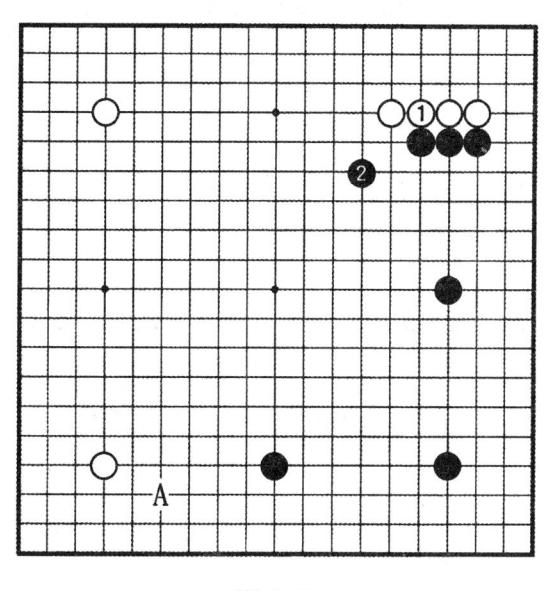

图 6-62

图 6-63 白 1 粘时黑脱先于 2 位挂不好，白 3 拐头力大如牛，为此局面下的急所，如图白 3、5、7 先手将黑势压扁并扩张了上方白势，最后抢先手占领左边 9 位大场，全局形势白生动，而且从图中也可看到黑 4、6、8 等子与 △ 子距离太近，配合不好，且黑空中尚有白 A、B 等处打入的味道，形势很是不妙。

总之，急所比通常的大场要大，是全局的天王山，在对局时一定要留神不要错过。

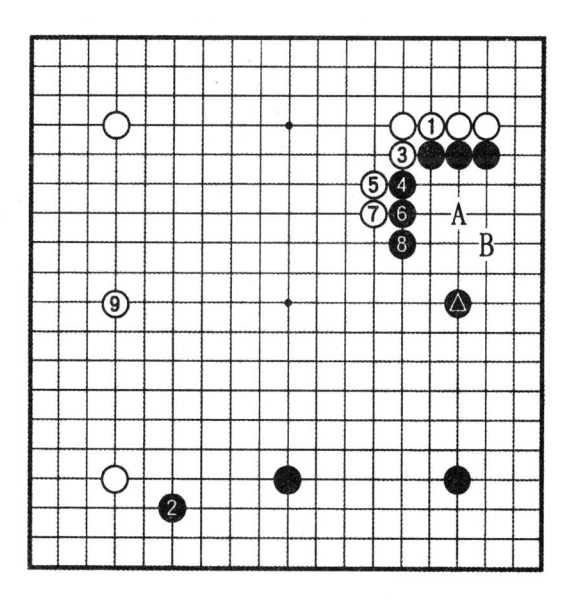

图 6-63

三、大场的知识

例如：

图 6-64 相邻的两个角，双方各占一角时，边上的中心点附近是大场。本图中的 A、B、C、D 各点都是大场。

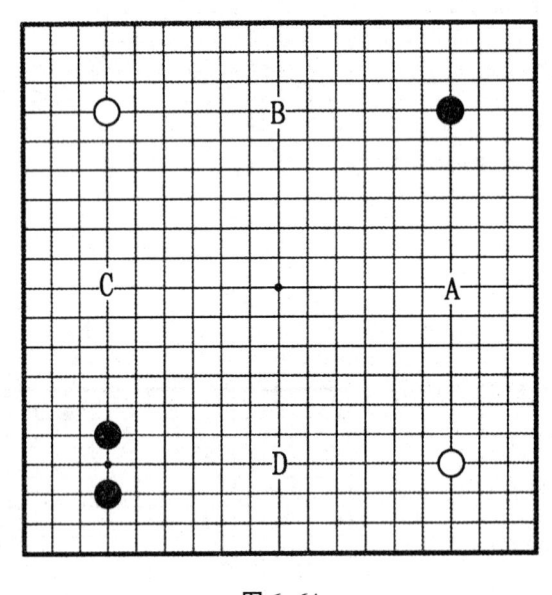

图 6-64

图 6-65 在对方占据相邻的两个角时，边上的中心点附近，也是大场。本图中 A、B 均是大场。

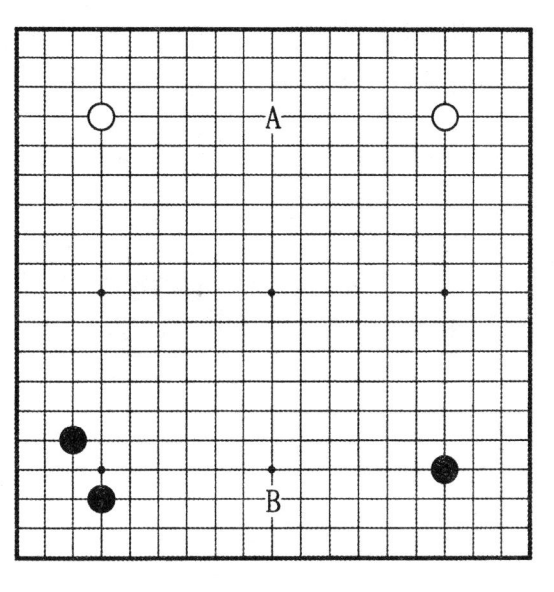

图 6-65

图 6-66 白 1 开拆得地，同时还攻击上边两个黑子，这是此时盘上最好的大场。如白 1 改在 A 位挂角，黑必在 B 位挂角，以补强上边。

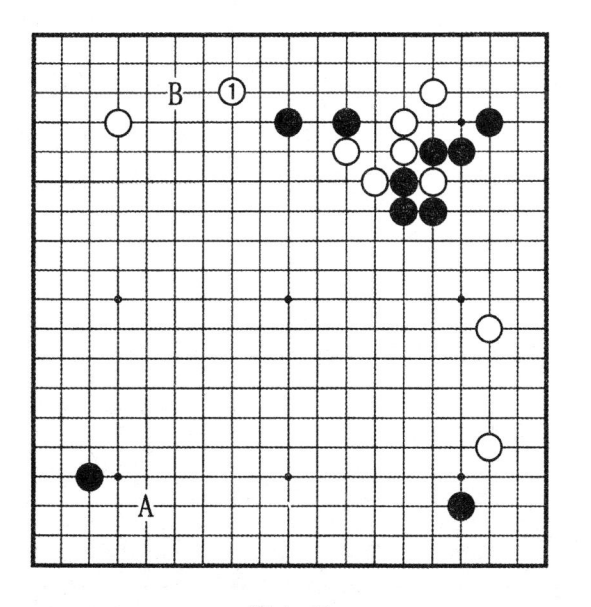

图 6-66

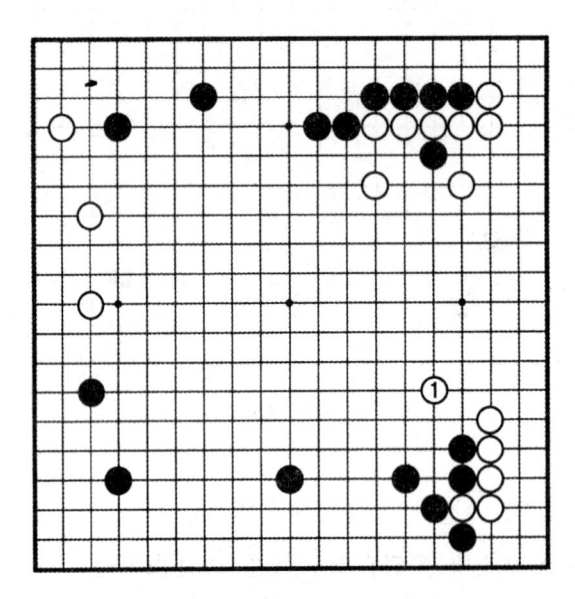

图 6-67 在双方互有大形势的情况下，一着棋既能扩张自己的大形势，又能消弱对方的形势，这种全局性的好点，叫作形势消长的要点。本图白 1 即是双方消长的要点，无论被哪方抢占都是盘面上绝好的大场。

图 6-67

图 6-68 此外凡是能扩大自己地域和势力，或能限制对方地域和势力的地方，也叫大场。因此本图中白走拆一后，使自己边上的拆二得到加强和扩大，而使黑的右角受到限制，变得单薄。所以，白 1 的价值不能单从拆一的大小去估量，它是一着关系很大的大场。

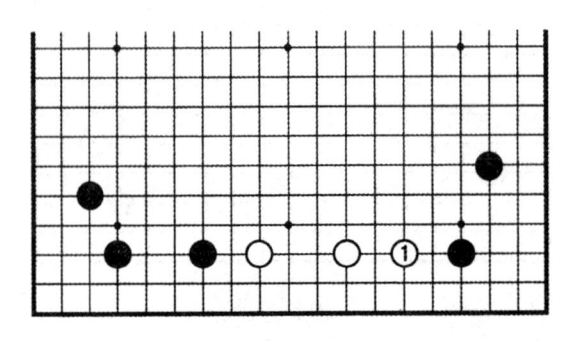

图 6-68

四、布局类型

平行型布局

双方各占相邻的两个角,称之为平行型布局。这种布局偏重于取边角实地,较为平稳简明。按照布局通则,占据要点,抢占大场,有时能各自连成一片,形成较大模样。这类布局形式深受广大棋手的欢迎。它大致分为错小目守角型、星小目守角型和三连星布局三种常见型。

错小目守角型

错小目守角型分高挂和低挂两类。

图 6-69 这是错小目守角型高挂类的典型。右下角白 6 高挂后至 12 止是最常见的定式,也是这种布局公认的走法。双方都比较满意。在左边,由于白方相邻两角的位置不同,变化较多。除走定式外,没有固定的边角常型。

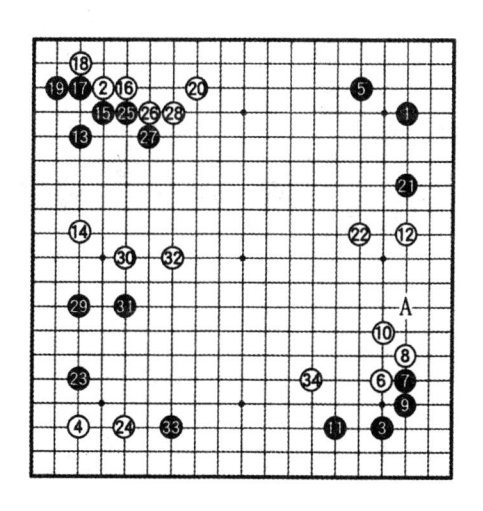

图 6-69

本图中,白对黑 13 挂角的夹攻方法很多。

白 14 采用三间低夹是较松缓、留有余地的着法。至白 20 是定式,双方都

有了根据地。

黑 21 是大场，不仅加固了无忧角，还存在 A 位打入的好点，因此白 22 跳起是为了防黑打入并向中腹发展形势的着法。

黑 23 是破坏白左下边的地域，以避免白 4 与 14 连成一片的走法。

黑 29 拆二安定了自己，同时威胁白 14 一子。

黑 33 紧凑地向白左下角施加压力并想取得下边的实地。这样左边白三子将受影响，同时黑又取实地，而白方没有什么收获。因此白 34 以扩展右边的阵势来应对。

图 6-70 这是错小目守角型低挂类的布局常型。

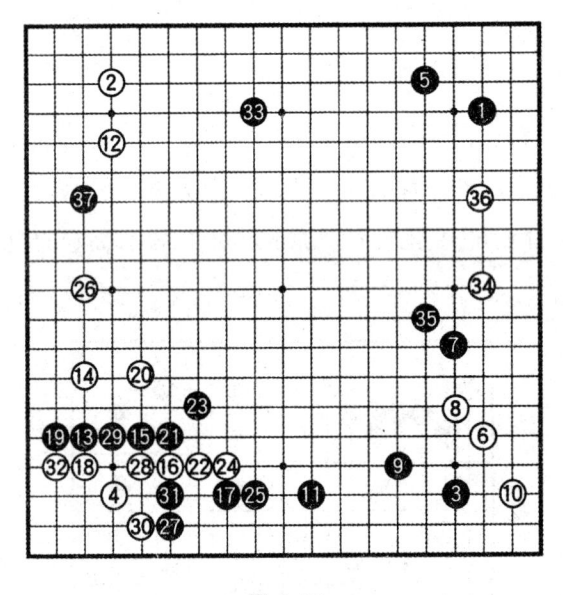

图 6-70

星小目守角型

就是黑 1 走星位，3、5 在相邻角走无忧角。它有正分投、偏分投和不分投三种形式。

图 6-71 白 6 走在"3、十"路位置上是正分投。它破坏黑方的地势，是很重要的大场。

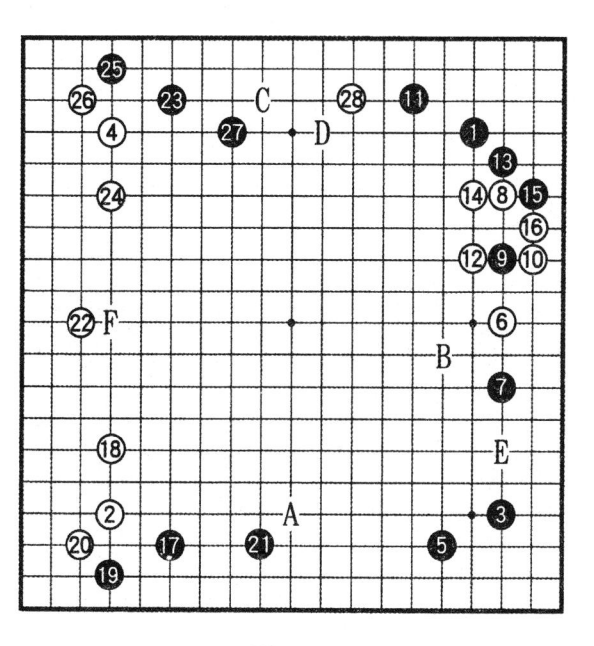

图 6-71

黑 7 从无忧角的方向拦是当然的。

白 8~16 的走法是这种布局中最常见的型。也有按图 6-72 的走法着棋的。但白方如按图 6-73 的走法，白 10 改在 1 位单关，就给黑方留下很多借用的手段。

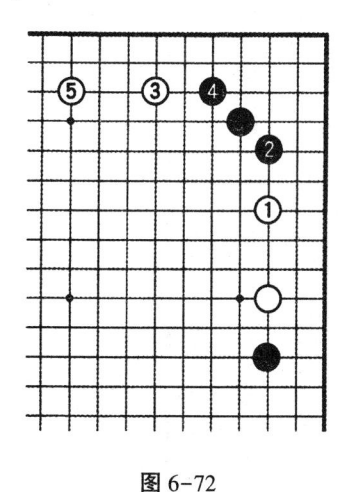

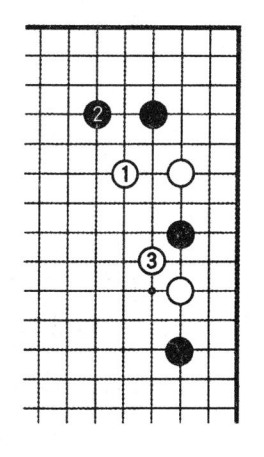

图 6-72 图 6-73

黑 19 也可走在 A 位。

黑 27 如在 C 位拆二，白可能在左边构成大模样。白 28 如不打入，则黑在 D 位补也很大。至此是这盘棋的简单布局。

以后白方有可能在 A 位尖冲，E 位打入的手段。黑方也有在 F 位侵消白方的办法。这是进入中盘阶段的要点，将来黑在 B 位飞也是好点。

图 6-74 是星小目守角型的偏分投走法。

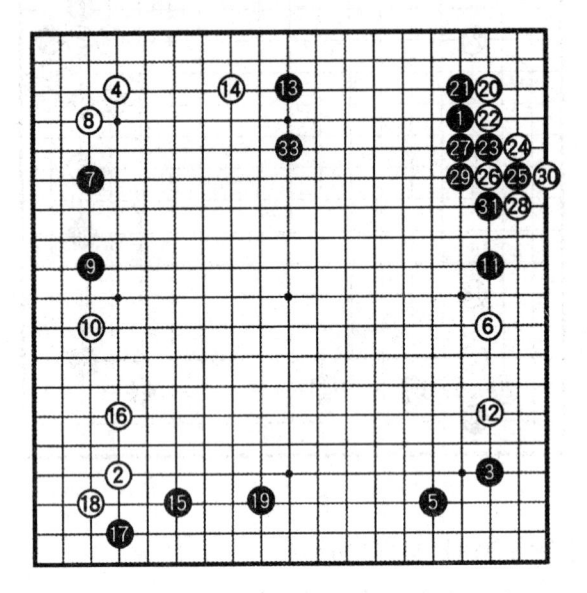

图 6-74

图 6-75 是星小目守角型的不分投走法。

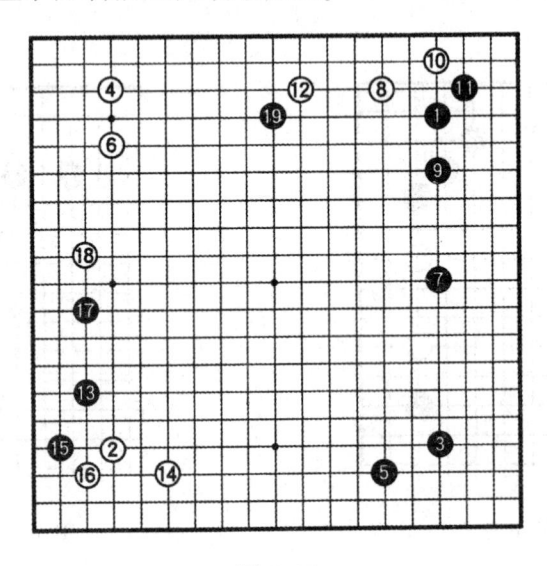

图 6-75

三连星

图 6-76 黑 1、3、5 都走在同边的星位上，叫三连星布局。它与前面两种平

行型布局有所不同,偏重于取势。

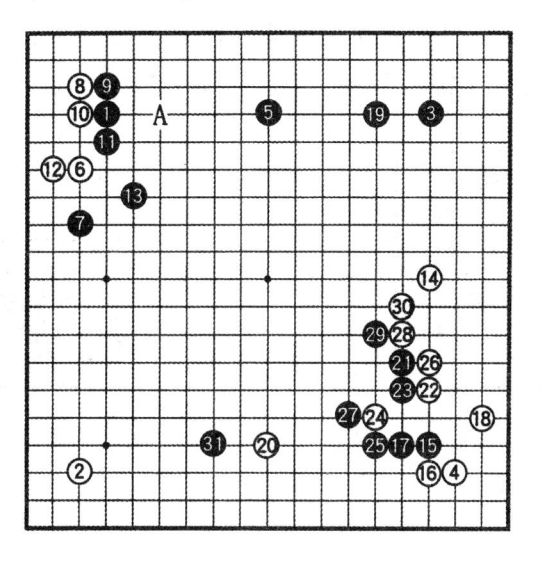

图 6-76

如果白方在上边投子,就要受攻,因此白方通常都不在 1、3、5 之间投子,这就使黑方造成一种大模样的布局。白 6 挂角后,黑 7 在 A 位关,则成图 6-77 也属常见类型。从黑 7~13 是常见定式。白 14 是双方争夺的大场。黑 15 减弱白方的势力至 18 是"3、三"定式。

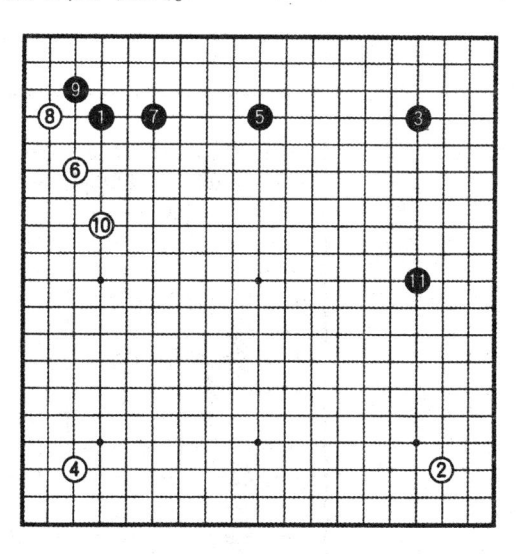

图 6-77

一般应按图 6-78 或图 6-79 把这个定式走完。黑 19 如果继续走完定式,

就要落后手,因此脱先,在上边关出,继续贯彻三连星的大模样布局。白20是大场,并攻逼黑两子。从21~30,黑方是为了安定自己,白方是借攻黑方而捞取实地。黑31反攻和白20是积极的走法,这样就进入中盘战斗。

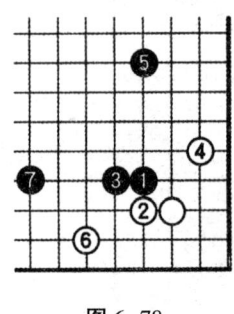

图 6-78

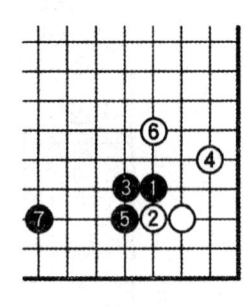

图 6-79

对角型布局

对角型布局就是双方各占两个对角,成为交错的形式。它大致分成对角星和对角小目两个类型。

对角星布局

对角星布局也是受棋手欢迎的布局类型之一,但初学者感到它不太实在,容易落空。其实,如能掌握它的规律和特点,就会给对方较大的威胁。

对角星布局的第一个特点是速度快,便于向边和中腹发展。它一手占一个角,因此黑5就必须挂白角,而不会是守角。这就决定了它的第二个特点——积极主动。

对角星布局大体分为:白夹攻型和白守角型。

图6-80 白6夹攻黑5。从黑5~8和黑9~12是同一个二间高夹的定式。就是要利用对角星的威力,对白6和

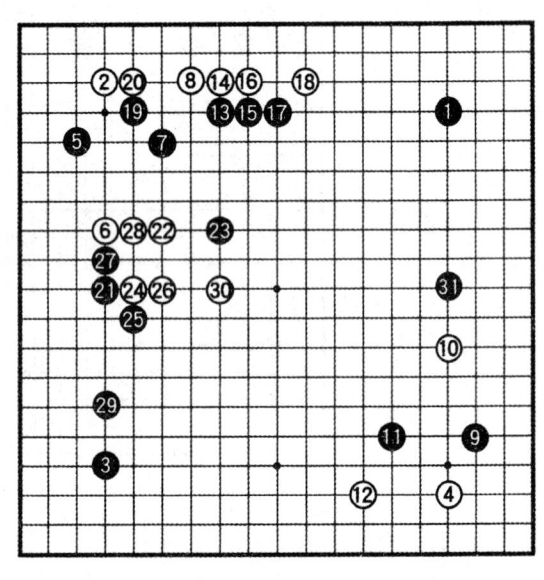

图 6-80

白 10 两子进行夹攻。

黑 13 先对上边白模进行飞压,先手取得外势。至黑 21 转身来攻击白 6 一子。如果黑 13 飞压后白 14 冲断,则演变成图 6-81,至 12,黑上边已得不少地盘,白显然不利。

黑 23 镇,控制中腹。从白 24 压,黑 25 扳,至 29,黑很容易地在左下边与星配合,构成理想形。这时,中腹白棋并不算安定,还要继续逃出。黑 31 就转身夹攻白 10 一子,掌握了全局的主动权。

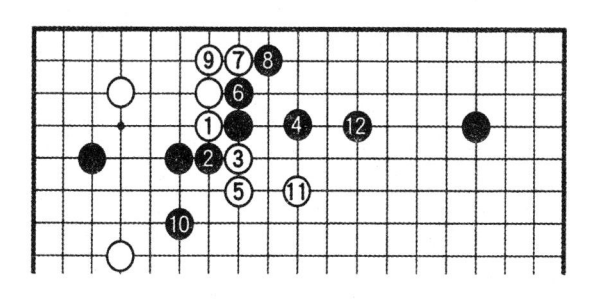

图 6-81

图 6-82 是对有星布局中白守角型走法。

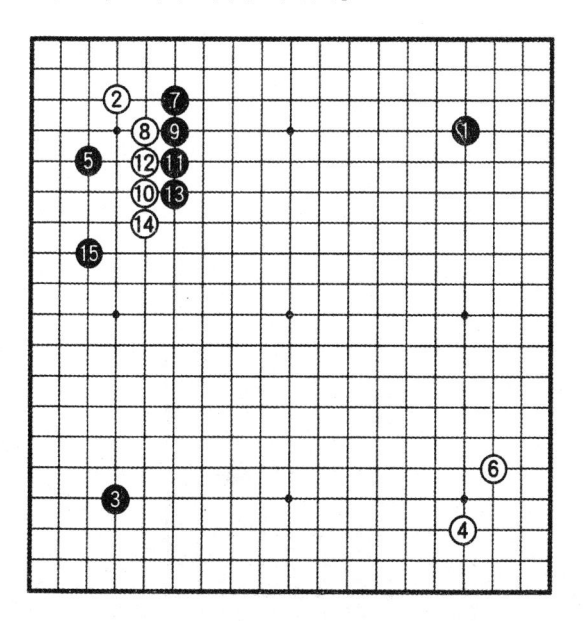

图 6-82

对角小目布局

图6-83 对角小目型的一盘布局。

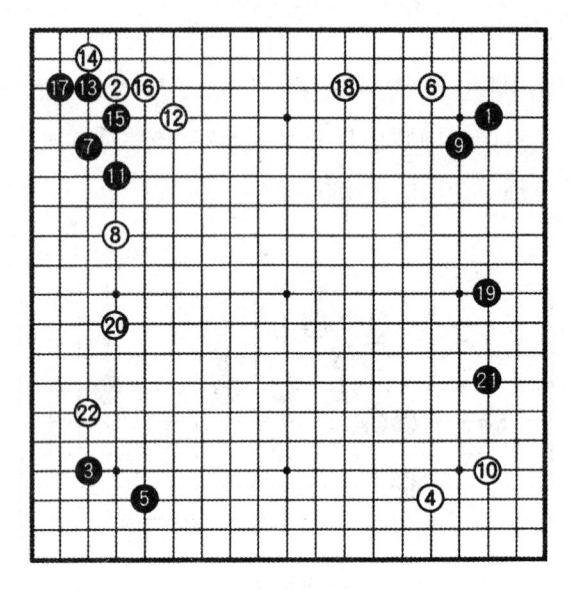

图6-83

互挂型布局

图6-85到黑7为止,双方相互挂角,叫作互挂型布局。这种布局不像平行型或中国流那样有规律,比较复杂多变。采用夹攻的定式较多,双方都很难构成大模样,往往都顾不得去占据大场就卷入急战。本图就是很好的一例。

白8采用一间高夹使对方不能反夹。否则按图6-84,黑无论在A、B位反夹,被白在1位压就很难下。图6-85至24是常见定式。黑25是攻防的要点。

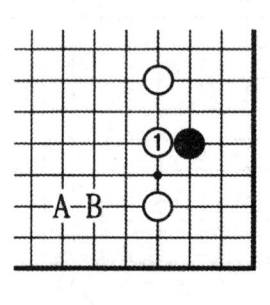

图6-84

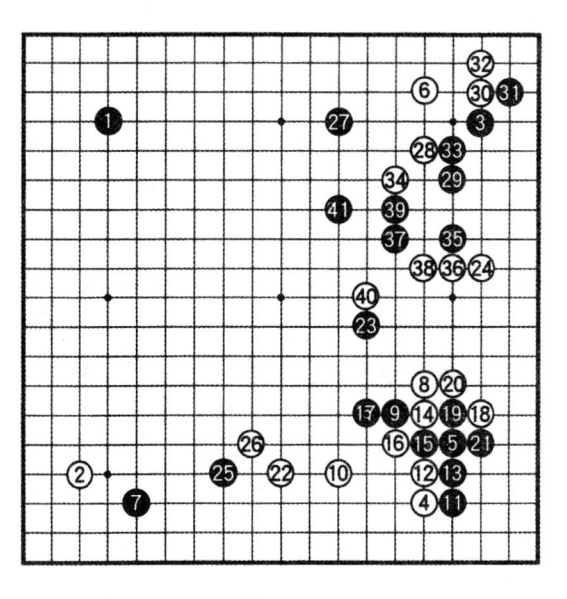

图 6-85

黑 27 二间高夹后至 35，双方的意图是安定自己，攻击对方。

36~40 白方阻止黑方联络。

黑 41 跳出后，白右上角也不安定。

现在，双方都顾不得去占左上边和左边的大场，在对攻中进入中盘战斗。

秀策流布局

图 6-86 本谱黑1、3、5 三着占据错小目，称为秀策流布局，也叫"1、3、5"布局。这种布局是一百多年前被誉为日本"棋圣"的秀策创造的。从那时起，人们就提出和总结了以三线为地域线，以四线为势力线，并以先占小目，继而守角、挂角和推进全局的布局理论。

秀策流布局至今在高手

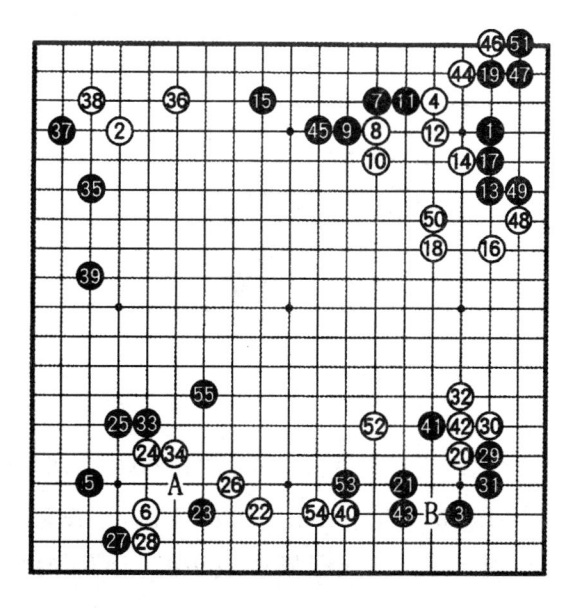

图 6-86

的实战中还经常出现。

白 6 在 29 位挂角,也是常有的。

黑 7 选用一间夹的走法,积极主动。白 8 以下是定式。黑 13 如按图 6-87 的走法是定式一型,但白配合左上角的星攻黑棋,配置较为理想。

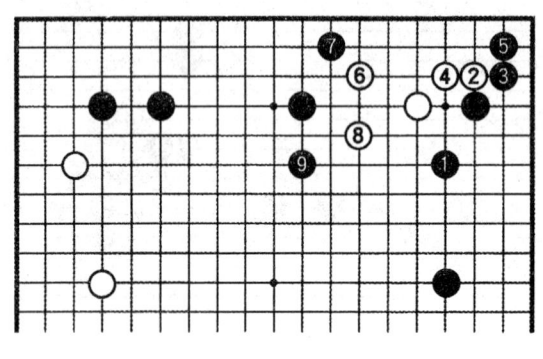

图 6-87

白 16 如按图 6-88 的下法,至 8,白虽得角地,但结果黑有利。

白 16 按图 6-89 的下法,虽可征一子而取外势,但黑有图 6-86 谱中 A 位引征的严厉手段。白 16 夹,至 19 也是定式。

白 20 配合 16、18 挂角是绝好点。

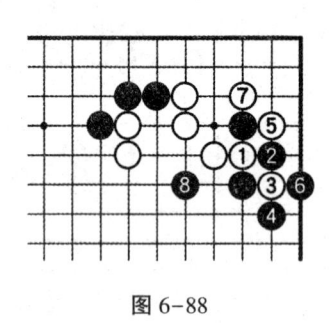

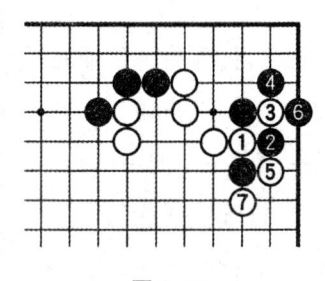

图 6-88　　　　图 6-89

黑 21 飞起时,白 22 如照图 6-90 的走法虽然很大,但被黑争先于左下夹攻严厉,故白 22 拆三是好点,并准备下一手在左边反夹黑 5 一子。

黑 23 打入是弃子战术,先手把左下角加强免受夹击。

黑 29、31 先手托角,实利很大,然后于左上挂角,以下至 39 是常见定式。

白 40 拆是好点,下一手要 B 位跨,很严厉,黑 43 补强。

白 44 防黑渡过不但实利大,而且还有攻击上边黑棋的作用。

黑 45 补强自己,同时瞄着 50 位靠出。

白 46、48 先手得利后,50 补强,黑 51 不得已,如不补则成图 6-91,黑成活很苦,被白 7 跳入,黑上边一块棋将受到攻击。

白 52 是扩张自己势力的好点。

黑 53 先手压后,55 飞起也是好点,不但限制了白的势力,同时扩张自己左边的势力。

至此布局阶段结束,将进入中盘阶段。从局势上看,双方大致相当,黑棋也始终保持着先着的效力。

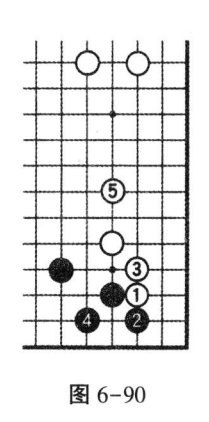

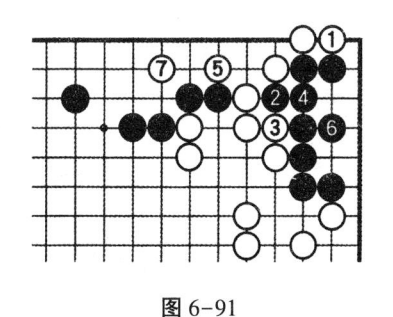

图 6-90

图 6-91

"中国流"布局

低中国流布局

图 6-92 黑 1、3、5 是低中国流布局。如果黑 5 下在 A 位,便是高中国流布局。现在由白方走,白 6 该占何处好点呢?有 B、C 位开拆、D 位或 F 位低挂、E 位二间高挂、G 位高挂或 H 位低挂、二位开拆等。哪一个较好些?

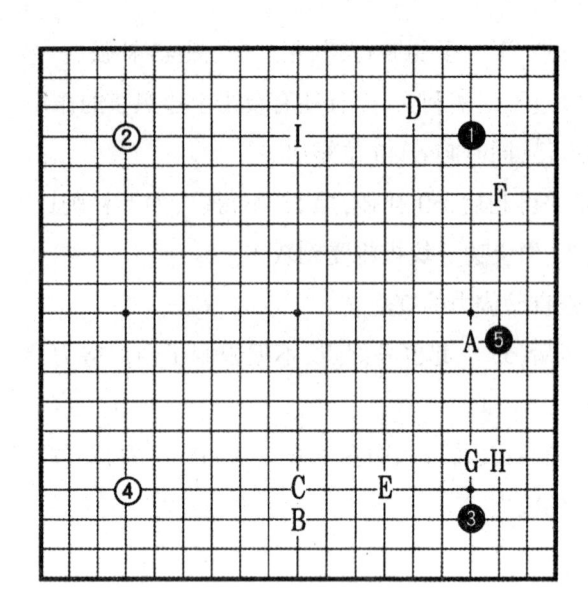

图 6-92

图 6-93 白 1 先占下边大场要点，限制右下角黑棋的扩张是正确的。当然在 A 位二间高挂和在上边 C 位开拆也是可以的。B 位低挂虽也可以，但容易引起变化。

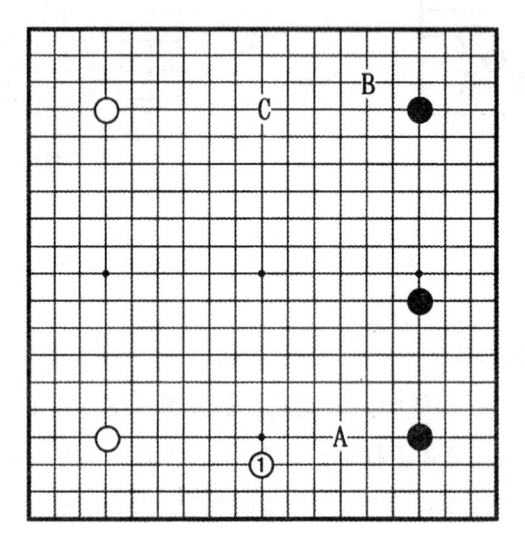

图 6-93

图 6-94 白 1 不好，黑 2 尖顶，白 3 长，黑 4 单关后，白 5 只能立二拆二。黑 6 跳出攻击，白棋很苦。通过攻逼这块白棋，使黑棋在右上角和右下角巩固并扩大实地。由此可见，白 1 这么低挂，正中中国流的圈套。

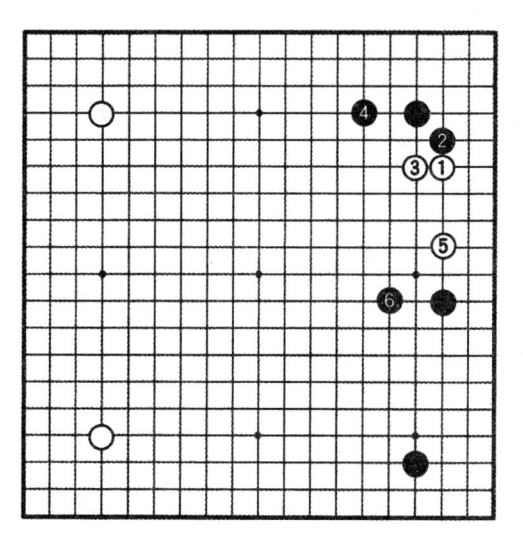

图 6-94

图 6-95 白 1 低挂也不好,黑 2 尖顶,白 3 长,黑 4 飞起攻击,同时在右下角围空。白 5 只得飞出。黑 6 尖或在 A 位靠压,继续攻击白棋,白棋不安定。因此,白 1 这么挂角,也正中中国流的圈套。

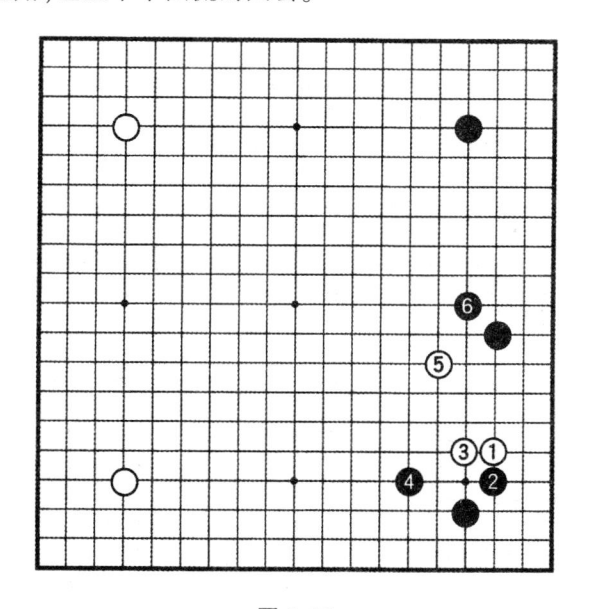

图 6-95

图 6-96 白 1 在右下角高挂,比低挂缓和一些。黑 2 至 8 后,白棋同样很被动。黑棋两边夹攻白棋,同样可以巩固并扩大右上角至右边及右下角的实地。其结果同图 6-95 大同小异。

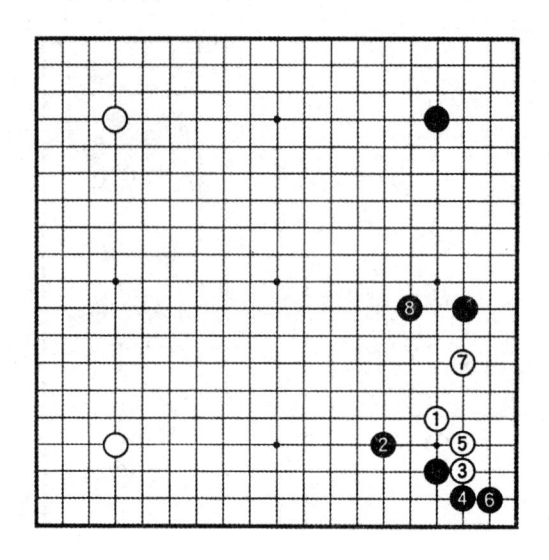

图 6-96

高中国流布局

图 6-97 黑 1、黑 3、黑 5 构成高中国流。白 4 占小目,白 2 占"三、3"位。白 6 守住左上角。这时,黑 7 该下在何处?是上边 A 位好还是下边 B 位好,或者在左边 C 位分投好呢?

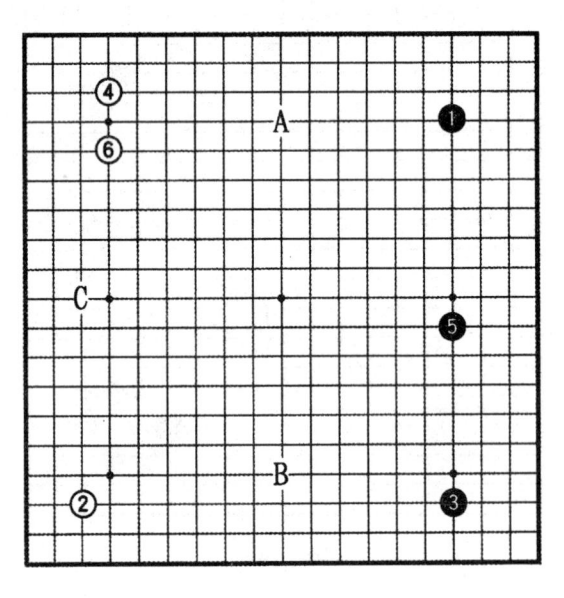

图 6-97

图 6-98 黑 1 是双方的好点。白占下边 2 位虽也是好点,但黑 3 肩冲后,双方应对至黑 9,白 2 一子成为孤棋。白 10 若在右上角低挂,立即受到黑棋攻击,

应对至黑 15，白棋很苦。

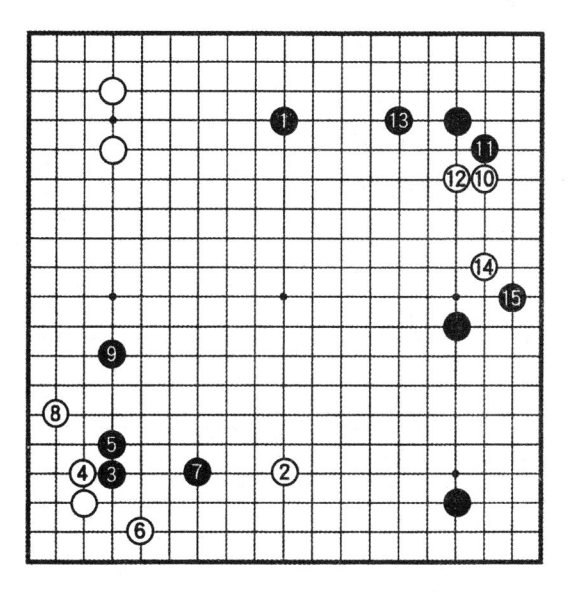

图 6-98

图 6-99 黑 1 占下边大场是方向错误。白 2 必占上边要点。黑 3 至黑 9 是定式。白 10 在右上角低挂，黑 11 单关后，白下一步，有 A 位高挂或 B 位拆一等好点。以后右上角 C 位点角或 D 位飞出，也是白方好点。

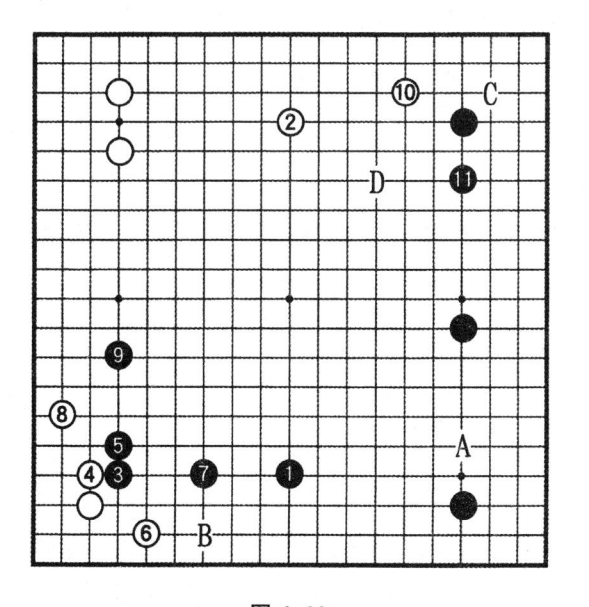

图 6-99

布局常形变化

第一型

图 6-100 黑△飞压是近年来很流行的下法，这种下法有一优点，那就是比较积极主动，容易取势，从而更有力地攻击左边的一个白子。这时白棋大体有 A 位冲和 B 位长两种下法。

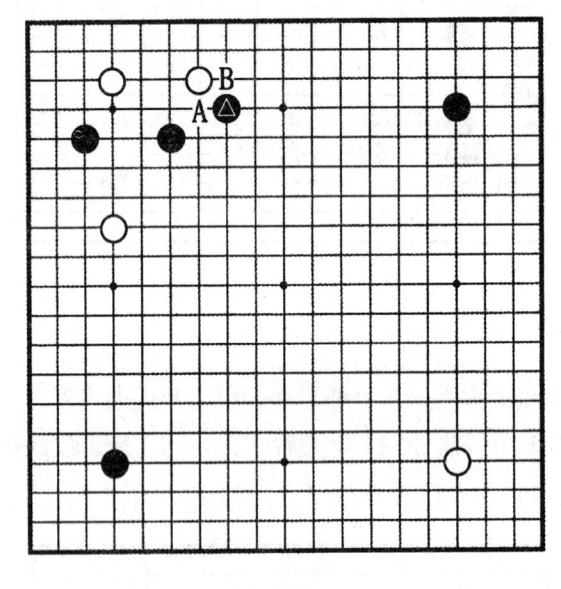

图 6-100

图 6-101 白棋 1、3 冲断进行反击，黑 4 跳，当白 5 长时黑再于 6 位挡下。下面至黑 10 跳出，双方大体如此，这只是激战的开端，以后优劣还要看双方子力配备与作战情况来决定。

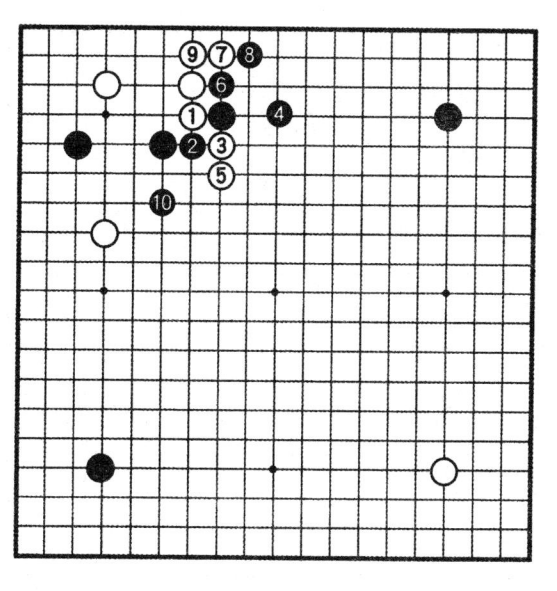

图 6-101

图 6-102 白棋 1、3 先长两子,再于 5 位拆边来加强左边的白子,这样下是避免开局就激战。

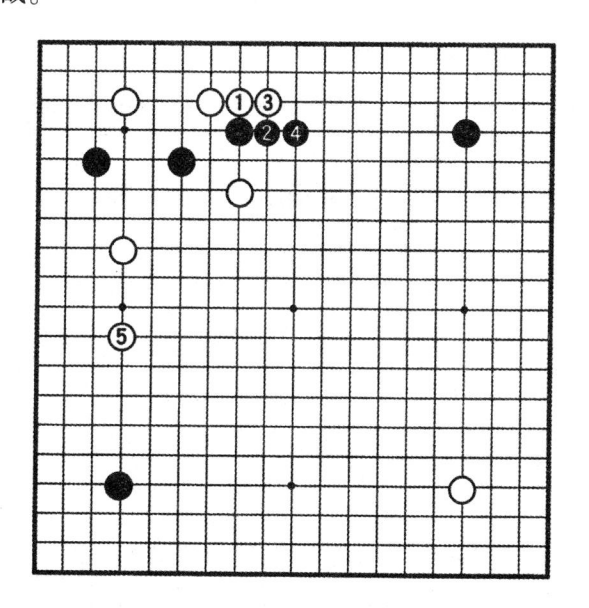

图 6-102

图 6-103 黑攻不到左边的白子,那么在上边 1 位拐下来也非常大,黑棋很厚。白 2 远远地占星下大场,限制黑势继续扩大。这样下将出现与图 6-1叭完全不同的一局棋,双方各有所得,也各有所失,且大致均衡。

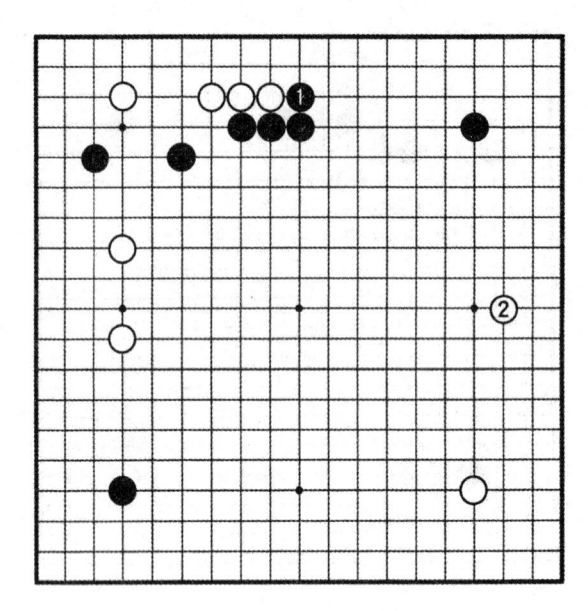

图 6-103

图 6-104 白 1 如果再长一子,希望黑棋也能跟着长一子然后再拆边,因黑棋再长与右上星位黑子的间隔距离太近了,所以就要在 2 位夹攻白一子,白 3 扳起,这样下,总的来看是黑有利可占。

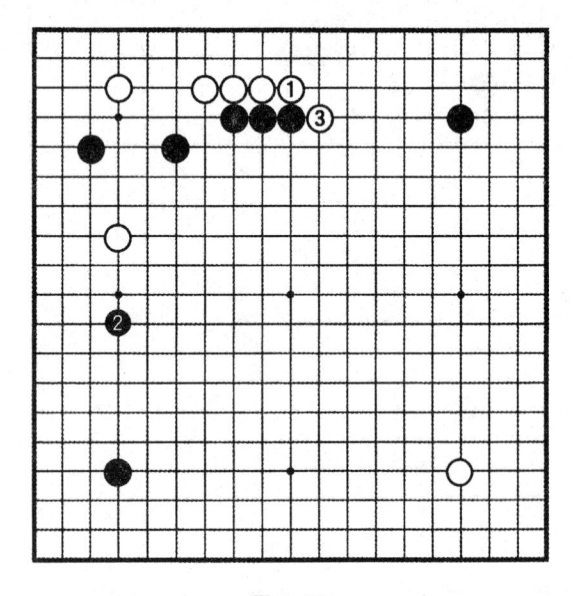

图 6-104

图 6-105 白 1 挂角希望黑棋在 A 位跳,白再高拆二,但被黑 2 夹攻,白棋两边受攻不好处理,所以白 1 挂角是坏棋。

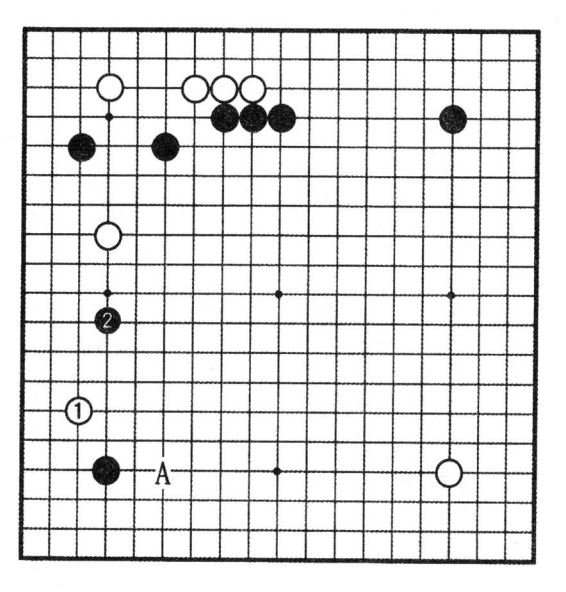

图 6-105

图 6-106 白 1 跳出，黑棋为了更好地攻击左边的白子，可先在 2 位尖来弥补一下自己的缺陷，然后再于 4 位夹攻白子，非常紧凑，白 5 跳起，黑 6 镇头方向正确，白 7 跳、黑 8 也跳，黑 8 跳之后就有 A 位穿断的手段了，这样下黑棋占据主动。

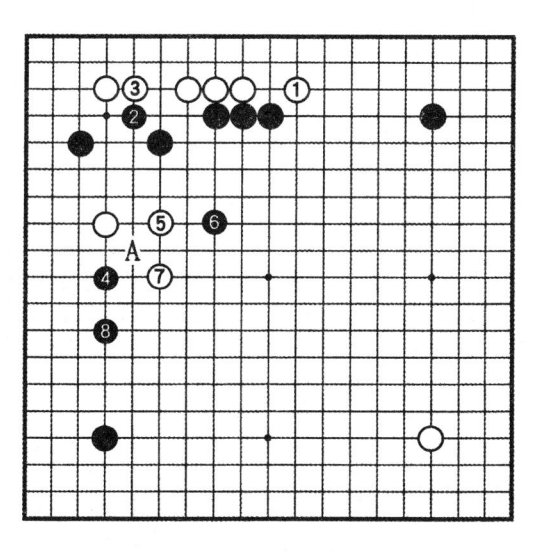

图 6-106

图 6-107 白棋为了防止黑棋穿断的手段可以在 1 位搭，黑 2 扳、4 长之后于 6 位跳，边攻棋边围地是好棋，下面白 7 跳、黑 8 继续飞攻，战局将不是短期就能

结束的。

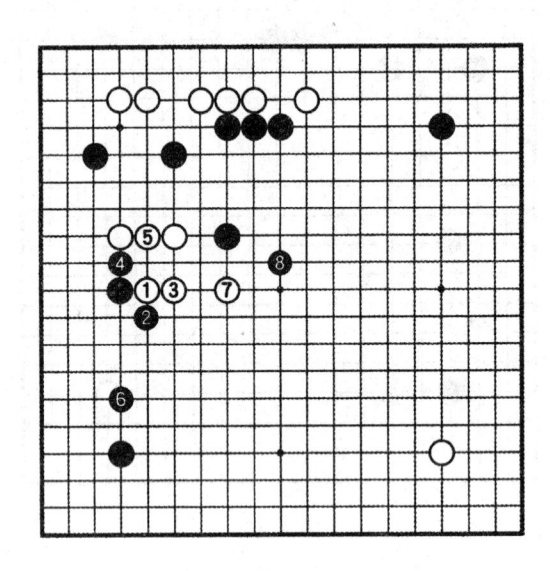

图 6-107

第二型

图 6-108 白 1 一间高挂，黑 2 采取二间高夹，白棋 3、5 连跳两子之后当然要在上边下子，那么应下在哪里呢？

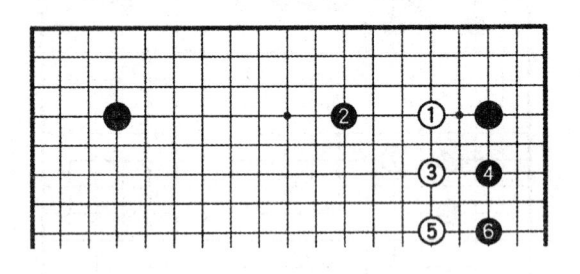

图 6-108

图 6-109 白 1 先托一子之后再于 3 位夹攻是常见的一种下法，白 1 托，黑 2 扳，白棋不在 A 位退是保留在 B 位扳的变化。黑棋如在 A 位打吃，白棋可在 C 位挡，这样又产生了白棋在 D 位立的手段，黑棋只好后手在 D 位提，这样黑棋没什么意思，所以白 1 托之后可脱先。

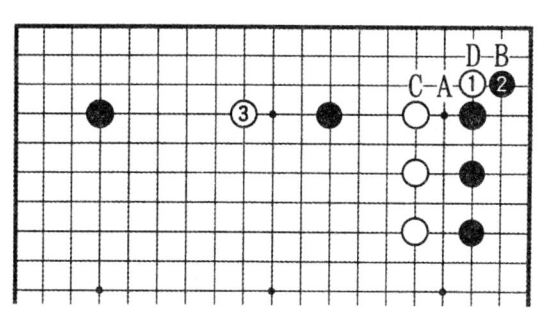

图 6-109

图 6-110 白 1 夹攻上边黑子，黑 2 跳起，白 3 挂角是必然，黑 4 单关应，形成常见变化。其中黑 2 也可在 A 位飞。以后白棋可在 C 位镇攻击黑子，也可下其他重要的棋。

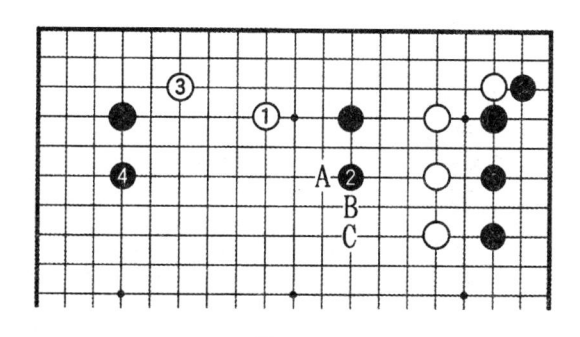

图 6-110

图 6-111 黑 1 大飞虽也可以下，但显得有些消极，白 2 飞攻，黑 3 弃子，白 4 补一手，这样结果白棋很厚，以后白棋中央的发展潜力很大，黑左上大飞守角还存在 A 位占三三的棋，所以是白棋有利。

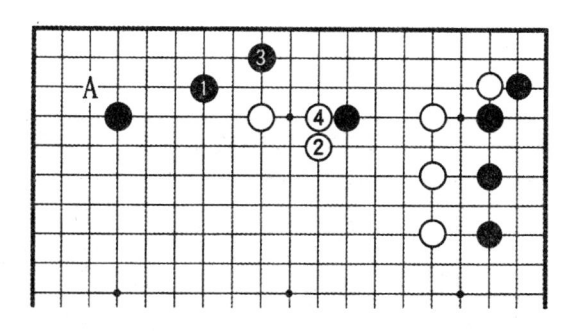

图 6-111

图 6-112 白 1 直接挂角也是一种下法，黑 2 采取二间高夹不好，下面白棋 3、5、7 之后，黑棋不但没攻到白棋，自己的高拆二反觉得薄弱了。

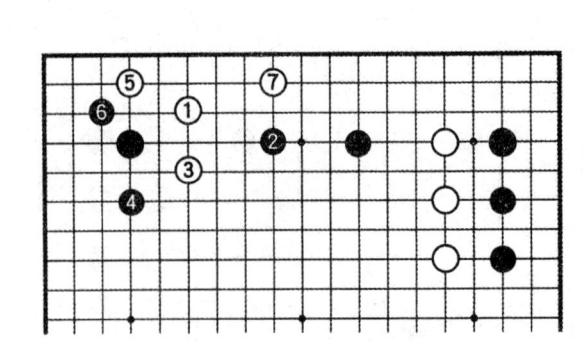

图 6-112

图 6-113 黑 1 一间低夹紧凑,白 2 点三三、以下至黑 13,黑棋在上边筑起了大模样,黑棋有利。

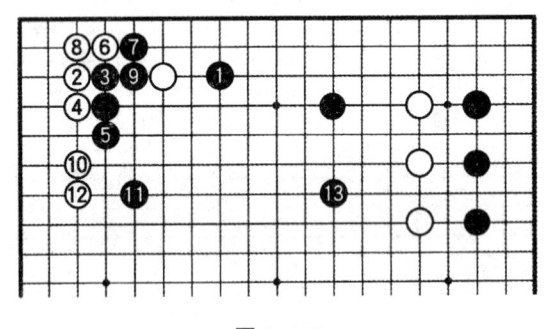

图 6-113

图 6-114 白棋不点三三而在 1 位跳是正确下法。当黑 2 跳时,白 3 打入及时,以下至白 15 已成为定式似的下法,其中白 13、15 扳粘不可省略。

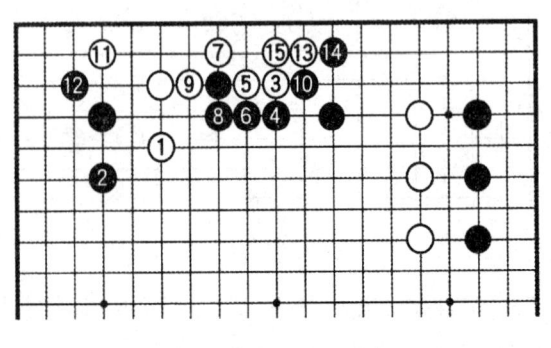

图 6-114

图 6-115 黑 1 立,白 2 连,黑 3 在左上角挡之后白棋整体不活,白不利。

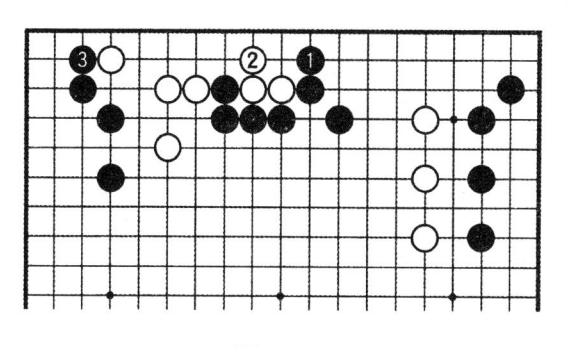

图 6-115

第三型

图 6-116 左上角黑棋是小目、右上角白棋占星位、黑 1 挂角、3 下中间的星位,这也是一种常见的棋形,下面白棋在左上角哪一点来挂角呢?

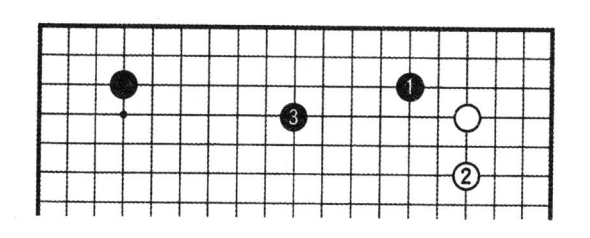

图 6-116

图 6-117 白 1 小飞挂角,黑 2 一间低夹、白 3 跳出,这时黑 4 飞起与右上配合围起一个大模样,白棋不利。

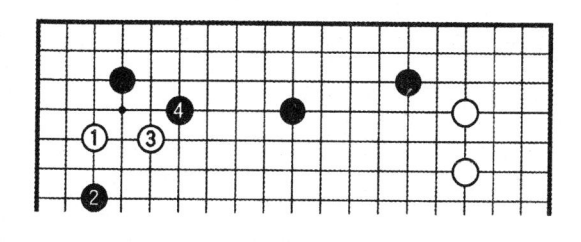

图 6-117

图 6-118 白 1 挂角较多,黑 2 外靠与右上两子配合仍可做一个大模样,以下至黑 8 是定式,黑棋取实地,白棋做一朵花较厚,可先手占其他大场。

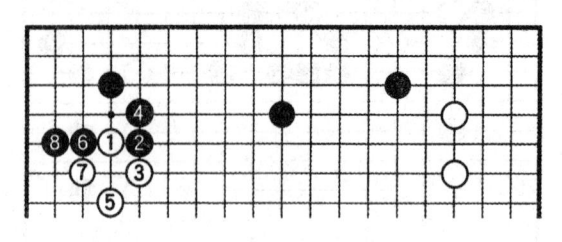

图 6-118

图 6-119 黑棋想继续扩大上边可下 1、3 连扳,至黑 9,黑扩大了上边的地盘,但白棋也强大多了,两主可谓难分高低。其中白 8 如在 A 位扳,黑仍在 9 位打吃,白棋还得在 8 位连,结果白棋落后手不利。反过来白棋如想加强中腹压缩黑棋上边可在 4 位跳。

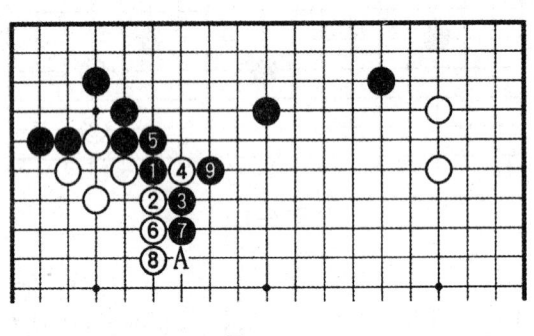

图 6-119

图 6-120 黑 1 靠、3 长也是定式的一种变化,白 4 顶黑 5 长之后可于 6 位大飞,这样下棋形较舒展,黑 7 长三三很大,白 8 挂角至 12 与左上白子连成一体也很理想。以后虽然黑棋有 A 位刺、白 B 连、黑 C 抢空的手段,但如过早地把子都下在二线上,大局就会落后。黑如不走,白棋可趁势在 D 位跳,左边白棋的地域十分可观。

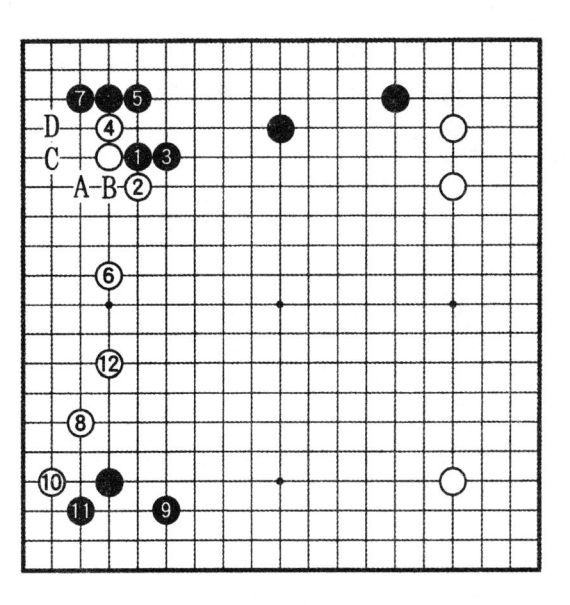

图 6-120

图 6-121 黑 1 托是取实地的下法,白 4 连很坚实,黑 5 尖起,白棋拆三告一段落,双方大体如此。其中黑 5 如下在 6 位,那白 6 就在 A 位搭,这样黑右上的两子就落空了。

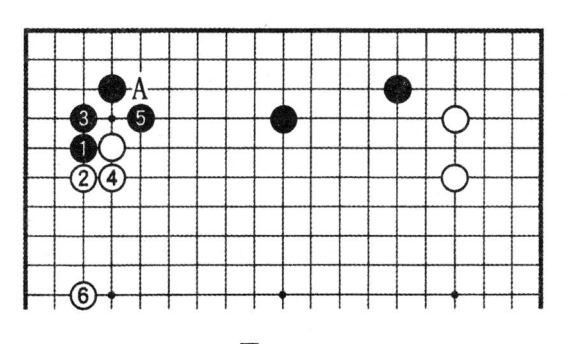

图 6-121

图 6-122 白 1 虎不好,黑 2 抢占星位,当白 3 搭时黑棋 4 团、6 打吃进行反击,白棋被分成两半显然不利。

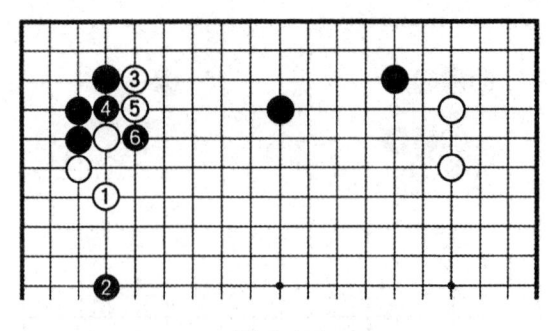

图 6-122

图 6-123 黑 1 采取二间高夹,这时白棋不能在 A 位大飞,因为黑可在 B 位搭出,白棋被分成两半不利。白 2、4 连跳两子可争先在左边攻击黑一子。

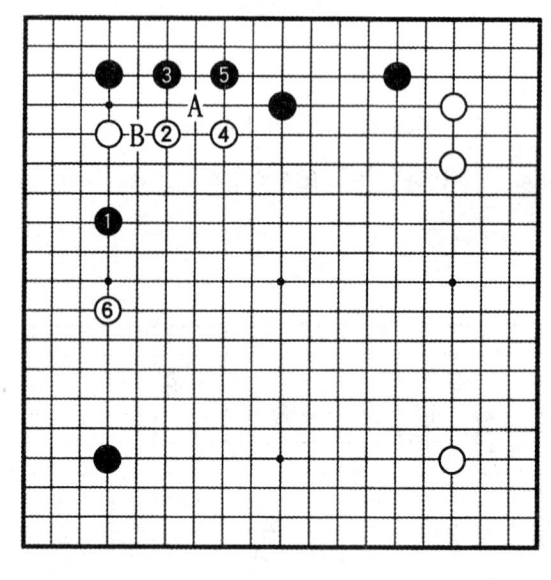

图 6-123

第四型

图 6-124 这是中国流布局中出现的棋形,白 1 一间高挂,黑棋怎样攻击白棋呢?

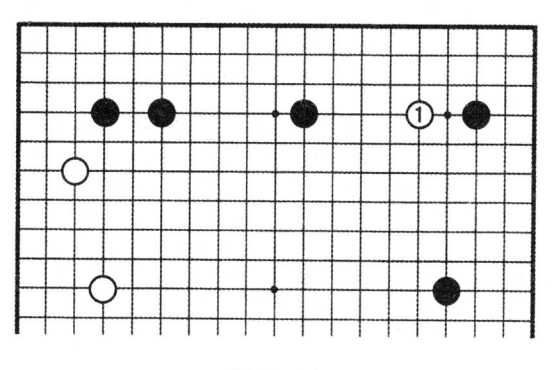

图 6-124

图 6-125 黑 1 外靠 3 退不好，这是白棋希望见到的下法，白 4 虎之后黑再无攻白棋的手段了，而且自己上边一子距白棋太近反而不利。

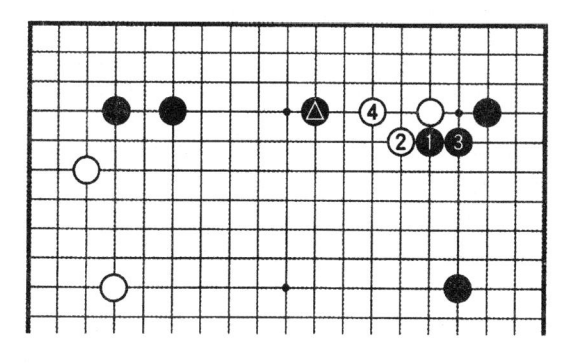

图 6-125

图 6-126 黑 1 在三线托、白 2 扳之后于 4 位轻灵地下象步是好棋，黑棋一时也没有更厉害的手段攻击白棋。白 4 也可考虑下在 A 位飞。

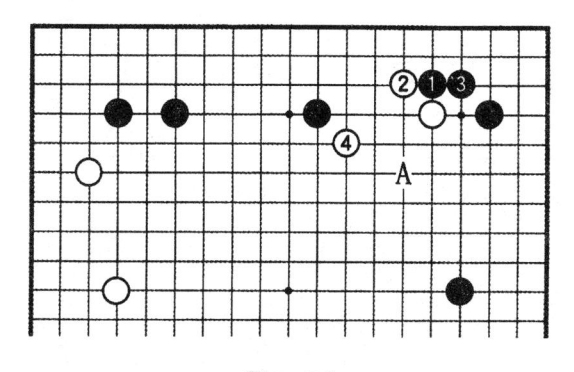

图 6-126

图6-127 黑1飞的下法比较多,白2托、4退,以下至黑9跳,白棋十分局促。

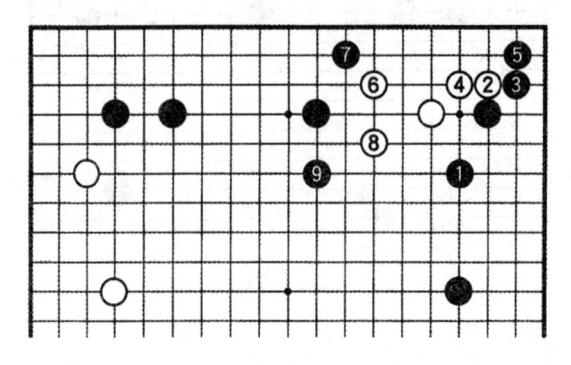

图6-127

图6-128 白1搭、3托、5扭断是非常巧妙的腾挪着法,黑棋如何下呢?

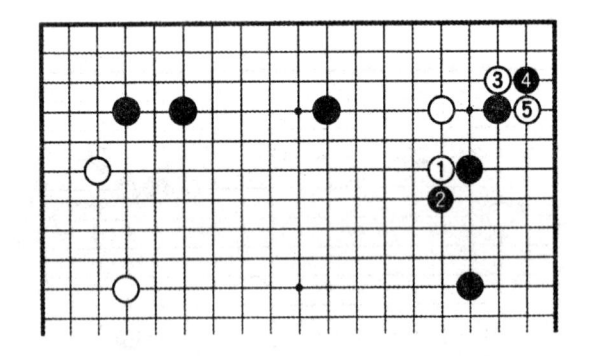

图6-128

图6-129 黑1顶、3长,这是一厢情愿的下法,但最后被白8大飞破了上边黑地,白棋自己也成了好形,黑棋无法容忍。

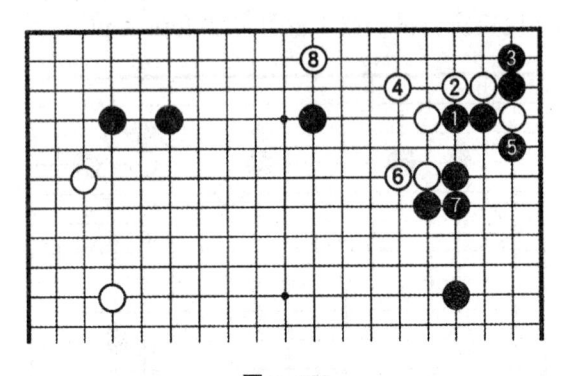

图6-129

图6-130 黑1退,那么白2吃住一子活角。以下至黑11,白棋先手活一个

角,黑棋 A 位还露着口,白棋可满意。

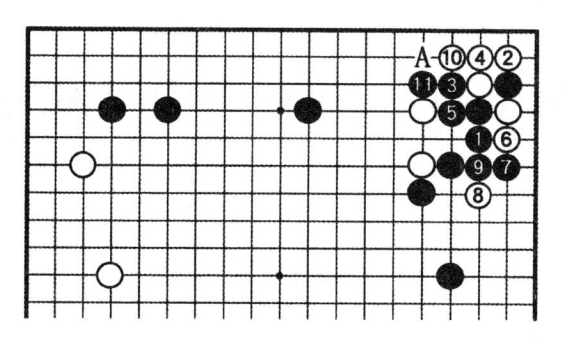

图 6-130

图 6-131 黑 1 打吃非常坏,白 2 打吃当黑 3 提时白 4 长进去,黑棋被穿开失败。

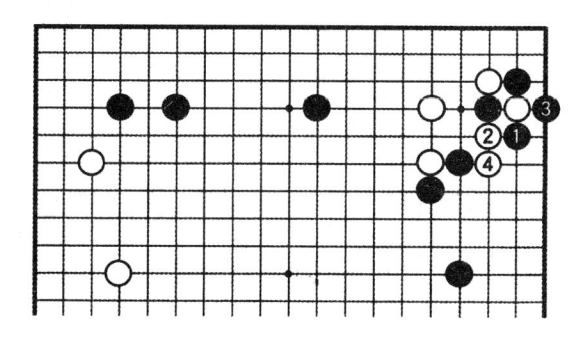

图 6-131

图 6-132 黑棋为了避免以上白棋的腾挪手段,可在 1 位尖,白 2 大跳轻快,黑 3、5 连络,白棋 4、6 把棋走畅,双方可下。

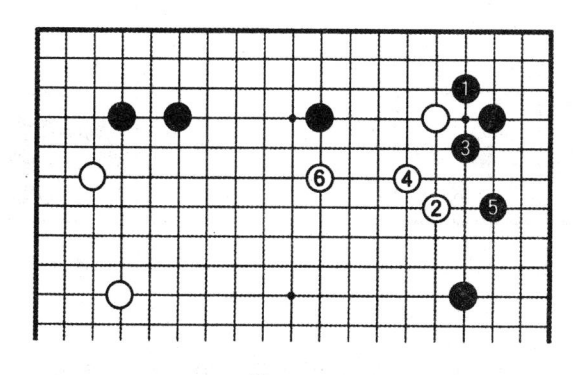

图 6-132

第七章　围棋的中盘战术

一、攻击

布局结束以后就开始进入中盘战斗了,只有努力贯彻布局阶段的战略意图,才能把握棋局的进程。中盘战斗的变化复杂多变,其战术涉及的内容也非常多,攻击是最具代表性的一个战术。

攻击的目的是让对方的弱棋没有喘息之机,同时自己获得利益。

例一

图7-1 对于基本型的黑棋,白使用如下手段攻击它,在破眼位的同时可获得利益。

图7-2 白1点是厉害的一着,击中黑的弱点。黑2接,白3、5、7先手夺去黑的根据地。白9跳后,黑大棋受攻同时上方一黑子也受到影响。黑不利,白攻击成功。

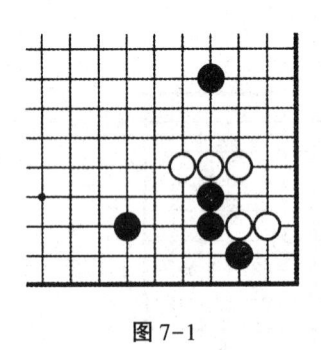

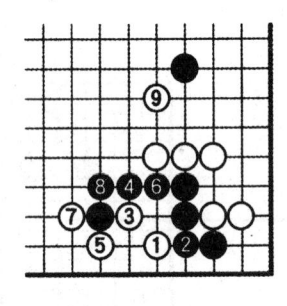

图7-1

图7-2

图7-3 如果黑不愿意走成前图,黑2只好尖,白3、5吃黑一子大可满意,以后还可伺机攻击两边的黑棋。

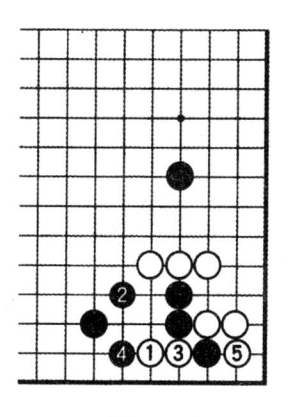

图 7-3

例二

图 7-4 对于基本型中白的拆二，黑该如何攻击呢？

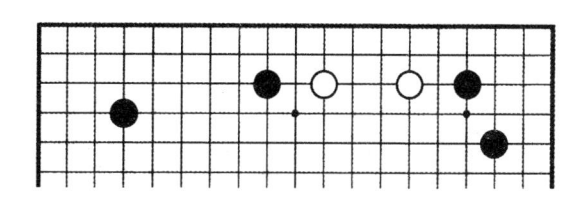

图 7-4

图 7-5 黑1点，然后3、5连回，是夺取白棋根据地的下法。以后可伺机在 A 位镇继续攻击白棋。

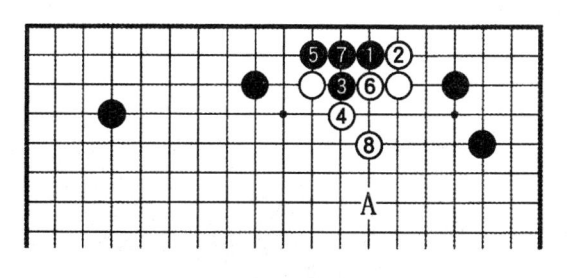

图 7-5

图 7-6 对于此形中的拆二，考虑到黑左边有模样的发展，黑1可不点透，而

直接飞攻,黑5粘后,左边模样已形成,攻击获得的利益很大,同时还可伺机在A、B位点继续攻击白棋。

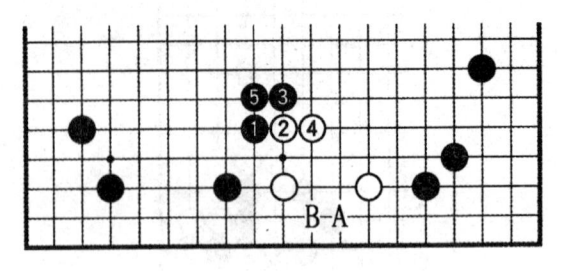

图7-6

二、打入

打入的目的是把对方的根据地弄乱、破坏或减少对方的空。

图7-7 当黑△一子逼时,白应在A位跳补一手。此时白方不补而脱先它投,黑方应如何打入?

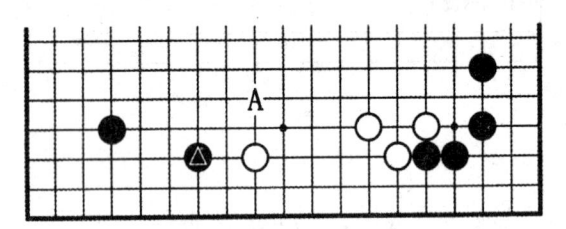

图7-7

图7-8 黑1点在此形的关键处,白棋只好尖阻黑从A位渡,双方进行到白14枷时,黑利用打入获得利益时还留有B、C、D三处可供利用的好点。

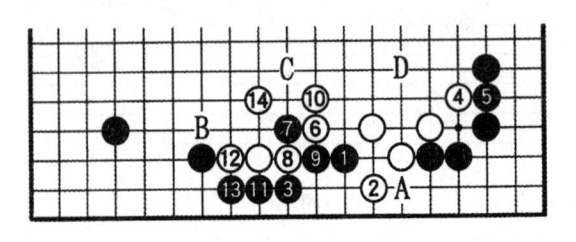

图7-8

图 7-9 在征子有利时，白 8 接上，可避免黑方的种种利用。

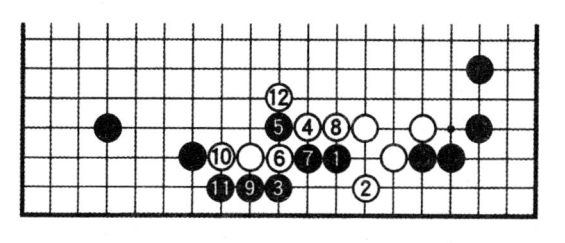

图 7-9

三、拆边

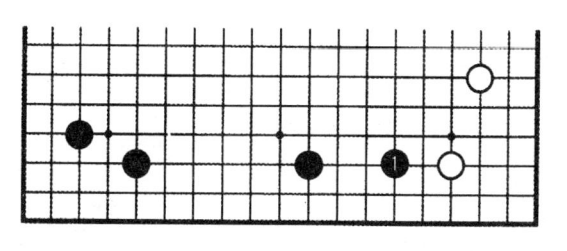

图 7-10

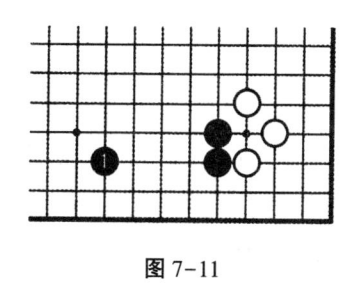

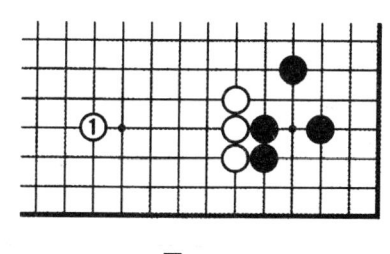

图 7-11

图 7-12

上面所说的拆的方法只是一般规律。在实战中应根据周围的情况灵活运用拆边的尺度和高低。

例一

图 7-13 此形中黑 1 拆二是正确下法，因为左上方白棋较强，黑拆二可确保安全。如果硬要按立二拆三的模式去套，黑 1 拆在 A 位时将面临着白 B 位的严

厉打入。

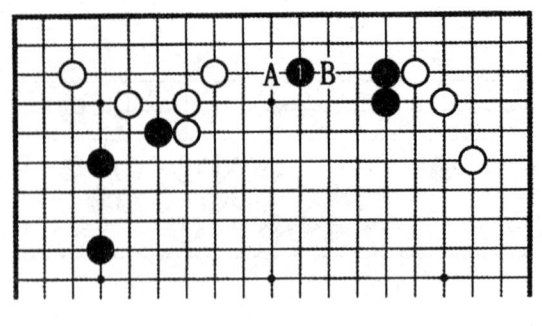

图 7-13

例二

图 7-14 此形中黑 1 拆四是正确的，可瞄着 A.B 位的打入。因为黑右边很强，有黑三子的虎与上面黑三子的配合已远远超过立二的价值，所以不怕白在 C 位打入。白一旦在 C 位打入，黑可在 D 位尖攻击白打入的一子。

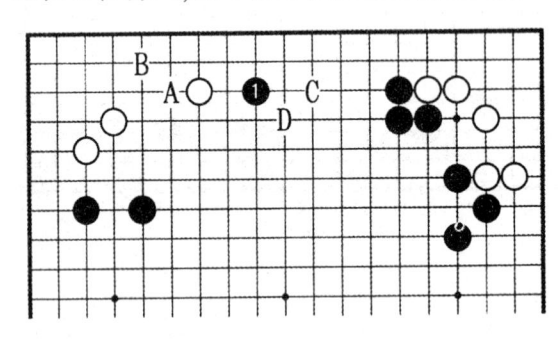

图 7-14

例三

图 7-15 此形中黑拆一是正确下法，拆一虽小，但此时的作用很大，既防止了白在 A 位刺的可能，又瞄着在 B 位打入白阵。

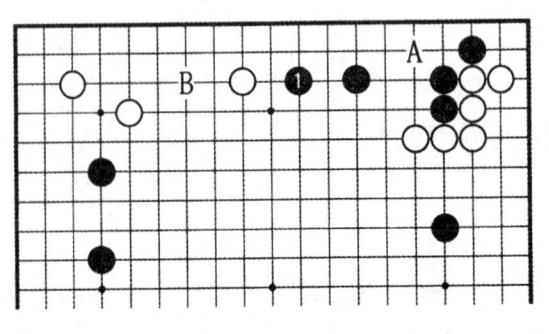

图 7-15

四、腾挪

所谓腾挪,就是在受到攻击时或敌强我弱时,所采取的灵活机动战术。

例一

图 7-16 此形中白二子受攻,如何处理好?

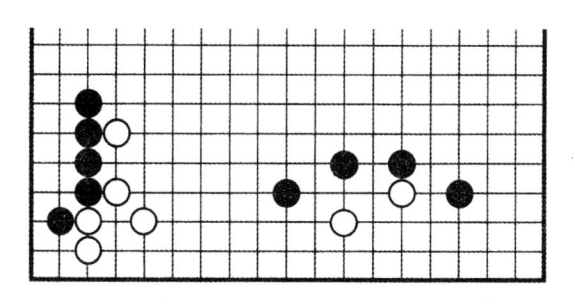

图 7-16

图 7-17 白 1 飞是常用的生根法,但被黑 2 顶后,黑获得很大外势,同时黑在角上也获得很大利益,白棋位置偏低。

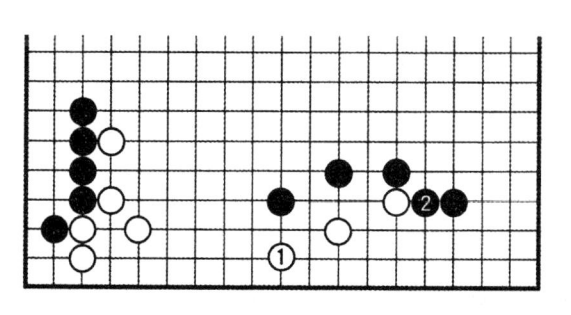

图 7-17

图 7-18 白 1 扳不甘心被封锁,黑 2 断必然,白 3 打,黑 4 长,这时白在 A、B 两点不能兼顾,白作战失败。

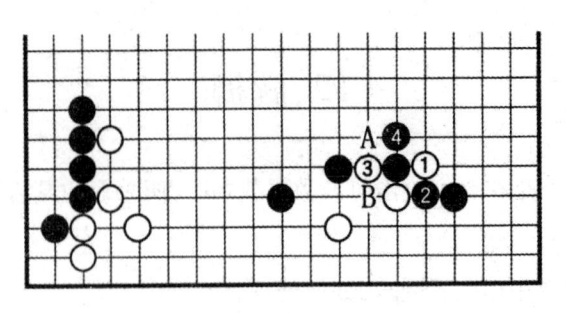

图 7-18

图 7-19 白 1 先搭,采取腾挪战术,诱黑 2 来断,再走白 3 位扳,5 打,7 长时,黑已断不了白。白冲破封锁成功。

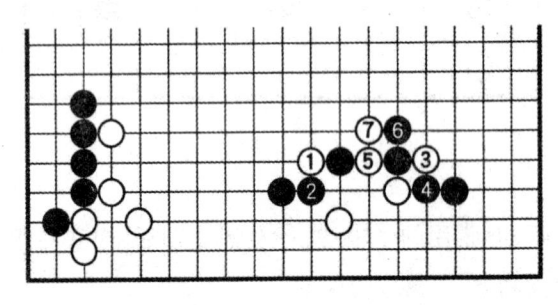

图 7-19

图 7-20 白 1 搭后黑 2 如扳,则白 3 轻松接回。黑白双方皆有所得。白腾挪成功。

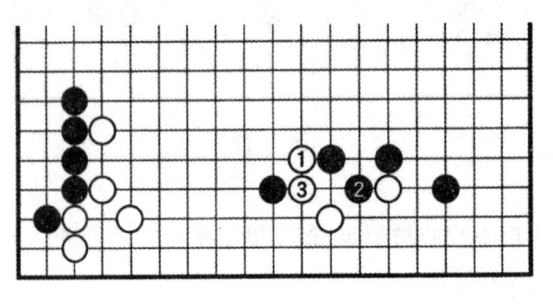

图 7-20

例二

图 7-21 黑一子被白△一子尖攻,此时黑如何逃?

图 7-22 黑 1 长,被白 2 扳位两子头,黑 3 曲不好,走成"愚形三角",以下至白 6. 黑非常痛苦,十分危险。

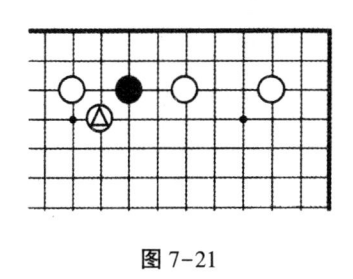

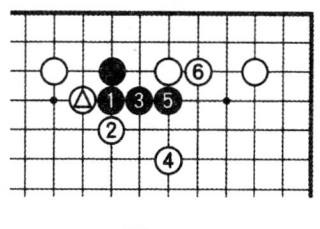

图 7-21

图 7-22

图 7-23 被白扳位后,黑 1 搭、3 虎才是常用的腾挪之法,这样黑出头很畅,白一时没有攻黑之法。

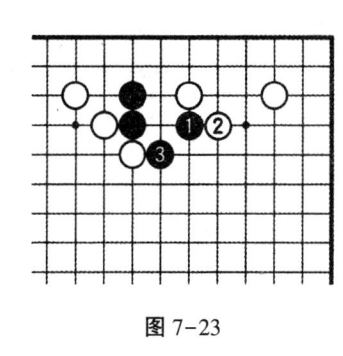

图 7-23

五、浅消

当对方围的模样较大,打入又不一定安全时,就可以用浅消的着法来压低对方,能有效地缩小对方的模样就达到目的了。浅消的着法不多,常用的只有镇和肩冲两种,浅消的下法选点很讲究,如选点不当,就会越"消"越大。

例一

图 7-24 右上五个白子构成了一个庞大的模样,黑如下 A 位打入实在危险。那究竟该如何下呢?

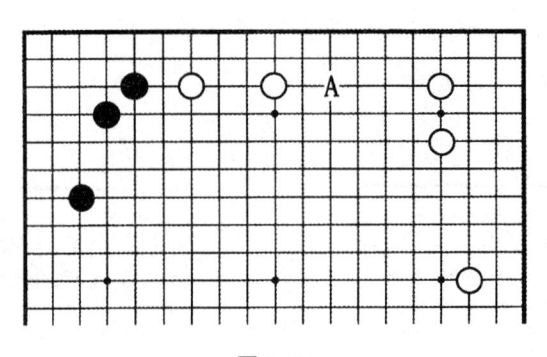

图 7-24

图 7-25 黑 1 肩冲选点正确，黑 1、3 压低对方之后于 5 位大跳，迅速逃出是常用的浅消着法，这样白棋再无法做成大模样了。

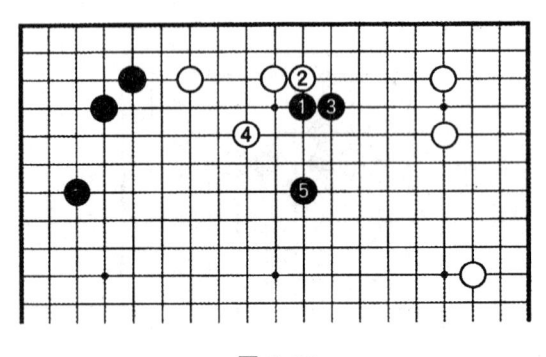

图 7-25

图 7-26 当黑 3 长时，白也有在 4 位曲的下法，以下至黑 7 飞出，也达到压缩白模样的目的。

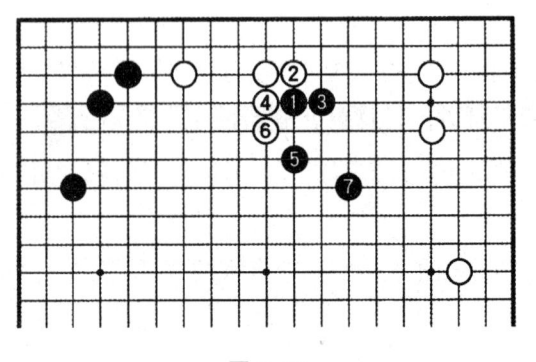

图 7-26

例二

图 7-27 白右上无忧角加上边的两个子形成了"两翼张开"的大模样。黑怎样浅消白棋呢？

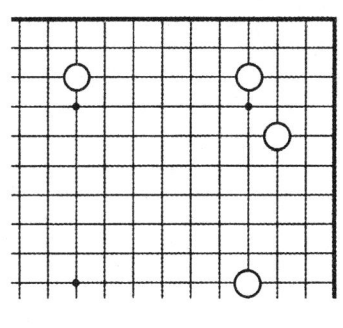

图 7-27

图 7-28 黑 1 镇是常用的浅消着法，白 2 尖，黑 3、5 之后迅速飞出，这样破掉了白棋上边的模样。

图 7-29 当黑 1 镇时，白 2 飞保上边，黑 3 搭、5 断，是常用的腾挪着法，以下至黑 11 也有效地破掉了白棋的空。

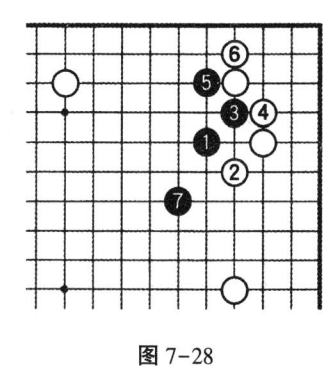

图 7-28

图 7-29

例三

图 7-30 上边白棋在右连成一片，黑怎样压缩白棋呢？

图 7-30

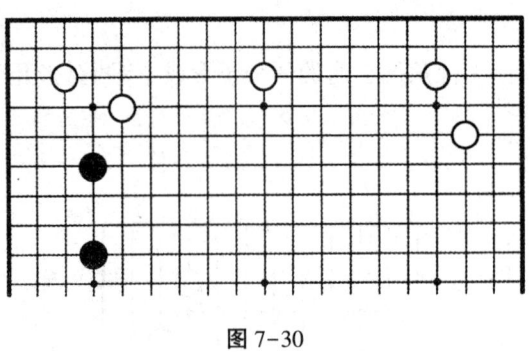

图 7-31 黑 1 肩冲选点不当，白 2、4 长之后于 6 位飞，左上白地大起来了，黑浅消失败。

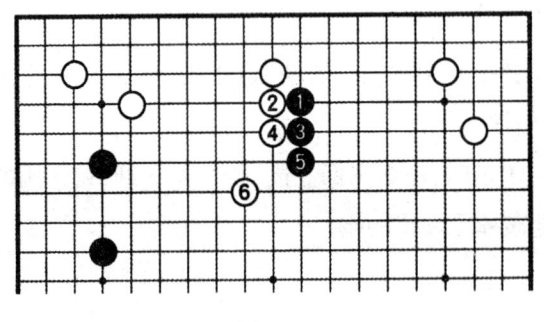

图 7-31

图 7-32 黑 1 镇较好，白 2 飞保右上，黑 3 搭、5 断即可压低白棋，以后黑可在 A 位搭，中腹黑棋很厚。

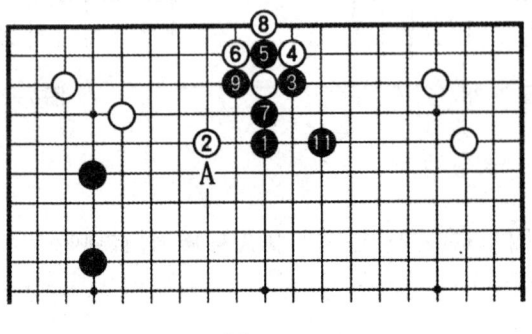

图 7-32

第八章 围棋的收官知识

一、收 官

收官关系全局胜负,丝毫不能疏忽。收官处理得好可能会反败为胜,处理不当则会前功尽弃或功亏一篑。所谓"官",本意是指各当其任而无差错。引伸到围棋术语使用"收官"、"官子",是强调不出差错,强调走"正着"。正是由于它的严谨与规范,因而不系统学习很难正确使用。

二、官子种类及计算方法

官子种类

根据先后手情况的不同,官子可分为双方先手官子、单方先手官子、双方后手官子。

双方先手官子

这是指某一局部任何一方走棋都是先手的官子,这是官子中价值最高的一种,是收官的首选目标。

图8-1 黑1扳,白2打吃,黑3粘,白4也要补断,否则黑棋走在4位将吃掉白2。因此,黑棋得到先手,又可在别处收官。

图8-2 此图若白先走,白1扳,黑2打吃,至黑4粘,白棋获得先手。

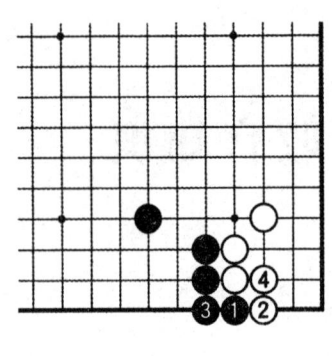

图 8-1

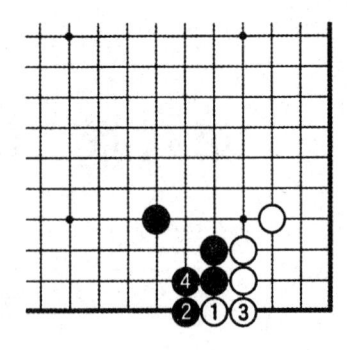

图 8-2

图 8-3 黑 1 小尖，白 2 挡，黑棋先手。

图 8-4 白 1 小尖，黑 2 也必须挡，白棋得先手。这两个例子都是双方先手官子，不论谁先走棋收官，结果都拥有先手。

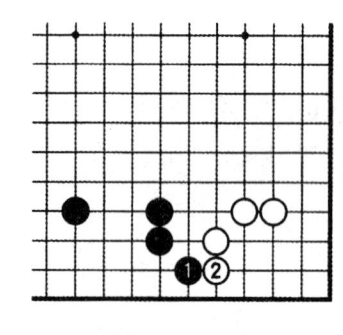

图 8-3

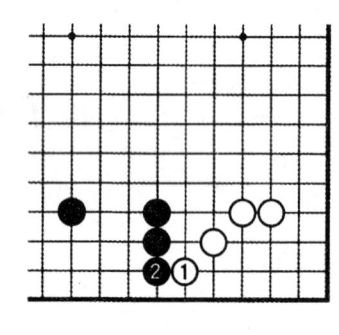

图 8-4

单方先手官子

由于局部棋形不同，一方走是先手，而另一方走却是后手的官子，称为"单方先手官子"。这类官子一般属于先手方，但后手方有时也会抢占，称为"逆官子"，其价值略小于双方先手官子。

图 8-5 黑 1、3 扳粘，白 2、4 挡粘，黑棋是先手。

图 8-6 白 1 扳，黑 2 打吃，白 3 粘，黑棋由于已有黑△子，形成虎口，不需要补棋。黑棋走这个官子是先手，而白棋走则是后手。因此，这是单方先手官子。

图 8-5

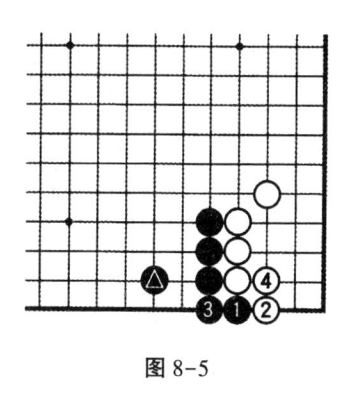

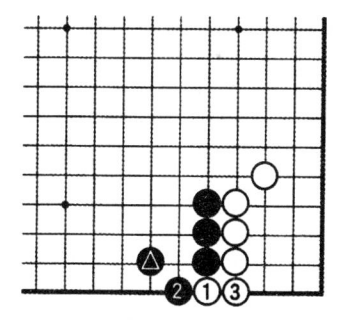

图 8-6

图 8-7 黑 1 扳,因有 A 位吃子,白 2 只得立下,黑棋先手。

图 8-8 白棋 1 立,是后手。不过不论黑扳还是白立,目数差较大。因此,虽然是后手,但白棋仍然会走。在单方先手官子中,由于目数较大,后手方常会抢占对方的先手官子。

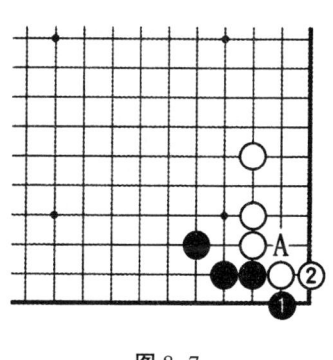

图 8-7

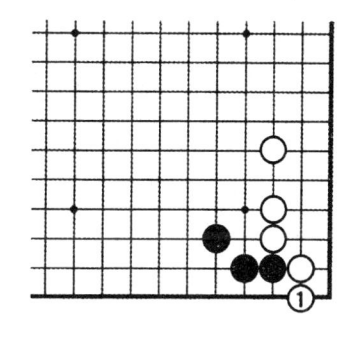

图 8-8

双方后手官子

双方后手官子,是指无论哪方先走都要落后手的官子。一般是在收完先手官子后才走。

图 8-9 黑 1 扳,白 2 挡,黑 3 粘。白棋在此处不必补棋。黑棋后手。

图 8-10 若白 1 扳,黑棋也无须补棋,因此,这一官子属于双方后手官子。

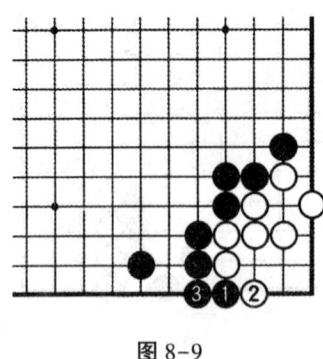

图 8-9 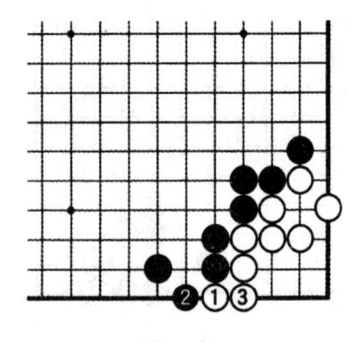　　　　　　　　　图 8-10

图 8-11 黑 1 打吃，白 2 反打，黑 3 提子，黑棋是后手。

图 8-12 若白 1 粘，救回一子也是后手。

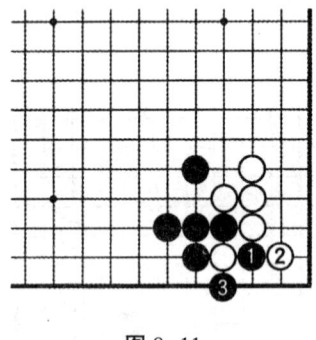

图 8-11 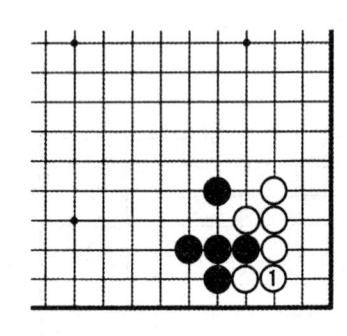　　　　　　　　　图 8-12

以上两例，均是双方后手官子。

了解了官子的分类，在官子的选择上就有了缓急之分。双方先手官子应早早抢收；其次是单方先手官子；最后收的是双方后手官子。

官子计算方法

官子价值的计算单位是目。计算方法有出入计算法、双分目数增减法和折半计算法三种。

出入计算法

出入计算法是以目数的得失结果来计算。

单方目数的增减是出入计算法中最简单的一种，指官子的结果，只关系一方目数的增减。

图 8-13 黑 1 挡,可以围 1 目空。

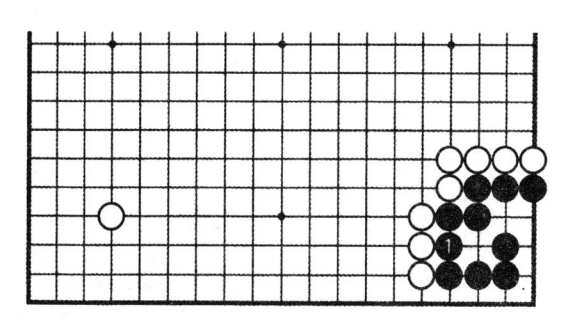

图 8-13

图 8-14 若白方先走,1 位冲,黑棋少围 1 目。这样,双方在 1 位的走法,只关系到黑棋单方地域的增减,只需计算单方目数的增减,这是一个双方后手 1 目棋的官子。

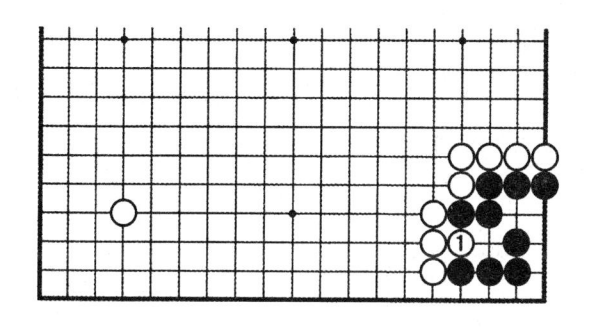

图 8-14

图 8-15 黑 1 渡,围得 2 目空。

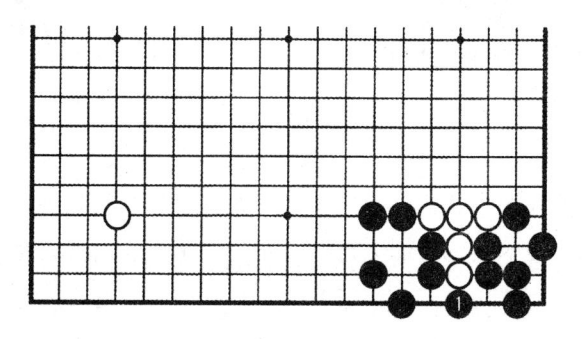

图 8-15

图8-16 而白棋若走1位,则破了黑棋2目。因此,这一官子价值2目。

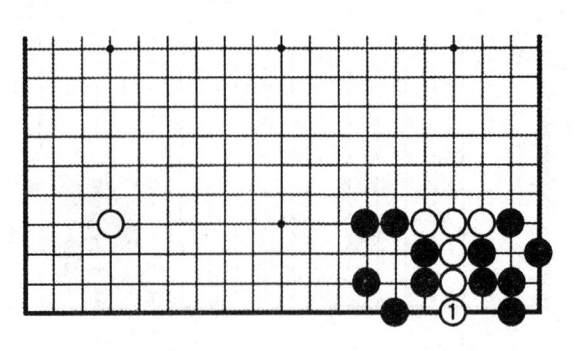

图8-16

双方目数曾减法

双方目数增减指收官的结果导致一方地域增加,而另一方地域相应减少。把增减数目相加,就是这一官子的价值。

图8-17 黑1、3扳粘,白2、4挡粘,黑棋得到2目。

图8-18 若白先走1位扳,至黑4粘。与上图比较,黑棋×所示的2目空不见了,而白棋则多出×所示的2目空。

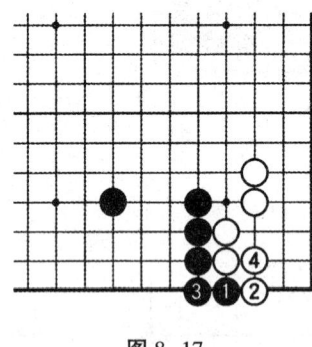

图8-17 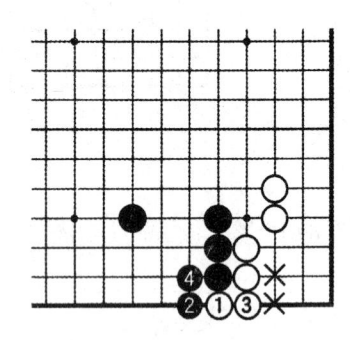   图8-18

此例,不论谁先走,都会使自己增加了2目空,同时,造成对方损失2目的结果。二者相加,这个官子价值4目。这是双方先手4目的官子。

拆半计算法

拆半计算法主要是用于计算还未走的双方后手官子的价值。由于存在着两种可能(即黑白双方有可能走到这处官子),因此将出入计算法所得的局部价值折半计算,作为这处官子的价值。

注意:官子的价值与官子实得目数是不同的。

图 8-19 黑在 1 位扳是后手官子,得 1 目。

图 8-20 白 1、3 扳粘,得 2 目。双方出入共 3 目。因走这处官子要落后手,在有其他官子的情况下双方是不愿走的,所以就暂时折半计算,算作一目半的价值。

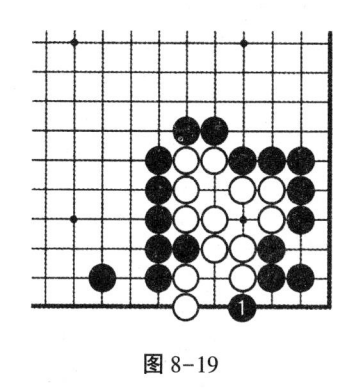

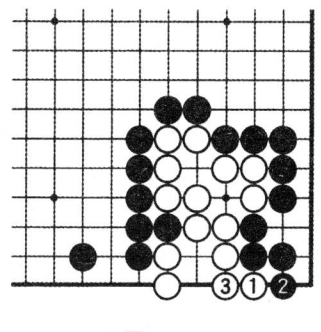

图 8-19   图 8-20

提子后的目数应该这样计算:提掉对方一子得 1 目(因为下围棋是一次下一颗子,双方在棋盘上放下的棋子数目基本上是一样的。那么吃掉对方一子,对方就少了 1 目棋,也就是你多出 1 目棋),提子后又围得 1 目,加起来是 2 目。

如果提子是后手,则用折半计算法计算提子的价值。

图 8-21 黑 1 提吃白二子。得 4 目。

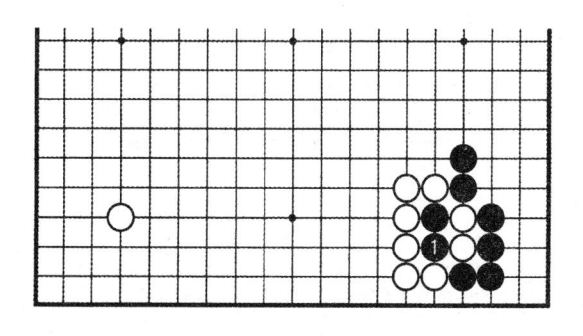

图 8-21

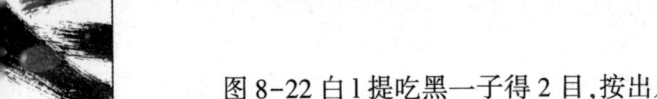

图 8-22 白1提吃黑一子得2目,按出入计算法计算,此官子应该为6目。

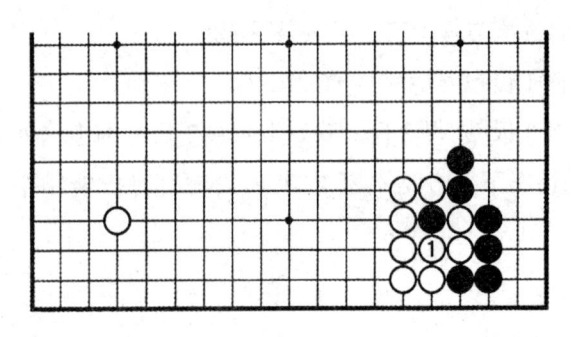

图 8-22

三、官子的价值

每一手棋都应该有它本身的价值,同样,官子也有其自身价值。

例如:

图 8-23 黑1冲,白2挡,黑3抢到最后一个点而结束这里的争夺。在这个过程中,黑共争到2个点。

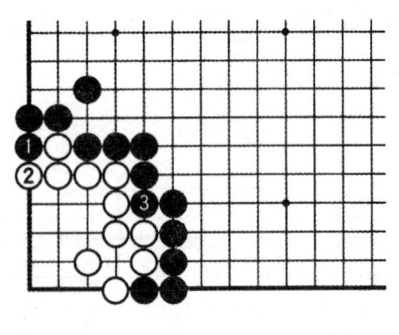

图 8-23

图 8-24 黑1先占这里,白2挡,争夺就到此结束。

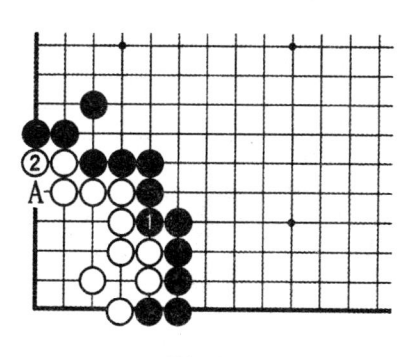

图 8-24

与上图相比,就发现黑方少占 1 个子,这是怎么造成的呢?

仔细观察一下就能发现,白 2 挡下后,A 位已属白方所有,实际上这一手棋占了两个位置,而黑 1 仅仅占到本身的位置。所以,2 位的价值比 1 位大。

这种仅仅占据本身位置的官子为单官,把白 2 这种不仅占据本身位置还占有一个空交叉点的官子称为双官。

单官除了占有本身的位置外,不再具有其他作用。双官还占到像 A 位这样一个空交叉点,术语称为占到一目棋。一手棋能占到的目越多,它的价值也就越大。

图 8-25 黑 1 挤,迫使白 2 接,从而使白角减少一个空格。所以,这手棋的价值为一目。同样,白占 1 位使角地增加一个空格,故也是一目棋。

3 位之子是单官。

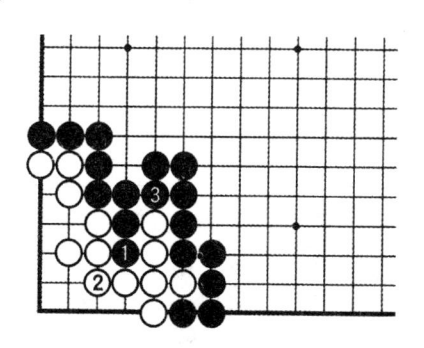

图 8-25

图 8-26 黑 1 跳入的价值是四目。这手棋尽管不增加己方的目数,但减少了白角的目数。白 2 挡与白先于 A 位挡相比,白的角地相差四目。

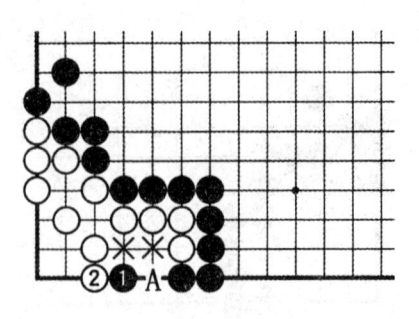

图 8-26

图 8-27 黑 1 冲,白 2 挡,黑 3 再挤至 5,共走到三个子。

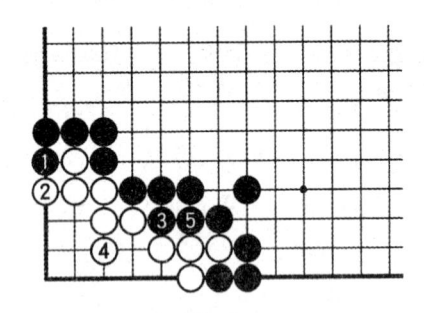

图 8-27

图 8-28 黑 1 先挤,白 2 挡,至 4 补,黑只走到两个子。这又是什么原因呢?

黑 1 挤,虽能挤掉白方 1 目棋,但白可不理而去占 2 位挡,这样双方各自走到 1 目。

黑于 2 位冲,白如 1 位接也争 1 目,但黑可于 A 位冲再减少白方 1 目。这种具有后续手段而迫使对方必须应的着手称为先手,反之则是后手。所以 2 位冲是先手 1 目,而 1 位挤是后手 1 目。先抢先手 1 目,再占后手 1 目,就能得 2 目。

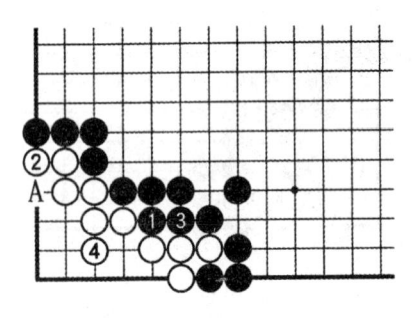

图 8-28

图 8-29 黑 1 扳、3 接后,白 4 不得不补,故黑 1、3 扳接是先手收官。而白如 3 位扳、1 位接则是后手,两者相比差 3 目。黑 5 扳、7 接则是后手 2 目。由于黑

先手收官后再走5扳的后手官子,两处共5目官子被黑方全部抢光。若黑先走5扳、7接,则白能走到3位扳,双方各占一处官子,所以收官应先收先手收官。

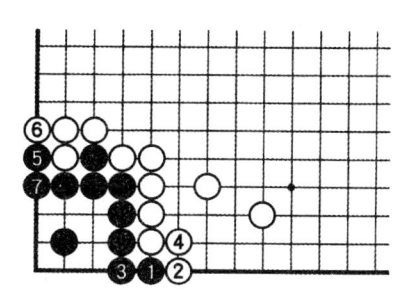

图 8-29

图8-30 若轮到白先收官,尽管1位扳和6位扳都是后手,但1位扳比6位扳重要,它防止黑在此先手扳接。黑4扳、6接后,别处尚有官子的话该是白方的权利。

白如先于6位扳接,被黑先手于3位扳后,还能到别处去争官子。

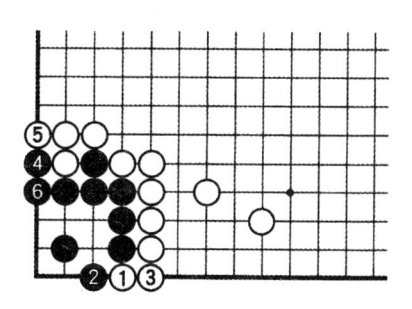

图 8-30

图8-31 黑1尖,白2挡。黑3先手扳接后,又能到别处去抢收官子。

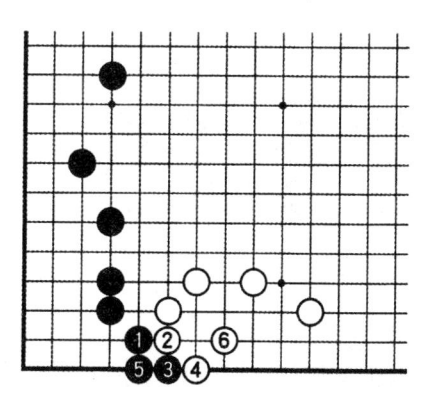

图 8-31

图8-32 白先占1位尖,至黑6接,同样是先手。两图相比相差6目,即一方增加3目,而且减少对方3目。所以,白1的这手尖是双方先手6目,是一个价值很大的官子。

凡是双方先手的官子,双方都要全力争夺,哪怕只是双方先手1目的小官子,也要尽力争取。

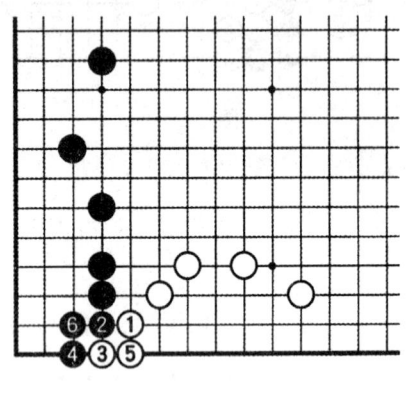

图8-32

图8-33 黑1立,白2如不补,白角将被杀死,故黑1位是先手收官。

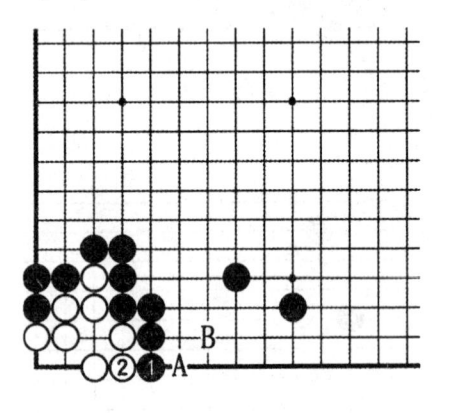

图8-33

白如先于1位扳,黑为了保住边地就只得于A位打、B位补,白也是先手。故这1位的官子是双手先手2目。双方都要在适当的时机把这1位的收官设法抢到手,然而,这种时机的掌握也是一种技术。

图 8-34 这是一个二路扳接的官子。黑 1 扳、3 接是后手,但以后 5 位扳,白 6 位退后至 10 接,这是黑方的先手权利。

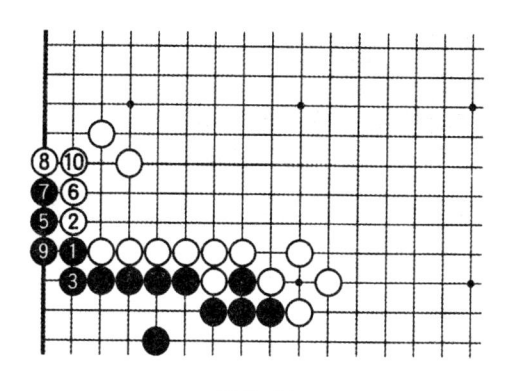

图 8-34

图 8-35 白 1 位扳后 3 接,也是后手,以后 5 位扳是白的先手权利。

两图相比竟相差 13 目(×印处)。白增加 7 目,黑减少 6 目,所以,这里的扳接,不论黑白都是后手 13 目。

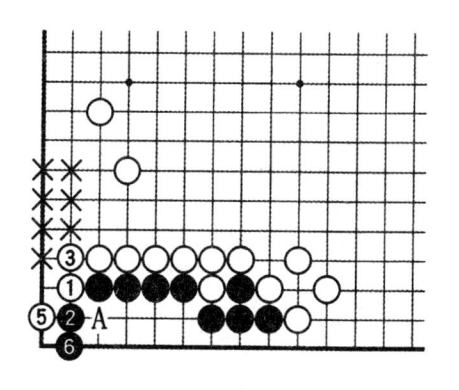

图 8-35

图 8-36 黑 1 立是后手收官,但以后有 3 位夹再 7 位扳接的先手权利。

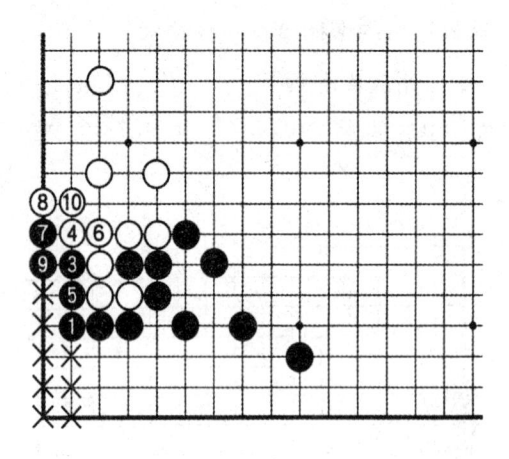

图 8-36

图 8-37 白 1 扳接也是后手收官，以后也有 5 位夹的手段。黑 6 只得虎，至白 7 先手打是白的权利。

两图相比相差 19 目，白增加 8 目，黑减少 11 目，这手棋的价值是后手 19 目，这是一个很大的官子。

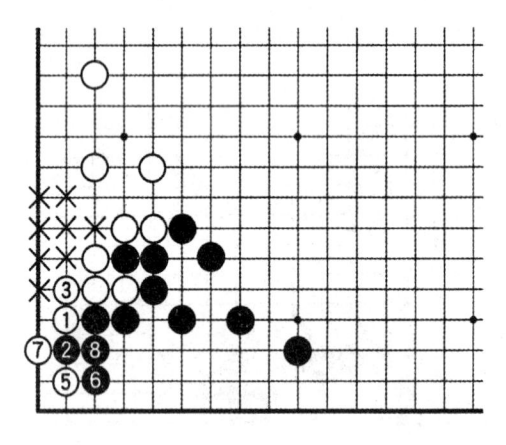

图 8-37

四、终局计算

一局棋分布局、中盘战斗、收官三个阶段。终局是指收官完了,该进行胜负计算而言。下面简单举例如下。

图 8-38 黑 1 准备从 A 位开口进入白地,3 接,5、7 冲,9 接,11、13 冲,15 接,17 冲,19 接。防白 34 双吃,21 封口,23 接,25、27、29 挡,31、33 封口,35 接断点,37 占完全盘黑白交界处最后一点,棋局告终。

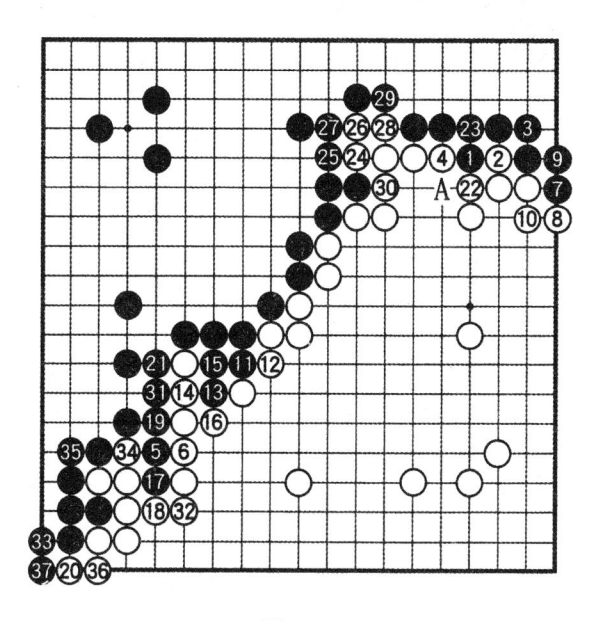

图 8-38

2、4、6、8 挡住,10 接断点,12、14、16、18 挡住,20 封口并要进入,22 先手吃,24、26、28 冲,30 封口,32 接断点,34 威胁敌人断点,36 接。

终局后开始计算胜负,术语叫"做棋"。方法是:先把盘上死棋拿掉,形成图 8-39。

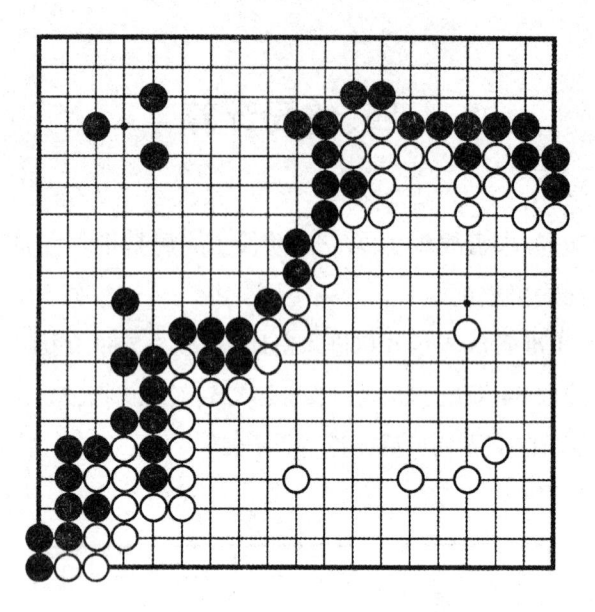

图 8-39

之后以十为基本单位做成整齐图形(参照图 8-40)。

把周围空缺处填上棋子，再把这些散子以十个子为一堆，看有几堆，计算出数字。

再把整数与散子数相加，然后减去基本数(按最新中国围棋规则，黑在终局时要贴还白 334 子，因此，黑 184 又 1/4，白 176 又 3/4 为双方分别获胜的基数)，即得出胜负结果。

胜负计算：

白地：100+20+20+41＝181 177 又 3/4＝白胜 3 又 1/4 子，知道白子数就能计算出黑子数。

黑地：361－181＝180－183 又 1/4＝黑负 3 又 1/4 子

另外，让子棋的基本数的计算是：

180 又 1/2+让子数的一半＝黑棋基本数

比方说白棋让黑棋 4 子：

黑棋基本数＝ 180 又 1/2+2＝182 又 1/2 子。

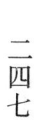

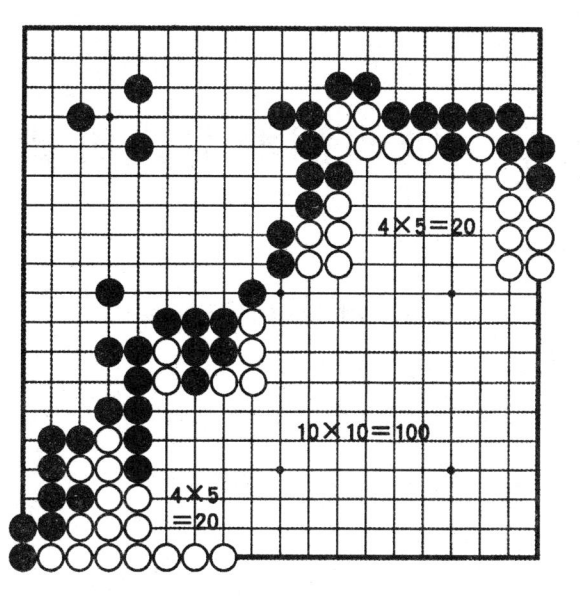

图 8-40

第九章 围棋巅峰对决经典布局

一、对角小目布局

这里所说的对角小目布局,是指以下两种情况的布局。

1 图

黑 1、3 两手占据对角的两个小目,这就是对角小目布局。当然,这里也包括黑 1 在 A 位或者黑 3 在 B 位的情况。

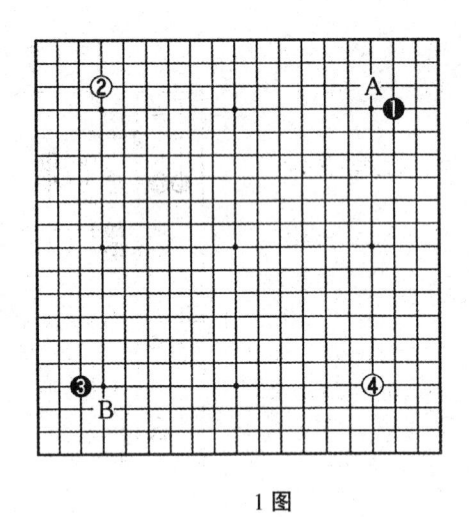

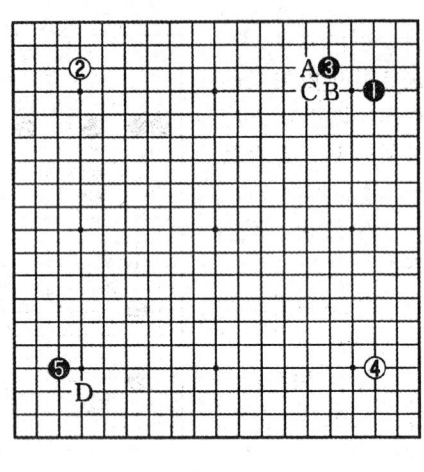

1 图　　　　　2 图

2 图

黑 1 占小目,黑 3 守角,之后黑 5 再占对角的空角小目,这也是对角小目布局。当然,这里也包括黑 3 在 A、B、C 等处守角,黑 5 占 D 位小目的情况。白如占据左下角,则不能形成对角小目。

第1届全运会

1959年 中国

黑 上海刘棣怀
白 北京过惕生

（黑中盘胜）

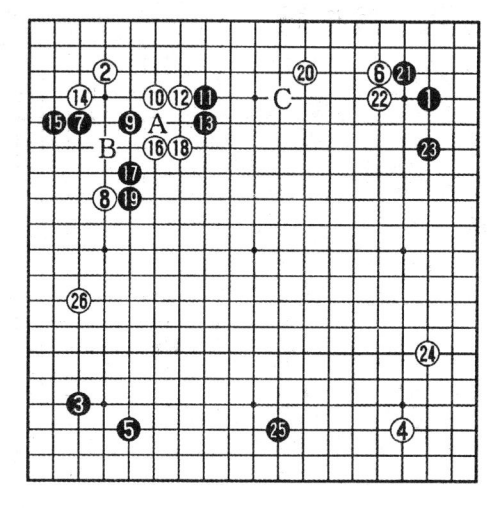

对白8二间高夹，黑9跳是求变的下法。黑9下A位或B位则是普通的定式着法。

黑11拦，阻止白上边的发展，这是与黑9相关联的构思，以下双方应接至黑19，各得其所，不失均势。

白20缓，不如下在C位。

白26不妥。

第1谱 1-26

1图

白26如图在1位大飞拆是好点，黑2如拦，则白3尖生根。

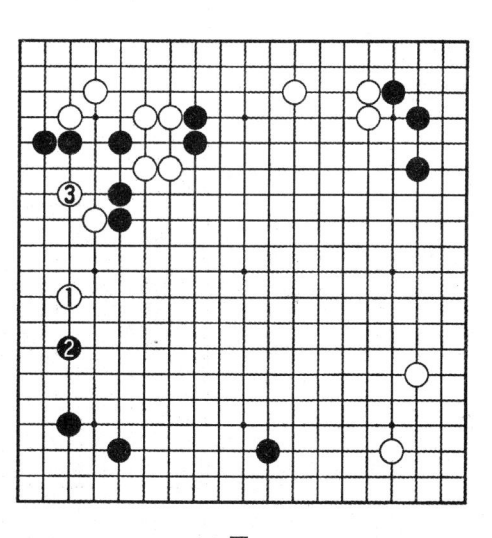

1图

对白 26，黑 27 立即打入严厉，白棋缺少回旋的余地，如谱至黑 33，白形滞重。

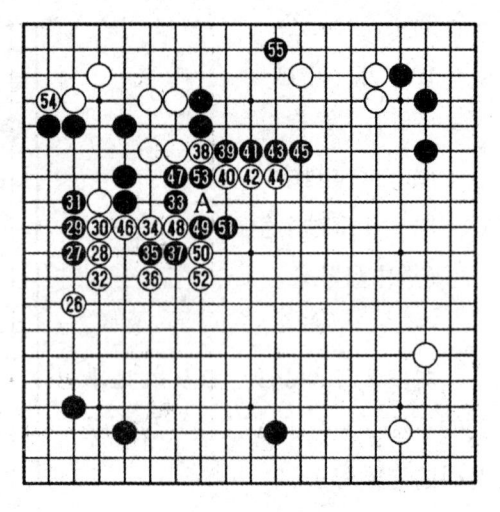

第 2 谱 26—55

2 图

白 26 下在图中 1 位，黑 2 如立即打入，则白 3 拆二避黑锋芒，白这样下更为从容。

白 42、44 连压不好，结果不但增加了黑以后对白上边拆二的威胁，更使黑有在 53 位断的好处，因为白中腹 3 子已重，弃取皆难。

白 46 当在 A 位虎补断，等机会再图进取。

实战黑 53 断，白 54 只得后手在角上补，黑得先手占得 55 位要点，全局黑优势。

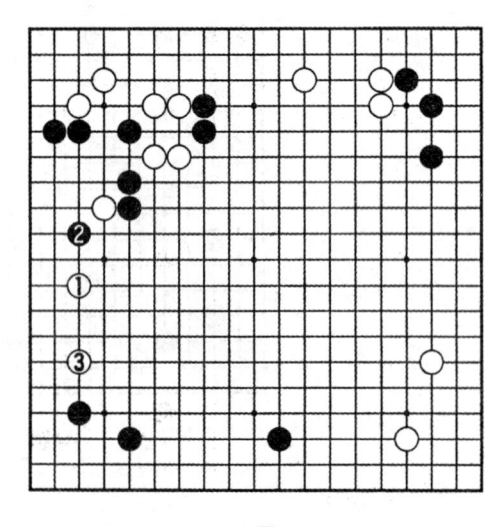

2 图

第 1 届全运会

1959 年　中国

黑　安徽黄永吉

白　北京过惕生

（白胜 1 子）

右下角是定式的变化，至黑 19，双方着法平稳。

白 20 夹是此际攻守兼备的好手。黑 21、23 亦是不可缓的要着。

白 24 至 28，双方各占要点。

黑 29 打入，以下黑落后手，但所得实利不小。

白 40 镇重要。

1 图

黑棋如占到 1 位跳，黑棋左下阵地得到扩张，同时还可呼应黑△两子，伺机出动。

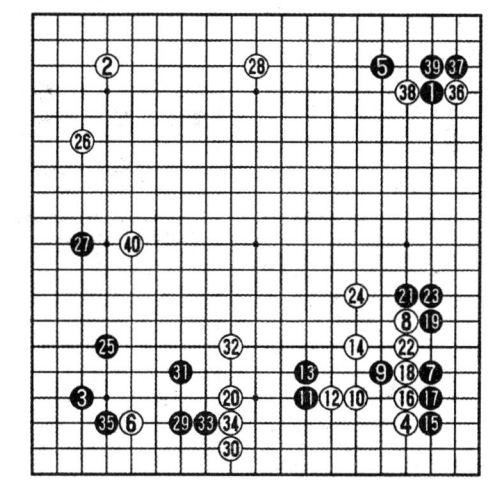

第 1 谱　1-40

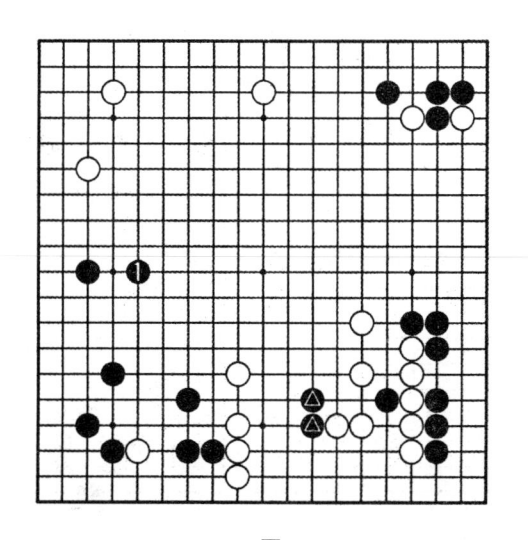

1 图

四川棋手对局

1959年　中国

黑　孔凡章

白　杜君果

（白胜4子）

白12不如脱先在15位守角。白12既打，白14则当A位虎。

黑15挂角好。

黑33不好。白棋势厚之处，不是着子之地，黑33当B位挂角。

白34亦不好。

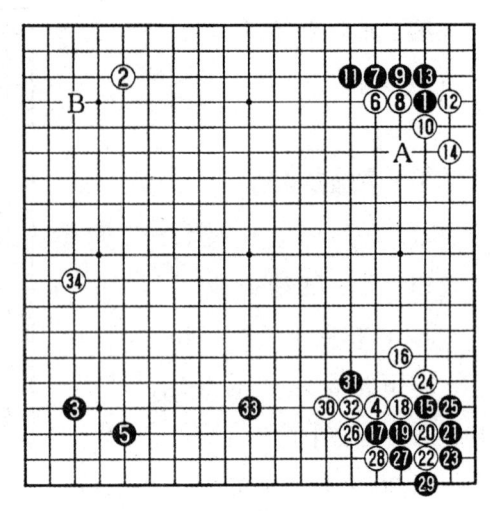

第1谱　1-34

1图

白34当如图在1位守角，黑如2位拆边，则白3侵消黑阵。黑2如在A位拆，则白B位拆逼成为好点，由于右下白厚势，黑阵并不可怕。

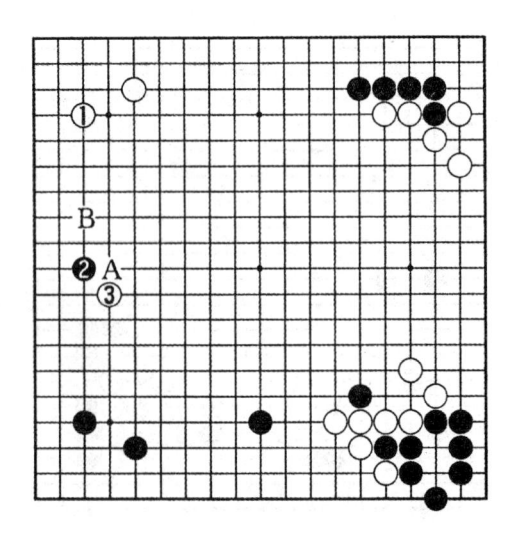

1图

黑 35 挂角是绝好点。

白 36 不妥。

2 图

白 36 如图在 1 位夹击黑挂角之子是当务之急，这样白充分可战。对白 1，黑如 2 位压，则白 3 扳，以下至白 9，这是白棋有利的结果。图中黑 2 如在 A 位尖，则白 B 位长，结果将仍是白有利。

实战白 36 碰、38 扭断的下法显得勉强，使黑棋有了多种选择的余地。如谱双方应接至白 52，黑棋弃掉下边一子先手在外侧形成势力，再在 53 位攻逼白一子，全局黑棋主动。

黑 45 在 A 位尖更好。

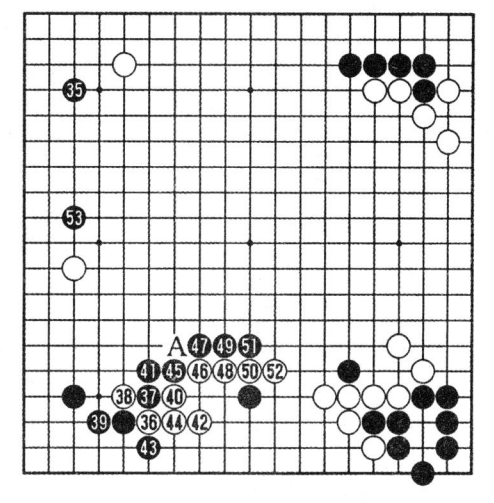

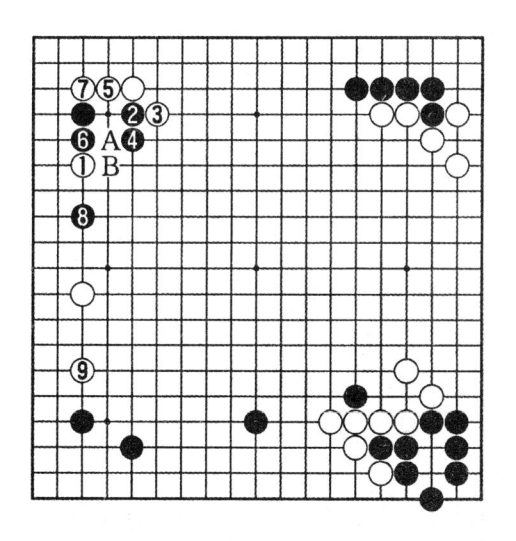

第 1 谱　35-53

2 图

江苏棋手对局

1960年　中国

黑　陈锡明

白　郑怀德

　　（黑胜）

白6挂角十分必要，如让黑棋再在左下守角，则局面黑简明有利。

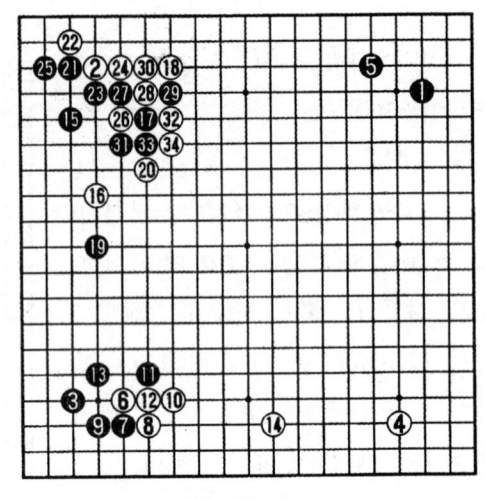

第1谱　1-34

黑15挂角，黑17大跳，之后黑19反夹，这是黑棋布局的好调。

黑25不好。

1图

黑25当如图在1位跳，这样已经补掉了白A位跨的手段。白2打，黑3尖，这是定式的下法之一。

实战黑25立，被白26跨后封锁，黑棋十分不利。

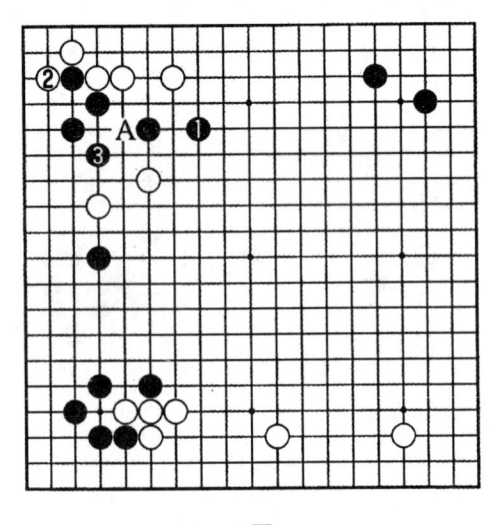

1图

黑 35 至 39，只能如此，所幸黑棋获得先手。

黑 41 挂角，并伺机引征。

白 42 靠，是反引征的一种策略。

黑 47 不好。

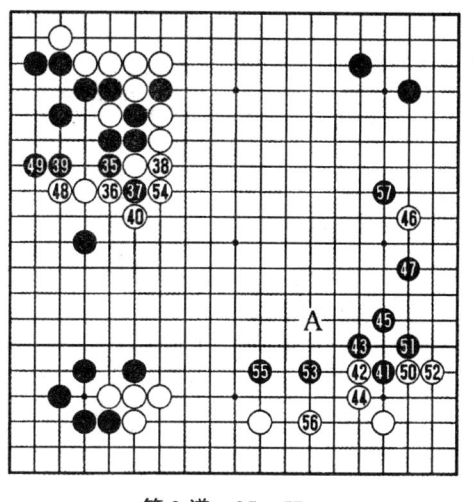

第 2 谱 35—57

2 图

黑 47 当如图在 1 位跳，白如在 2 位夹，则黑 3 虎后在 5 位逃征，这样黑棋可战。图中白 2 如在 5 位提去征子，则黑先手在角上 A 位托退后，再在 B 位飞，这样的结果较实战为优。

对黑 53 引征，白 54 当先走谱中 A 位试黑应手，黑难应。实战白 54 提的下法太平凡。

黑 57 强攻白 46 一子，全局形势复杂化。

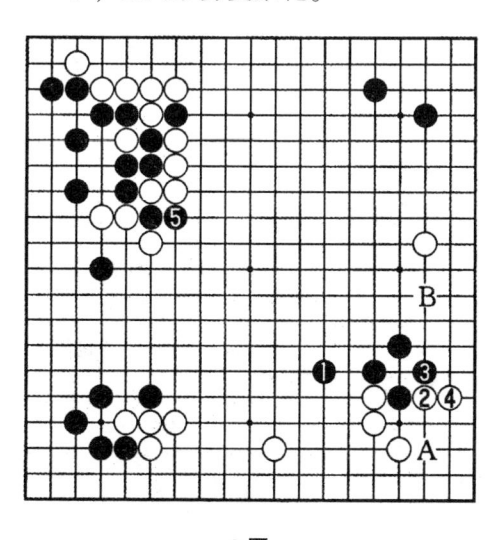

2 图

中日围棋友谊赛

1960 年

黑　中国刘棣怀

白　日本濑川良雄七段

（黑中盘胜）

对白 10 的二间跳，黑 11 靠是积极的应手。

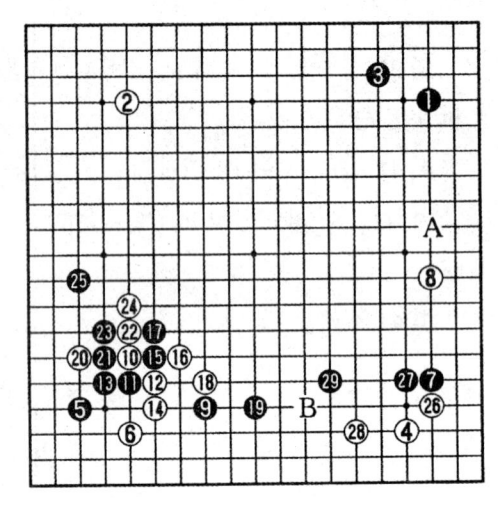

第 1 谱　1-29

1 图

对白 1，黑如 2 位拆二，则白 3 尖顶后 5 位飞起，黑 6 出头，白再 7 位攻击黑下边一子，这是白棋满意的布局。

黑 19 跳和黑 11 相关联，亦是积极的下法。

黑 29 正确，此时在 A 位拆，则白将下 B 位攻击下边黑两子。

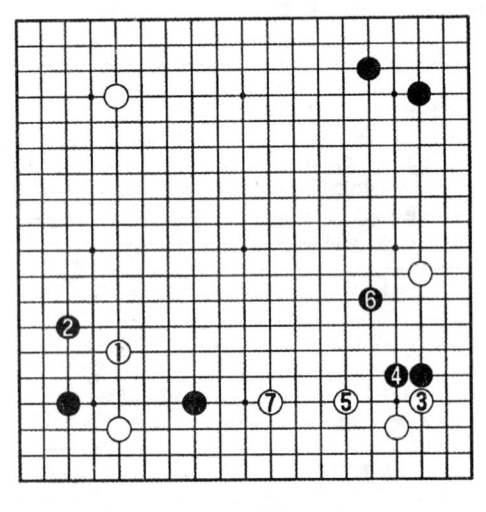

1 图

白 30 拆二只此一手。

黑 31 挂角是此际盘面最大的地方。

对白 32，黑 33 靠是好手，由于有黑一子，不怕白棋在上边成势，黑棋全力在左边获取利益。

为分黑边势，白 46 只得用强进行腾挪。

白 52、54 损，宜保留不走。

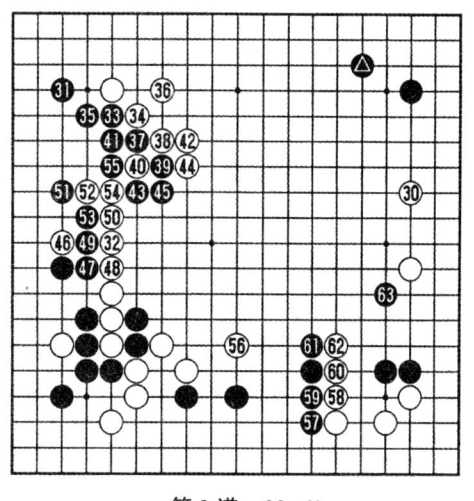

第 2 谱 30-63

2 图

实战白保留左边 52、54 两手，则白有角上 1 位靠的利益。对白 1，黑如 2 位扳，则白 3 断，黑味恶。

白 56 必要。

黑 57 以下整形，至黑 63 出头，全局黑优。

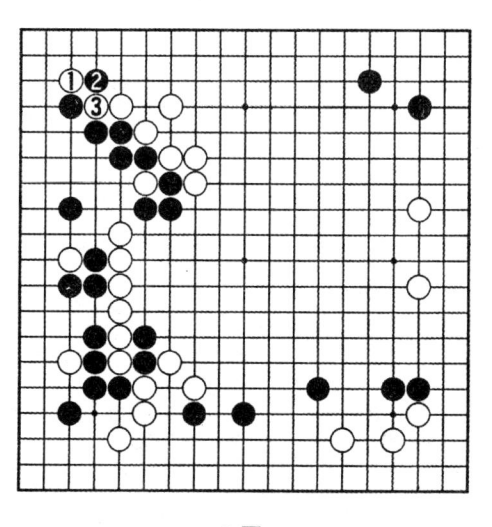

2 图

中日围棋友谊赛
1960年

黑　中国王幼宸

白　日本濑越宪作九段
　　（黑胜1子）

对黑9挂角，白10下托有如下的计划。

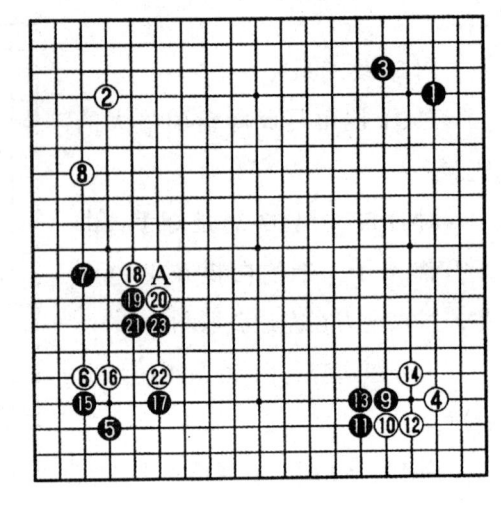

第1谱　1—23

1图

谱中黑15如在图中1位拆三，则白2飞压成为绝好之点。

实战黑15尖顶后再17飞起，是针锋相对的下法。

白18至22，是行棋步调。

黑23拐头是厚实的下法，此手如在A位断，变化十分复杂，黑棋并无把握。

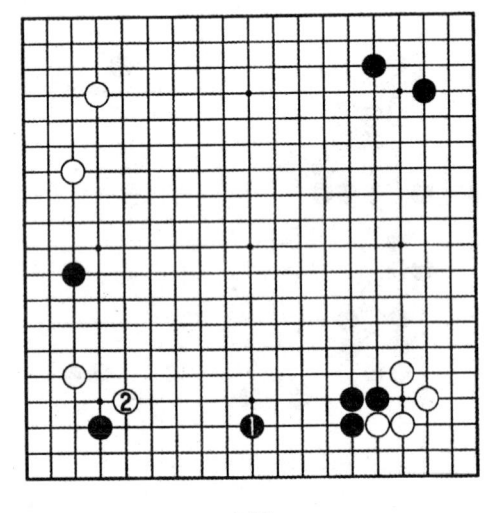

1图

白 24 以下至黑 35，双方应接皆必然之着。

白 36 点，之后白 38 枷，对黑棋发起攻击。

黑 39 不好，当直接在 41 位拆一。实战白 42 打掉黑一子，白棋活净，白有利。黑 39 如直接拆一，则白棋不能一手活净，黑棋作战将会有更多的变化。

因失去变化，黑棋只有一条路可走，十分不利。

白 56 软弱。

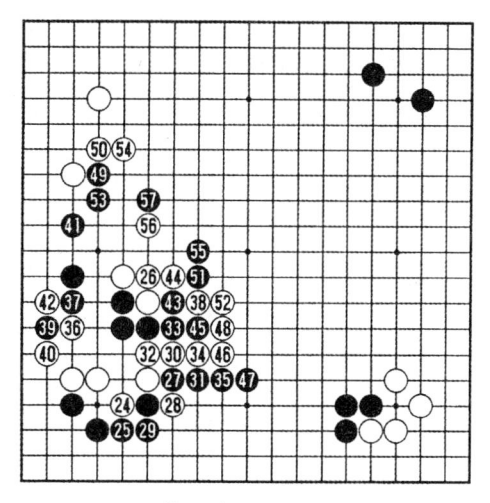

第 2 谱　24-57

2 图

白 56 在图中 1 位封黑是好手，这样黑棋只能挣扎出头或就地苦活，白棋十分有利。

黑 57 轻松出头，形势复杂化。

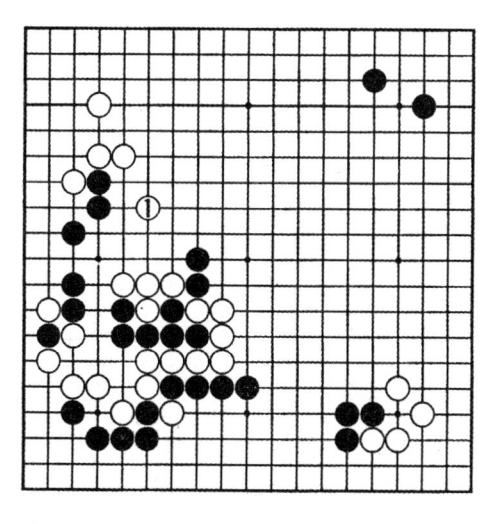

2 图

中日围棋友谊赛

1978 年

黑　日本桥本宇太郎九段

白　中国华以刚

（白胜1子）

左下角至白16是定式变化。

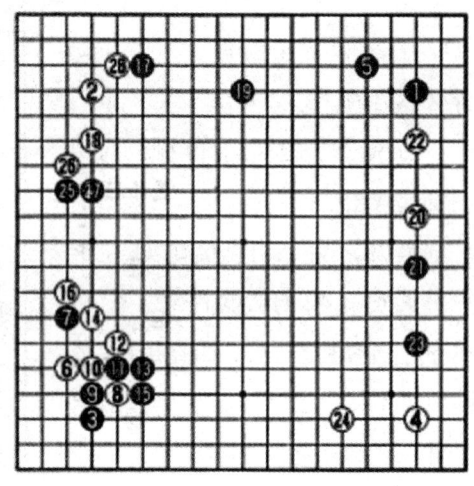

第1谱　1-28

1图

黑17如图1位挂三三，白2飞，黑3拆，白4占据双方势力消长的要点，这是白棋不错的结果。

实战黑17、19占上边大场，将下边让与白棋选择。

黑25打入白棋左边挑战。

对黑25，由于白棋左下较坚实，故采取了26尖顶、之后28再尖顶得角的下法。

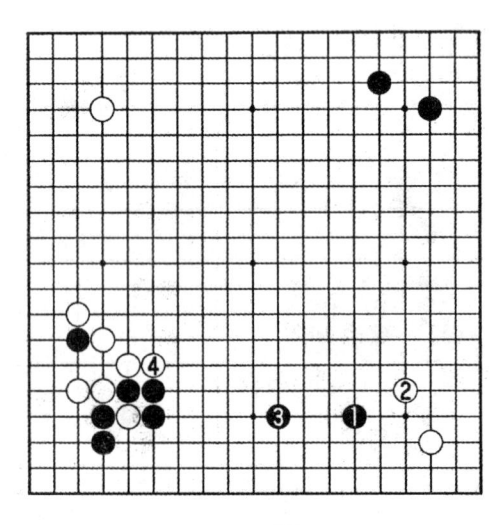

1图

白34必着，否则黑先手A位断，可将白棋封锁。

黑35要点。

白36准备围取实地，但黑37立即打入。

白38先攻击左边黑弱棋，之后再决定下边的对策。

白40至50是连贯的着法，但结果并不好，至黑51，黑棋活了10目棋，白棋的外势却并不厚。另外，由于白40与黑41交换，角上变薄，白52还得补一手。总之，这里白棋走损了。

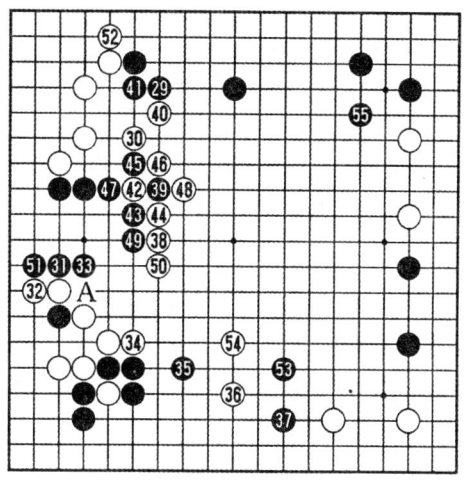

第2谱 29-55

2图

白40当如图1位跳，徐图进取。

实战黑得先手53位跳，之后再55位补，黑棋形势领先。

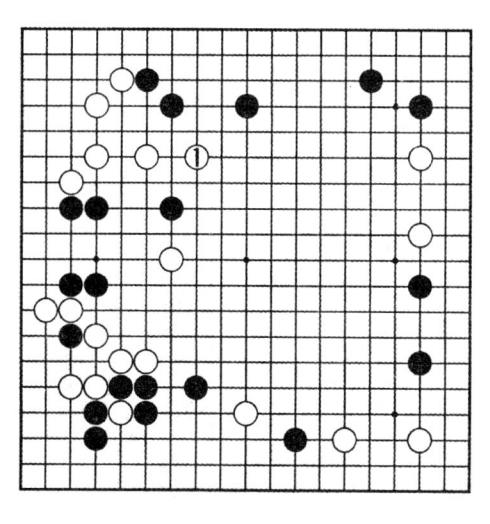

2图

名将新秀对抗赛

1981年　中国

黑　钱宇平

白　吴淞笙

（白中盘胜）

白22好手。

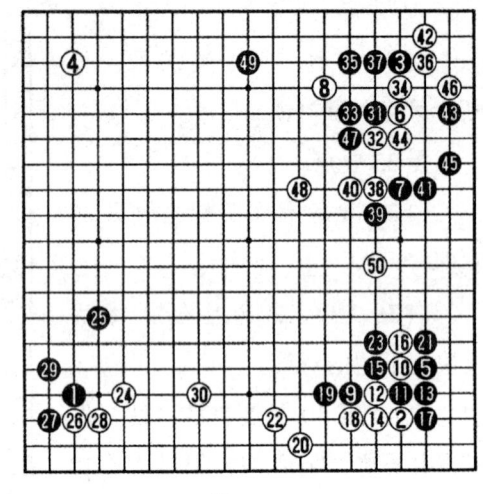

谱 1—50

1图

在本局的情况下，白22时，白如按定式着法进行，如图至黑10，白棋将陷入苦战。

实战白22以下至白30，白棋局面生动。

白38以下的着法，是想让黑棋左边子力重复。

黑47与白48交换损，不如直接49位补。

白50好手，轻吊黑阵，伺机出动右下白两子。

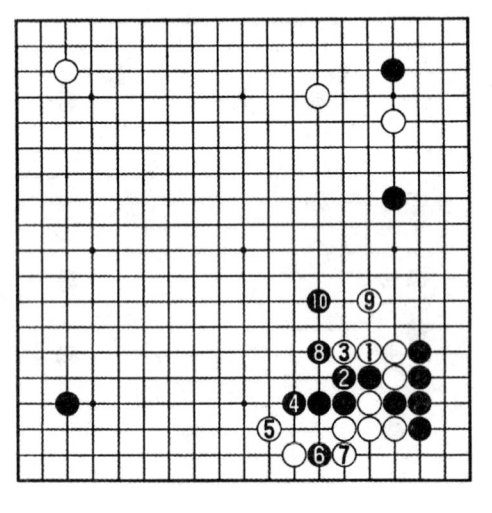

1图

围棋夺魁赛

1982 年　中国

黑　马晓春七段

白　聂卫平九段

（白中盘胜）

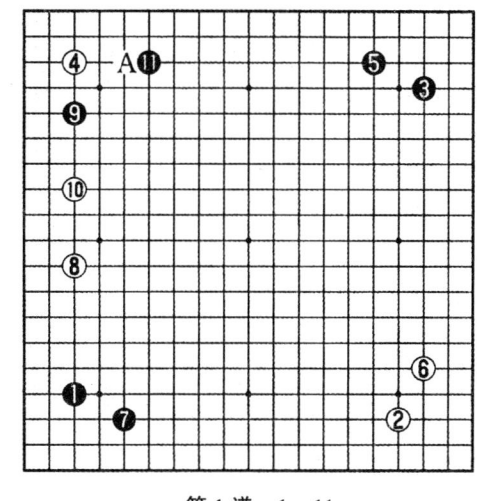

起手至白 8，双方着法从容。

黑 9 挂，希望成白 A、黑 10 的结果。实战白 10 是针锋相对的下法。

黑 11 是布局的难点。实战黑 11 二间反夹，但结果并不理想。

第 1 谱　1—11

1 图

黑 11 如图 1 位托是好手，以下变化较多，但黑棋均可下得。本图结果黑有利。白 2 如 A 位扳，则黑 B 位夹，这也是黑棋可行的棋势。

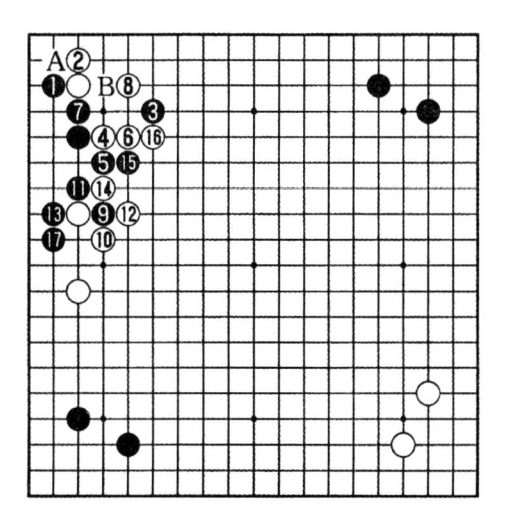

1 图

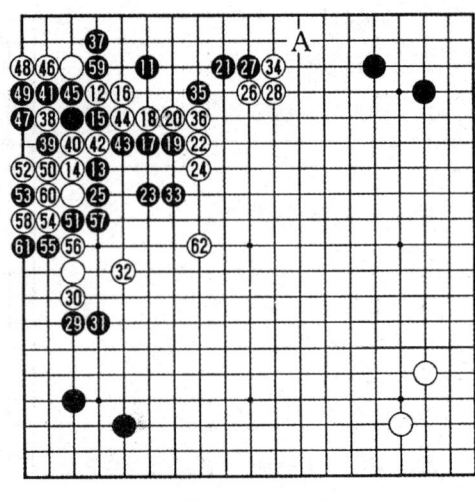

黑 11 后，白 12 小尖好手，之后黑棋两边均要顾及，白棋十分主动。

黑 21 缓。

第 2 谱 11—62

2 图

黑 21 当如图 1 位扳，以下变化双方必然，黑棋远优于实战结果。

白 22 至 26，棋形舒畅，棋势顺风满帆。

黑 29 脱先，意在以攻为守，摆脱不利局面。

白 30 稳健。

黑 33 不如在 A 位飞。

白 34 拐下价值很大。

黑 35 以下只得求活。

白 38 时，白棋采用了简明的下法。至白 62，白棋保持了优势。

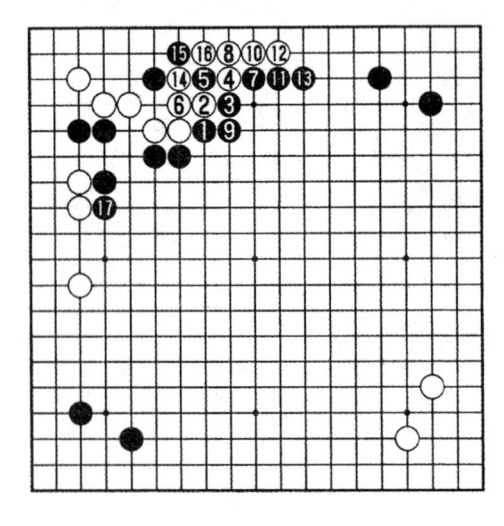

2 图

段位赛

1984 年　中国

黑　刘小光七段

白　聂卫平九段

（黑中盘胜）

白 10 尖顶，以下至白 32 是定式。过程中，黑 21 扳必须征子有利，否则黑不利。

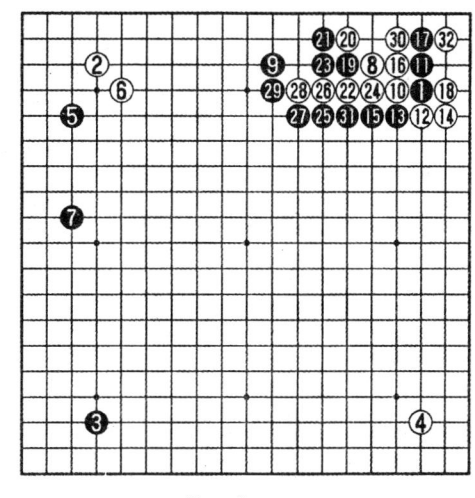

第 1 谱　1—32

1 图

黑如征子不利，则白 30 时，白棋可从 1 位冲，以下结果成打劫，由于棋初无劫材，黑大败。

实战至白 32，形成白取实地、黑得外势的转换。但在本局情况下，左上白两子较坚实，限制了黑外势的作用，故白稍有利。

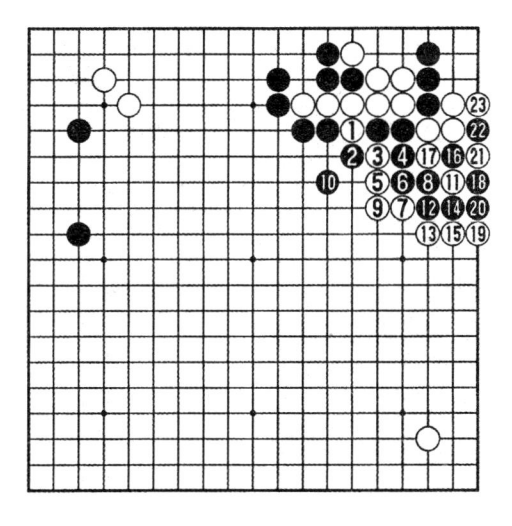

1 图

黑 33 不好，当直接下到 A 位，这样对白棋两子的压力更大。实战黑 33 既未补到 B 位断点，又对白棋压力不足，因此而缺少效率。

对白 38，黑 39 脱先好，如在 C 位应，白 D 位压是绝好点，黑难下。

白 40、黑 41 各占大场。

白 48 以下是压缩黑阵的常用手段。但白 54 不好。

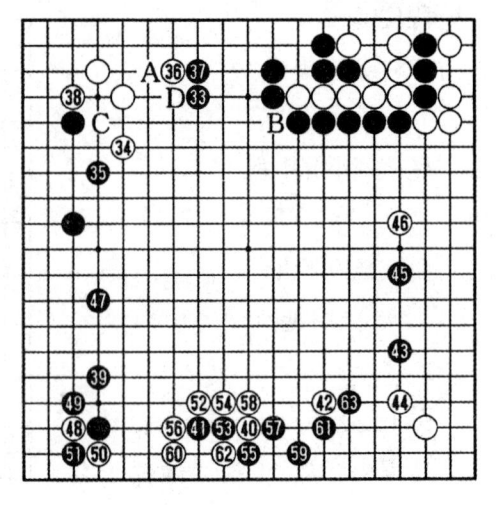

第 2 谱　33—63

2 图

白 54 当如图在 1 位长，至白 7 是双方合理的应接，这样白不错。

黑 55 机敏，以下至黑 63 成转换，黑棋有利，这样黑棋就挽回了右上定式的损失。

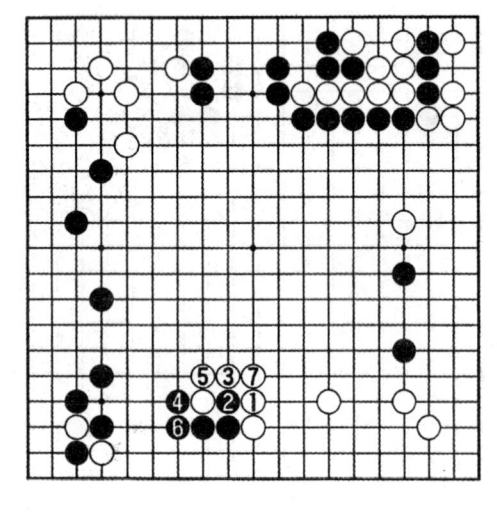

2 图

中日擂台赛

1984 年

黑　中国江铸久七段

白　日本小林觉八段

（黑中盘胜）

左下至黑 19，是普通的定式下法。

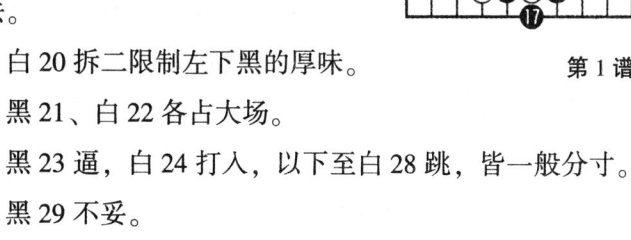

白 20 拆二限制左下黑的厚味。

黑 21、白 22 各占大场。

黑 23 逼，白 24 打入，以下至白 28 跳，皆一般分寸。

黑 29 不妥。

第 1 谱　1—36

1 图

黑 1 跳好手，白 2 飞则黑 3 压，这样黑棋对中腹的影响更强。

实战白 30、32 后，脱先走 34、36 加强中腹，白有利。

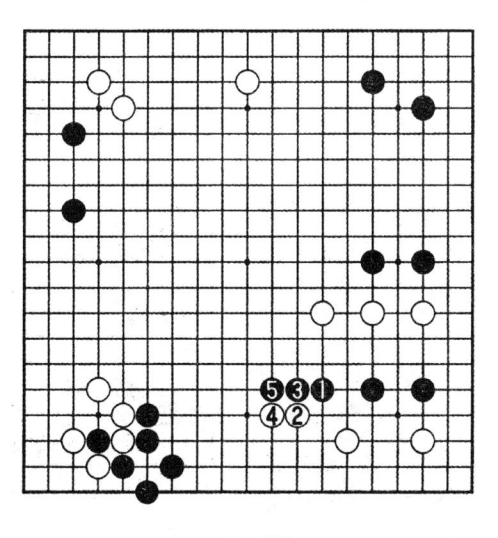

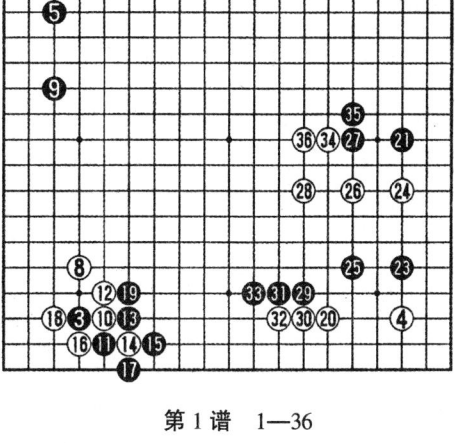

1 图

第九章　围棋巅峰对决经典布局

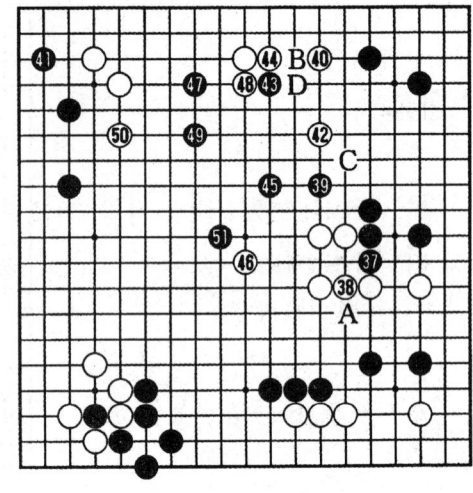

黑37不必，应保留从A位方向的刺。

黑39飞亦可考虑在B位拆二，白C，则黑从39位飞出反击。

白40大棋。

2图

黑39既着，白40时，黑41就当如图1位围，这样黑棋不错。

第2谱 37—51

实战黑41飞取角，让白占到42位要点侵消黑阵，黑棋已不能保持从容的布局步调。

黑43先点，然后45位跳，对上下白棋施加压力。

黑47打入。

白48在D位虎形更厚。

黑49跳，之后51位肩冲，双方由此展开激战。

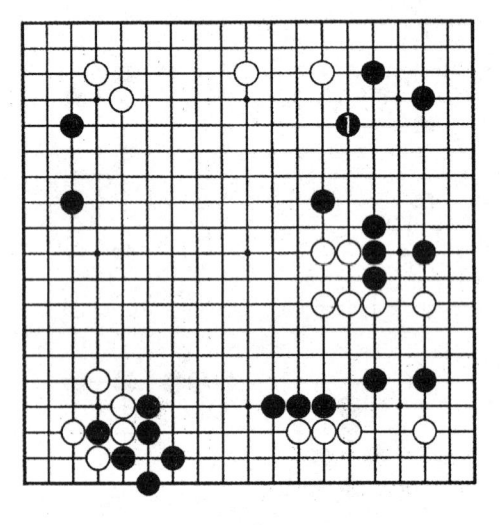

2图

中日围棋对抗赛

1986 年

黑　中国马晓春九段

白　日本武官正树九段

（黑胜 6 目半）

起手至黑 19，双方着法正常。

白 20 不好。

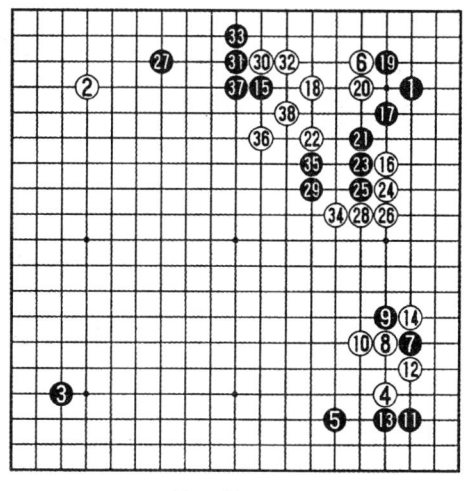

第 1 谱　1—38

1 图

白 20 当如图在 1 位跳，这样白棋较开展。

实战白 20 立，黑 21 再尖，白 22 仍要出头，这样就让黑 23、25 连压，白棋形状不好。

黑 27 好点，已成黑易下之局。

白 28 拐，之后 30、32 托退，至白 38，白棋在此并无多大作为。

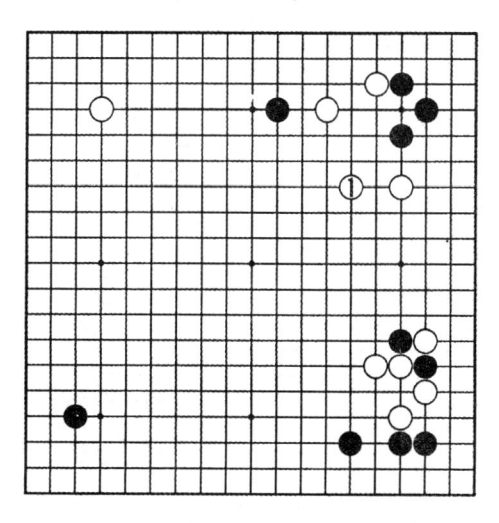

1 图

黑39挂，白棋已经很难下。

白44不好，让黑棋占到45位要点，白棋顿时陷入困境。

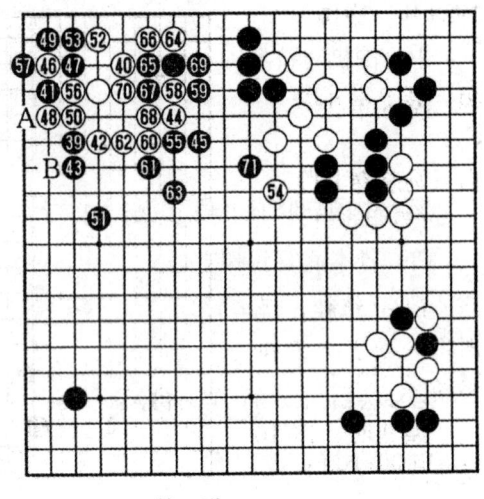

第2谱 39—71

2图

白44时，白走1位是好手，由于接下来白棋有A位和B位两处好点，白棋尚有与黑抗争的余地。

实战黑45后，白46以下至54，白棋只得如此。白54如不走，则黑将封锁，白棋立即成为败势。

黑55压，左上白棋苦活，黑棋已成压倒优势。

白70补，由于有A位立和B位托，白可活。

黑71刺是补右上角前的次序。

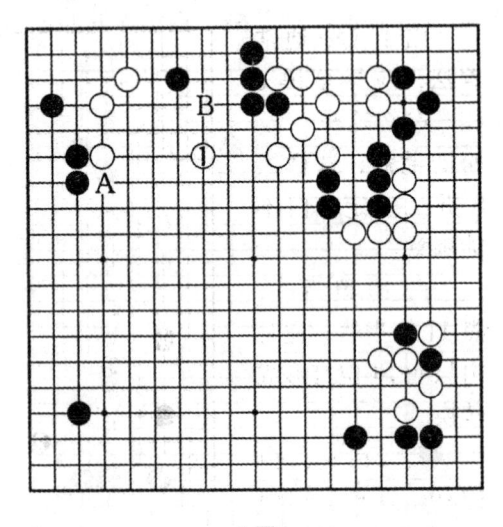

2图

特别对局

1989年　中国

黑　聂卫平九段

白　马晓春九段

（黑中盘胜）

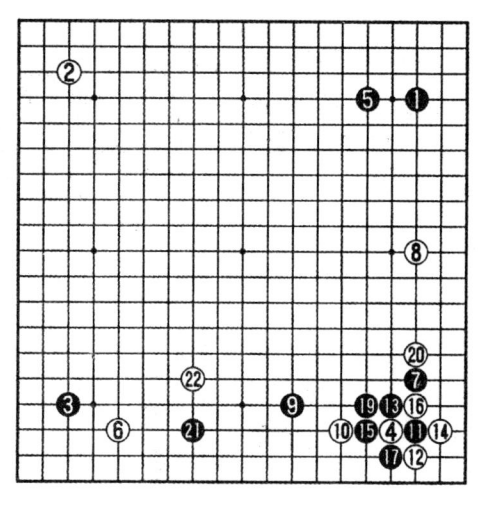

白8分投，试图将局面引向细棋格局。

黑9时，白10是实战布局好手。

1图

白1飞是通常着法，应接至黑6长，白必须补A位跨的毛病，这样黑8拆二安定，白不能满意。

白10既拆一，黑11靠当然，此时白只能14位打形成转换。

黑21夹，白22镇，此刻黑棋面临选择。

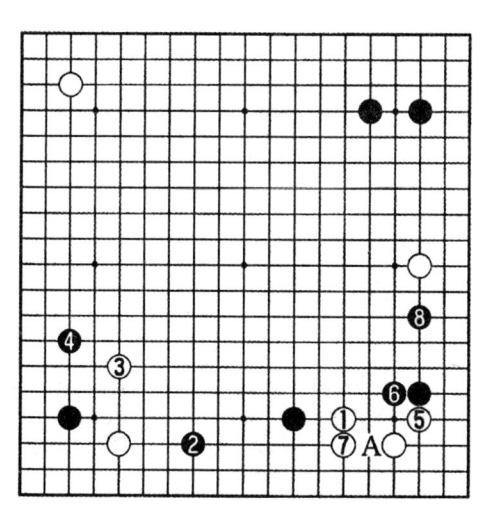

第1谱　1—22

1图

黑 23 尖是好应手。

2 图

黑 1 守下边则不好，白 2 以下整形，至黑 17，白棋先手获得安定，黑不利。

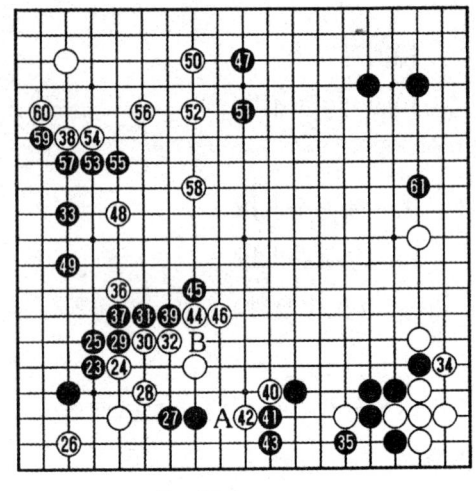

第 2 谱 23—61

白 26 飞是求安定的下法，如在 A 位靠，将遭到黑棋的反击。实战黑 27 以下至 33，结果双方相当。

白 36、38 是次序。

黑 39 压，一面加强左边，一面准备走 B 位。

白 40 碰正是时机，白先手利后，再 44、46 补强。

黑 47 拆，以下应接至 61，全局依然均势。以后白如何侵消右上黑阵是胜负的焦点。

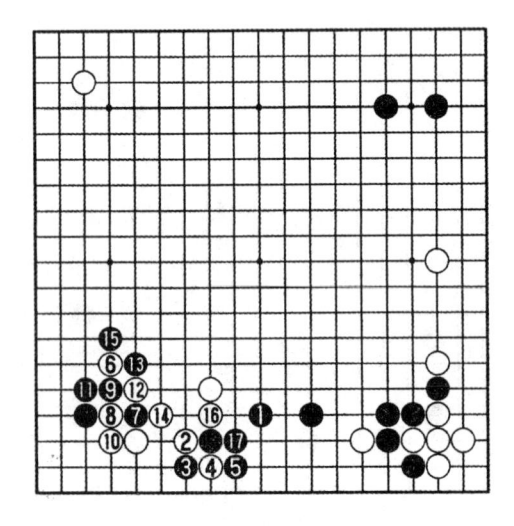

2 图

二、一三五布局

一三五布局产生在江户末期。

1 图

黑棋1、3、5三步占据循环形的小目，这就是所谓的一三五布局。

一三五布局在日本由谁最先下出来，根据现有的资料已无从查考，但有一点可以肯定：一三五布局在当时已得到全体棋手的一致认同，认为这是一种黑棋子效极高的布局。

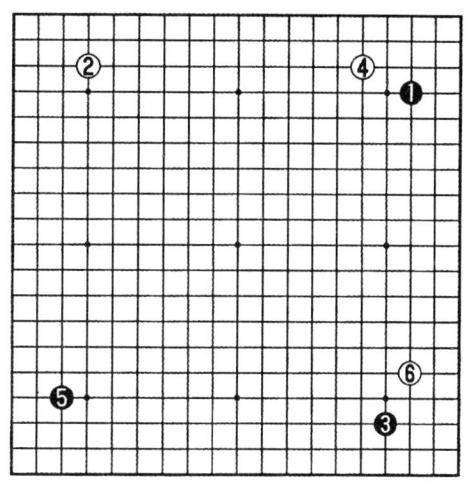

1 图

2 图

这是1809年日本11世林铁元执黑与9世井上因硕的对局布局。黑棋使用了一三五布局。

在一三五布局中，对黑棋的前三手，白棋2、4、6的应法基本不变，但从黑棋的第7手开始变化。

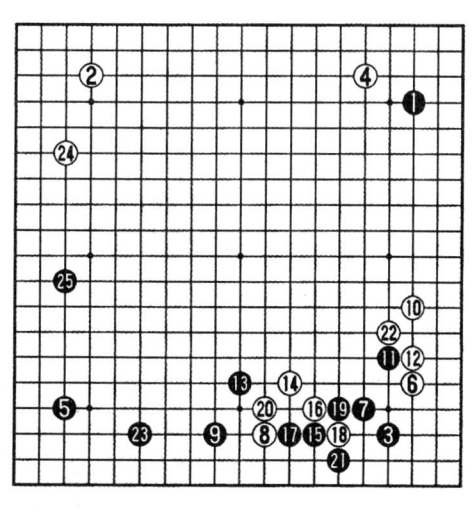

2 图

3 图

　　这是1813年日本11世井上因硕执黑与12世本因坊丈和的对局布局。黑7、9变化。

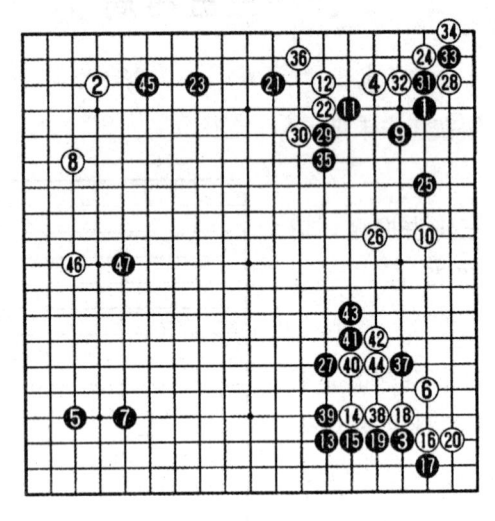

3 图

4 图

　　这是1826年日本11世井上因硕执黑与8世安井仙知的对局布局。黑7与黑9变化。

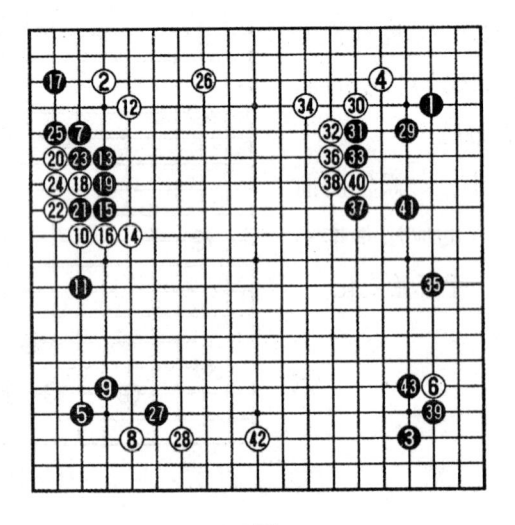

4 图

一三五布局黑 7 以后的变化，反映了当时棋手对这类布局的探索与研究，同时也反映出一三五布局的理论和实践在当时尚不成熟。这样的情况持续了几十年，在这期间，日本棋界又出现了一位伟大的棋手，这就是桑原秀策。

桑原秀策生于 1829 年，1862 年去世。只活了 34 岁。桑原秀策对围棋的最大贡献，就是最终完善了一三五布局，使之成为了体系化的布局法。桑原秀策重视子效，从理论上坚信黑棋的先着效力能够保持至局终，因而提出了"执黑必胜"的观点。"执黑必胜"的观点，在桑原秀策对一三五布局的研究和实践中得到了充分的体现，他以自己使用一三五布局的极高胜率折服了棋界，一三五布局也因此变名为"秀策流"布局。

著名九段棋手林海峰说："对现代围棋影响深远的近代布局法，首推秀策流。秀策流这一体现执黑必胜信念的布局法的出现，标志着黑的布局从全局的角度体系化了，这意味着它是划时代的布局法。"

5 图

这是 1843 年桑原秀策执黑与 12 世井上因硕对局的布局。谱中黑 7 的小尖，虽然不由秀策首先走出，但却由秀策最后固定，这是一步千古不灭的好手，是秀策流布局的核心。关于本图的棋谱，林海峰有如下的评述：

"秀策 15 岁初次在比赛中使用一三五布局，此后一直致力于它的体系化和实践运用。黑 7 小尖后，产生了 9 位飞压和 11 位拆兼夹两个好点，这是秀策流的基本型。稳步推进，领先大势，基于这种实战理论，秀策以卓越的思考方法和超群的战绩席卷了整个棋界，理所当然地坐上了实力第一的宝座。"

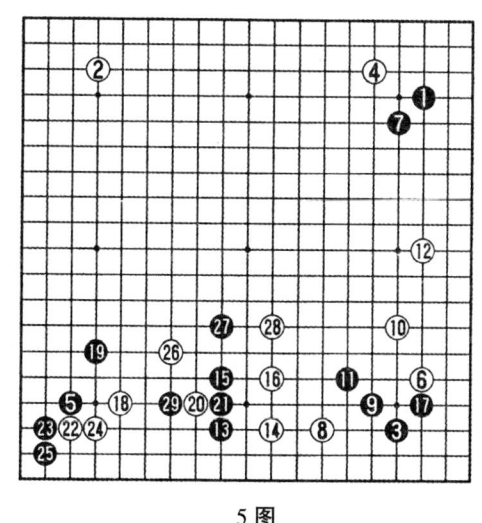

桑原秀策是建立科学的围棋布局理论的先行者，秀策流布局法是现代围棋布局的基石。

5 图

6 图

这是1847年桑原秀策执黑与14世本因坊秀和的对局。秀策是14世本因坊秀和的学生和继承人，因此桑原秀策也称为本因坊秀策。

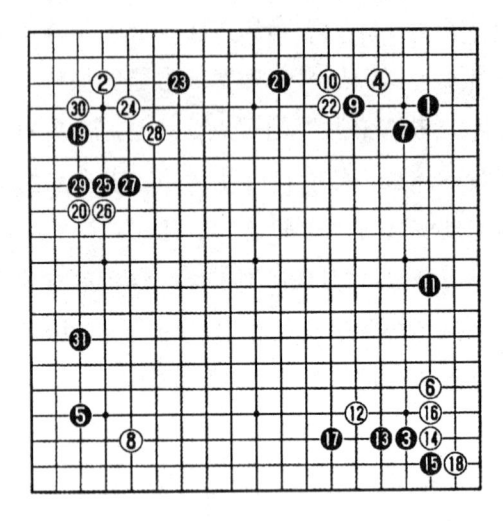

6 图

7 图

这也是秀策的对局布局。

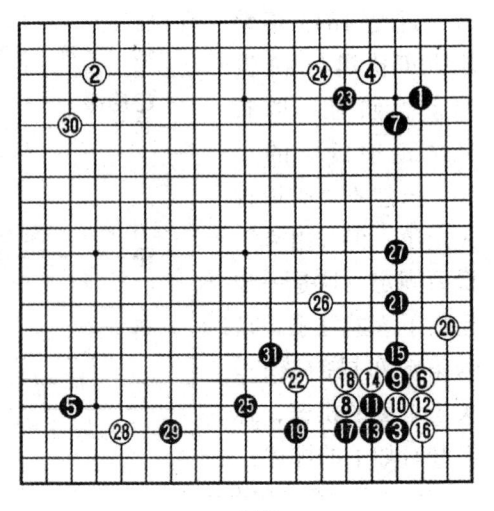

7 图

上海市围棋友谊赛

1960年　中国

黑　刘棣怀

白　魏海鸿

（黑胜4子）

白8拆三着法欠妥，应在 A 位拆四或19位拆五。

黑13好手。

白24长不好。

1图

白24当如图占据1位要点，黑如2位刺，白可3位挡，白一子很轻，容易处理。

实战白24后，白两子走重，黑 B 位的刺变得严重。

黑27损，应走在 C 位，或者脱先他投。如谱让白28走厚，黑角上仍留有 D 位的点。

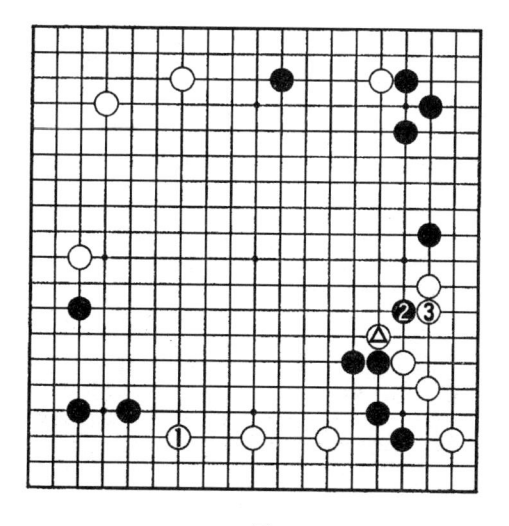

第1谱　1—28

1图

对黑29打入，白30不如采取A位尖顶紧攻黑棋的下法。

白32以下的着法损。白32可直接在B位关出。

白40飞防止黑C位的刺，但此手缺少实效，不如走43位尖。白走43位尖不仅目数大，且夺了黑棋的根据地，如此白棋可以战斗。

黑41靠就地求活着法好。黑45亦是好着。

白52软弱。

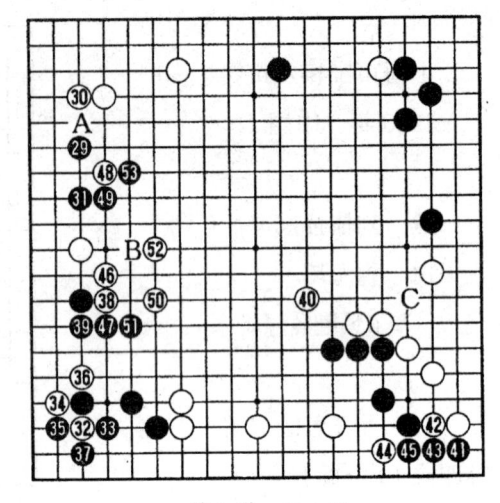

第1谱 29—53

2图

白52无论如何应下1位立即攻逼黑棋。实战白52补断，让黑棋53扳，黑棋已易处理，白棋已失去攻击的目标，大势落后。

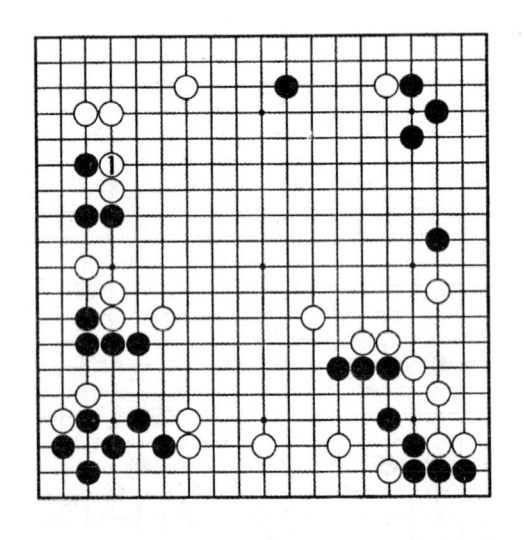

2图

中日围棋友谊赛

1961 年

黑　中国　黄永吉

白　日本小山靖男七段

（黑胜 $1\frac{1}{2}$ 子）

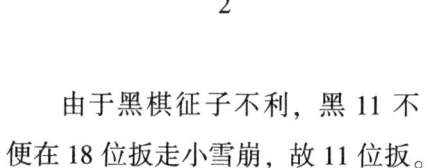

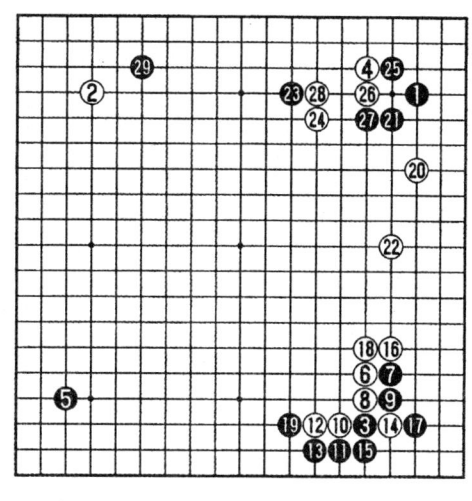

第 1 谱　1—29

由于黑棋征子不利，黑 11 不便在 18 位扳走小雪崩，故 11 位扳。

1 图

黑 11 如在图中 1 位长，白将脱先 2 位飞压，结果黑不利。本图黑右边全部低位。

白 12 长，以下至黑 19，双方应接正常。

黑 23 好手，结果是黑棋争得先手在 29 位挂，这样的下法比直接 25 位尖顶积极。

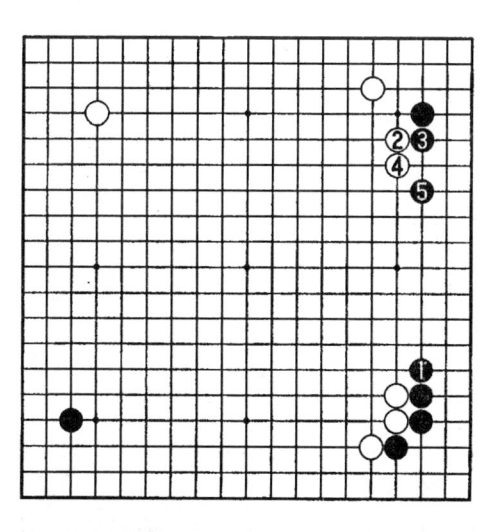

1 图

白30二间高夹着法适当，黑31点角亦是正着。

白40跳是准备在上边走成大模样围空，但这样下显得太虚。

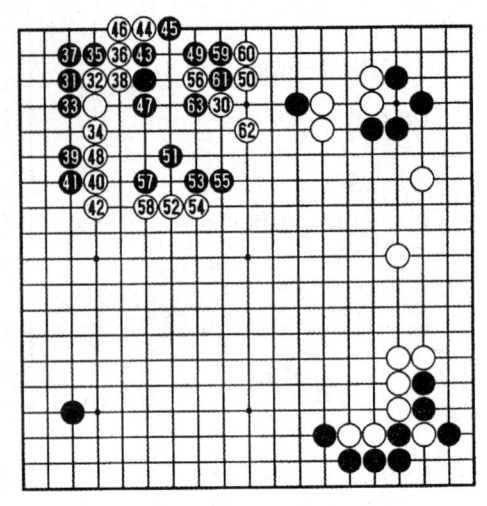

第2谱 30—63

2图

白40在图中1位补是更实在的下法，但这样白又落后手，黑将从容占到左下2位守角的大场。

实战白40后黑不易脱先，这也是一种布局构思。

黑43立即采取行动破空。

由于白大模样过虚，对黑43难以有效围攻。以下双方应接至黑63，黑棋活净，白棋实地落后。但白棋得到先手，将占到左下的挂角。

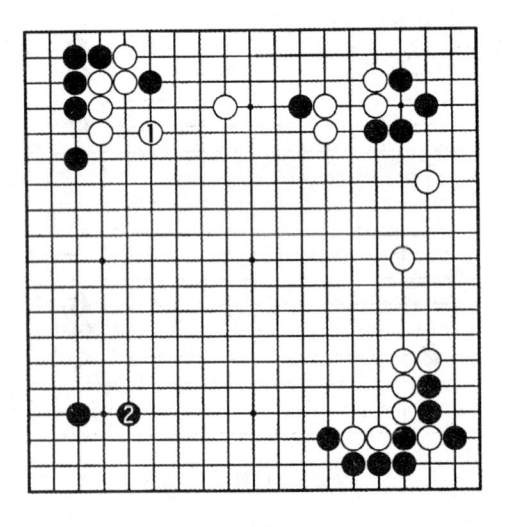

2图

中日围棋友谊赛
1962年

黑　日本菊池康郎

白　中国陈祖德
　　（白中盘胜）

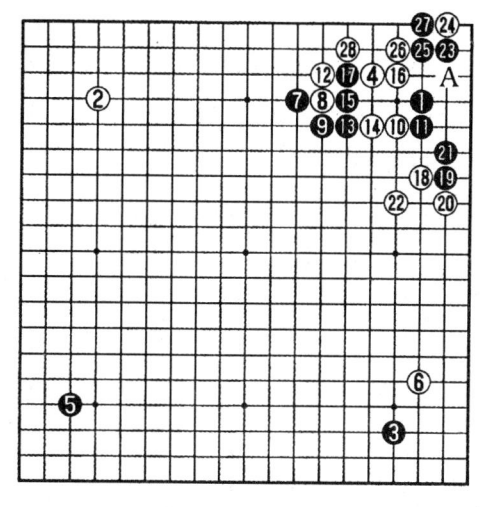

对黑 7 的二间高夹，白 8 碰，之后白 10 飞压，是力求早战的下法。

白 12 必着，但黑 13 不好。

1 图

黑 1 扳是必争之点，以下至白 10 的结果，是双方可战之形。

实战黑 13 与白 14 交换，黑损。

白 16 弃两子正确。白 18 攻黑角。

白 24 妙手。

黑 25 当在 A 位退忍耐，如谱结果黑亏损。

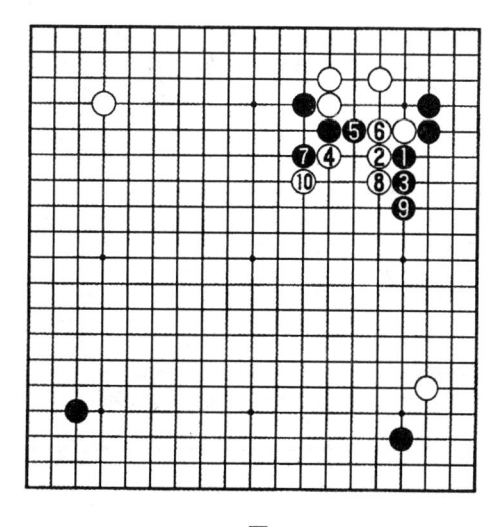

第 1 谱　1—28

1 图

黑 29 以下只得如此。

至黑 37，白将黑棋封锁在角上，并获得先手，白棋作战成功。

白 38 飞压，是扩张右边白势的好点，但白 40 的下法却不好。

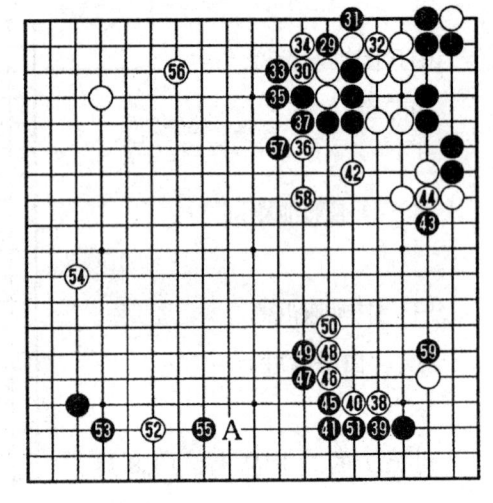

第 2 谱 29—59

2 图

白 40 在图中 1 位跳是正确的选择，以下至黑 6 是定式。如图结果，黑棋以后没有扩张下边黑势的好点。

实战黑 45 挺头是绝好点，黑下边的势力已可与白右边相抗衡。

白 54 在 A 位拆二是本手。

黑 55 夹，白 56 脱先守角，之后黑 59 打入白阵，双方形成混战。

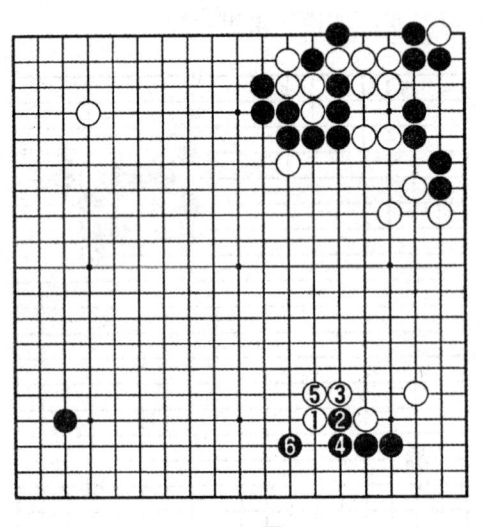

2 图

全国赛

1978 年　中国

黑　安徽王汝南

白　北京谭炎午

（黑中盘胜）

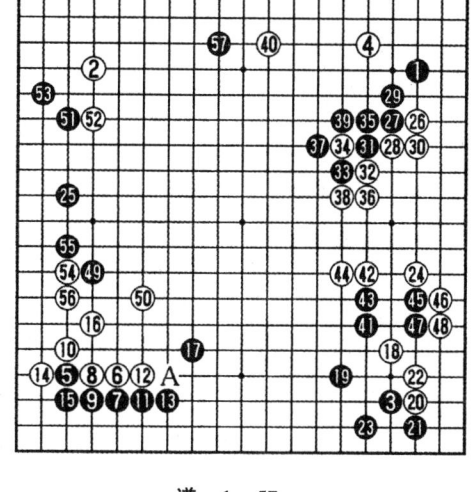

黑 13 普通在 A 位扳，如谱退是坚实的下法。

谱 1—57

黑 17 飞起扩张形势，之后 18 位守角和左边分投成见合的好点。

对黑 41 飞，白 42 应不好，此时右边的价值不大。

1 图

对黑 1，白 2 当脱先占左边大场。

实战黑 43 以下先手压缩白地，然后占据 49 位要点，黑棋形势领先。

黑 51 在 56 位尖攻白更严厉。

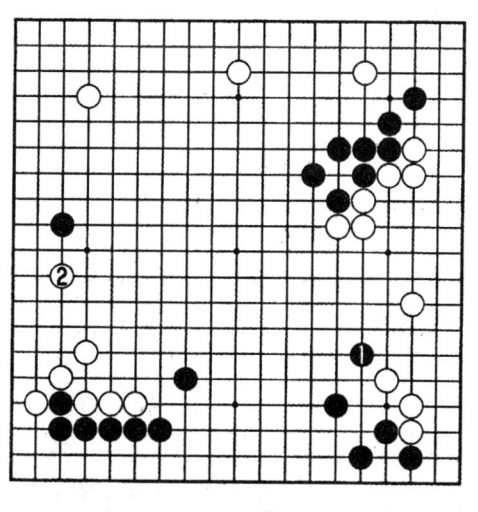

1 图

中日围棋友谊赛

1979 年

黑　中国聂卫平

白　日本梶原武雄九段

（黑中盘胜）

开局至白6，是现代一三五布局的基本型。

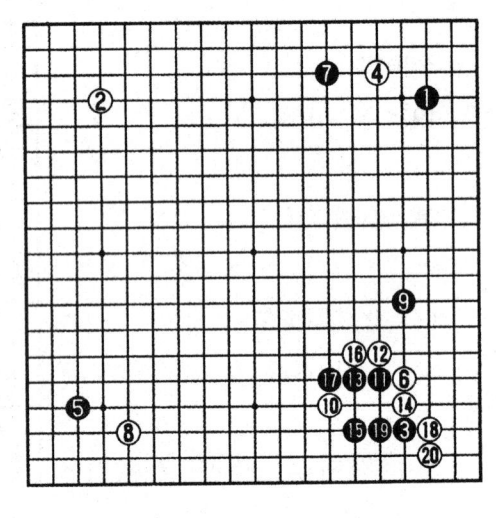

第一谱　1—20

1 图

黑1托，以下至黑9，是此局面普通的着法。

实战黑7一间夹，意在寻求更多的变化。

白8脱先在左下角挂，也是一种作战趣向。

黑9二间高夹白6一子，争取在右边占据主动。

白10飞，以下至白20是定式。

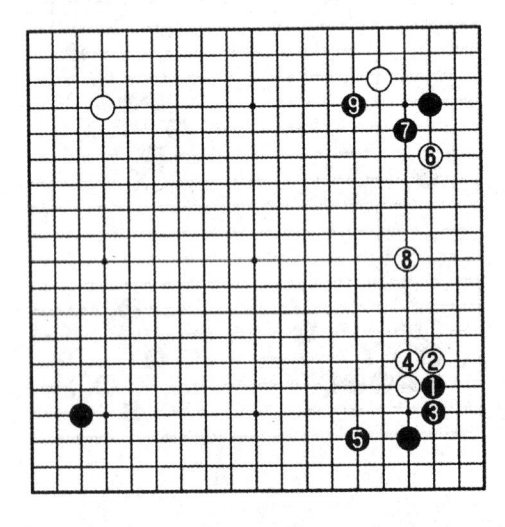

1 图

黑 21 必断，如让白棋在 23 位补，黑损。

白 22 以下至白 38，双方必然。

黑 39 当先在 A 位扑，白提，黑再 39 位扳。

白 40 当先 46 位扑，黑提，白再 A 位接，这样黑 41 位的挡成后手。

黑 45 缓，当 48 位打，以下无论怎样变化，黑均是可战之形。

白 48 挺头，黑不利。

黑 51 又缓。

2 图

黑 51 如图在 1 位飞起是急所，白 2 如扳，黑 3 以下顺势做活，黑并无不满。

实战白 56 夹，黑已被动。

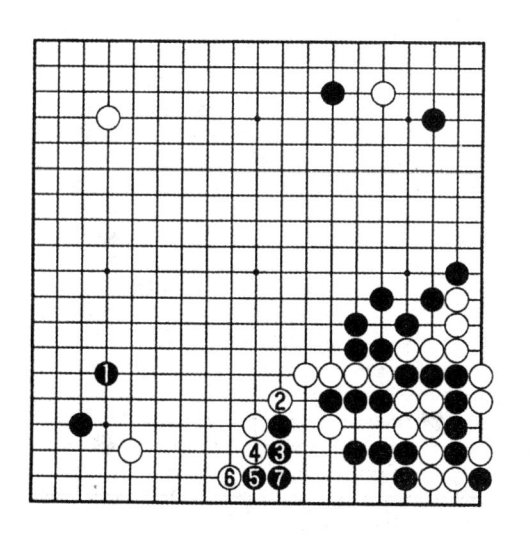

第 2 谱 21—56

2 图

段位赛

1982年　中国

黑　孔祥明六段

白　程晓流六段

（黑中盘胜）

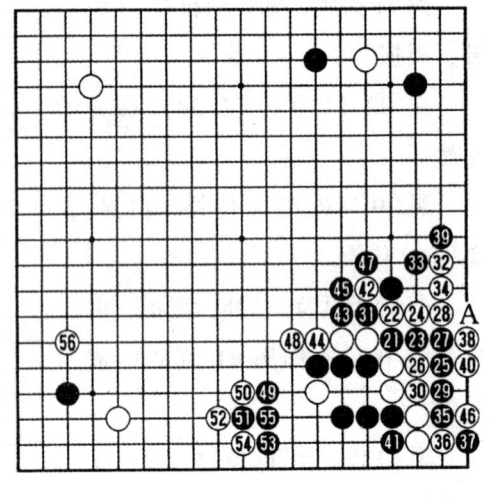

白12尖顶，是为了消除黑A、白B、黑C的手段。

第1谱　1—21

黑13是厚实的应手。黑13在角上三三长，则白13位扳，如此白较厚。

白16当立即D位刺，不必保留。

白18正着。

1图

白18如果立即如图从1位尖断黑棋，则将成至白13的结果，白棋得不偿失。

白18后，黑19和21必须补，否则黑E位尖严厉。

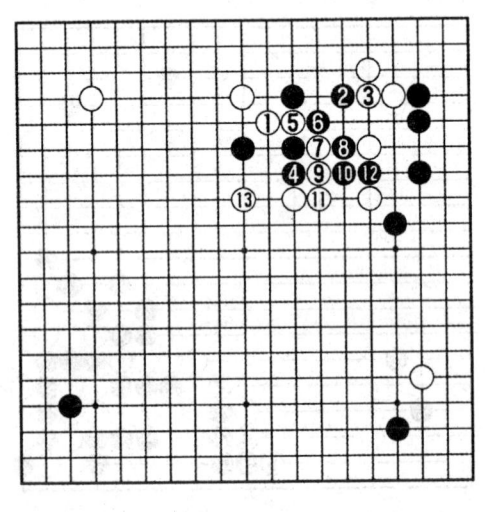

1图

白22缓手，此时全局的要点在左上角。

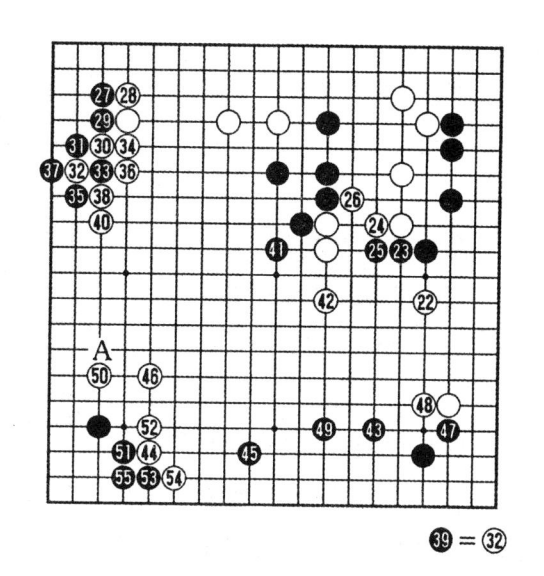

2图

白1小飞守角是要点，这样才能保持全局实地的平衡，对右下白△一子，㑒棋并无严厉的攻击手段。

黑27大极，黑棋形势已占优。

白40可考虑先动手攻击中间的黑棋，实战黑41补，白棋更显被动。

黑45是优势情况下求稳的下法。

对白46普通黑在A位拆，如谱黑47、49抢占实地，之后51至55就地做活，是保持优势的简明对策。现黑实地领先，处理好中腹一块即可获胜。

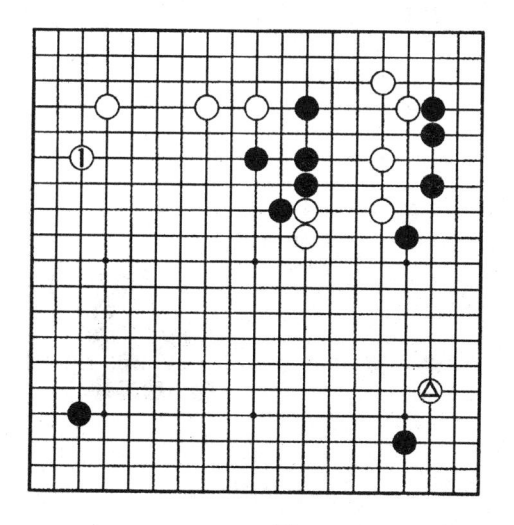

第2谱 22—55

㊴=㉜

2图

中日围棋友谊赛
1982年

黑　中国马晓春七段
白　日本大平修三九段
（黑中盘胜）

白8大斜，是积极挑战的下法。有"大斜千变"之说，在实战中使用大斜定式，关键在于选择变化，以及它和全局的配合。

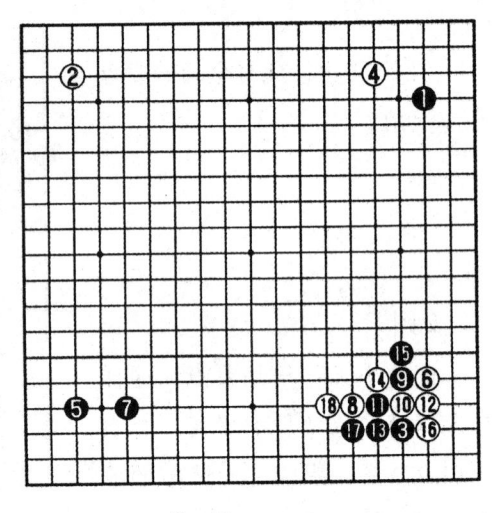

第1谱　1—18

1图

白18如图1位接是通常变化，但黑2、白3后，黑有4位虎的变化，至黑10，黑棋全局配合理想。

实战白18长也是定式着法，这样选择，是为了避免1图的结果。

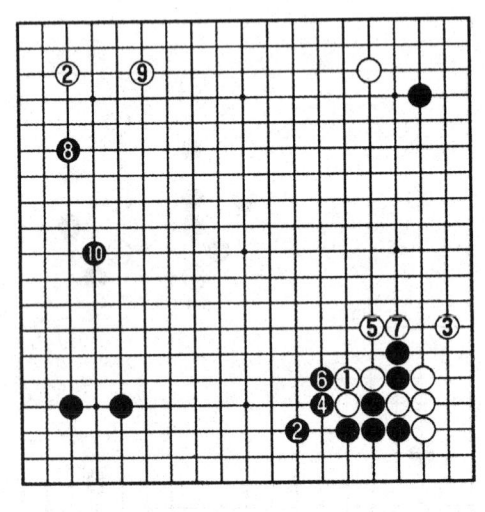

1图

黑 19 至白 36 是定式变化，双方各有得失。

由于有右上黑一子的接应，黑 37 立即出动十分有力，以下变化至白 64 形成转换。结合全局情况来看，结果黑棋有利。

黑 65、67 占大场着法正确。

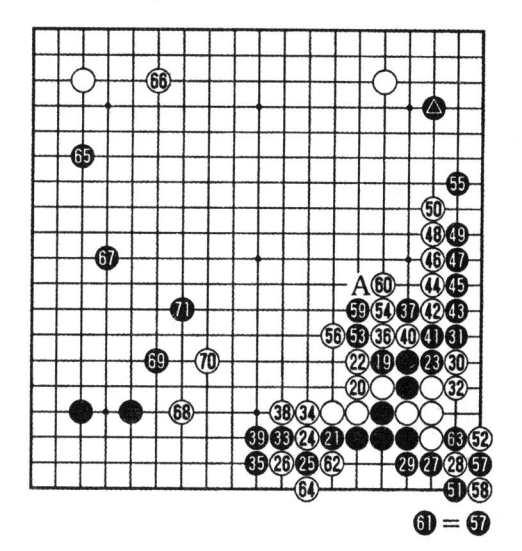

第 2 谱 19—71

2 图

白 68 时，白如立即在图中 1 位打入，则成至黑 8 的结果，黑棋上下都获安定，白棋要逃孤棋，中腹的势力就难以发挥了。

实战白 68 夺取实地，同时牵制黑从 A 位出动。

黑 69、71 好着法，既扩张左边，又消弱白中腹，黑棋形势已占上风。

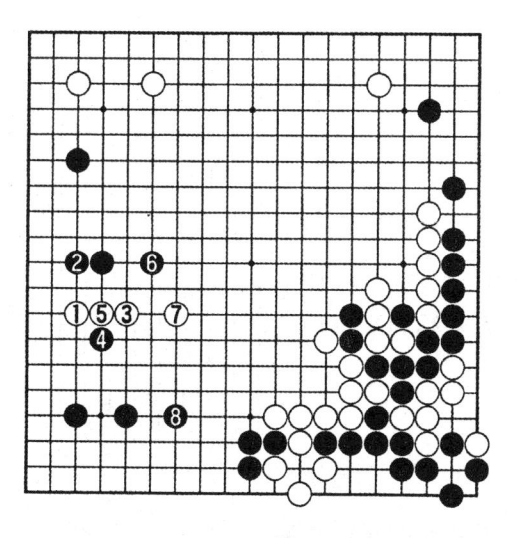

2 图

三、平行小目布局

这里所说的平行小目布局，是指以下两种情况的布局。

1 图

黑 1、3 占据一边的两个小目，这就是平行小目布局。当然，这里也包括黑 1 在 A 位或者黑 3 在 B 位的情况。

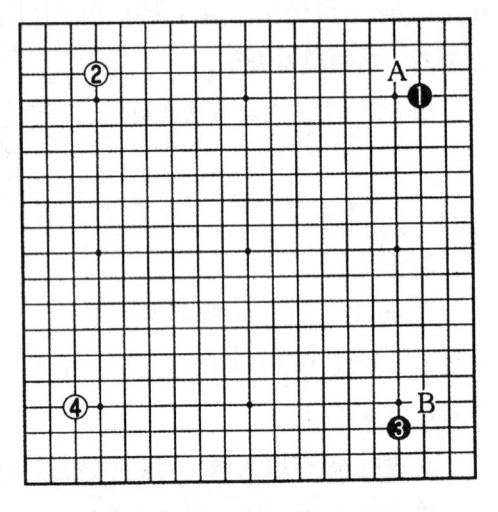

2 图

黑 1 占小目，黑 3 守角，之后黑 5 再占一边的空角小目，这也是平行小目布局。当然，这里也包括黑 3 在 A、B、C 等处守角，黑 5 占 D 位小目的情况。

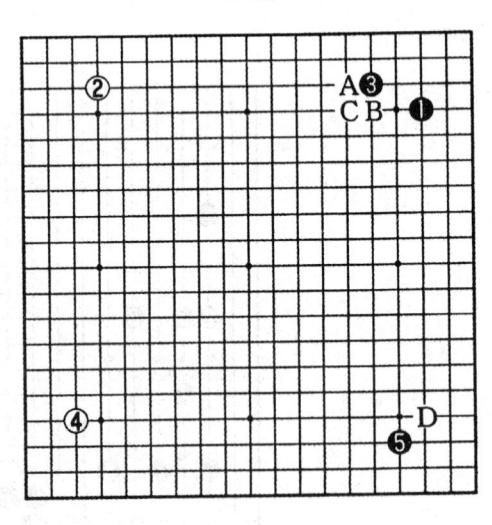

我们已经知道，在道策打破了围棋无布局的状态之后，对角小目布局开始兴起，并在相当长的时间内在棋界占主线地位。因此，对角小目布局在日本也称为"原始布局"。从现存的棋谱资料来看，即使是在原始布局的初期，也曾出现过相当数量的、现在可称为平行小目布局的棋局。

3 图

这是 1653 年日本 3 世本因坊道悦执黑与 2 世安井算知的对局布局。很明显，道悦使用了现在称为平行小目布局的布局。

在当时，这盘棋的下法不占主线地位，道悦他们对自己的下法也没有进行深入的研究，只是信手走来，因此道悦和其他棋手，并不了解平行小目布局的作用和意义。

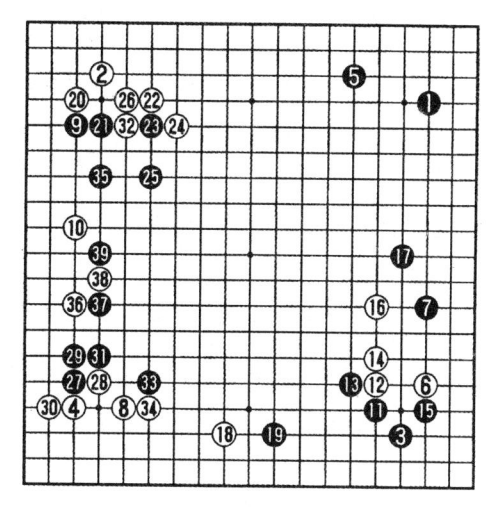

秀策流布局法确立之后，很快便取代了原始布局在棋坛占主线的地位，由于秀策流布局的胜率极高，棋手们又开始思考对付秀策流布局的办法。然而，要打破秀策流布局的科学体系是徒劳的，最后的结论是，对付秀策流布局的唯一办法，就是不让黑棋走成"一三五"的独特结构。就是在这样的背景下，棋手们开始重新审视3图中白4的下法，并赋于它新的意义，最终把这类布局定名为平行小目布局。

在秀策流布局确立后的整整一百年间，平行小目布局都是作为对秀策流布局的对策来使用的。这一期间的研究和实践证明，平行小目布局是一种步伐稳健、白棋更能维持全局均衡的布局。

到了20世纪30年代，以吴清源和木谷实为首的日本棋坛少壮派棋手开始对秀策流布局（史称"旧布局"）提出批判，他们认为"旧布局"是种步调迟缓的实利主义布局，首次提出了在围棋中与"实利"相对的"势力"的概念。作为对围棋中势力这一概念的实践，各类连星布局（二连星、三连星，史称"新布局"）又在日本棋坛风起。

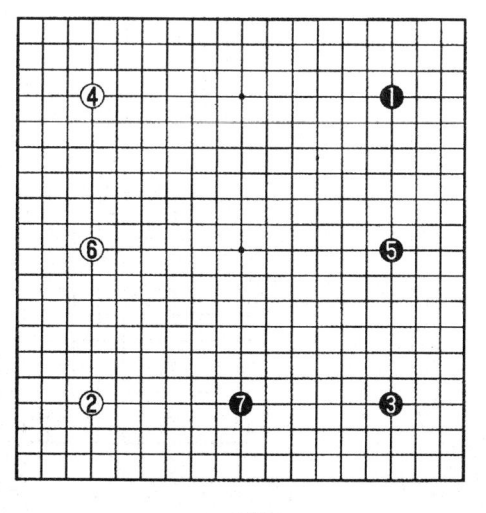

4 图

这就是"新布局"的典型棋谱。

"新布局"的出现在围棋的发展中是一次意义深远的革命，但从一开始，它就遭到了相当多的棋手的怀疑和反对。

3 图

4 图

作为"新布局"反对派的最出色实践，就是各种平行小目布局。

平行小目布局稳健的步伐，正好击中了"新布局"步调快但却不易控制的弱点，在胜率上很快便占据上风，于是乎，平行小目布局又风靡棋坛。这一期间是20世纪五六十年代，这是平行小目布局大发展的时期。在这一期间，连吴清源和木谷实，也频繁使用了平行小目布局。

5图

这是1934年日本前田陈尔执黑对吴清源的对局的布局。黑棋以平行小目布局对付白棋的"新布局"。

6图

这是1958年吴清源执黑与高川格的对局布局。黑棋使用了平行小目布局。

"新布局"和平行小目布局在抗争中都得到了发展。但却没有产生任何结论，这种状况一直持续到1965年"中国流"布局诞生为止。

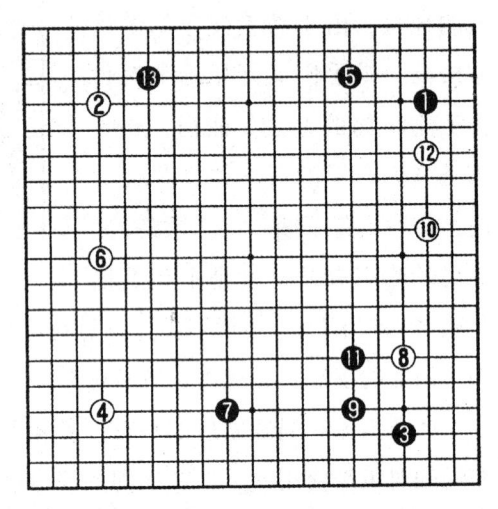

5图

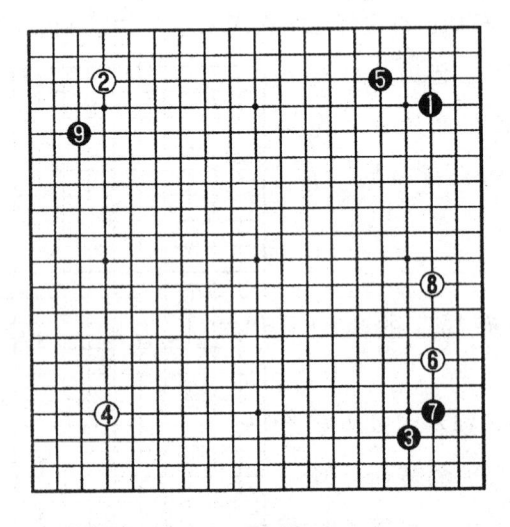

6图

上海市第 2 届运动会

1959 年　中国

黑　赵之华

白　王幼宸

　　（白胜 1 子）

白 6 如在 A 位小飞挂角，黑 8 位三间夹是绝好点，故白 6 大飞挂角。

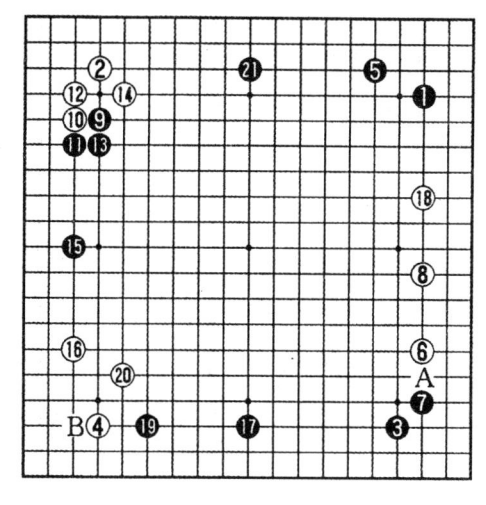

第 1 谱　1—21

1 图

对白 1 挂，黑如仍在 2 位夹，则白 3 托角转换。如图是白棋可以满意的结果。

黑 17、白 18 均是好点。

黑 19 拆三，瞄着角上 B 位的打入。白 20 补强，同时准备打入黑棋的拆三。

黑 21 大场。

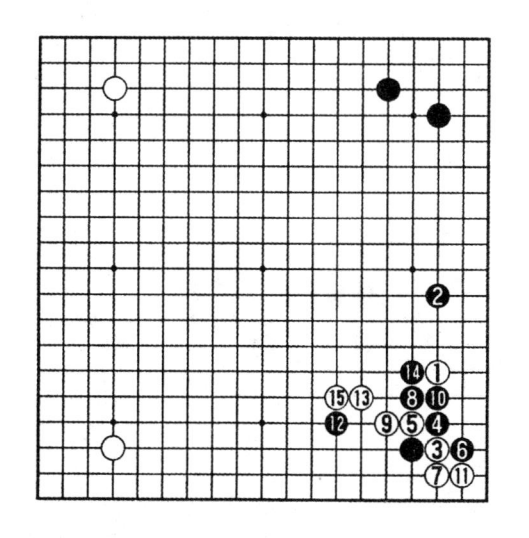

1 图

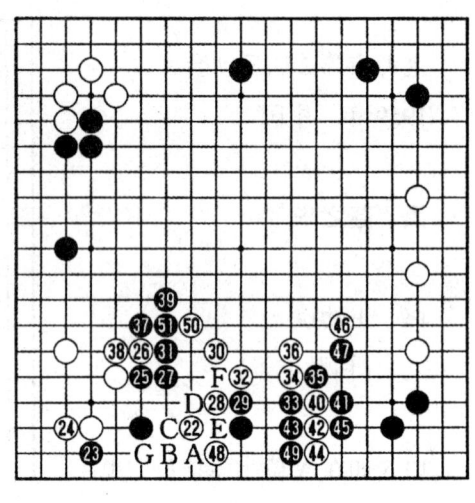

白22打入。

白28尖不如在29位靠。

黑31正着，此手如在32位长，则白31位压，黑模不利。白31位压后，黑只得A位托渡，经白B、黑C、白48、黑D、白E、黑F、白G的应接后，白实利外势均得，大获其利。

白36不妥。

2图

白36当在图中1位接，黑2补，则白3长，这要黑孤棋出路不畅，白可取攻孤之利。图中黑2如3位打，则白A位冲下，白亦有利。

白40断误算，被黑41打，以下白棋平白损失三子，大势落后。

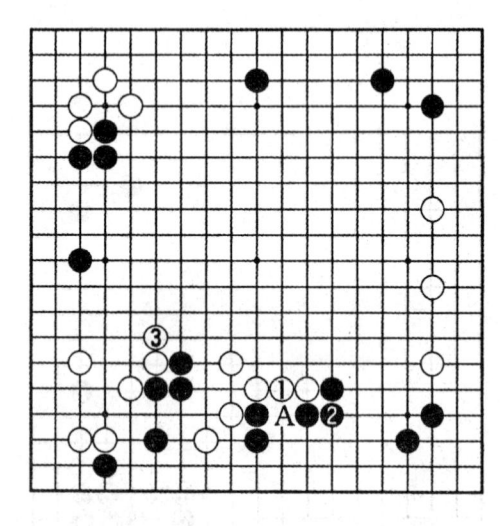

第2谱 22—51

2图

全国赛

1960 年　中国

黑　上海刘棣怀

白　北京齐曾矩

（黑胜 4 子）

白 12 小尖着法正确。

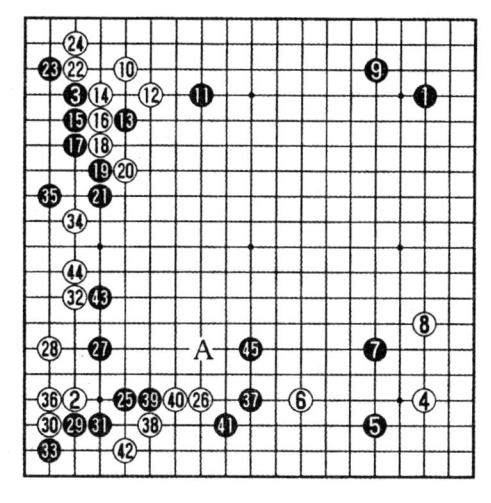

谱 1—45

1 图

白 12 如按图在 1 位二间跳，则黑 2、4 压挡，由于征子不利，白 7 只得补上面断点，黑 8、10 打掉一子再争先 12 位挂，结果黑有利。

黑 27、白 28 均是好手。

黑 37 打入是必然之着。

白 38 当直接 A 位关。白 42 又缓，让黑争先 45 位跳，白不利。

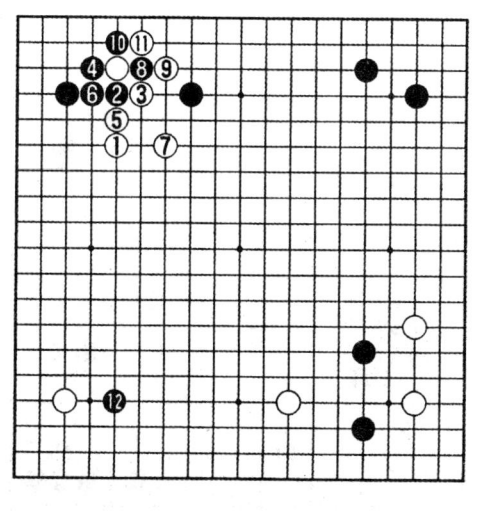

1 图

全国赛

1960年　中国

黑　四川黄乘忱

白　北京过惕生

（黑胜6子）

白20好手。

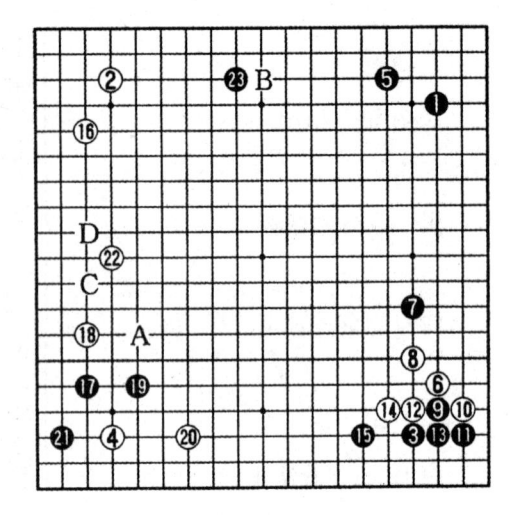

第1谱　1—23

1图

对黑1，白2小飞是通常的应手，但在本局情况下，黑有3以下至11的选择，白棋并不见好。

黑21当A位镇，白不能脱先，这时黑再走23位的大场。

实战黑21小飞进角，白则应抢占B位大场，黑如在C位夹攻，白D位反夹，白棋扩大了左上形势，而白18一子还有活力。

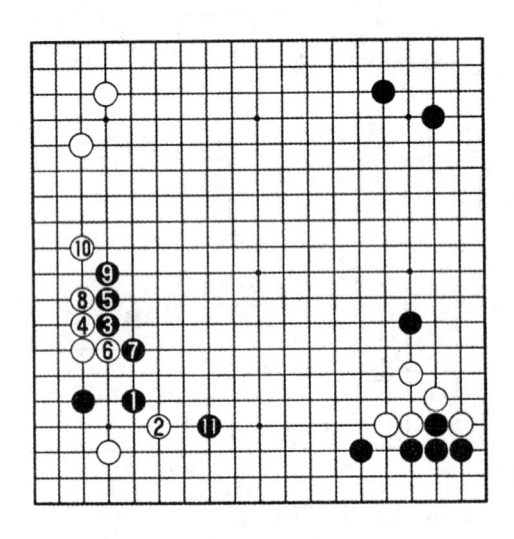

1图

白 24 投入削减黑势。

黑 27 是以守为攻的好手。

白 28 是此际的大棋。打入显得过急，不如先攻右边白两子，再借势进入左上白阵。

白 30 镇不好。

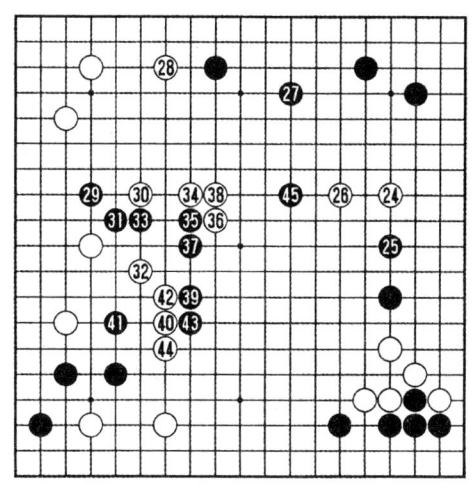

第 2 谱　24—45

2 图

白在 1 位飞攻是要点，应接至白 5，白棋是充分可战之形。

实战白 30 镇，黑 31 以下顺势走出，同时又威胁到左边白棋，至黑 39 关出，黑形十分舒畅。

白 40 至 44 只得如此防守，黑棋争得先手于 45 位攻击白棋，全局已获优势。

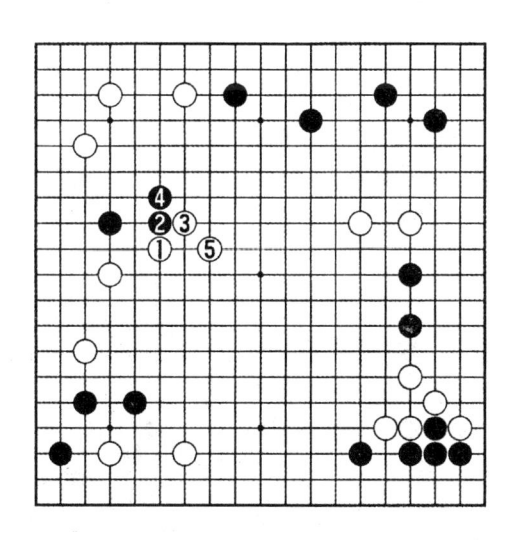

2 图

中日围棋友谊赛

1978年

黑　中国吴淞笙

白　日本东野弘昭九段

　　（黑胜4子）

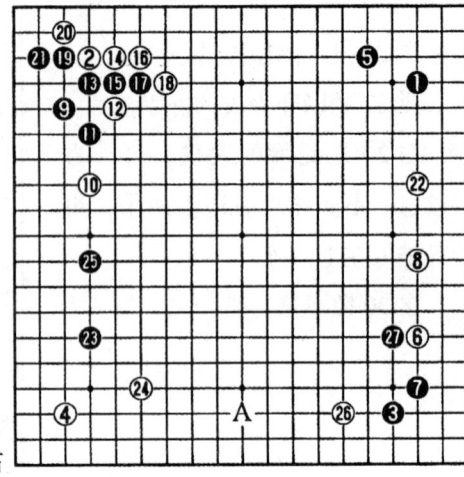

第1谱　1—27

白12选择争先手的定式，抢占22位好点。黑23、25挂拆与左上厚势配合，夹击白10位一子，也成为理想的阵势。

白26普通在A位拆，实战是积极求战的下法。

1图

对白26，黑27如按图从1位飞头，则成至白6的结果，下边白阵结构理想。

如谱黑27出头是好手。

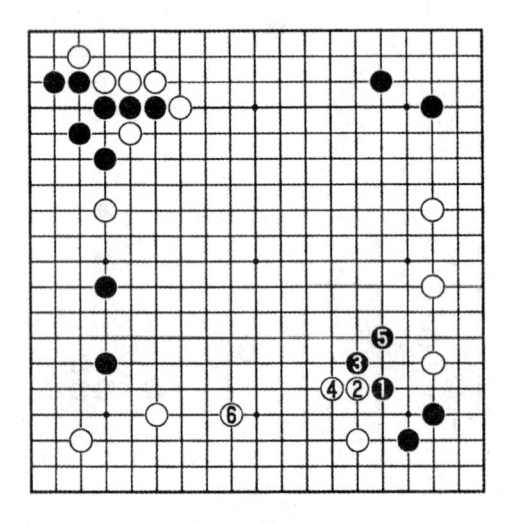

1图

黑 27 在 B 位夹或 60 位，白都 C 位跳起封锁黑角，黑不利。

黑 35 如在 40 位挡，白有 D 位点的手段。

白 38 与黑 39 是双方各得其一的好点。

白 40 不必。

黑 45 机敏，以下至黑 49，黑棋作战成功。

白 50 不得不防黑 E 的冲断。

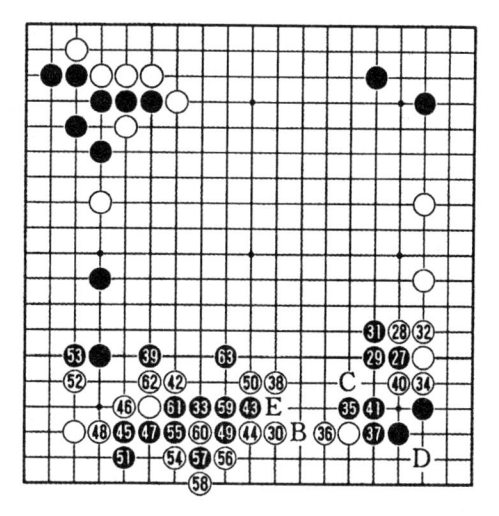

第 2 谱　27—63

2 图

黑 51 时，黑棋只需如图 1、3 简单就地做活，全局形势已明显优势。

实战黑 51 立随手，被白 54 反击，立即形成混战。

如果不说黑 51 的失误，本局黑棋布局相当成功。

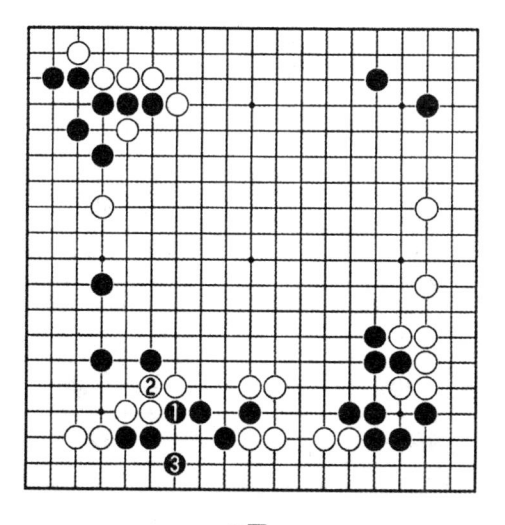

2 图

第4届全运会
1979年　中国

黑　黑龙江聂卫平

白　上海陈祖德

（黑中盘胜）

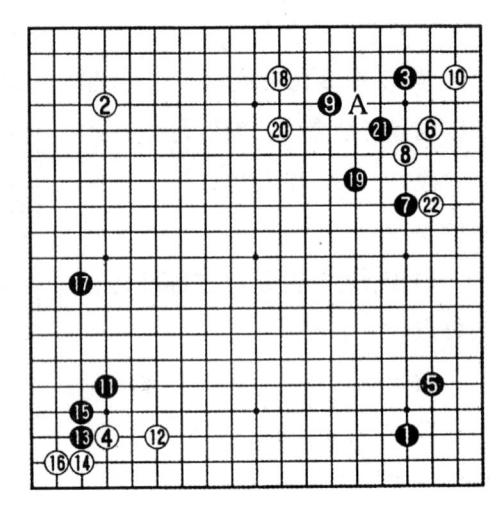

第1谱　1—22

黑9普通是在A位小飞，之后在上边开拆。如谱黑9大飞是为了争取先手。

对黑11，白12以下选择的定式也是为了争先，然后抢占18位好点。

黑19过强。

1图

对黑1，白2的反击手段严厉，之后黑棋没有好的应手。

实战白20松，让黑21封锁，白棋反而变得局促。

白22补必要。

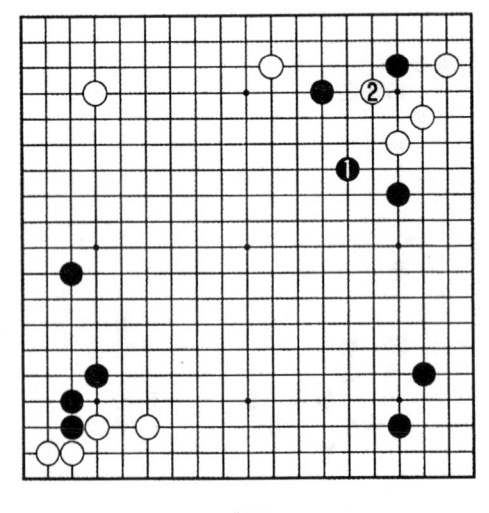

1图

白26不好。

2图

白26当在图中1位尖防守，黑2如护断，白再占下边3位大场。黑2如占下边大场，白再A位断作战。本图结果是打持久战的格局。

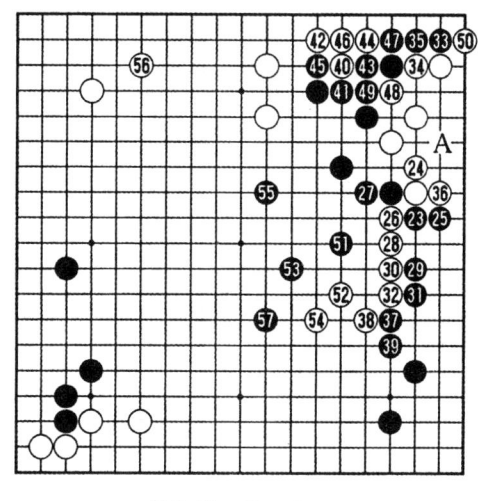

第2谱 23—57

实战白26断作战，由于右上白棋未活，行动受到牵制，白不利。

黑33机敏，此手如37位扳，则白38位先手扳后35位尖，黑对中间白棋一时并无严厉的攻击手段。

白36不如在A位一手补净。

白40以下只得再补，被黑51以下压迫，中间白棋陷入困境，全局白已劣势。

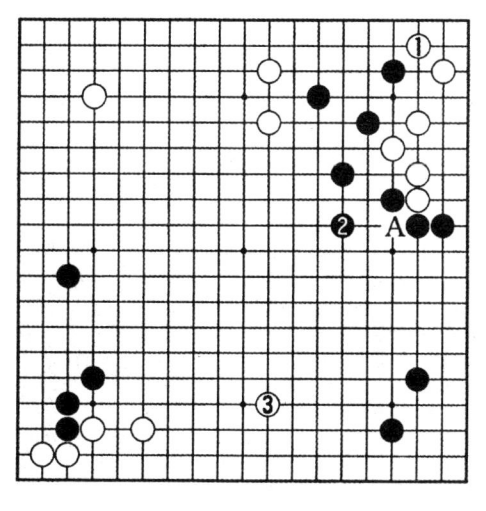

2图

中日围棋友谊赛
1979 年

黑　中国聂卫平

白　日本大洼一玄九段
（黑中盘胜）

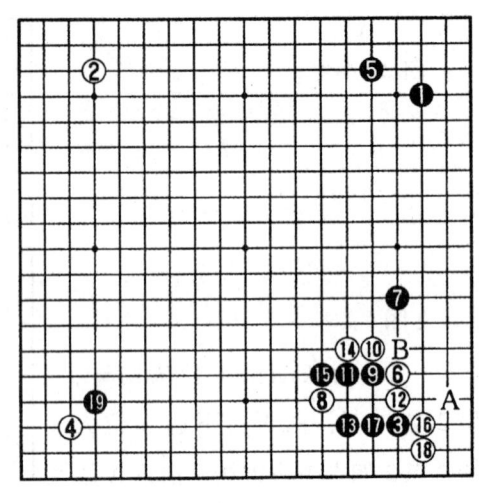

第 1 谱　1—19

黑 5 守角是势力与实利兼顾的稳健下法。当白 6 挂角时，黑 7 能够夹攻兼开拆，效率相当高。

白 18 比在 A 位虎的实利大，但却给黑棋露出了 B 位的断点，这在当时还是一种新的下法。

黑 19 是针对 B 位断点的有计划的着法。

1 图

对黑 1，白如在 2 位爬，则黑 3、白 4 交换后，黑 5 断。变化至黑 39，黑棋在下方筑成巨大形势，这样黑棋十分有利。

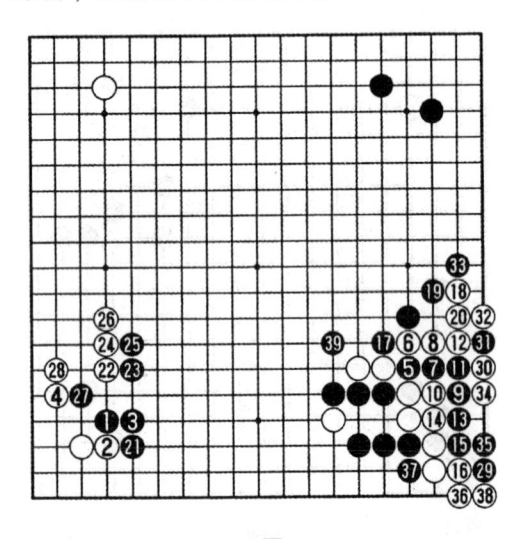

1 图

白 20 好手。

黑 21 如在 42 位长，则白 A 位飞，黑无趣。

黑 23 断，仍然十分有力。以下黑棋弃子，至白 38，双方的应接大致如此。

黑 39 机敏。

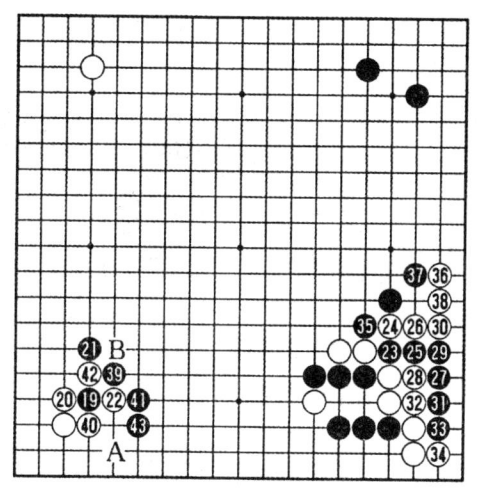

第 2 谱　19—43

2 图

对黑 1，白如 2 位立，则黑 3 引征寻求转换。如图白 14 时，黑 15 跳是先手，白棋十分难受。黑 17 拆，这是黑有利的结果。

实战白 40 打，黑 41、43 又转为在下方取势。黑不怕白在 B 位打。

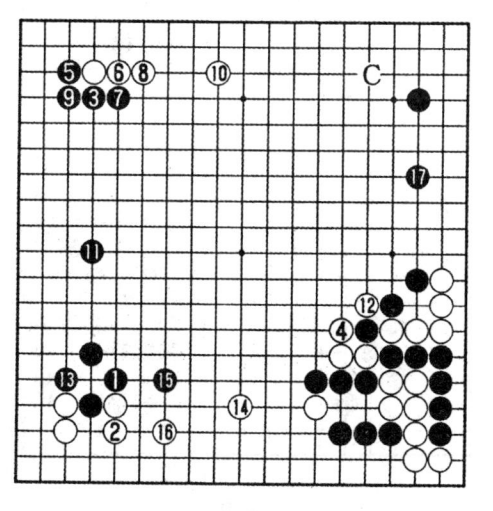

2 图

对白44扳，黑45不妥。

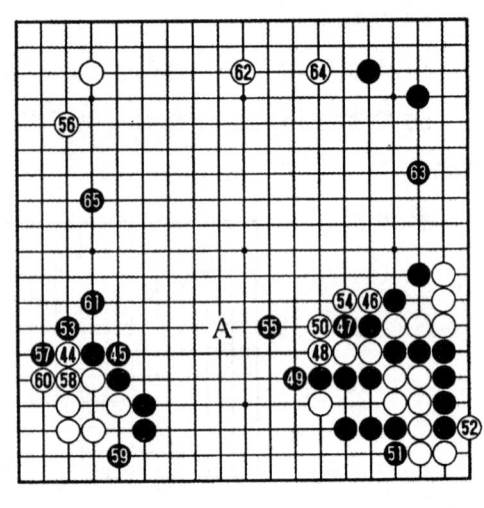

3图

黑45当立即如图在右下定形，至黑17接，黑棋作战成功，全局优势明显。

实战黑45接，白抓住机会在46位打，黑即无法实施3图的计划了。

黑53和白54双方各得其一。

黑55要点。

白56大，但不如乘下方黑阵还未十分巩固，立即在A位侵消。

黑61加强下方黑阵，本身价值也大。

白62、64在上边开拆。

黑65占据最后大场，至此，局势黑主动。

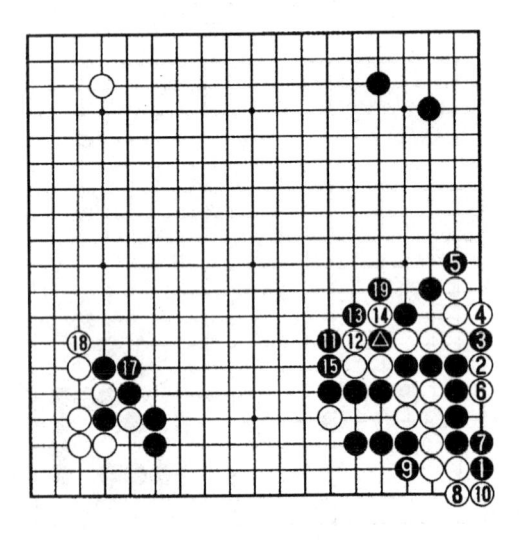

第3谱 44—65

3图

中日围棋友谊赛

1980 年

黑　日本三王裕孝九段

白　中国吴淞笙

　　（白胜二目半）

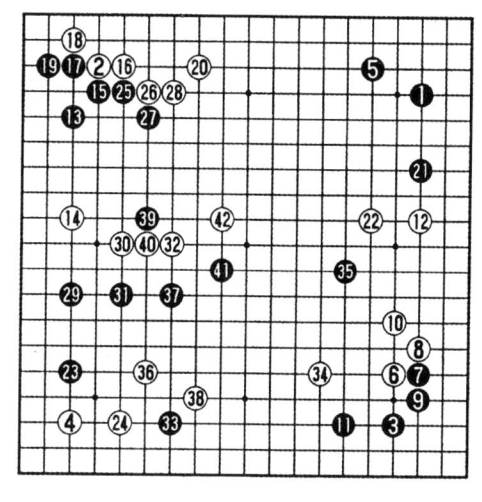

谱 1—42

白 22 跳，是准备打持久战的下法，此手补强了右边，并能向中腹发展形势。

黑 23 逼，之后 25、27 先手交换再 29 位拆，黑棋着法次序井然。

白 30 好手。

白 34 扩张右边及中腹形势。

黑 35 急躁，让白走到 36、38 两手，白形势主动。

1 图

黑 1 飞起夺取实地，这是更为从容的局面。

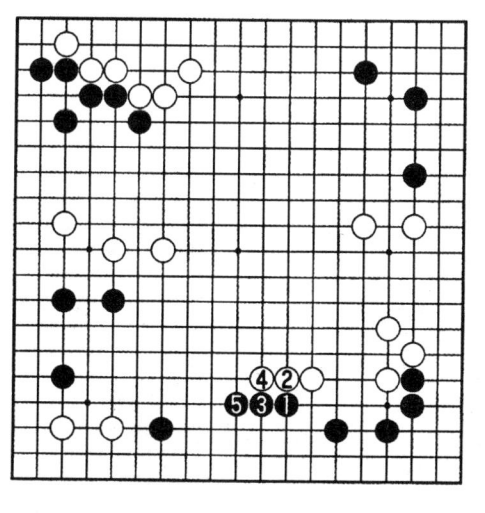

1 图

四、对角星布局

在布局中使用对角星下法，首先见于白棋。

1 图

这是 19 世纪末叶，日本 19 世本因坊秀荣执白下对角星的布局。很明显，白方的对角星是对付黑棋坚实的小目布局的一种策略。

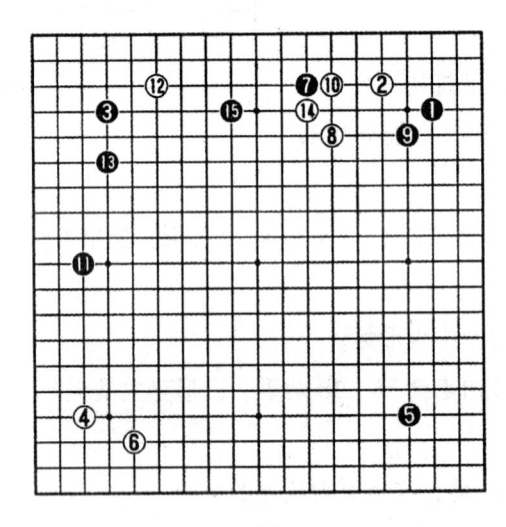

1 图

白棋的星位，可以不守角，并能不受限制自由地向两边展开，因而布局的速度大大加快。以快速对坚实，白方的布局思想，已经具有浓厚的现代意味。1 图中黑方了解白方的意图，黑 5 占据星位，也加快自己布局的速度。正是在这种对策与反对策的布局实践中，产生了现代的黑棋对角星布局。

2 图

这是 1932 年日本小杉丁四段

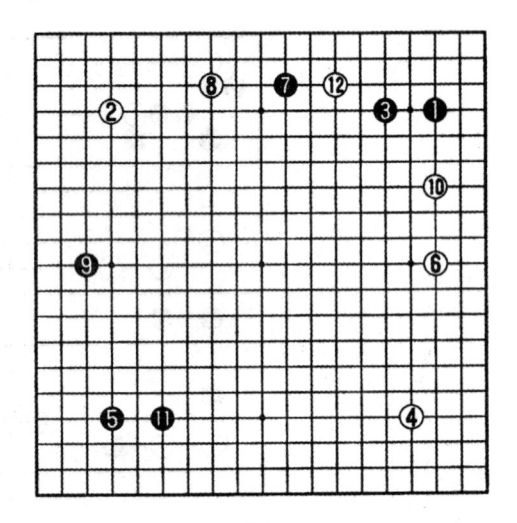

2 图

执黑与林有太郎六段的对局布局。黑棋3、5两手走出对角星。在日本棋界，有人将此局称为"这是对角星布局从白棋移向黑棋过程中的一例"，可见，之前黑棋的对角星布局尚不多见。

有趣的是，几乎是在小杉丁下2图布局的同时，日本棋坛下黑棋对角星布局的人一下子就多了起来，此时正是"新布局"诞生的前夜。

3 图

这是1932年日本久保松胜喜代六段执黑对加藤信七段对局的布局。黑1、3走对角星，这就是现代对角星布局的典型结构。当时久保松胜喜代称："黑1、3走对角星是我多日研究成果的发表。"但久保松胜喜代并没有进一步发表他对对角星布局研究的心得。

对角星布局出现在"新布局"之前，对对角星布局的深入了解则是在"新布局"之后。对角星布局的主要意义，就在于能加快布局的速度，易于将棋局导向激战，但对角星布局不易形成大的势力。

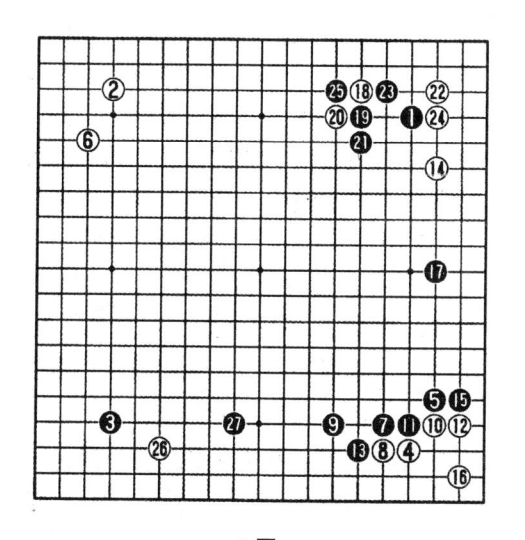

3 图

中日围棋友谊赛

1963年

黑　中国陈祖德

白　日本桑原宗久七段

（黑胜1/2子）

黑1、3对角星后5位低挂，意在势地兼顾。

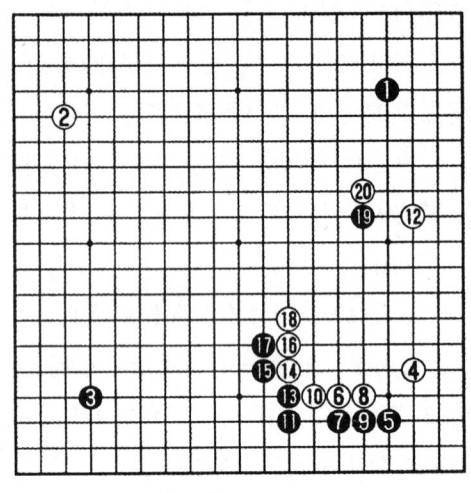

第1谱　1—20

1图

黑1高挂亦是正着，这样黑棋阵容广阔，而白棋实地坚实。

对白6大斜，黑7以下是坚持取地的定式着法。

白12拆，黑13至17先扩张己阵，然后再19位镇侵消白势，步调平稳而有序。

白20靠方向正确。

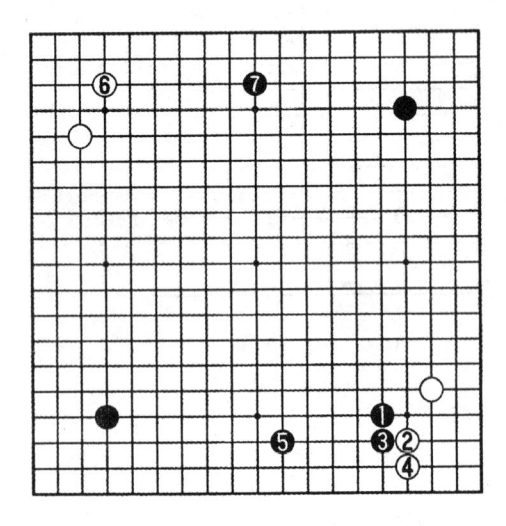

1图

2 图

白 20 如图在 1 位靠则不好，至黑 4 的结果，白形重复，而黑几子与右上黑星相互呼应，白十分不利。

实战白 20 意在将黑逼向右下自己的厚势，这是正确的布局构思。

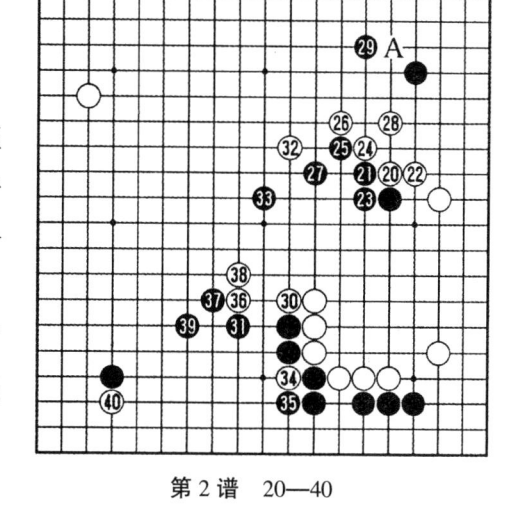

黑 29 必补，亦可补在 A 位。

第 2 谱　20—40

白 30 至 38，白方以牺牲下边实地为代价，形成了对中间黑棋的围攻之势，寄希望于中盘攻黑取利。

黑 39 虎，白棋面临抉择。此时白如立即攻击中间黑棋，恐难奏效，一旦落后手让黑在下边再补一手，则白实地落后，故白 40 先行打入。

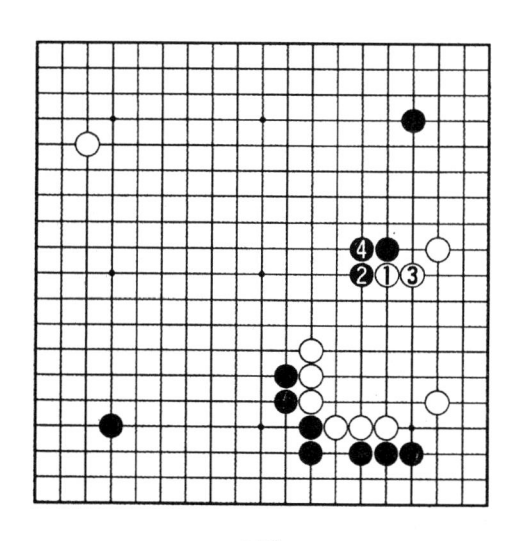

2 图

全国赛

1964年 中国

黑 上海陈祖德

白 上海吴淞笙
  （黑中盘胜）

黑7好手。

1图

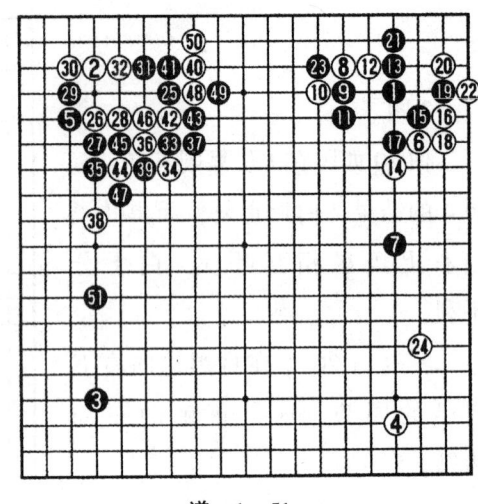

谱 1—51

对黑1，白2点角适当，以下至白12，这是双方可行的结果。

实战白8双飞燕，但结果并不见好。

白24大棋。

黑25好点，黑借攻白角以求扩张上边形势。

白38、黑39均是强手，以下应接至白50，双方大致两分。

黑51是攻守兼备的好手。

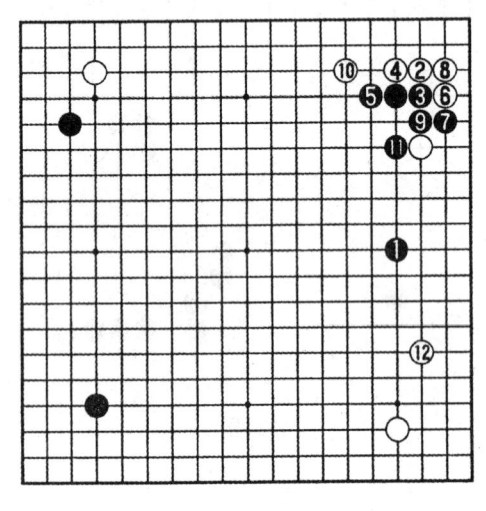

1图

中日围棋友谊赛

1964 年

黑　中国陈祖德

白　日本鲷中新八段

（黑中盘胜）

白 10 好手。

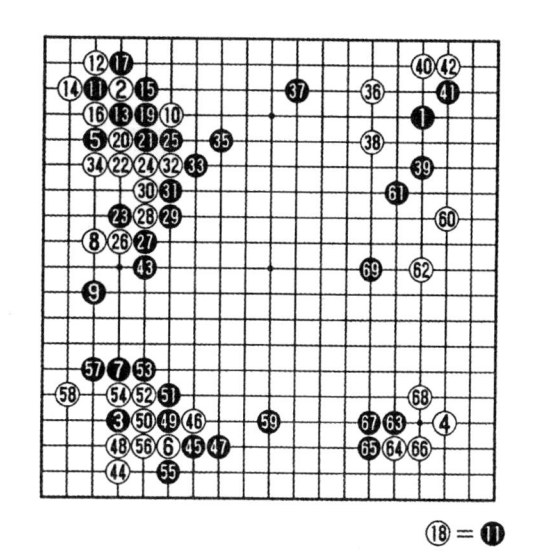

谱 1—69

⑱ = ⓫

1 图

白 10 如图在 1 位尖顶后再 3 位飞是定式着法，但此局黑 4 镇攻击白△子相当有力，白不利。

黑 11 托，以下至黑 35，黑外势厚壮，白角上实地亦很大，形势两分。

白 44 不妥，应下 59 位，这样可防止黑势扩张。

黑 45 好手，以下黑弃角取势，全局占优。

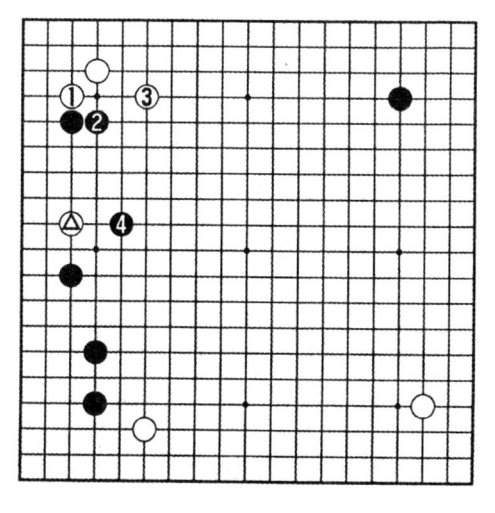

1 图

第 1 届世界业余围棋锦标赛
1979 年

黑　中国聂卫平

白　日本村上文祥

（黑胜 10 目）

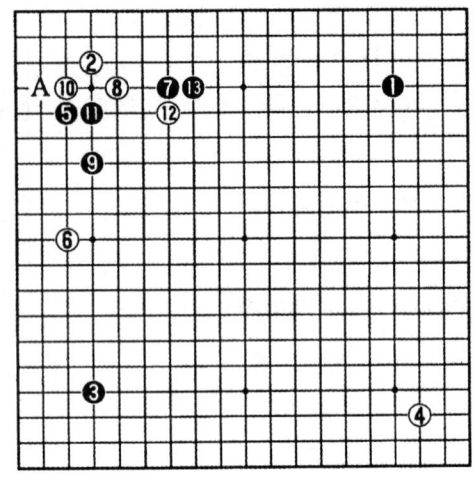

白 6 分投是一种和缓的战法，目的是限制黑星的发展，从而形成细棋局面。白 6 的下法在当时是对付黑棋对角星常使用的一种策略。

白 12 强手，此手普通在 A 位立。

1 图

白 1 立，则黑 2 逼，变化至黑 6 拆回，黑子配置恰到好处，且留有 A 位的尖断。本图结果黑有利。

黑 13 不妥。

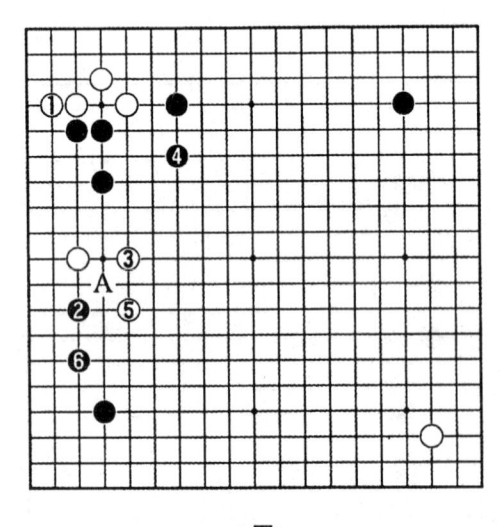

第 1 谱　1—13

1 图

2 图

对白 12，黑 13 应立即如图在 1 位挤，然后从 3 位扳出作战，黑将一举获得主动。

因此，白 12 只能在 14 位尖。

实战黑 13 退，白 12 变成好手。

黑 17、19 着法正确。

白 24 脱先，但从结果来看，此手还是应该在 A 位退忍耐。

黑 25 以下切断白棋，白棋全体成薄形。白 30 如在 31 位接，则黑 30 位长后 B 位夹，白棋更不利。

白 40 当 C 位虎补，实战的下法太重，以后的作战并无成算，至黑 45，白已成劣势。

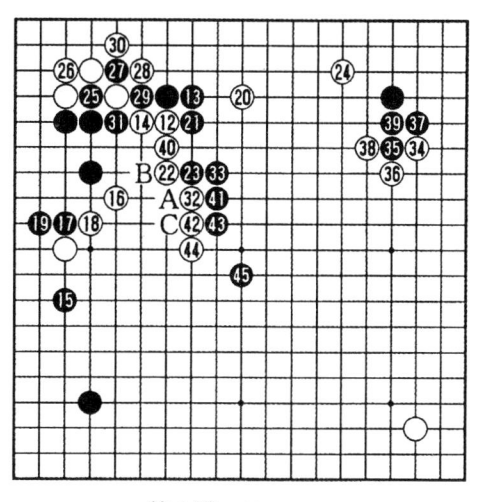

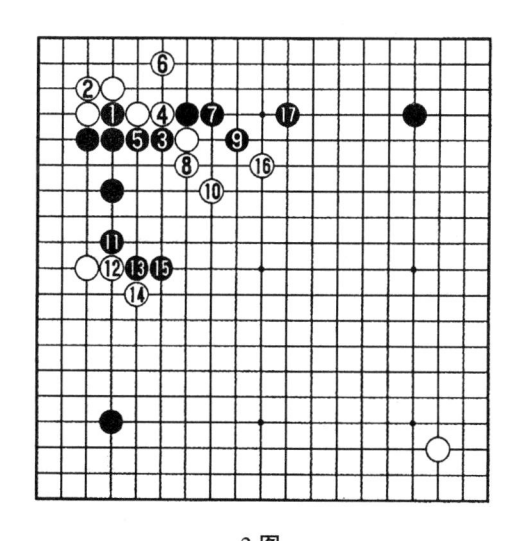

第 2 谱　12—45

2 图

中日围棋友谊赛

1979 年

黑　日本白石裕九段

白　中国陈祖德

　　（白胜 3 子）

对白 6 分投，黑 7 拆二，以下至白 14，结果白棋可以满意。

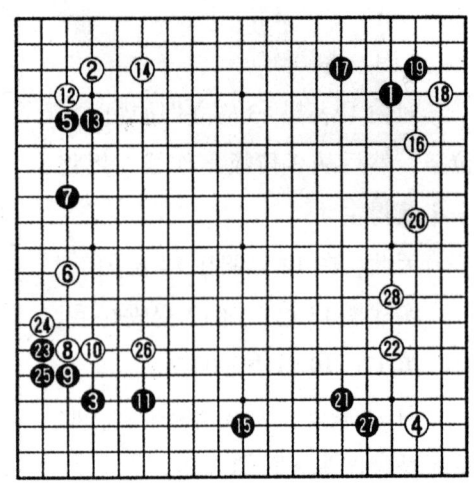

第 1 谱　1—28

1 图

黑 1 从下面拆兼逼，则白 2 拆，变化至黑 5，这是更普通的布局。

黑 15、白 16 均是好点，至白 22，局面均衡。

黑 23、25 实利很大。

白 26 要点，既补强自身，又限制了黑下边的发展。

对黑 27，白 28 补不可省。

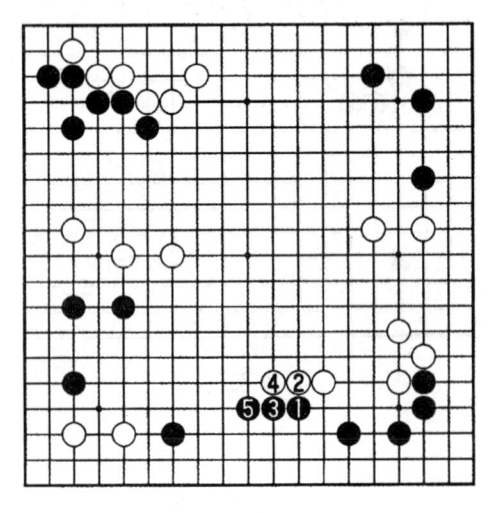

1 图

黑 29、31 的着法不妥，至白 34，黑形薄弱。

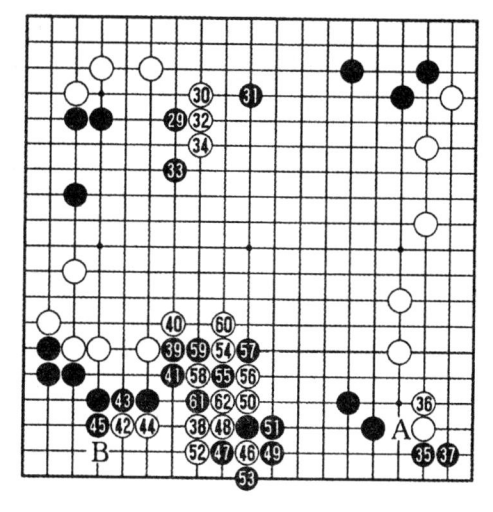

第 2 谱　29—62

2 图

黑 29 如图 1 位逼是好点，白 2 如靠，则黑 3、5 先得上边实地。白 6 攻黑拆二，黑 7 位跳，黑形生动。本图结果明显优于黑棋实战。

黑 35、37 再取实利。黑 35 如在 61 位补，则白在 A 位顶。

白 38 打入下边黑棋大本营，这里攻防的结果，将决定全局形势。

黑 45 松，当在 B 位跳，如此白棋较难处理。

如谱白 46 以下轻松出头，全局白优。白 54 不能在 55 位虎。

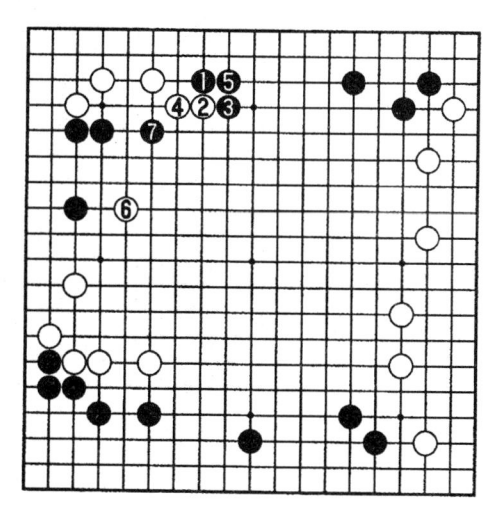

2 图

第 2 届新体育杯

1980 年　中国

黑　聂卫平

白　吴淞笙

（黑胜 3/4 子）

白 16 与黑 17 交换损。
白 44 反打只此一手。

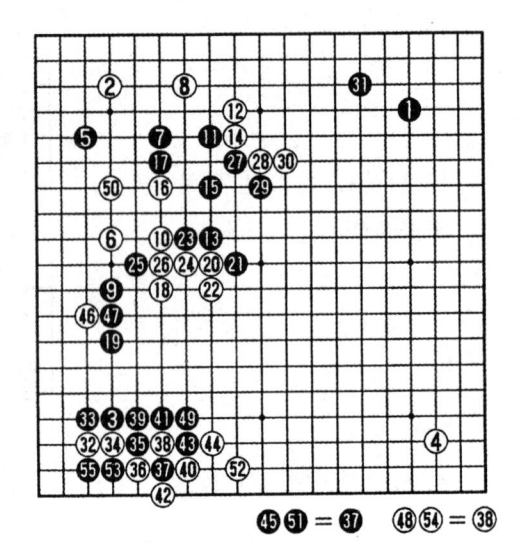

谱　1—55

全国围棋赛

1981 年　中国

黑　湖北　李扬

白　山西　郭鹃

（黑中盘胜）

白 36 不如直接在 38 位拆，如谱结果，左边白棋 3 子反而被动。

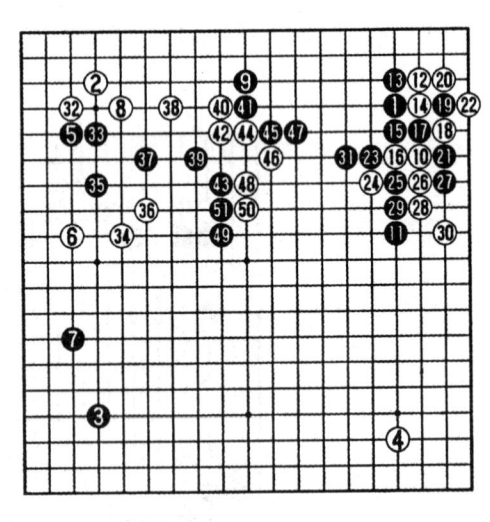

谱　1—51

中日围棋友谊赛

1982 年

黑　中国聂卫平九段

白　日本桥本谊九段

（黑胜十目半）

黑 5 挂后再 7 位大飞守角，是黑棋的布局趣向。

白 16 普通在 17 位退，黑 16，白 A 拆，但这样白棋步调较慢。

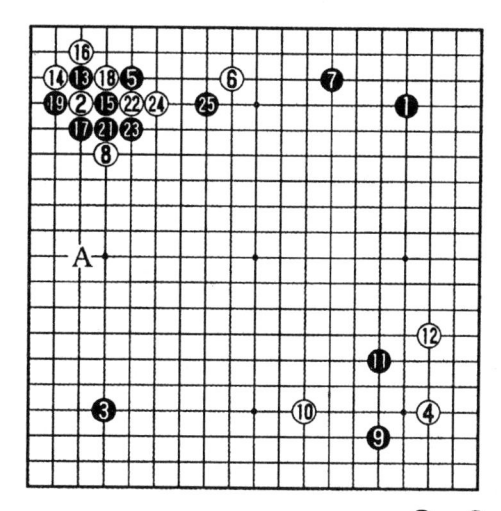

白 16 打，以下至白 24 是定式，双方应接必然。

黑 25 点，促使白帮黑补强左方，是此际黑棋的常用手筋。

1 图

对黑 1，白不能立即 2 位挡，否则白棋大亏。

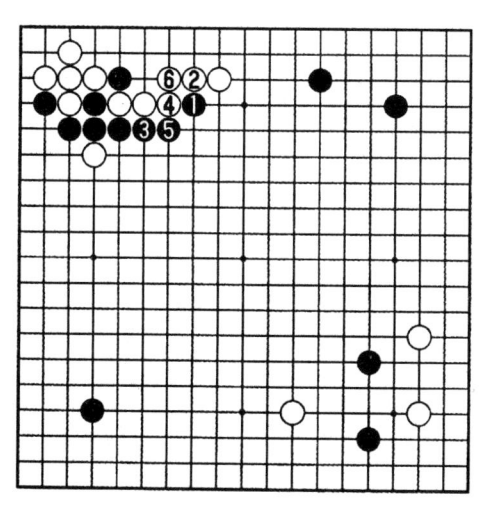

第 1 谱　1—25

㉑ = ⑬

1 图

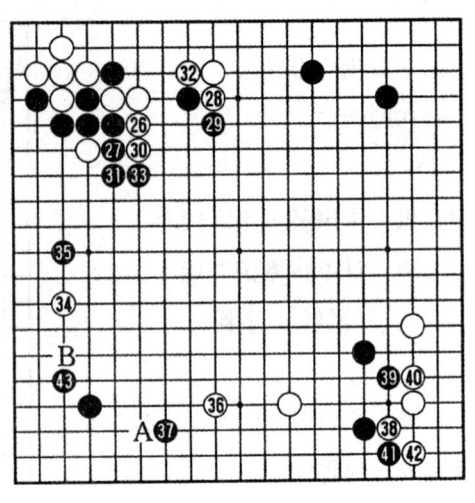

白26至黑33，双方着法正常，这是黑棋可以满意的结果。

白34分投。

对黑35逼，白36是好应手。白36如在A位挂，则黑B位小飞，这样白34一子变得孤单。白36如在B位挂，则黑43位尖顶，白形又显局促。实战白36拆，先走下边，然后再设法腾挪处理白34一子。

白38缓。

2图

白38如图在1位托处理好左边是当务之急，这样白棋不失从容。

实战黑39争先于43位尖，黑左下角实利很大，白34一子还得单调地外逃，黑全局主动。

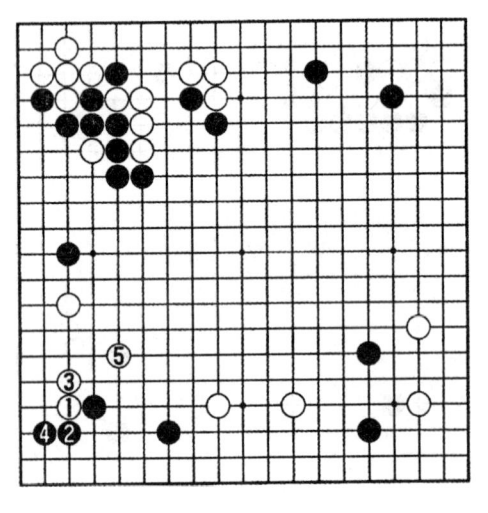

第2谱 26—43

2图

围棋夺魁赛

1982 年　中国

黑　聂卫平九段

白　马晓春七段

（白胜 $1\frac{1}{4}$ 子）

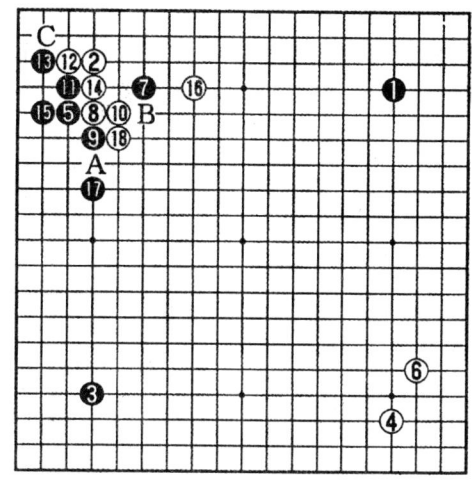

第 1 谱　1—18

对白 8，黑 9 扳也是大斜定式的下法。

1 图

黑 13 时，黑棋可考虑如图在 1 位引征，应接至黑 11 形成大转换，双方得失不明。

实战黑 13 至白 16 是新变化。

黑 17 不妥，此手当 A 位并，白 B 位补，黑即争先转投他处。实战黑 17 形薄。

白 18 缓，此时当 C 位扳，黑棋很难应对。

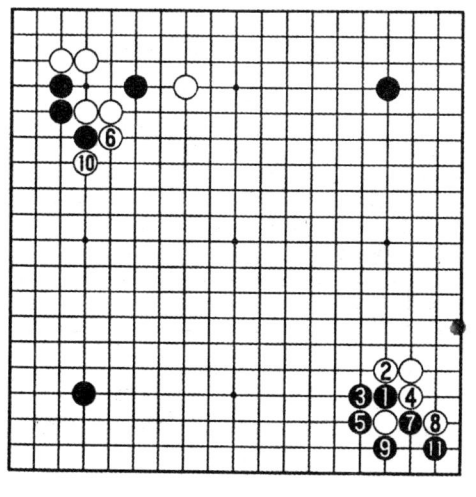

1 图

白28缓。

2图

白28如图1位挂角是急所，应接至白5，这是白棋理想的局面。

黑29大极。

白30与黑31价值均大。

白32好手，此手如在33位一带开拆，则黑将A位打入，白难应。

白34、36先手利。

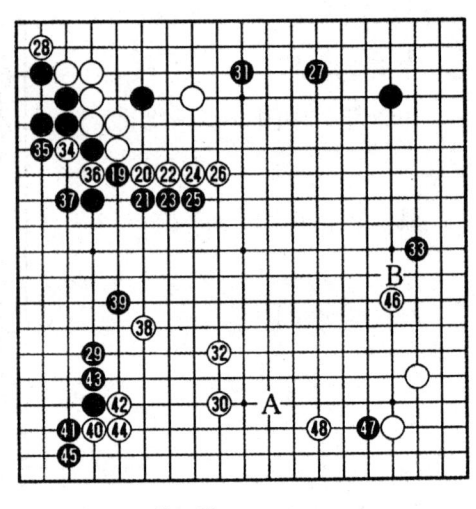

第2谱 19—48

白38以下在左边定形，这样下实地较损，但能在下边快速形成模样。

白46松，当在B位肩冲黑子，这样黑棋不易脱先。

黑47打入白阵已势所必然，之后全局的胜败，将由这里双方攻防的结果来决定。

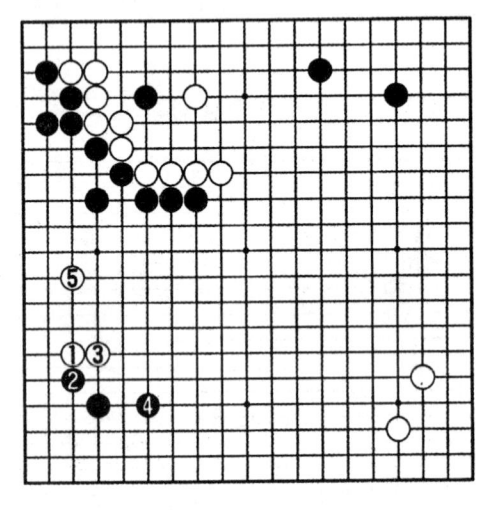

2图

全国赛

1988 年　中国

黑　浙江马晓春九段

白　四川宋雪林七段

黑 29 穿，结果黑有利。

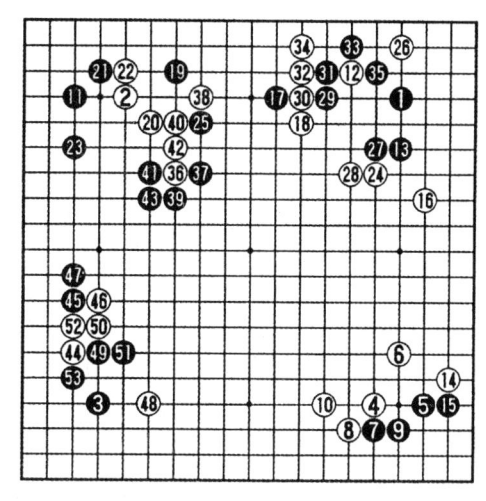

谱 1—53

全国赛

1988 年　中国

黑　四川王元七段

白　浙江俞斌七段

白 34 打入并无收获。

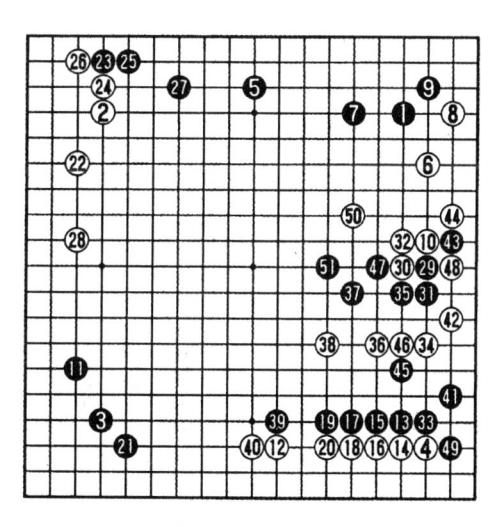

谱 1—51

五、二连星布局

在布局中使用二连星下法，也是首先见于白棋。

1图

这是1838年日本14世本因坊秀和执白的布局。至白10，出现了在当时罕见的二连星。秀和将下星位作为一种秘手，用来对付黑棋坚实的小目布局。秀和对星有体会，但其中尚缺乏现代棋那种速度和势力的思想因素。

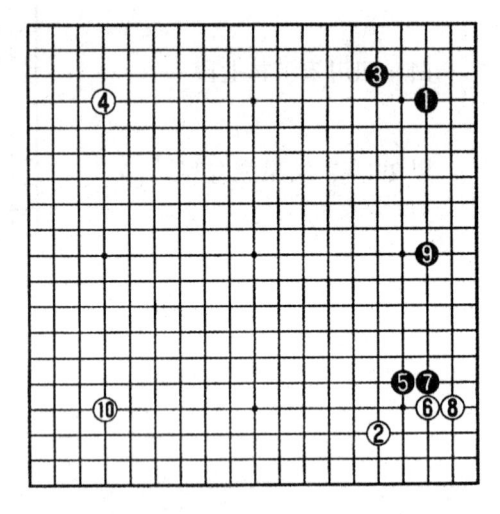

2图

这是1929年日本小岛春一执白下的二连星布局，执黑者是吴清源。本局白棋二连星，目的是为了对付黑棋坚实的平行小目，白10是明显重视势力的下法。

20世纪30年代，随着棋手开始认识到布局中速度和势力的作用，二连星布局迅速从白棋移向黑棋。

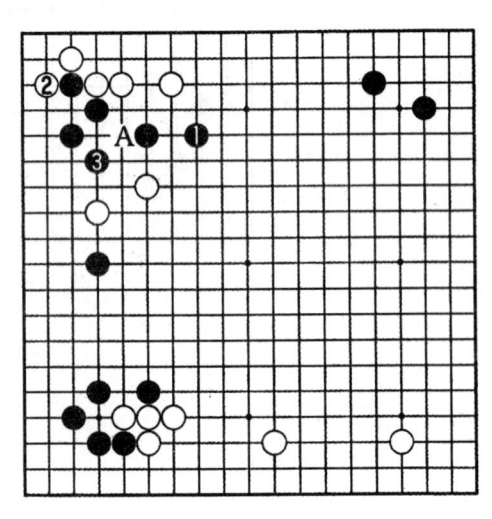

1图

2图

3 图

这是 1932 年日本木谷实执黑的布局，黑棋 3、5 形成二连星。虽说本局尚不是现代意义的二连星布局，但却基本具备了现代二连星布局的各种要素。

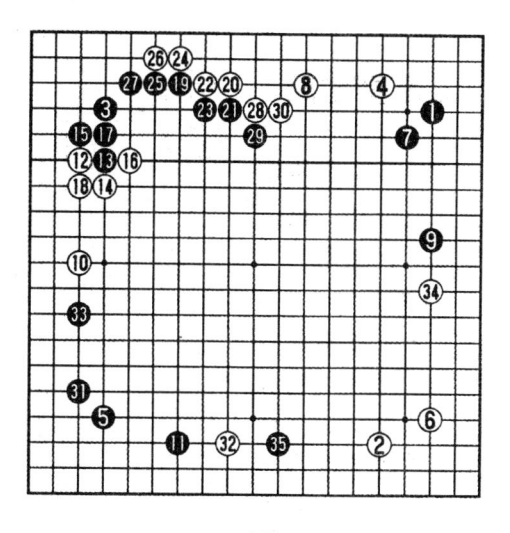

3 图

4 图

这是 1933 年吴清源执黑与木谷实的对局布局。黑棋的二连星布局已经基本定型。

二连星布局兴起之时，正是"新布局"的前夕。

二连星具有十分强烈的势力意识，而重视势力正是"新布局"的思想基础。

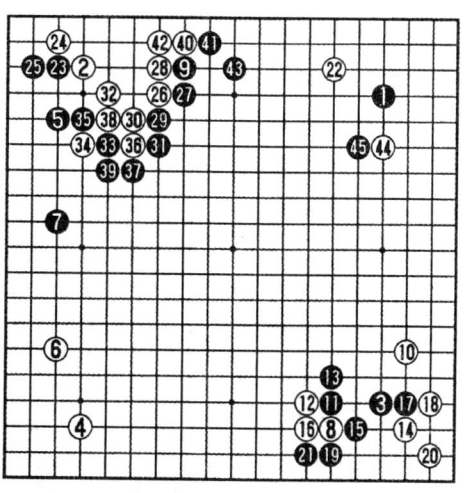

4 图

5 图

这是 1933 年木谷实执黑与吴清源的对局布局。此局黑棋二连星取势的思想反映得淋漓尽致。

吴清源和木谷实是"新布局"的发动者，他们从对角星和二连星中吸取了思想的营养。

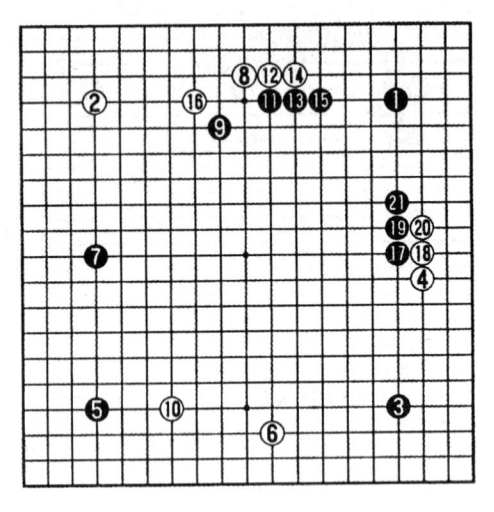

5 图

6 图

白 2 占据黑 1 的对角，黑已不能走成对角星，但黑棋走成二连星则不可阻挡。因此，二连星比对角星有更多实践的机会。二连星的步伐比对角星更平稳。

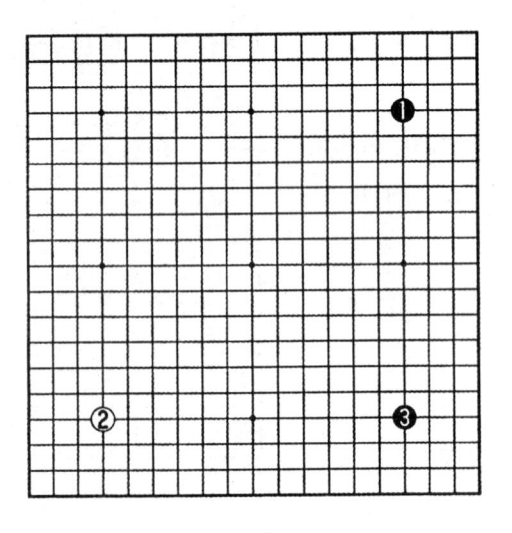

6 图

苏皖对抗赛

1960年　中国

黑　江苏陈嘉谋

白　安徽黄永吉

（和棋）

黑9不如在A位虎，以下白B、黑C、白D、黑E，这样黑不错。

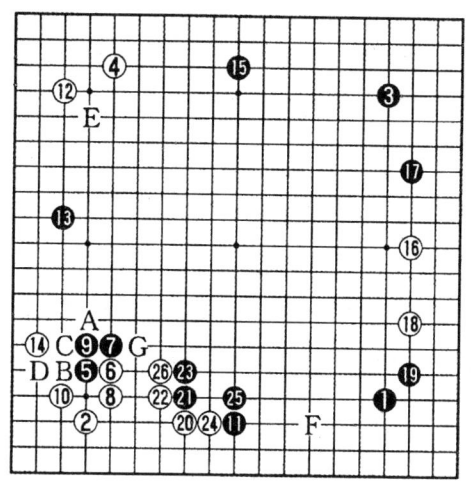

第1谱　1—26

黑11不如在12位挂角。

黑15亦不佳。

1图

黑15如图在1位占据右边价值更大。

白16分投大。

白20不好，当在F位打入。

黑21以下至黑25，黑棋便宜。

白26太平凡，当在G位扳，如此白出头甚畅。

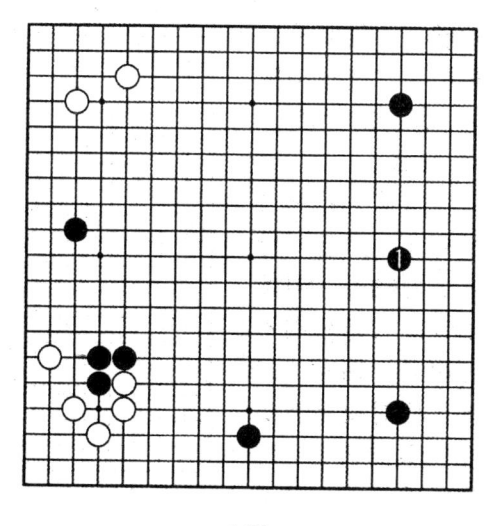

1图

黑27、29是局部的好手段，至31封住白棋，黑棋作战成功。

白32断，之后白34、36强行冲击黑棋，白棋只能这样下，非此难以打开局面。

白38当先在39位扳，黑挡，白再38位长，这样黑形要比实战的结果差些。

黑49刺的作用不大。

黑51不妥。

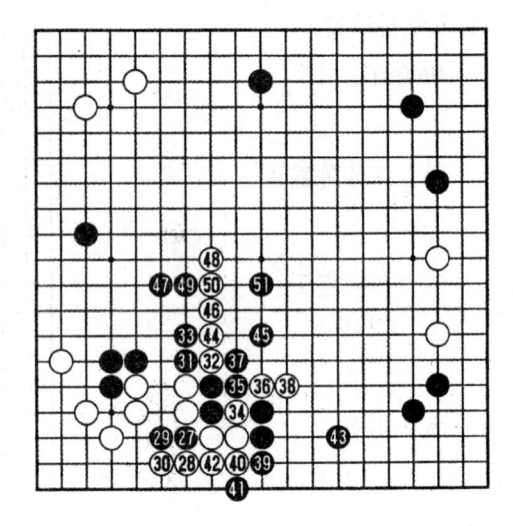

第2谱　27—51

2图。

黑51如图在1位跳才是急所，攻击白下边两子，黑将一举获得优势。

实战黑51对中间白5子的威胁并不大。黑51一放松，白便有了从容处理的余地。

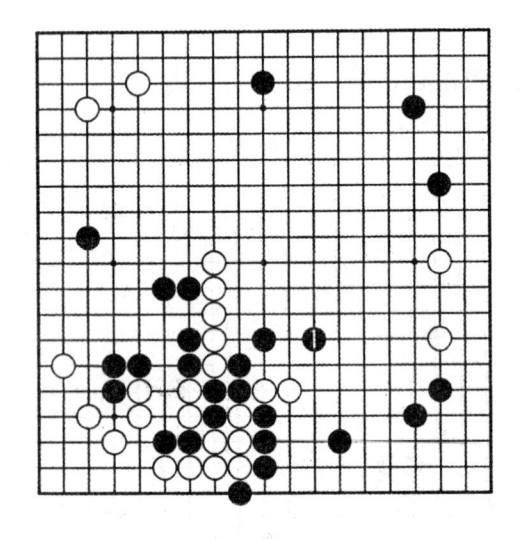

2图

全国赛

1960 年　中国

黑　北京齐曾矩

白　安徽黄永吉

　　（黑胜 1 子）

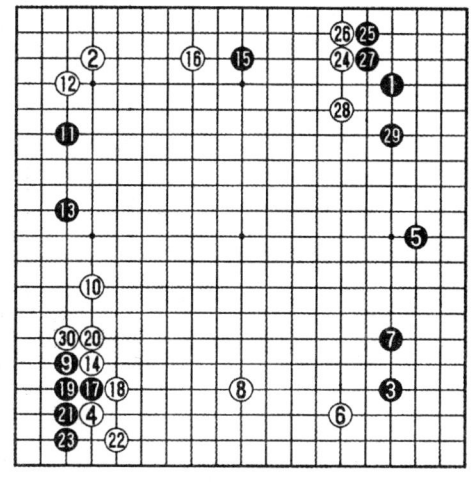

对白 10 二间高夹，黑 11 脱先在左上挂角，是一种布局趣向。

白 14 压，黑 15 与白 16 交换后，黑 17 挖，这是黑棋征子有利情况下的走法，结果黑棋可以满意。

1 图

白 14 如图在 1 位尖顶的下法更为合适，本图是白棋可战之形。

白 24 打入是要点。黑 25 亦是可行的应手。

白 30 缓。

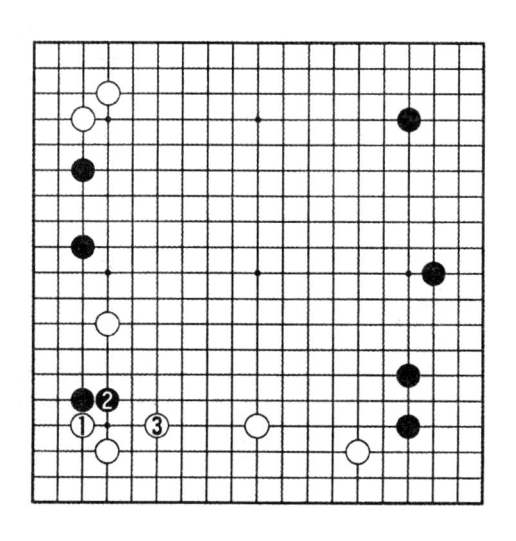

第 1 谱　1—30

1 图

2 图

白 30 如图在 1 位跳是要点。白 1 跳，限制了右边黑阵的发展，并留下 A 位的打入。另外，白 1 跳后，白棋还可着手对黑△一子进行大规模的攻击。本图是双方可战之局。

黑 31 严厉，白棋顿时陷入困境。

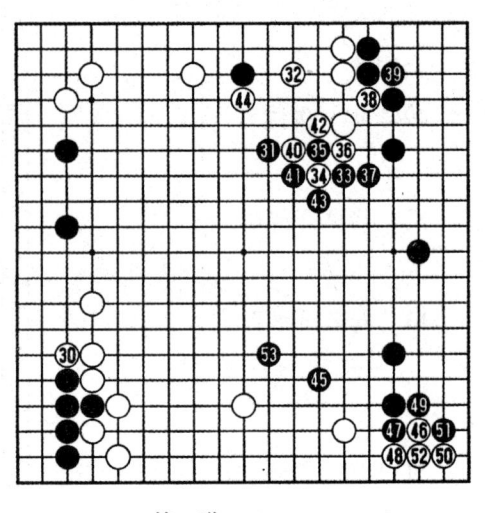

第 2 谱　30—53

白 32 的选择十分困难。白 32 如在 33 位关，则黑在 32 位拆一，这样整块白棋成薄形。实战白 32 拆一，但被黑 33 封锁，白棋同样难下。

白 38 与黑 39 交换损。

黑 45、53 扩张右边形势，准备大规模围空，全局黑优势。

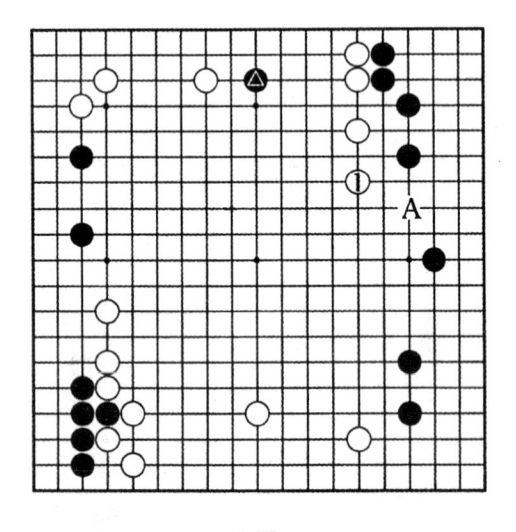

2 图

全国赛

1964年　中国

黑　安徽王汝南

白　福建黄良玉

（和棋）

白6是十分坚实的下法，意在限制黑棋的二连星阵势。

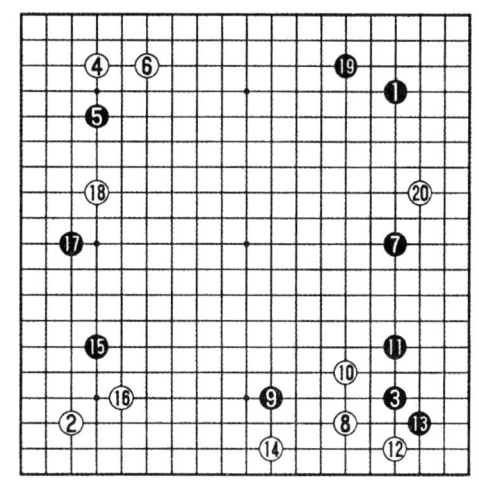

第1谱　1—20

1图

白6如采用图中1位托的下法，则成至黑8的结果，黑势广阔。

黑7构成三连星，这样的布局在当时尚属少见。

黑15与白16交换，使黑9一子变弱，故黑15可直接在17位拆。

白18、20接连打入，是积极求战的下法。

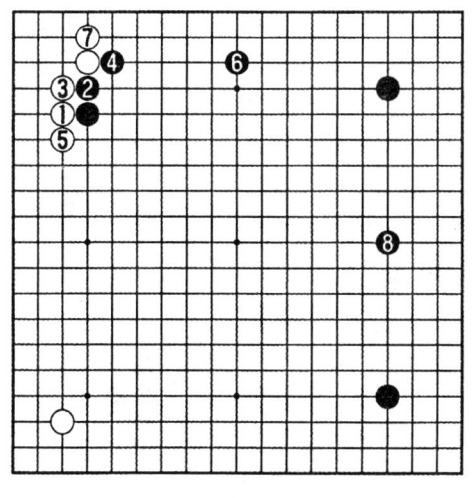

1图

黑 21 要点。

白 22 进角，以下至白 28 是定式的变化。

黑 29 大，此手如不走，让白走到 A 位逼，黑棋十分不利。

白 32 再次打入挑战。

黑 33 是局部腾挪的好手，以下至白 40，双方应接正常。

黑 41 跳，白棋 42、44 出头，由此展开中盘战。

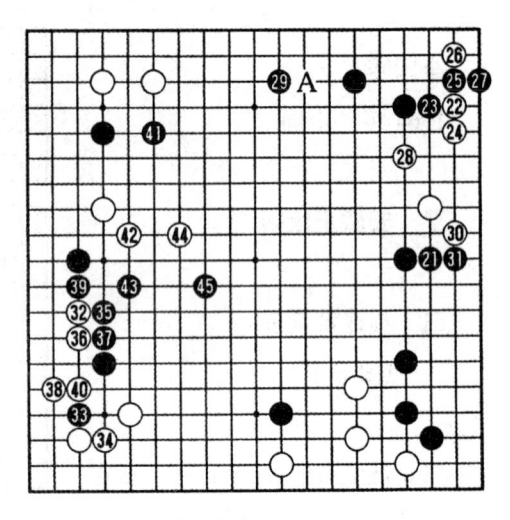

第 2 谱　21—45

2 图

黑 45 如图在 1 位刺正是时机，白 2 接，黑 3 跳，至黑 5，黑棋作战步伐更佳。图中黑 1 刺后，黑△两子得到支援，今后将更容易处理。这样比实战结果好。

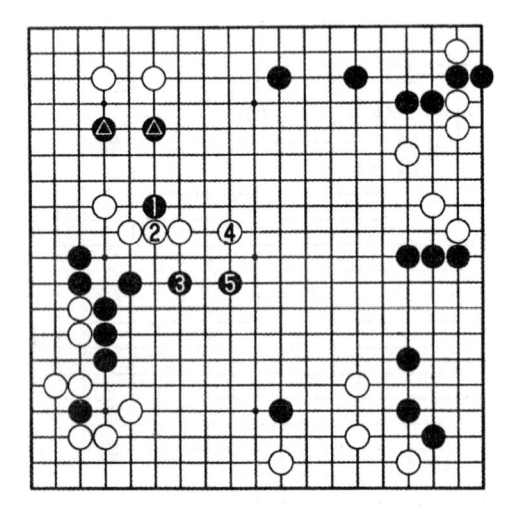

2 图

全国赛

1966 年　中国

黑　四川陈安齐

白　上海吴淞笙

（黑中盘胜）

黑 15 的下法积极，此手如在 16 位尖守角，则白 A 位拆二，这样布局平稳，全局成细棋局面。

白 18 是此局面取实地的下法。

黑 19 损。

1 图

黑 19 当如图在 1 位挡，这样黑棋实利大。

黑 23 抢占上边大场，此时在 B 位接则是本手。

对白 24 挂角，黑 25 是坚持取外势的着法。

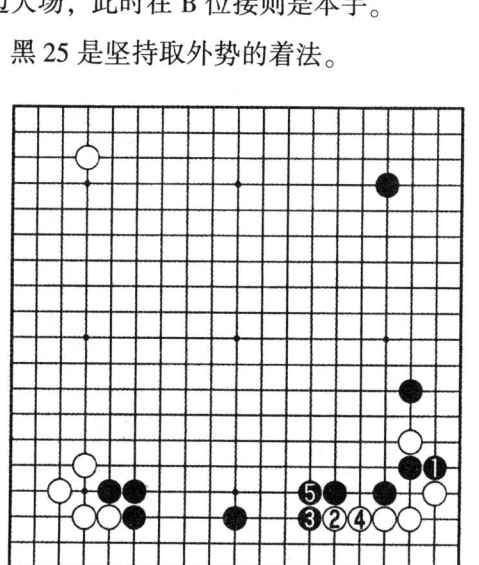

第 1 谱　1—25

1 图

白 28 恶手，当直接在 30 位断，实战结果白大损。

白 34 只得提，如在 A 位接，黑有 B 位的攻击手段。

黑 35 要点，黑棋已占优势。

黑 39 继续扩张形势。

黑 41 严厉，白棋颇难应对。

白 42 以下意在求活。

黑 47 好手，黑棋外势更大。

黑 49 不好。

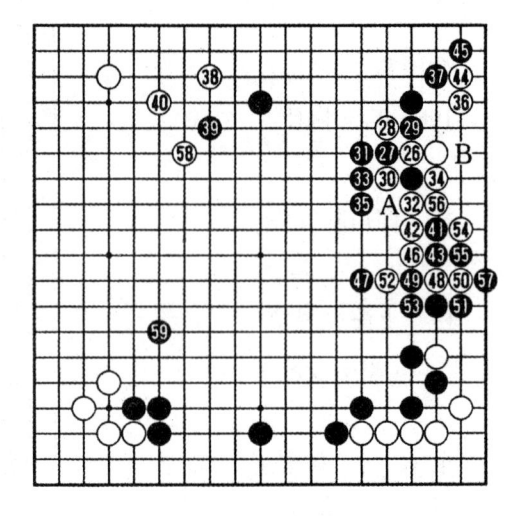

第 2 谱　26—59

2 图

黑 49 当如图在 1 位打，这样逼白做活后再 5 位压，黑胜势。

实战黑的下法让白先手活，白棋占到 58 位要点，形势有所缓和，但黑仍稍优。

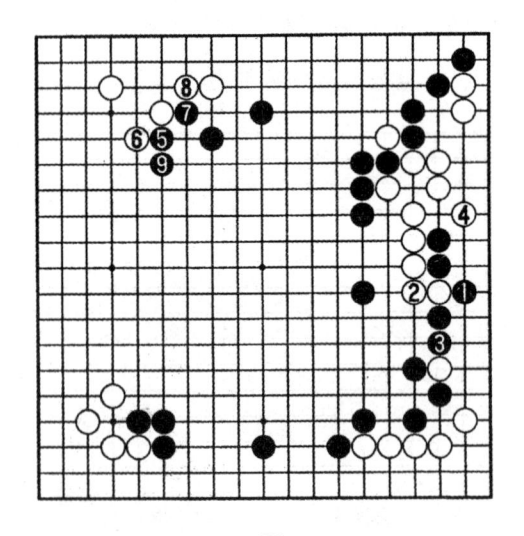

2 图

中日围棋友谊赛

1978 年

黑　日本中村秀仁七段

白　中国华以刚

（白胜四目半）

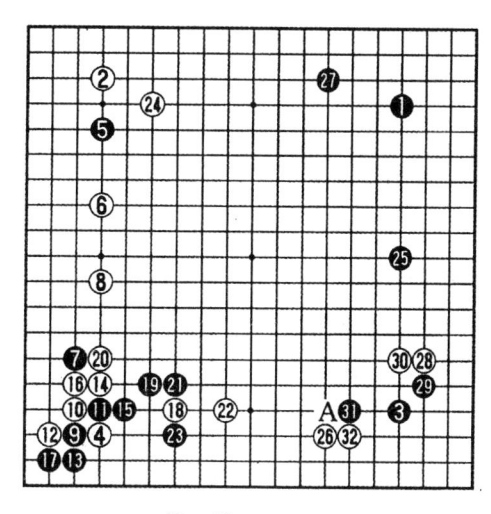

左下角是定式的着法。

白 24 好点。

由于黑棋在左上角已无好应手，故黑 25 脱先在右边构成三连星。

白 26 挂，是不愿让黑走到 A 位的拆兼夹。

黑 27 大场。

对白 28，黑 29 尖顶后 31 位跳，是定式下法。

白 32 新手。

1 图

白 1 飞是定式的继续，但结果白棋不理想。

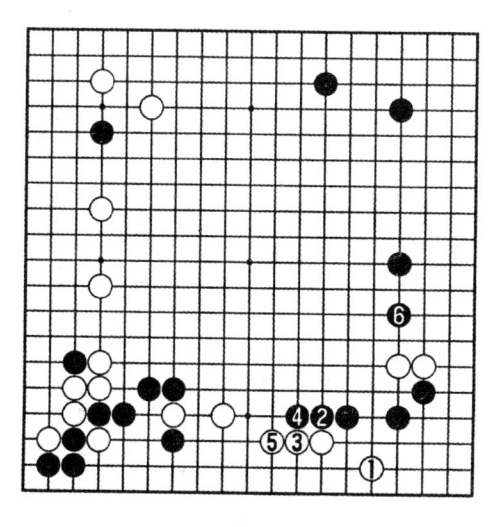

第 1 谱　1—32

1 图

第九章　围棋巅峰对决经典布局

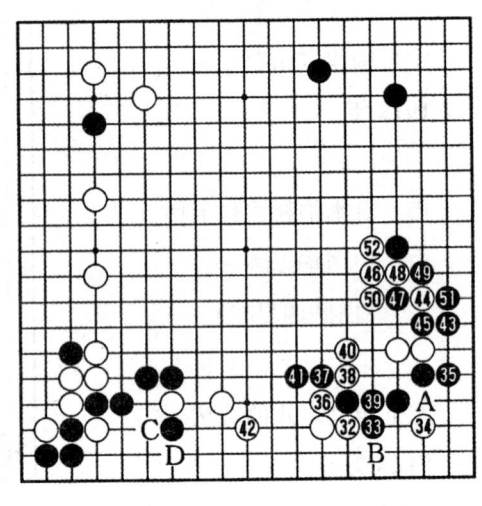

对白 32，黑 33 挡，白 34、36 是预定着法。黑 35 走在 A 位或 B 位，黑棋都不好。

黑 37 不好。

2 图

黑 37 当如图 1 位长，至黑 5 的结果，白棋得角，黑棋右边得利，双方大体两分。

实战白 38、40 打断黑棋，黑棋不利。

白 42 补必要，白棋补强自身，左下就产生了白 C、D 的手段。

黑 43 只得跳渡过。

白 44 以下的手法好，通过弃子取得外势，之后 52 位压，白棋中腹潜力很大，局面广阔，形势占优。

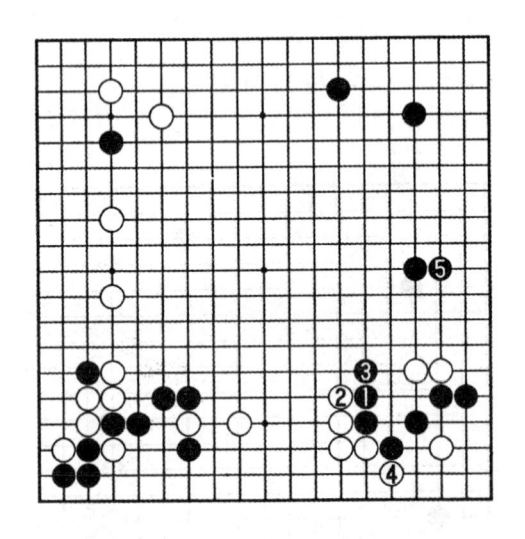

第 2 谱　32—52

2 图

中日围棋友谊赛

1979 年

黑　中国吴淞笙

白　日本中村秀仁七段

　　（黑胜 2 子）

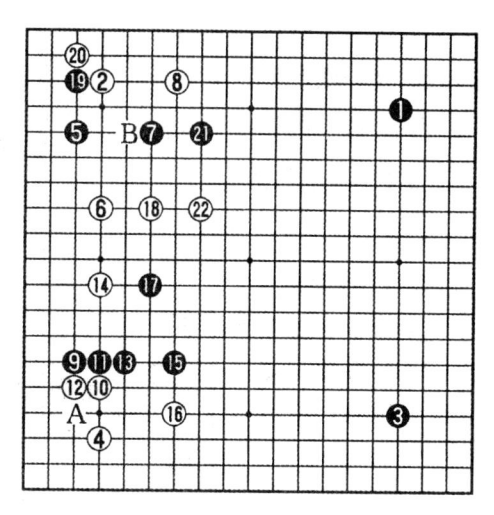

第 1 谱　1—22

黑 9 好点。

对黑 9，白如 A 位尖守角，则黑占 14 位拆兼夹，黑有利。

白 12 挡，黑 13 长，至白 18，双方相互牵制。

1 图

白 12 时，白棋亦可采取本图的对策，白 7 飞攻黑两子，同时又补强自身，白可战。

黑 19 托后再 21 位跳，是为了防范白从 B 位靠出。

白 22 跳平稳。

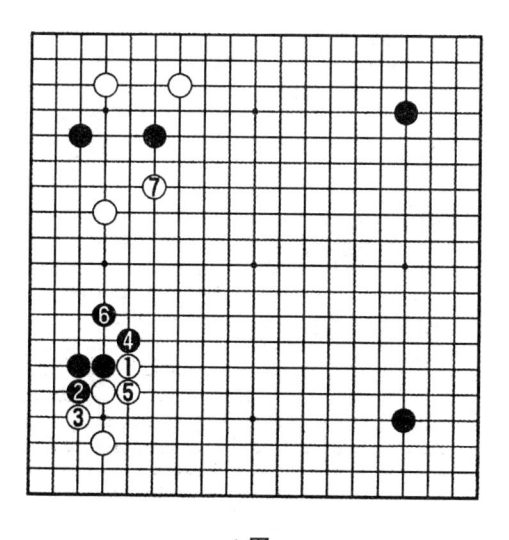

1 图

黑 23 补强。

白 24 打，以下双方转换。

黑 29 是此际的好手，白 30 只得忍耐，黑争先占到 31 位好点，形势黑有利。

白 30 如在 39 位打，黑 A，白 B，黑 C，白 D，黑 E，此劫白无法打。

对白 34，黑 35 以下扩张形势。

黑 39 缓，让白 40 通连，黑棋坐失良机。

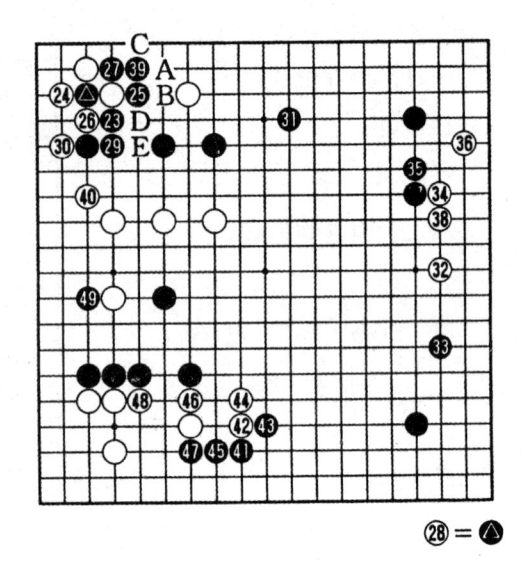

2 图

黑 39 当立即如图攻击白棋，这是黑棋断然优势的局面。

黑 41 至 47 收取不少实地，但右边黑棋变薄。黑 49 靠腾挪，全局形势不明。

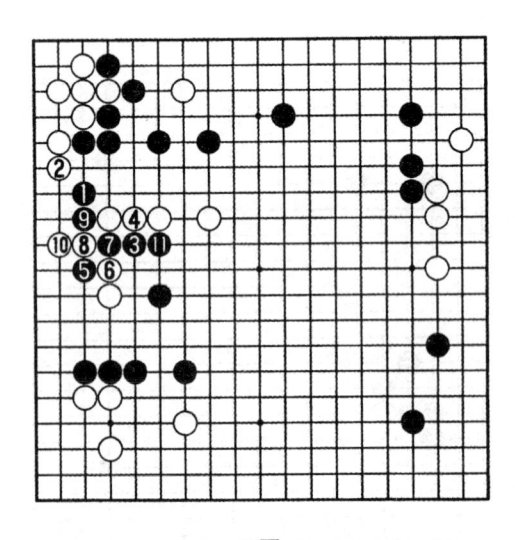

第 2 谱　23—49

㉘ = ▲

2 图

围棋夺魁赛

1982 年　中国

黑　杨晖五段

白　孔祥明六段

（黑胜 $2\frac{3}{4}$ 子）

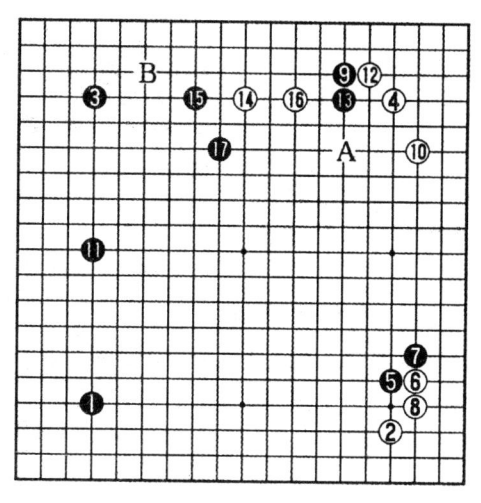

黑棋起手至 11 拆，是一种快速布局构思。

白 12 尖顶后 14 位夹，盯住右上黑棋，从而限制黑棋模样的发展。

黑 15 正确，如在 A 位跳，则白 B 位挂，黑不利。

白 16 不妥。

1 图

白 1 跳简明有力，至白 3，白消掉黑左边形势，并保持对右上黑棋的压力。

黑 17 不好，当 A 位跳出。

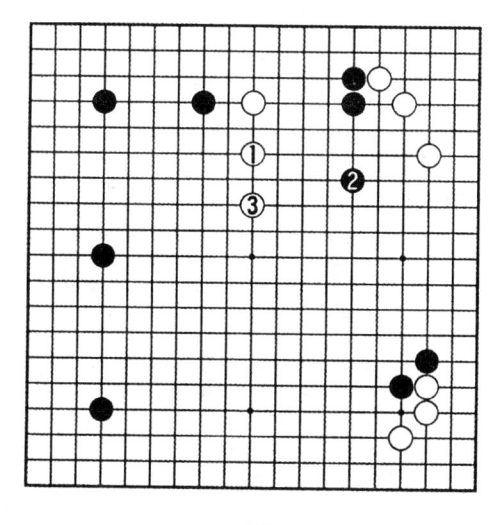

第 1 谱　1—17

1 图

第九章　围棋巅峰对决经典布局

白18一手封住黑棋，黑棋实地很损。

白20也可在42位补。

白26不好。

2图

白1尖是形，至白5，白棋轻松得到处理。

实战黑27后，白棋无后续手段。

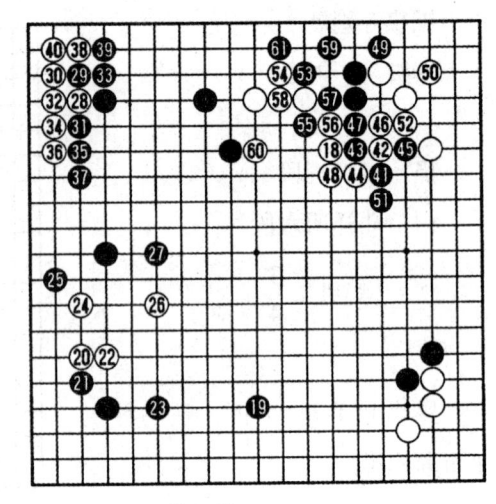

白28当直接从三三打入，如谱的结果白损，白棋形势已落后。

黑41时，攻击左下白棋才是当务之急。实战被白42靠断，黑棋反而陷于被动。

白46、50两次错过战机，至黑61补活，白棋仍然落后。

白46当提，白50当51位打。

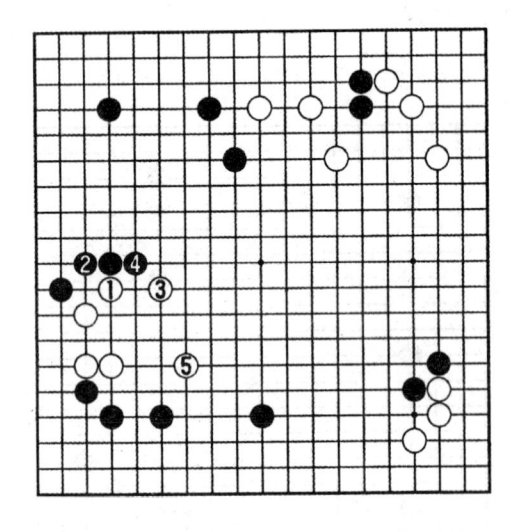

第2谱　18—61

2图

全国赛

1986年　中国

黑　浙江马晓春九段

白　江苏邵震中七段

（黑胜3/4子）

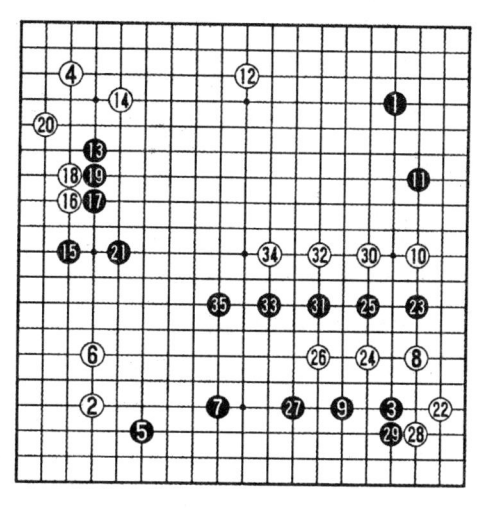

起手至黑15，双方着法正常，形势两分。

白16打入，采取先取实地的作战方针。

对白16，黑17以下至21是简明的对策。

对白22飞角，黑23打入当然。

1图

对白1，黑如2位尖角，则白3补得好形，这样黑不利。

白24至黑35，双方竞向中腹。

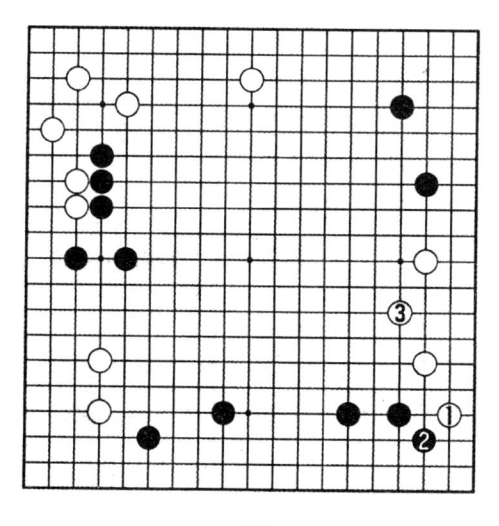

第1谱　1—35

1图

白36挂角是大场。

黑37关补冷静，是准备打持久战的下法。

白38、40先手防止黑棋在A位托的手段。

白42是全局的制高点。

黑49点角，白棋面临选择。

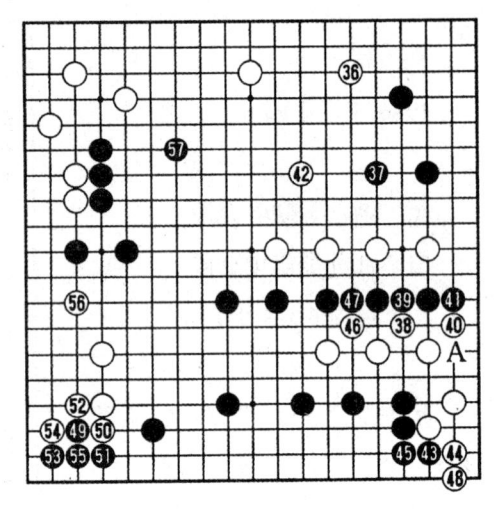

第2谱 36—57

2图

白52如在图中1位扳，则将成至黑8的结果，白棋作战不利。

实战白52拐，优先防守。

白56后，面临中盘作战的关键。从气势上讲，黑可以考虑冲击右边到中央的白棋，但这样作战并无十分的把握，故黑57采取稳步推进的策略。

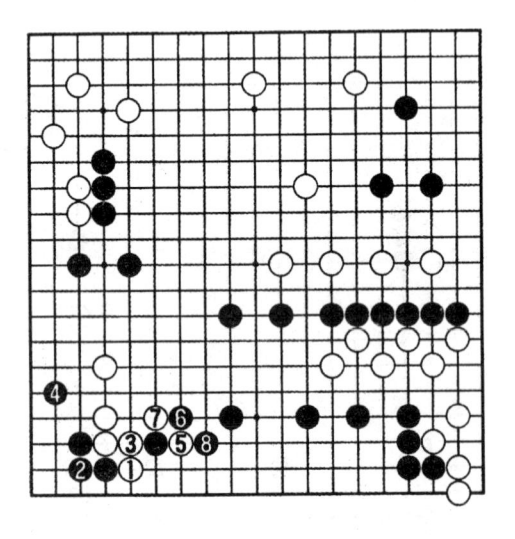

2图

全国赛

1986年 中国

黑 浙江马晓春九段

白 河南汪见虹七段

（黑中盘胜）

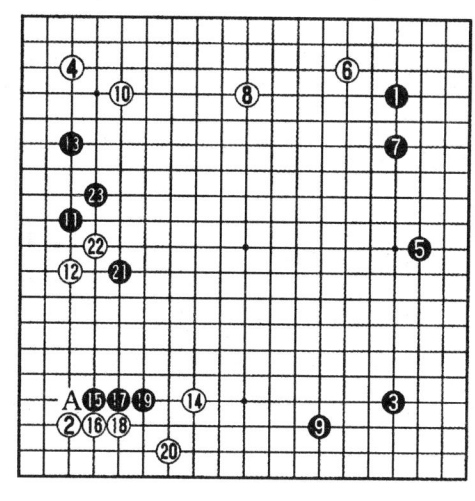

黑 15 肩冲是此局面的好点。

白 16 爬方向正确，如在 A 位爬，离白 12 一子的距离远一路，而多爬三路，肯定吃亏。

白 20 适宜。

1 图

白 20 如在图中 1 位再爬，棋形更紧凑，但变化结果并不理想。如图至黑 20 点，白棋很难下。

黑 21 镇，之后黑 23 尖，是相关联的好手。

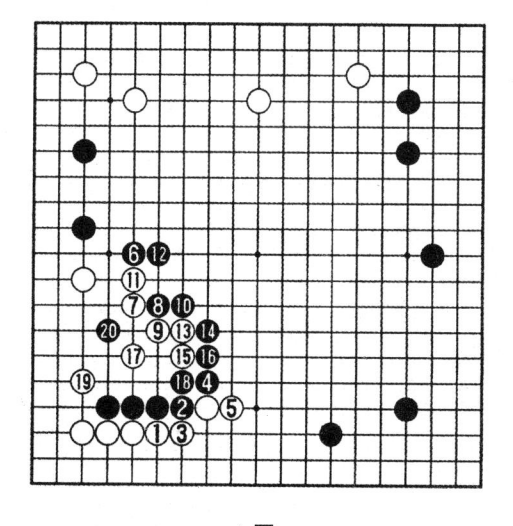

第 1 谱 1—23

1 图

白 24 不如在 A 位压出。实战白 24 挤，黑 25 长，当白 26 跳时，黑 27、29 顺势整形，结果黑棋有利。

白 34 不好。

2 图

白 34 当如图 1 位跳，这是双方必争之处。白 1 后，由于黑棋有薄味，大致要 2 位尖出，白再 3 跳、5 枷，威胁左面黑棋，这样白可战。

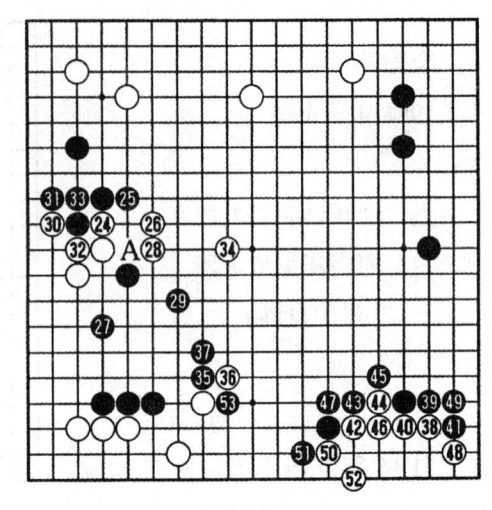

第 2 谱　24—53

实战黑 35 靠是绝好点，黑棋成活形，且还留有 53 位的断，全局已是黑优势。

白 38 点角价值很大，但黑棋平稳应对，应接至白 52 补，黑得先手在 53 位断，结果黑可满意。

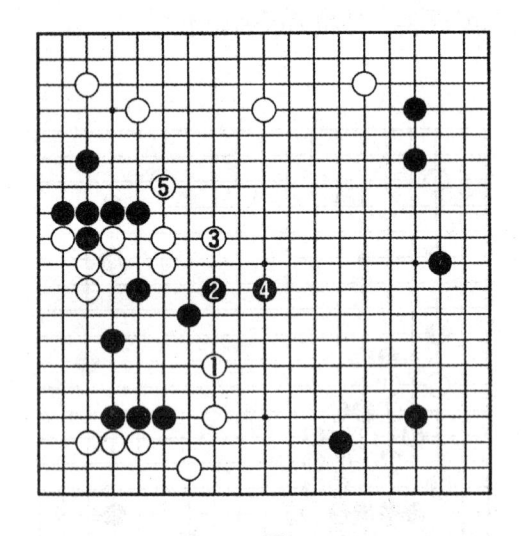

2 图

全国赛

1987年　中国

黑　上海曹大元九段

白　山西江铸久九段

（黑中盘胜）

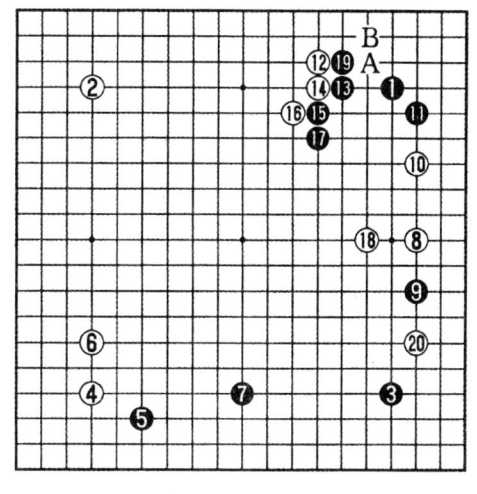

对白 12，黑在 A 位应普通，之后白拆二，这样局面平稳。实战黑 13 是希望局面能变得复杂。

白 18 好手，之后上边 B 位和 20 位打入白必得其一。

1 图

白 1 立即飞角实利大，但黑 2 飞攻，下面黑势得以扩张，全局黑棋更有利。

黑 19 价值大。白 20 打入也十分严厉。

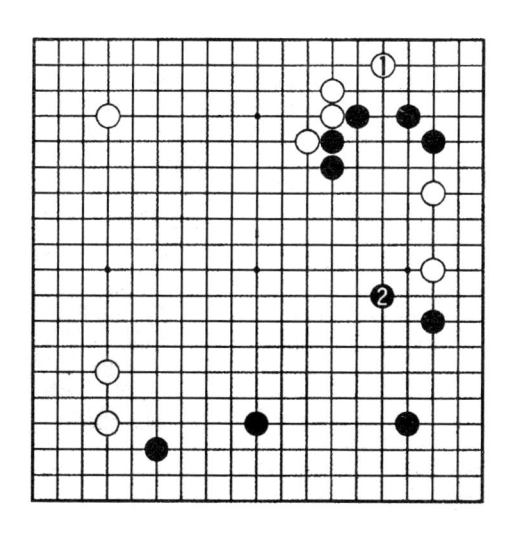

第 1 谱　1—20

1 图

黑25是本局情况下的好应手，如按普通下法在26位退，则结果黑明显不利。

白30强手。由于右边白棋已经厚实，白30抢实地，不怕与黑棋在上边战斗。

黑47不妥。

2图

黑47当如图直接下在1位，白2时，黑3位补，这样黑形厚实。

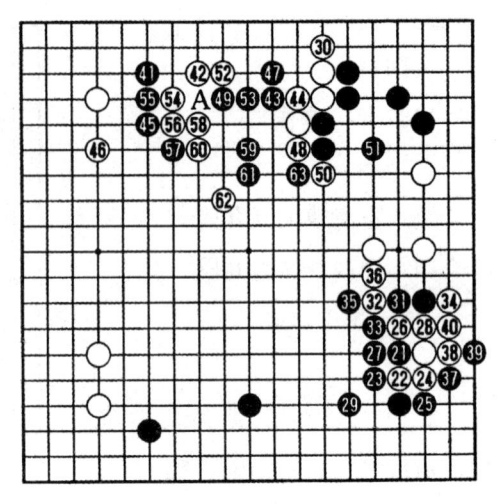

实战黑49时，白52出动，黑棋并无好应手。

黑53与白正面交战，但情况并无把握。

白54以下穿断黑棋，双方由此展开激战。

黑53也可下A位忍耐。

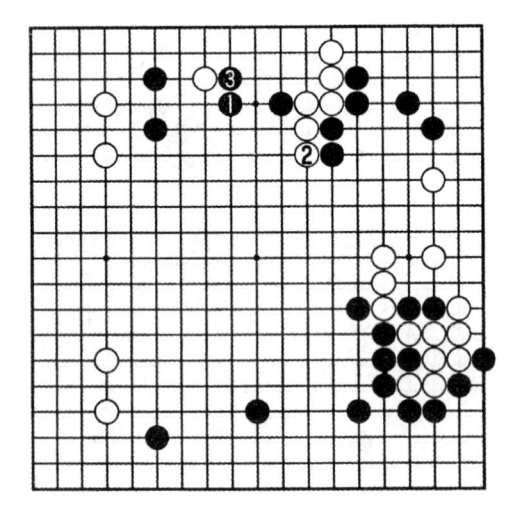

第2谱 21—63

2图

全国赛

1989年 中国

黑 河南汪见虹七段

白 河南刘小光九段

（黑胜3/4子）

起手至黑15，是常见的二连星布局。

白16挂，黑17单关，白18直接拆二是好手。

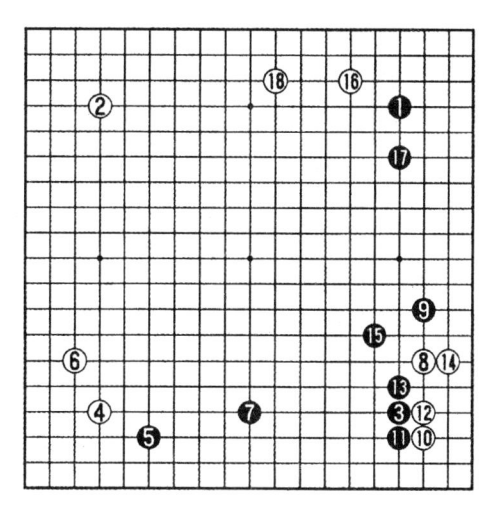

第1谱 1—18

1图

白1飞，黑2尖，白3拆二，这是最常见的定式，但在本局情况下，由于白1与黑2的交换，黑4以下可放手取势经营右边及下边模样，如此白不利。

实战白18直接拆二，给黑棋扩张模样制造了一些困难。

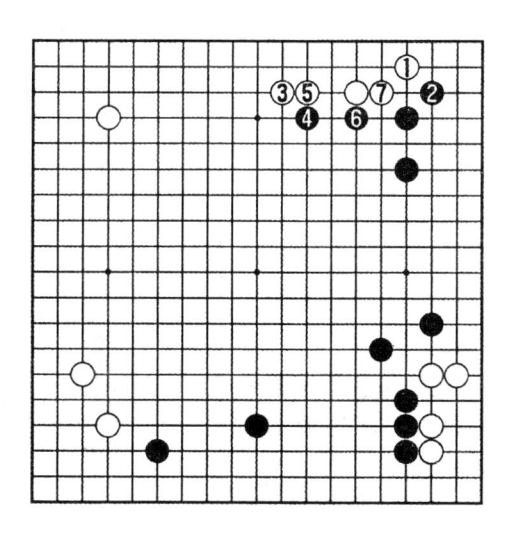

1图

黑 19 大场。

白 20 先守，然后白 24 打入，着法正确。白 20 如立即从 24 位打入，则黑棋得先手后在 22 位点角，全局形势白不利。

黑 25 先托再 27 位压，是一种场合的手段。

2 图

黑 1 直接压，白棋可选择本图的变化，白左下角实利相当可观，对此黑不能满意。

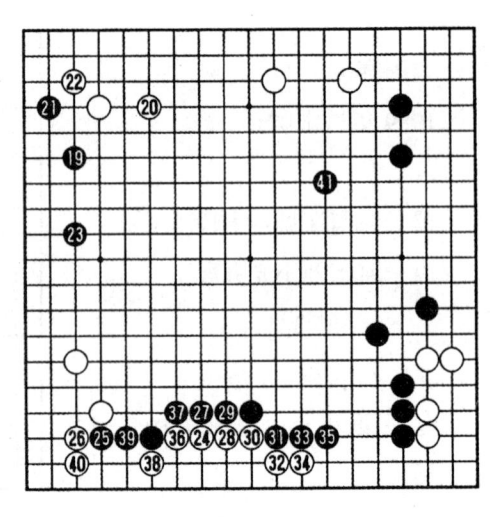

第 2 谱　19—41

实战结果与 2 图有一定差别。

黑棋在下边先手走厚，然后 41 位围，完成了形成模样的布局意图。

接下来白打入黑阵挑起中盘战。

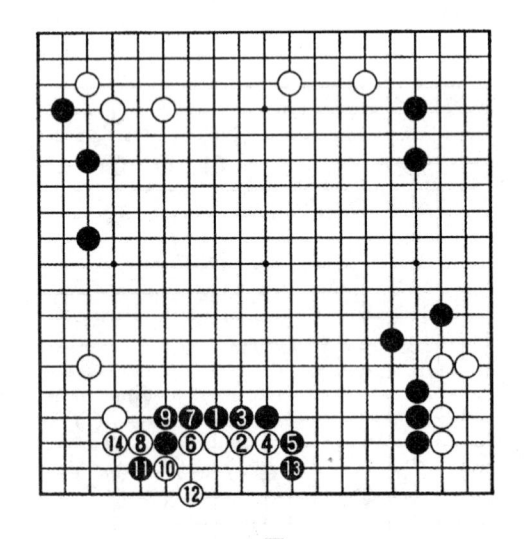

2 图

六、三连星布局

三连星布局是二连星布局发展的结果。

1 图

本书所称的三连星布局，主要是指黑1、3、5三手连占一边三个星的布局。另外，黑5先走其他地方，之后再回头占5位星，根据情况，其中一部分也归入三连星布局。

三连星布局是"新布局"的标志，是"新布局"的最出色实践。

2 图

这是木谷实执黑在1933年的对局。黑棋使用了三连星布局，对此，日本新闻界以"破天荒新战法"为题大加报道。

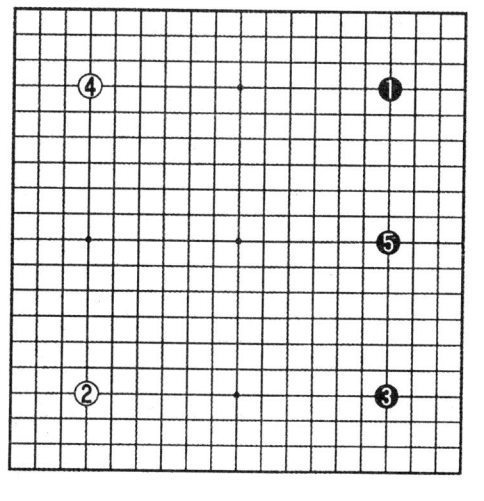

1 图

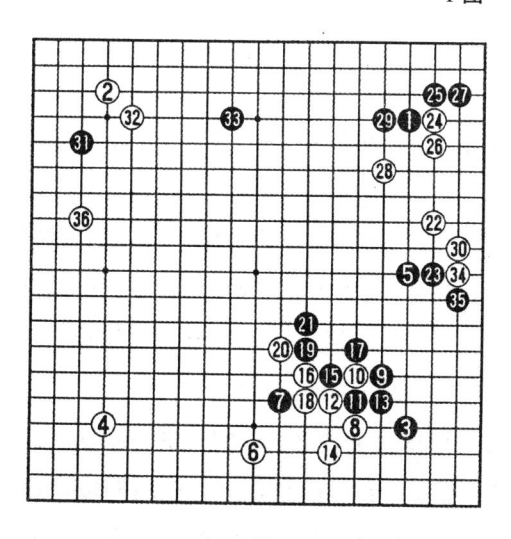

2 图

3 图

这是吴清源执黑在 1933 年的对局。黑棋也使用了三连星布局。

木谷实和吴清源是"新布局"的发起者与倡导者，他们首先研究和使用了三连星。

由于三连星布局偏于取势，因而较难把握，后来的棋手又一度少用。到了上世纪七十年代，日本棋手武官正树创造了"宇宙流"战法，三连星布局再次受到重视。

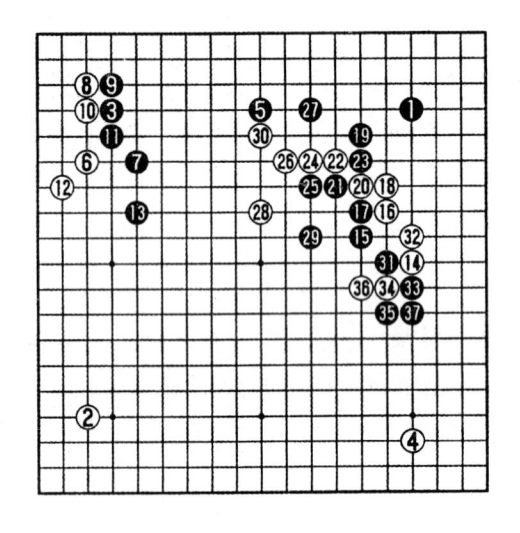

3 图

4 图

这是武官正树执黑 1970 年的对局。黑棋以三连星构筑大模样，给人以全新的感觉。

武官正树的"宇宙流"战法，以棋势广阔和变幻莫测为主要特征。"宇宙流"战法从三连星布局的实践中来，因而作为一种布局的类型，"宇宙流"属于三连星，但是作为一种布局思想，"宇宙流"又超越了三连星。著名棋手林海峰对"宇宙流"战法有如下的评论：

"武官先生的大模样作战可称之为应时代的要求而兴起的产物。豪快无比的"宇宙流"不以边角为中心，而是在序盘阶段即以中原为战场，从棋的意义上来说，这不仅仅是个人的技艺，它打破了序盘行棋的价值观，给予棋子以新的生命与价值,对围棋技术的发展作出了无可估量的贡献。"

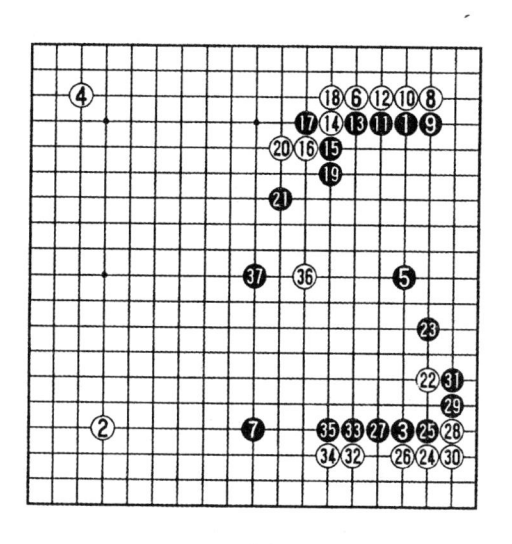

4 图

5 图

对白 6 挂角,黑 7 脱先占据下边星位,这是"宇宙流"的基本型之一,同时这种布局又称为"四连星"。黑 7 的思想基础是重视中原作战,并在技术上做好了充分的准备。

"宇宙流"战法重视中原作战,强调在作战中达成势与地的转换,从而确立优势。"宇宙流"的这一思想具有广泛的对局意义,因而超越了三连星的范围,被棋手使用于其他各种布局。在本书中,"宇宙流"在三连星一节中集中介绍。

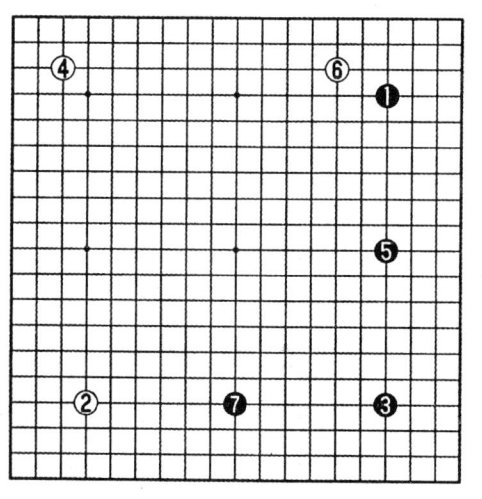

5 图

中日围棋友谊赛

1964年

黑　中国吴淞笙

白　日本加纳嘉德七段

（黑中盘胜）

黑棋三连星布局，当时的中国棋手还很少下。

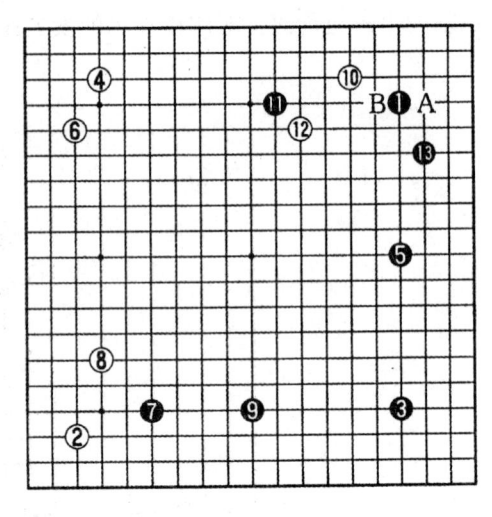

第1谱　1—13

黑11的二间高夹，是配合三连星取势的下法。白如点三三，则黑A位挡后B位长，黑外势庞大。

白12好手。

1图

对白1，黑2长不好，如图至白5，白棋有效地遏制了黑棋三连星的威力。黑13是此际的好应手。

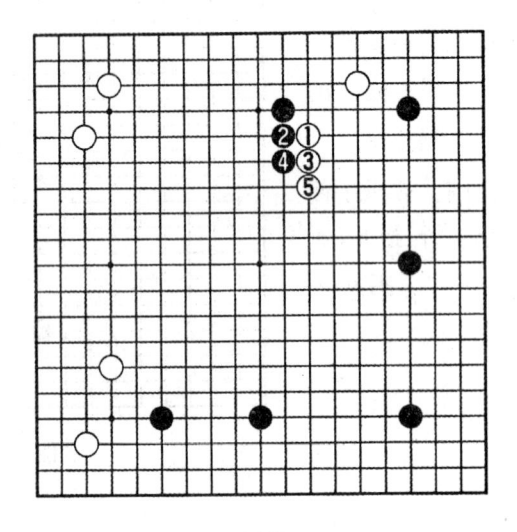

1图

白16强手，普通在21位长。

对白16，黑19必然反击，以下至黑23，双方应接皆一般分寸。

白24如在25位打，则黑24位长，白不利。

白28好手。

白34过分。

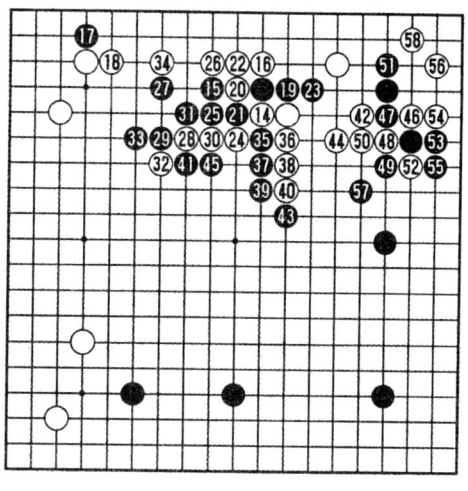

第2谱 14—58

2图

白34当如图在1位补，黑2则白3，以下应接至白11，结果白棋优于实战。

黑35断严厉，白棋十分难下。

白36以下至黑45，白棋被迫退让以求转换，但结果不利。

白46好手，以下双方再次转换，全局成黑大模样与白实地对抗。

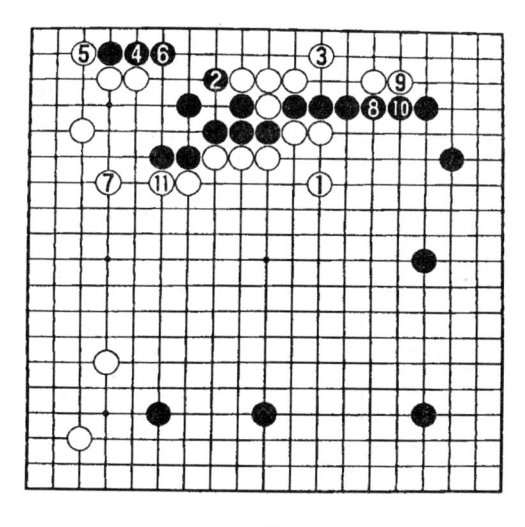

2图

全国赛

1982年　中国

黑　河南刘小光

白　黑龙江聂卫平

（白中盘胜）

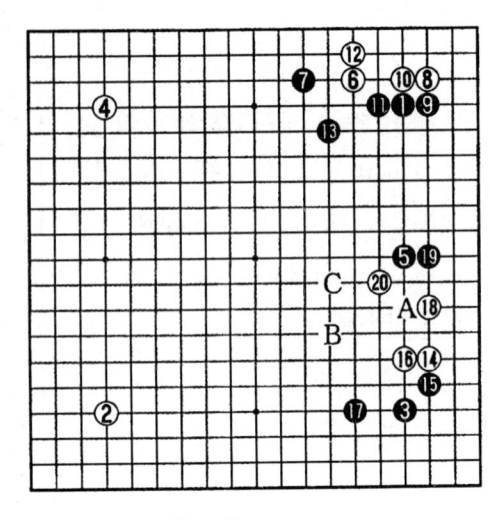

右上应接至黑13，这是白棋争先的定式。

1图

谱中白12也有如图在1位立的下法，但黑2先手压后，将抢占4位大场，黑棋布局速度很快。白5以下即使扳出，黑棋也充分可战。

白14挂是对付三连星阵势的积极下法。

白18好手。白18如下A位，黑19，白B，黑C，白棋立即受攻。

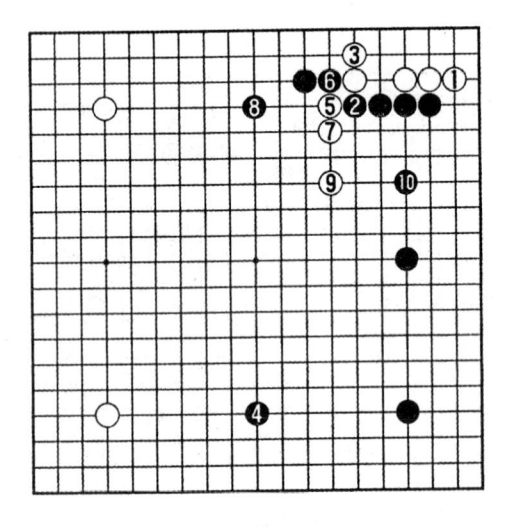

第1谱　1—20

1图

白 20 是要点。

黑 21 下在 24 位更积极。

白 22 以下先手补强，然后脱先 26 位守角，白棋序盘作战成功。

黑 31 对白棋发动进攻。以下至黑 37，双方应接皆必然之着。

白 38 好手。

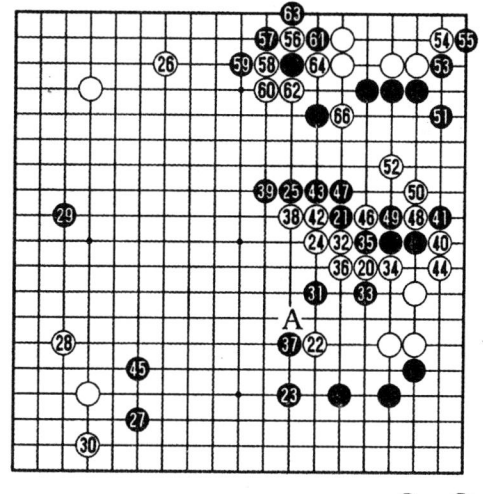

第 2 谱 20—66

㉕ = ㊶

2 图

对白 1，黑 2 以下是普通应法，但白棋可吃掉黑 3 子，黑不利。

实战黑 39 挺头是强手，但棋形却露出破绽。

白 40 锐利，击中黑棋要害。为防白 A 位扳出，无奈之下，黑只得走 45 位保全下边，但被白 46 以下至 66 攻破右边，黑棋大损。

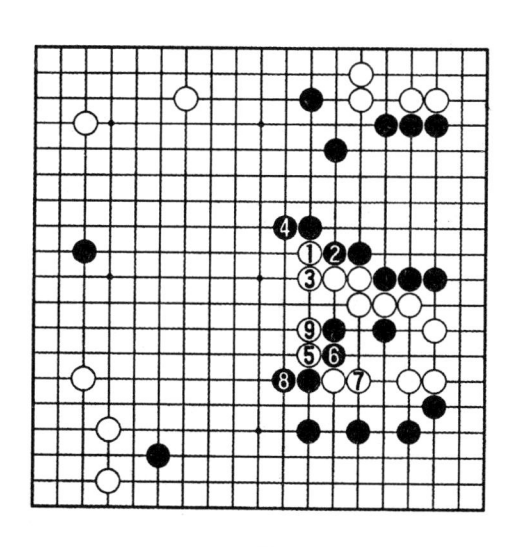

2 图

全国赛

1983年　中国

黑　聂卫平九段

白　邵震中六段

　　（黑中盘胜）

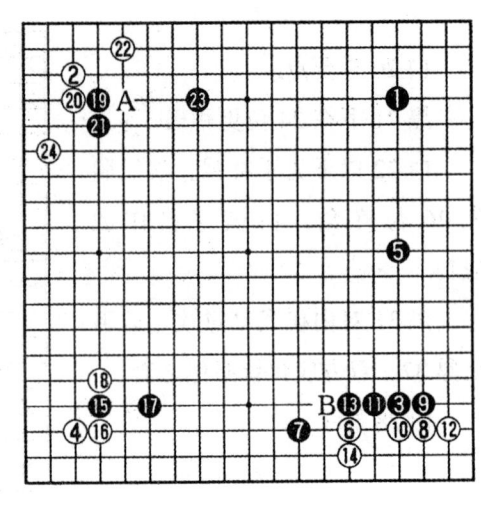

白12不如在14立争先，然后从A位飞起，这样下布局速度更快。

黑15肩冲，意在借此处变化补掉B位的弱点。

白16不好。

1图

白1长才是正确的方向。这样白是先手，还有A位的打入。

黑17跳后，19脱先，黑棋下法十分灵活。

对白22飞，黑23三间跳是一种趣向。

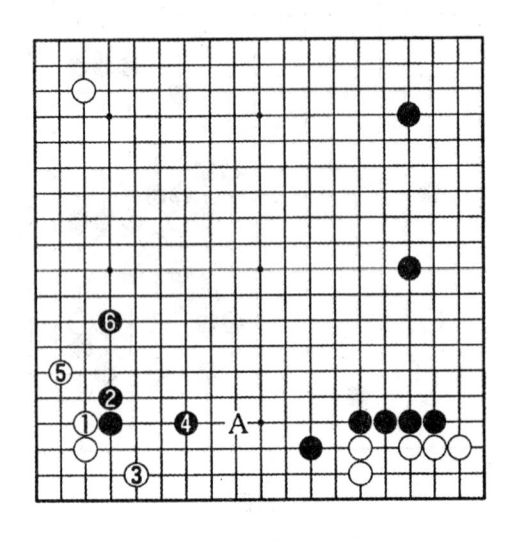

第1谱　1—24

1图

黑 25 守角，右边黑势壮大，已是黑易下之局。

白 26 侵消黑棋阵势。

2 图

白 26 如图在 1 位飞起是普通的下法，这样黑将 2 位肩冲取势，变化至黑 8，黑势庞大。

白 30 扳出，挑起纠纷。

白 36 如在 38 位跳，则黑 44 位扳。

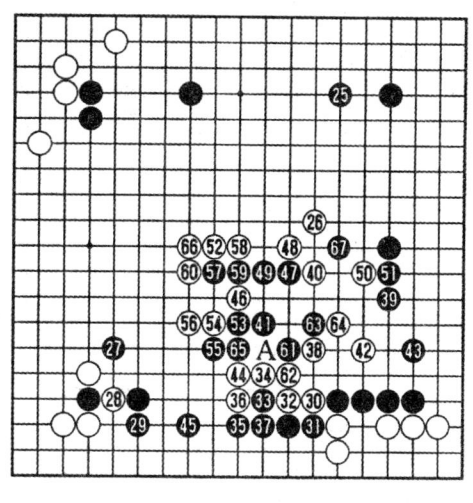

第 2 谱　25—67

黑 41 是攻击的急所。

白 44 强手，普通是在 A 位顶确保联络。

黑 45 稳健，在 62 位打断白棋则变化复杂。

白 46 以下意在以攻为守，但结果并不理想，至黑 65 接，白已劣势。

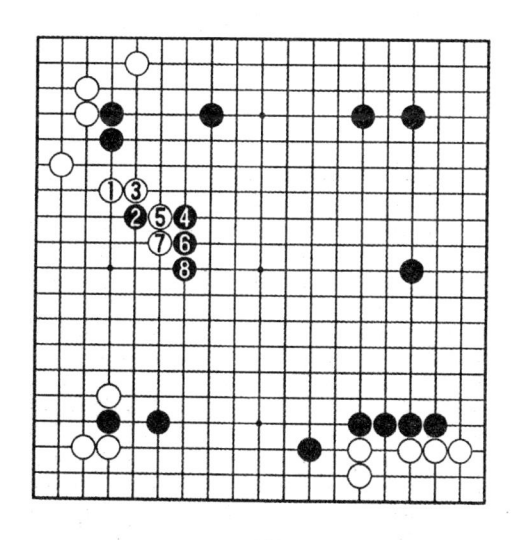

2 图

访日选拔赛

1986年　中国

黑　曹大元八段

白　倪林强五段

（黑胜 $2\frac{3}{4}$ 子）

白8托时，黑9以右边三连星阵势为背景，选择雪崩型定式，这是积极求战的下法。

白12以下采取简明对策。

黑17一间高夹也是积极着法。

1图

白18如在图中1位点角，则黑将形成厚壮的外势，全局黑有利。

白18跳，以下至黑27是定式。白26在27位长，则黑A位挡，这样的交换白无益。

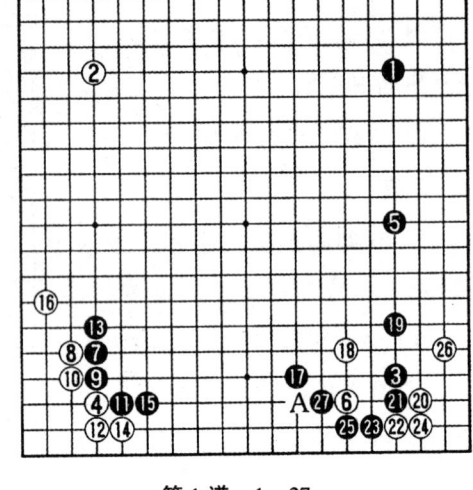

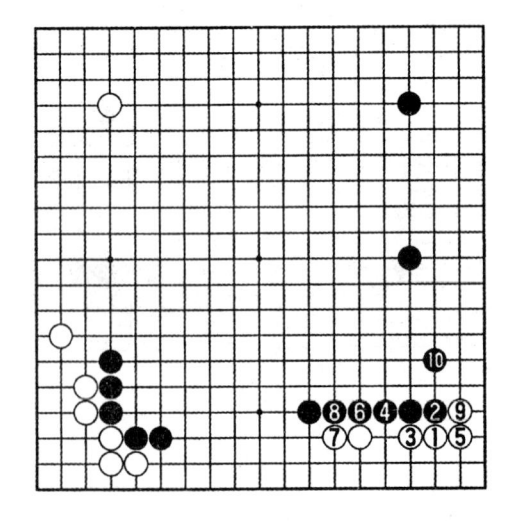

第1谱　1—27

1图

白 28 飞起，这是要点。

黑 29 不好。

2 图

黑 29 时，黑 1 镇是十分有力的一手，如此黑势规模宏大，全局形势黑主动。

对黑 29，白棋脱先占据 30 位大势的要点，有效地抵消了下边黑势的威力。

黑 31 双飞燕寻求战机。

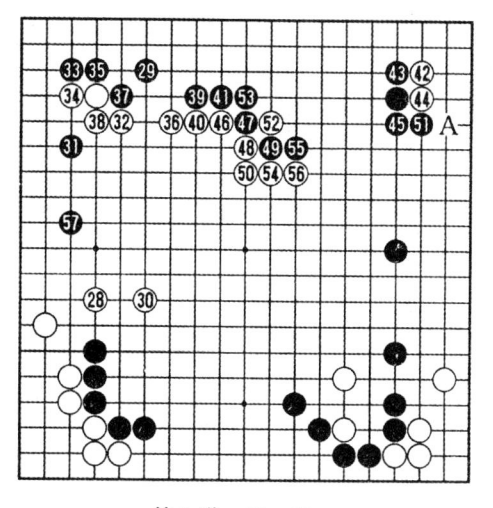

第 2 谱 28—57

白 42 点角构思巧妙，白棋既要占到 46 位的压，又要在角上留下余味。

黑 45 可考虑 51 位扳，与白 A 交换后，再 48 位飞起，以破坏白棋实现构思。

黑 57 拆，全局形势不明。

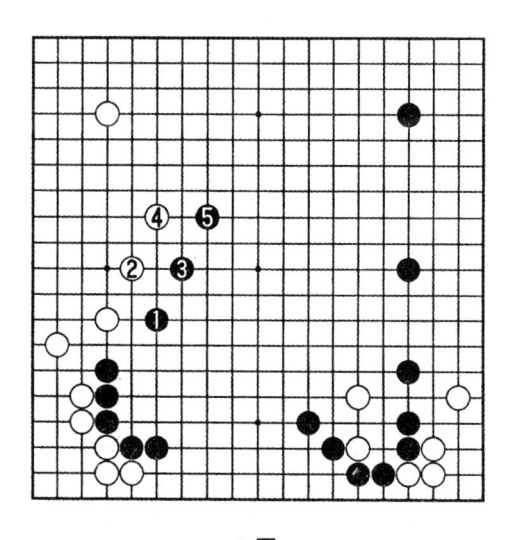

2 图

中日围棋对抗赛

1986 年

黑　中国曹大元九段

白　日本工藤纪夫九段

（黑中盘胜）

黑 13 如在 A 位分投，则白在 B 位挂角，这样将成为双方打散的格局。实战黑 13 守角，坚持扩大模样。

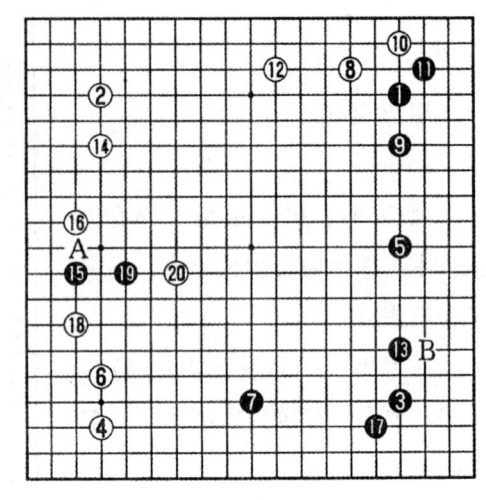

第 1 谱　1—20

黑 15、17 着法不连贯，不如空走 17 位守角。

白 18 好点。

黑 19 过激，被白 20 镇，黑已不能从容布阵了。

1 图

黑 19 时，如图的下法很有气魄，黑棋彻底在模样上争胜负。

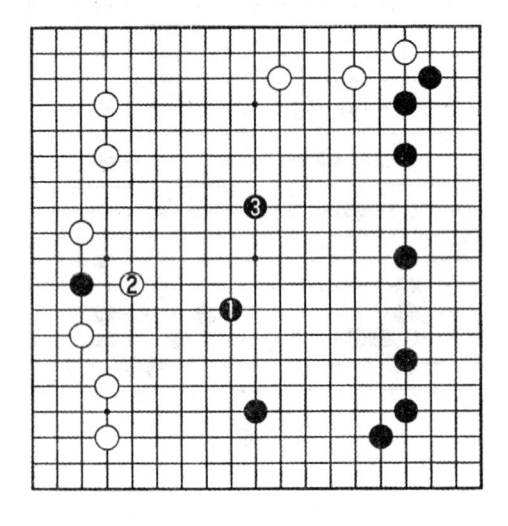

1 图

对黑 21，白 22 继续在外围行棋，试图一举获得全局优势。

黑 23 靠，白 24 下扳，一场激战由此展开。双方应接至白 38，全局仍保持均势。

黑 39 尖时，白 40 补极大，否则让黑 40 位飞，白上边一带的形势将化为乌有。

黑 41 挡是计算之中的着法。

白 42 不好。

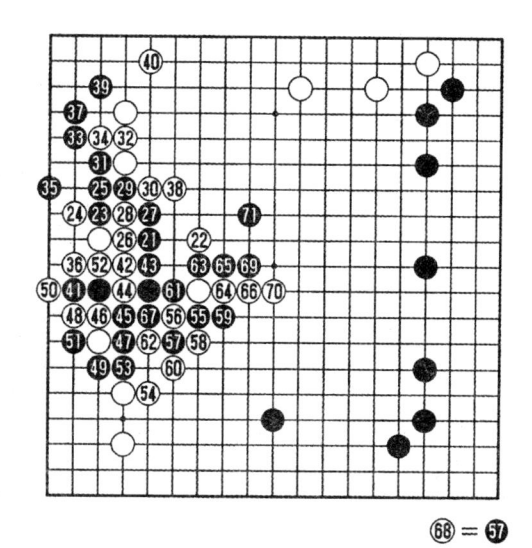

第 2 谱 21—71

㉘ = ㊼

2 图

白 42 时，如图的变化才是正确的判断，这样双方形势不相上下。

实战应接至黑 53，白棋的实地已经落后。

白 58 当 61 位接，如此尚可一争。

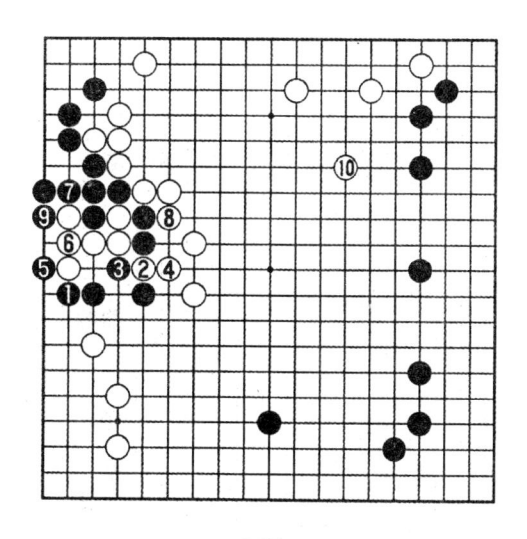

2 图

段位赛

1987年　中国

黑　钱宇平八段

白　邵震中七段

　　（黑中盘胜）

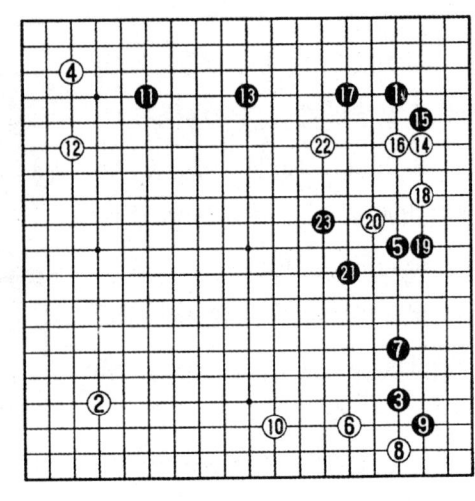

起手至黑21，是十分流行的三连星布局着法。

白22不妥。

1图

白1跳，意在让黑2补一手，然后白3飞得好形，然而这仅仅是一厢情愿。

对白22，黑23飞镇是当然的反击手段，白棋的意图被破坏。由于白棋形薄，此时不可能在黑上边打入。

因此，白22当在23位关出，这样白棋出路更畅。

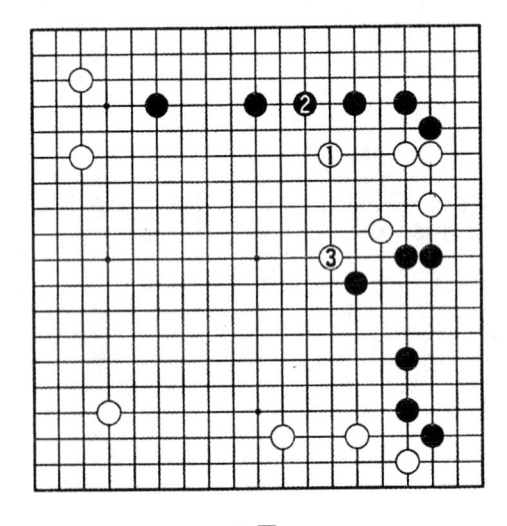

第1谱　1—23

1图

白 24 是此时的好应手。

黑 25 不好。

2 图

黑 25 时，当如图 1 位冲后抢占 3 位要点，这样黑棋十分主动。白 4 如打入，黑 5 位跳起，白棋还得谋活，白不行。

黑 27 仍应在 A 位飞。

白 30 过强，在 A 位飞即可获得大局的优势。

黑 35 当从 A 位扳出作战。

白 36 虎，白作战成功。

白 48 好手，白势生动。

白 54、56 连走缓手，失去了攻击黑棋一举获得优势的机会。黑 57 跳，双方又成均势。

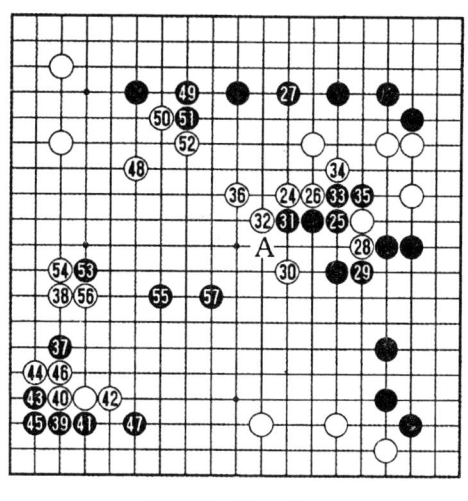

第 2 谱　24—57

2 图

第 9 届新体育杯

1988 年　中国

黑　俞斌七段

白　曹大元九段

　　（黑胜 3/4 子）

起手至黑 7，黑棋四连星。

白 8 点三三是先取实地的下法，但黑势更盛。

白 14 挂入。

1 图

对白 1，黑如 2 位飞应，则白 3 拆，黑 4 防止白 A 位飞，白 5 跨，以下至白 9，白棋形状较生动。

实战黑 15 采取尖顶的下法，避免 1 图的结果。

白 22 新手，此手通常都是在 A 位跳出。

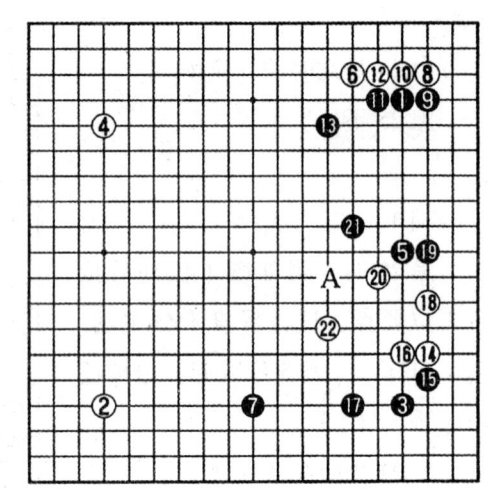

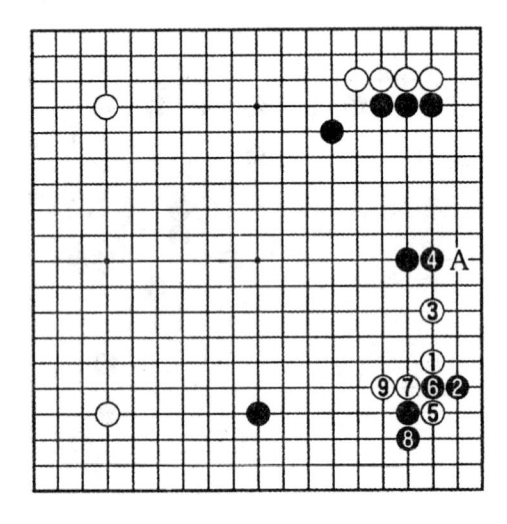

第 1 谱　1—22

1 图

由于局部暂时无好应手，黑23脱先占大场。

黑25挂角，接下来黑27点角抢夺实地。

黑39不好，当在A位关。

白40缓。

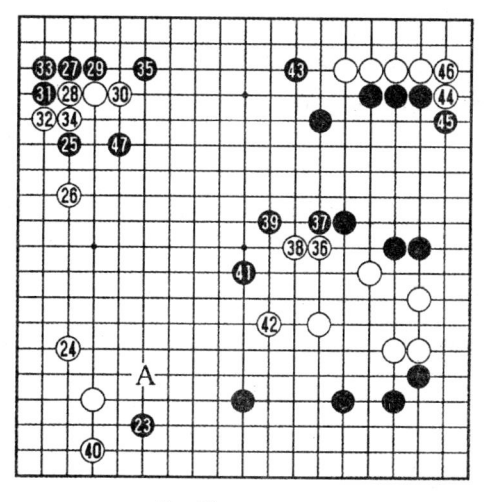

第2谱 23—47

2图

白40时，当立即如图在下边1位打入，应接至黑12是常形，白再13位围。黑一子并无多大作用。本图结果白有利。图中黑2如在12位压，则白A位挖，黑棋仍然难下。

黑41与白42交换，有消减左边白势的意味。

黑47跳起，在左边首先挑起战斗，这里的攻防将决定全局。

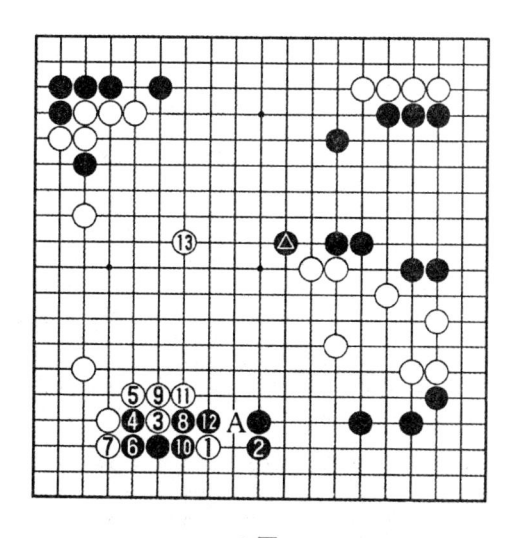

2图

第 10 届新体育杯

1988 年　中国

黑　俞斌八段

白　聂卫平九段

　　（黑中盘胜）

在黑棋三连星布局中，白 8 下在 A 位更多。

黑 11 分割白棋势力。

1 图

黑 1 镇，之后黑 3 扩张，这是彻底的大模样战法。谱中黑 11 的下法则更谨慎。

黑 17、19 利用三连星阵势来抢占实地，这是有新意的布局思路。

白 20 打入，黑 21 跳起，黑棋又扩张右下形势。

白 22 大场。

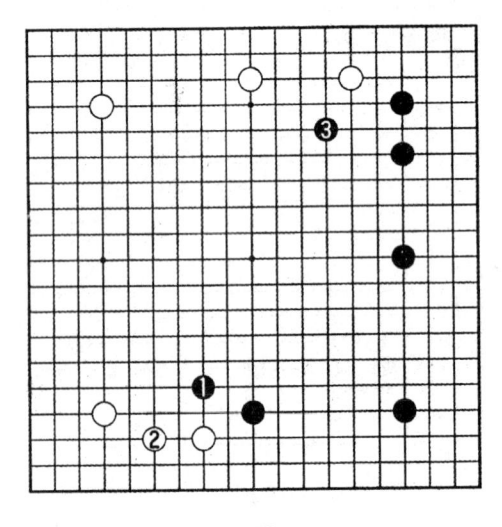

第 1 谱　1—22

1 图

黑 23 点角时机不当。

2 图

由于黑棋实地已不少，黑 23 时，应将行棋的重点放在中腹。如图黑 1 镇，白 2 补，黑 3 尖，这是有利的选择，黑棋一边巩固自己阵地，一边限制白棋两方模样的发展，这样下黑棋十分从容。

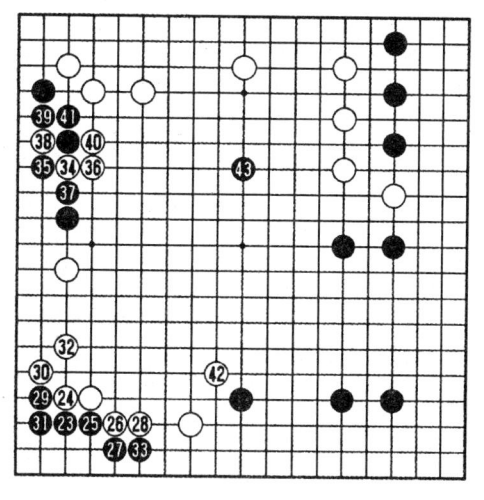

第 2 谱　23—43

实战黑 23 点角再抢实地，但让白外侧走厚，继而上下成势，黑棋反而被动。

黑棋捞足了实地，然后于 43 拉打入白阵，这也是一种争胜负的下法，但毕竟把握小。

今后的胜负，就要看白棋如何攻击黑棋了。

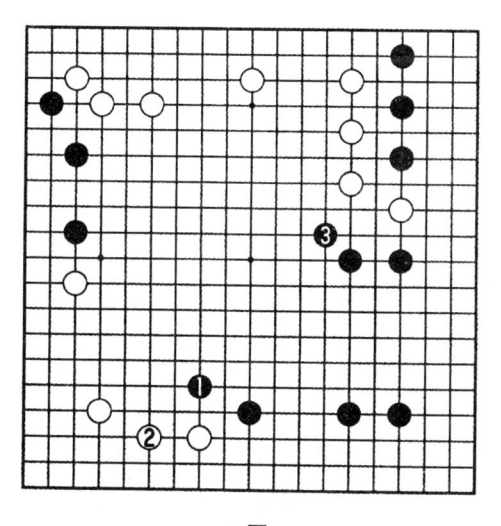

2 图

七、对角星小目布局

这里所说的星小目布局，是指星与小目相配合的布局。星与小目配合使用，是为了取得布局速度与实利的平衡。

1图

黑1走星，之后黑3占对角的小目，这就是对角星小目布局。黑1先占小目，之后再走对角星位，也属于对角星小目布局。

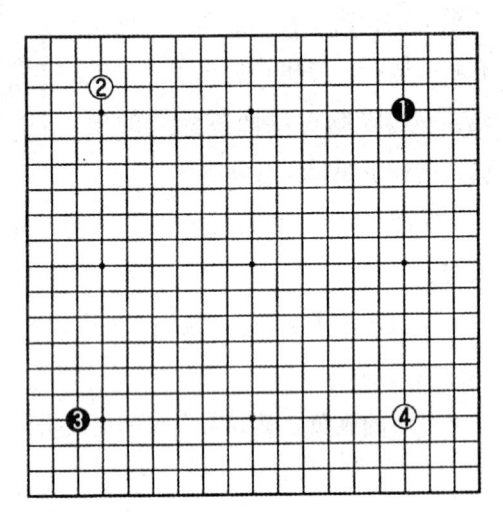

1图

2图

黑1占小目，黑3守角，黑5再走对角星位，这也是对角星小目布局。将对角星小目归入星类布局，是为了说明方便，没有主从之分。

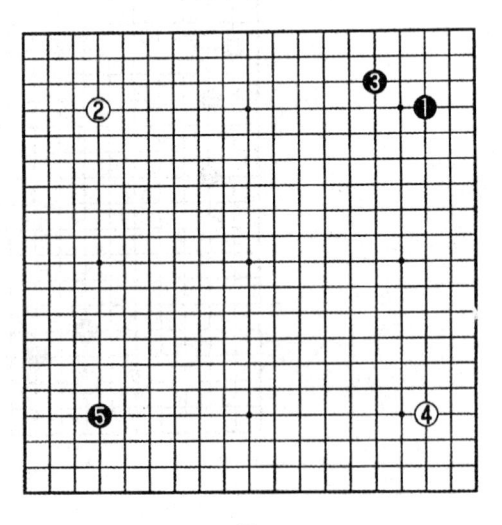

2图

全国赛

1964年　中国

黑　四川周孝棠

白　湖北邵福棠

　　（黑胜2子）

由于征子对黑有利，黑9大飞应可行。

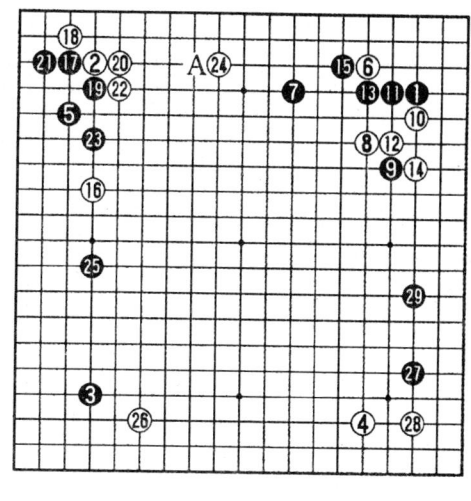

第1谱　1—29

1图

对黑1，白如2位冲，则成如图结果，由于黑征子有利，白不行。

白10亦是一种定式的下法，结果黑仍可满足。

白22与黑23交换损，当直接在A位拆二。

白26不如在右下守角。

黑27好手，既分白边势，又能避免受攻。

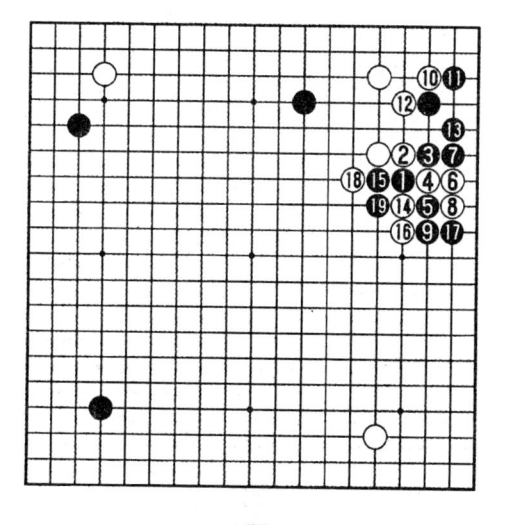

1图

白30 缓手。

2图

白30 如图在1位长是当务之急，这样既补强自己的拆三，又与白△子相呼应。

黑31 急所。

白32 的下法太重，不如在A位打入，通过腾挪寻求转换。另外，白32也可在B位关扩张下边势力，左边以后再见机行事。

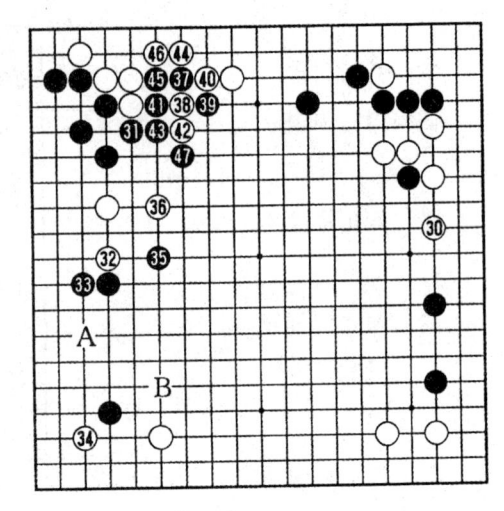

第2谱 30—47

白34 不妥。白32既着，就当继续经营，今白脱先，让黑35飞攻，白棋立即陷入困境。

黑37 打入是好手，由于白棋左边有弱棋，黑棋的选择很多。

白38、40 只得如此，黑有利。但黑45当47位打。

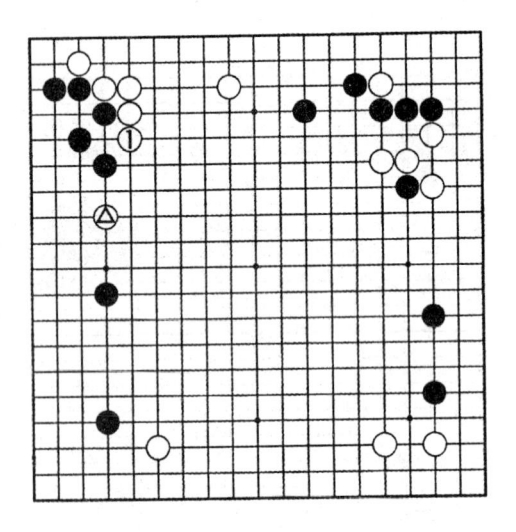

2图

中日围棋友谊赛

1979 年

黑　中国曹大元

白　日本小林觉五段

　　（黑中盘胜）

白 52、54 下法不好，应直接 55 位拐头。

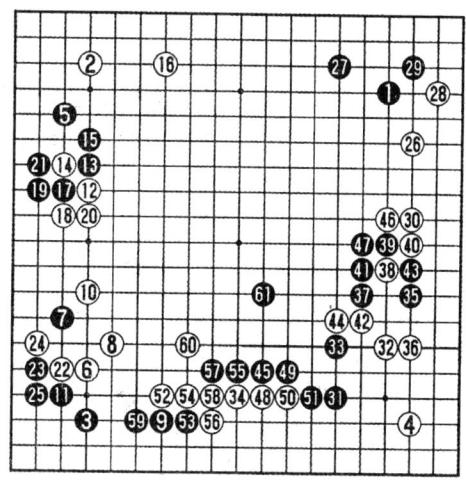

谱　1—61

第 4 届全运会

1979 年

黑　上海华以刚

白　黑龙江陈兆峰

　　（黑中盘胜）

白 48 当直接从 A 位通连走厚，如此白可战。

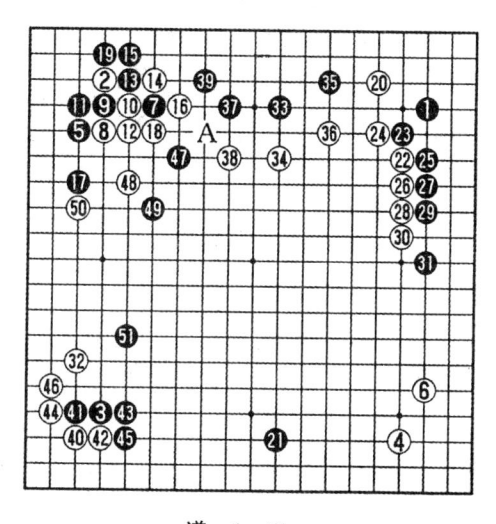

谱　1—51

中日围棋友谊赛
1979 年

黑　日本片冈聪五段
白　中国聂卫平
（黑胜半目）

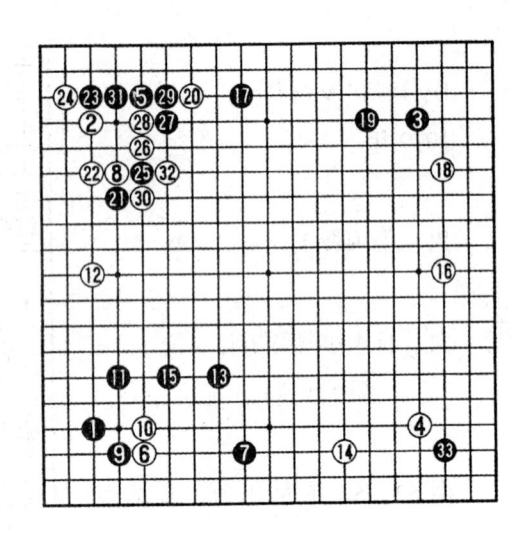

白 8 小飞是布局趣向，普通当考虑在左下角选择定式。

白 12 脱先，意在求变，但结果并不理想。

1 图

白棋从 1 位飞出是本手。

黑 13 严厉，之后黑 15 补，结果白棋不利。

黑 21 以下方厚势为背景腾挪，使白棋不能用强，构思合理。如谱黑棋争先走到 33 位点，布局成功。

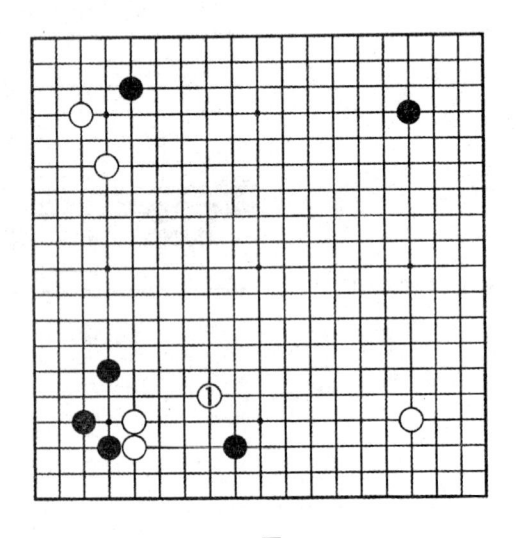

谱 1—33

1 图

全国赛

1980 年　中国

黑　福建黄良玉

白　上海陈祖德

　　（白中盘胜）

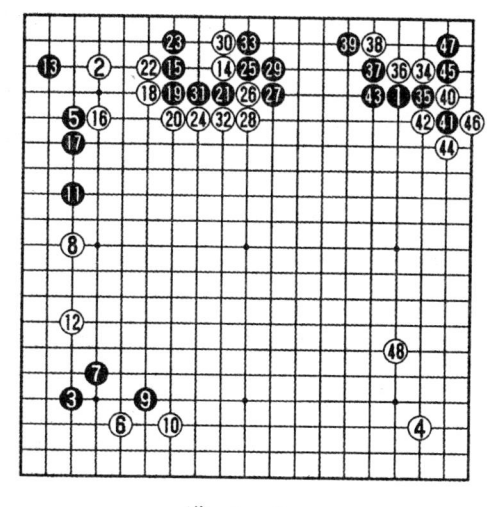

谱 1—48

黑 13 缓，当在 15 位反夹白棋。

白 14 是十分积极的着法。黑 15 打入亦是当然。

白 18 好手。

黑 19 长，被白 20 扳，黑棋已难以找到好形。

1 图

对白 1，黑 2 是有力的应手，如此结果难料。

实战黑 21 压，白 22 挡，以下至黑 33，白先手利。

白 34 点角正是时机，黑难应，至白 48，白形势已优。

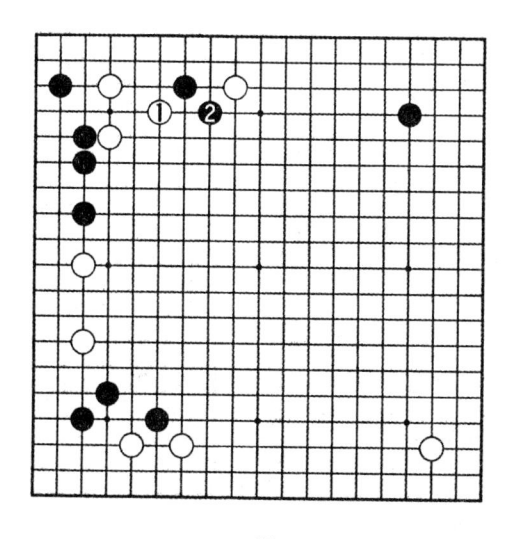

1 图

全国赛

1980年　中国

黑　四川黄德勋

白　福建赵之云

（黑胜 $2\frac{3}{4}$ 子）

白8拆二是稳健的下法，但被黑9夹击，白棋有不充分的感觉。

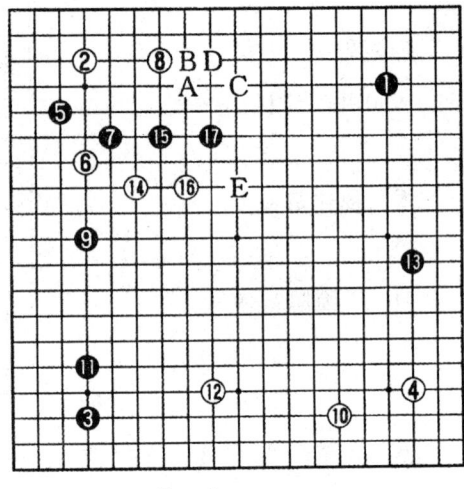

第1谱　1—17

1图

白1尖是更紧凑的下法，黑2必应，以下应接至白15拆，白棋不错。之后黑如A位点，白有B位的应手，不必担心受攻。

白14出动白6一子。

黑17在A位肩冲更有力。黑下A位，白如B长，则黑C跳，之后D位和E位见合，黑有利。

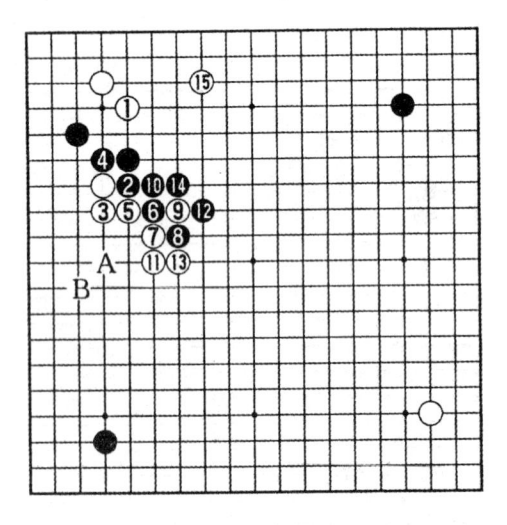

1图

白 18 当在 A 位拆二，此时黑 18 位镇的威力已减小。

黑 19 拦，之后 23 位守角，黑期仍然有利。

白 24 试应手，黑如 28 位接，则白 B 位飞出。

黑 27 软弱。

2 图

黑 1 挡是此际的要点，白如 2 位尖，则黑 3 接。本图结果黑棋十分厚实，形势占优。图中白 2 如 3 位冲，黑再 2 位渡。

白 28 当先从 B 位飞出，实战的下法保守。

黑 29 仍应在 C 位挡。

白 30 打入，黑棋以厚实的下法应对，至 41，黑棋保持了先着之效。

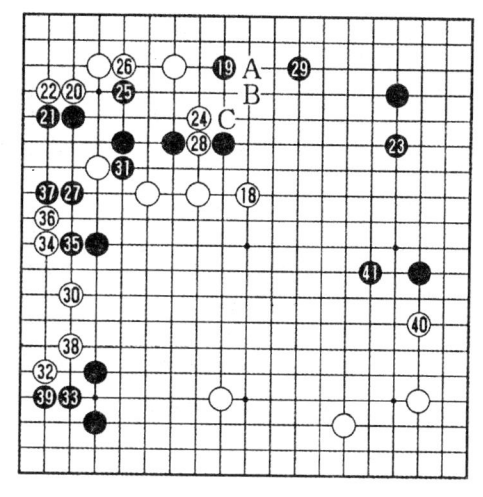

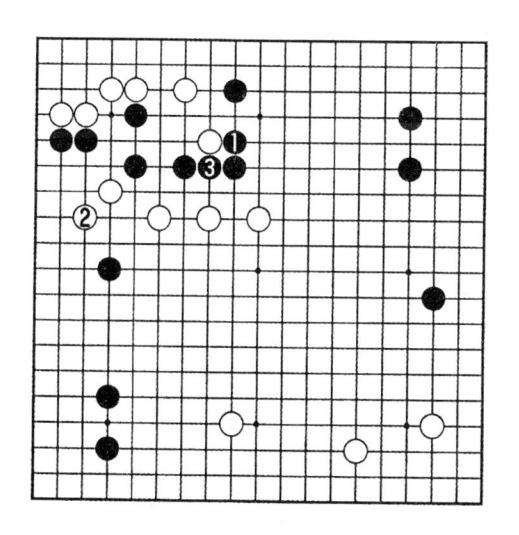

第 2 谱　18—41

2 图

中日围棋友谊赛

1982年

黑　日本加藤正夫九段
白　中国聂卫平九段

（黑胜四目半）

对白6的三间夹，黑7大跳比普通在A位尖顶的下法更富于变化。

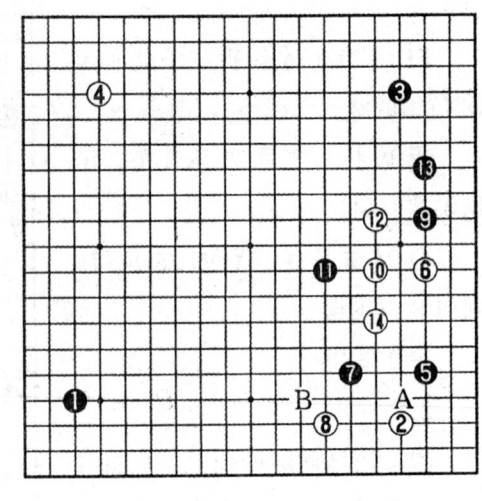

第1谱　1—14

黑11直接镇也是追求变化的着法，普通是在B位飞压后再镇。

对黑11，白12应法稳重。

1图

白1立即靠出十分有力，以下应接至黑8，形成变化复杂的局面，但白棋易作战。

白14冲击黑形的薄弱处。

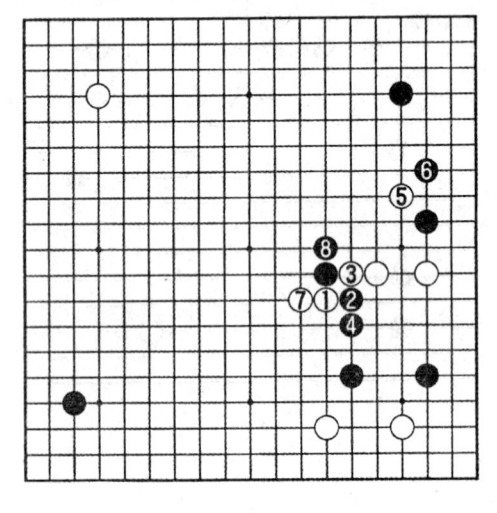

1图

白 20 和黑 21 是各得其一的好点。

对黑 23，白不能在 A 位挡，实战白 24 反击当然。以下应接至白 30，白棋上下通连，结果白有利。

白 32 随手，当立即占据左边 36 位大场。

黑 35 缓。

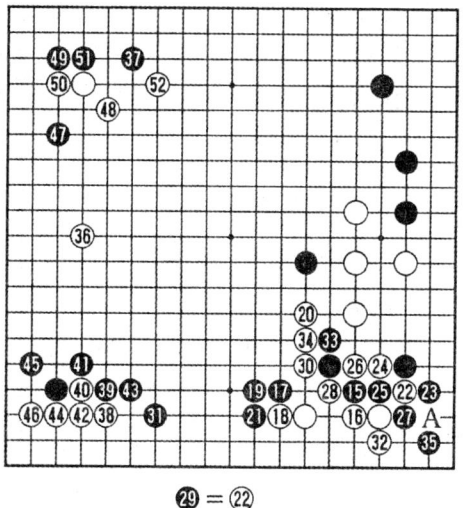

第 2 谱　15—52

2 图

黑 35 应抓住机会在图中 1 位靠后再 3 位尖，这样黑可争得先手占据 7 位大场。

实战白棋又占到 36 位大场，32 这手也成了先手利。

白 40 是有严厉引征手段情况下的强手。

白 48 好手，至 52，白势连片，全局占优。

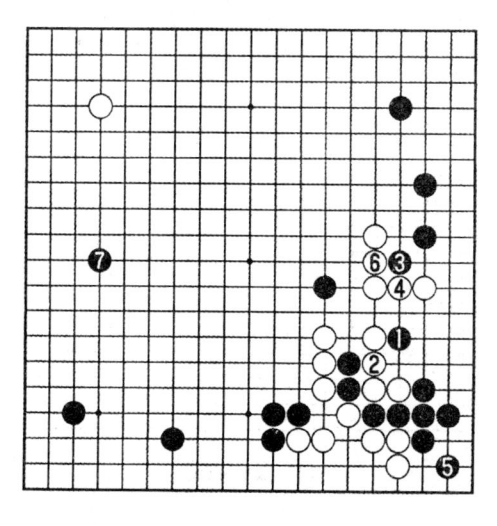

2 图

全国赛

1983年　中国

黑　上海芮乃伟五段

白　四川何晓任五段

（黑胜 $4\frac{3}{4}$ 子）

对黑5挂，白6尖十分厚实，但速度却慢。

黑7在上边开拆，当白8夹时，黑9从容取角，黑7一子正好限制了左上白外势，这正符合黑棋的构思。

白14挂角，准备挑起战端。

黑21软弱。

1图

黑21当如图1位打寻求转换，至黑11的结果，黑棋所得远超过所失。

白22整形。

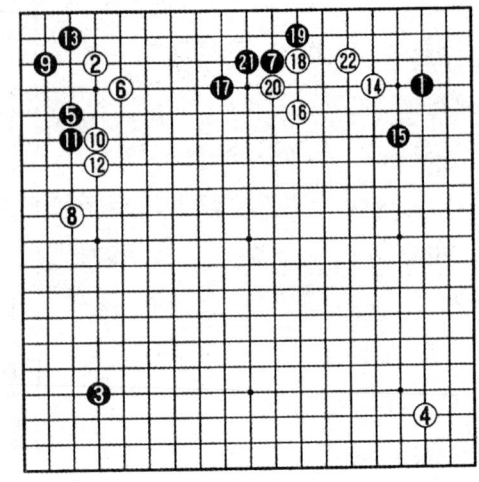

第1谱　1—22

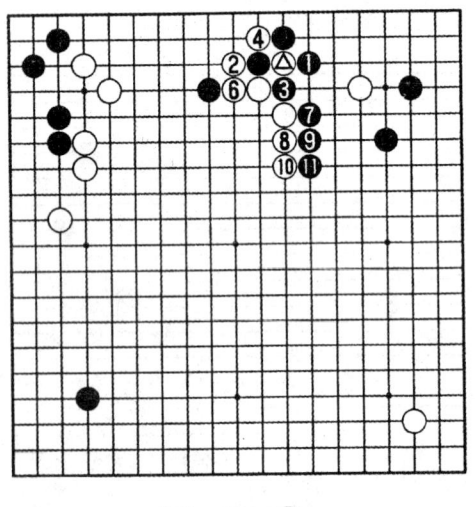

1图　❺=△

黑 23 损，黑 25 缓，此刻在 37 位拆是当务之急。

白 26 严厉，黑棋陷入困境。

黑 33 强手，但相当危险。

黑 35 以下继续强行，双方形成对杀。

白 40 好手，先手延气。

白 42、44 着法正确，黑棋越来越危险。

白 48 恶手，错过了一举胜势的机会。

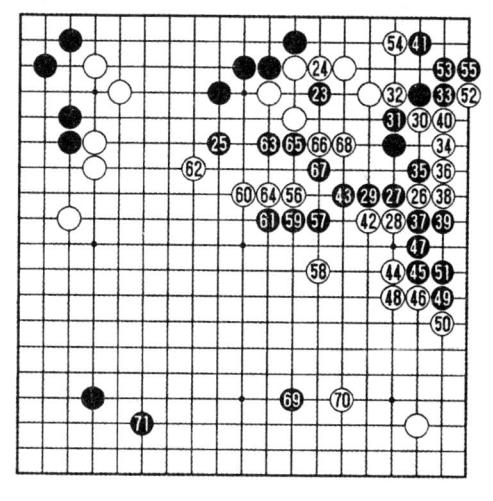

第 2 谱　23—71

2 图

白 48 如图在 1 位压是好手，应接至白 13，白棋已成胜势。

实战黑 49、51 后，白棋反而差一气被吃，这就导致了局势恶化。

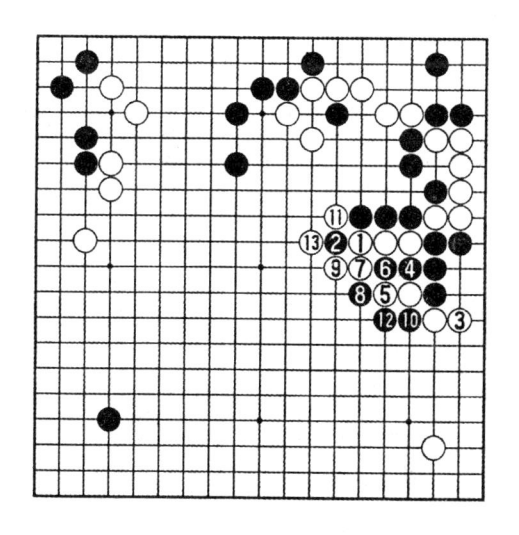

2 图

地方围棋赛

1984年　中国

黑　湖北李扬

白　四川　郭鹃

（黑中盘胜）

白10脱先夹击黑5一子，是为了寻求变化。

黑11不好。

1图

黑11如图1位跳出是简明有力的下法，这样黑可争先抢占9位大场，至黑11，黑棋外势较厚，成黑易下的局面。

白20应先在22位点，黑接，白再20位点，这样黑棋不能变化。实战白22后点，黑5一子已变轻，黑棋不会再接了。

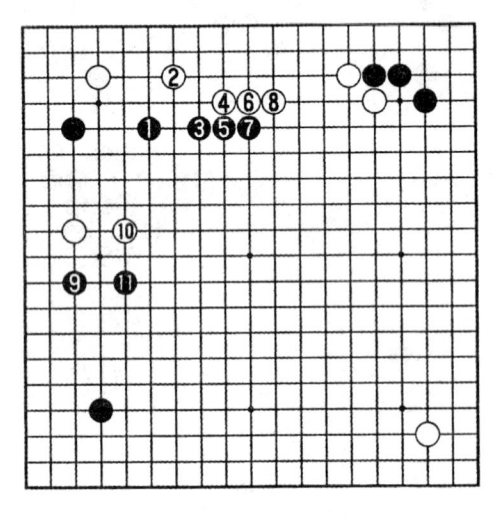

第1谱　1—22

⑱ = ⓫

1图

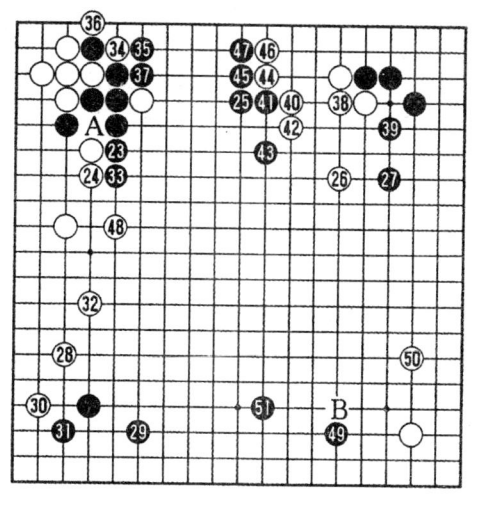

黑 23 压，之后黑 25 占据要点，黑棋已获主动。

白 26 不好。

2 图

白 26 如图在 1 位拆一是好形，这样白棋可以避免受到黑的攻击。

白 28 当从 29 位方向挂。

黑 33 压是双方形势消长的要点，同时间接补了 A 位的断点。

白 38、40 处理自身，但形状显得重滞，显然不如 2 图结果。

黑 41 以下继续威胁白棋，同时围取实地，至黑 47，黑棋实地不少，而白棋一块尚未完全活净，形势已倾向于黑棋。

白 48 当 B 位飞。

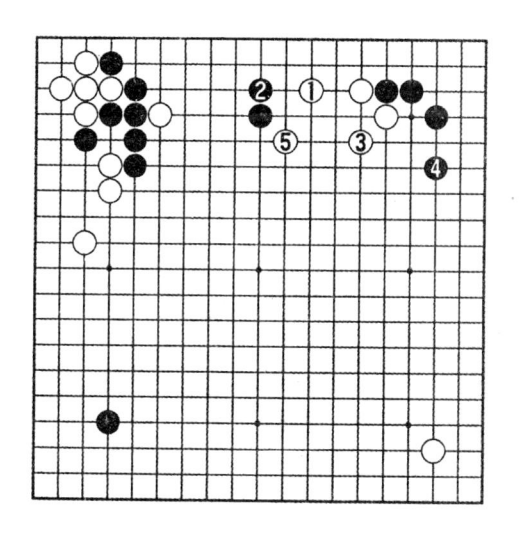

第 2 谱　23—51

2 图

中日擂台赛
1985 年

黑　中国聂卫平九段
白　日本小林光一九段
　　（黑胜二目半）

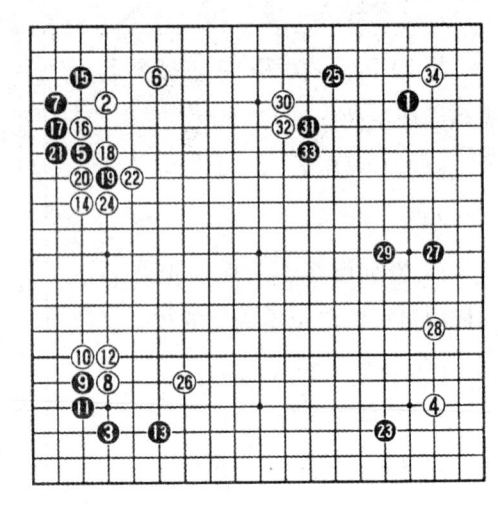

白 8 如在 15 尖角，则黑拆二，如此局面简单。实战白 8 挂角，之后 14 位反夹，这是追求布局变化的下法。

黑 15 尖，以下至白 22 是定式。

黑 23 引征，之后 25 大飞，黑棋布局速度较快。

1 图

黑 27 时，如图的选择更简明，黑棋易下。

白 30 先走，然后再 34 点角，是想获得高效率。

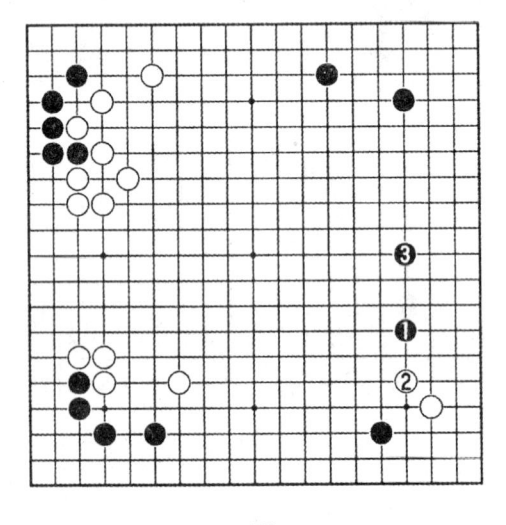

第 1 谱　1—34

1 图

对白 38，黑 39 是好应手，以下到黑 47 止，白棋虽先手活角，但左面两子受到伤害，白棋得不偿失，黑棋形势有利。

白 48 在下边另辟战场。

黑 49、51 采取就地求活的下法。

黑 57 不妥。

2 图

第 2 谱　35—77

黑 57 时，黑棋如图的选择更符合全局。本图结果黑棋局部稍损，但却能争到 11 位好点，这不但扩张了自己阵势，还抵消了左边和下边白势。

实战的结果局面变得复杂，双方均难把握。

黑 77 飞起，准备通过攻击下边白棋进入白左边。

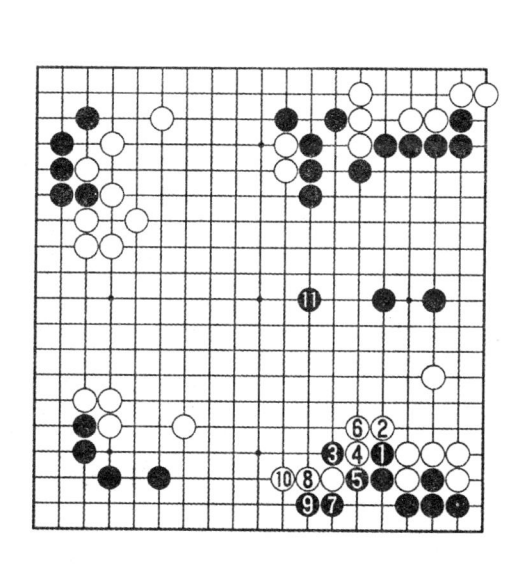

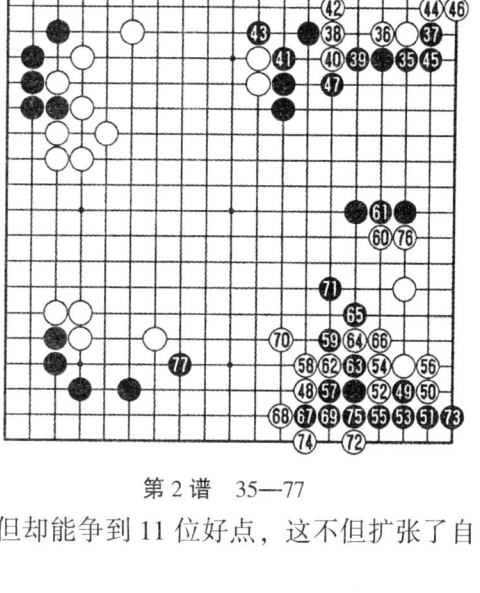

2 图

八、平行星小目布局

平行星小目布局与对角星小目布局相比,其步调更平稳。平行星小目布局的星与小目同在一边,距离近,因而更能把握布局速度与实利的协调平衡,平行星小目布局在实战中使用得更多。

1 图

黑 1 走星,黑 3 走同一边小目,这就是平行星小目布局。黑 1 先走小目,之后再走同一边的星位,也属于平行星小目布局。

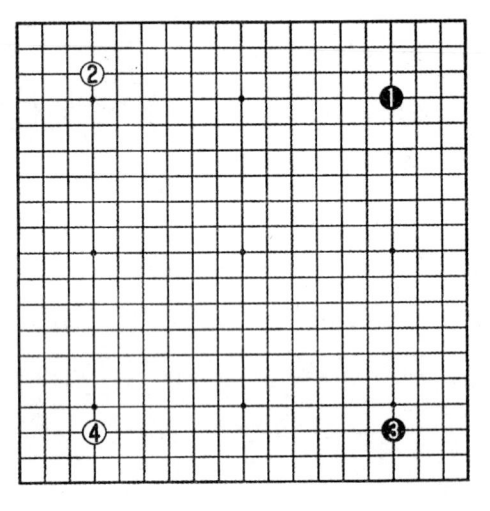

1 图

2 图

黑 1 走小目,黑 3 守角,黑 5 再占星,这也是平行星小目布局。

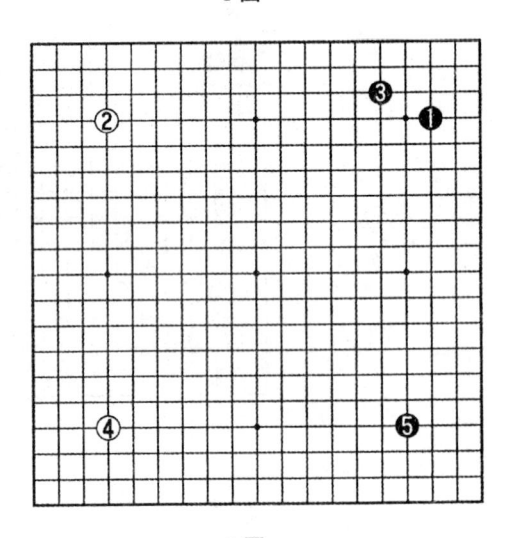

2 图

中日围棋友谊赛

1965 年

黑　日本梶原武雄八段

白　中国陈祖德

　　（白中盘胜）

白 6 的下法较少见。

对黑 9，白 10 应只此一手，在 A 位跳，黑 13 位补，白形不好。

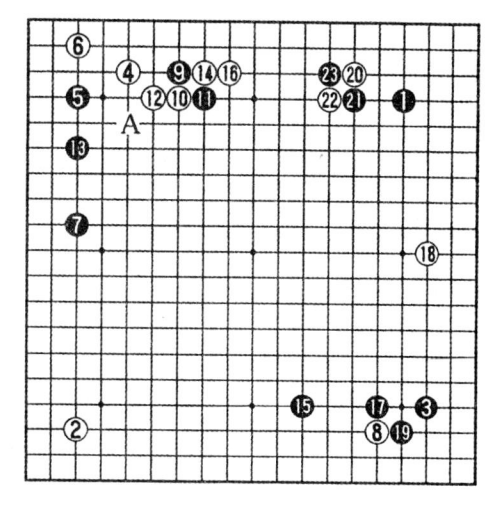

第 1 谱　1—23

黑 15 不在 16 位打，是想把棋走得轻，但白 16 长出却相当厚实。

黑 21、23 是想让白棋在上边走重复的手法。

1 图

对黑△，白 1 挖是最强应手，但本局情况却不行。如图至黑 10，黑势广阔，白不利。

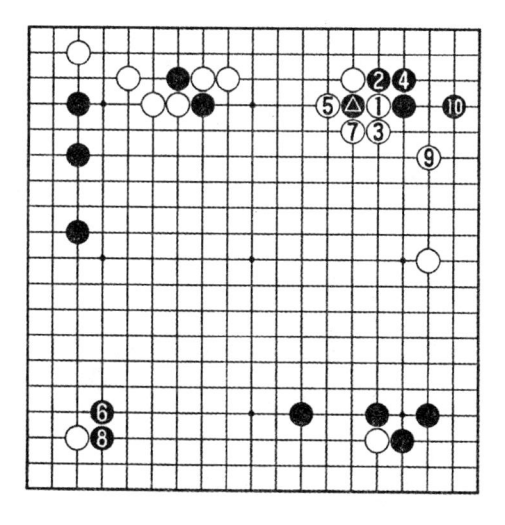

1 图

白24以下应法正确，至黑31，形势两分。

黑35普通在49位拆二，如谱是更积极的下法，但被白36打入，黑棋实利受损。

对黑39，白40应法欠妥，当在45位挡。实战至白50的结果，白形显得局促。

黑41、43局部稍损，但能阻止白棋从A位渡过。

黑53、55着法过强。

2图

黑53时，黑棋如图在1位封锁白棋是简明有利的策略，这样黑棋全局不错。

白56出头，形势复杂化，双方战斗均无把握。

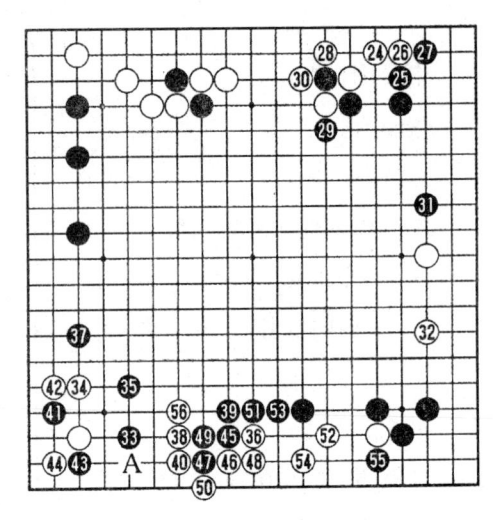

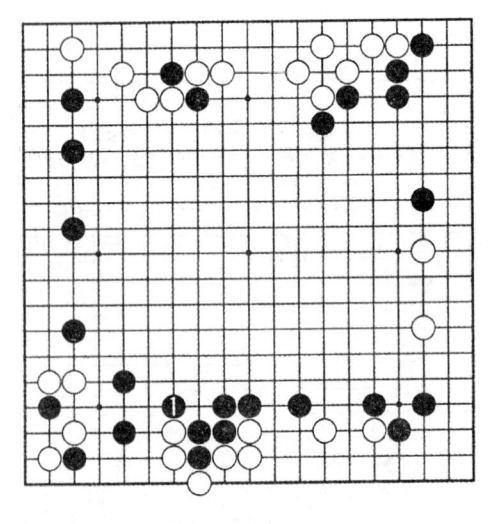

第2谱　24—56

2图

全国赛

1978年　中国

黑　上海陈祖德

白　河南黄进先

　　（黑中盘胜）

白22、26分断黑棋，作战并无把握。

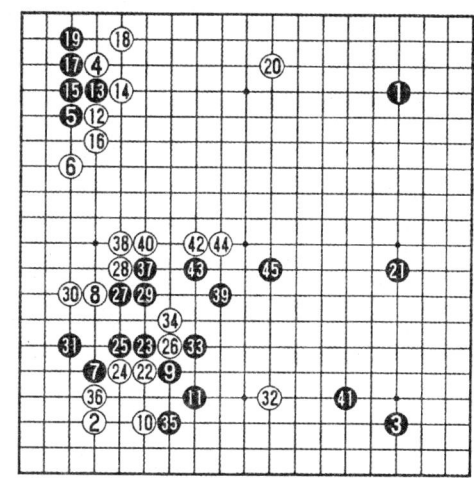

1谱　1—45

1图

白22时，白棋应考虑着手对右边黑棋的阵地进行打入。

白32打入下边不好，一旦受到黑棋攻逼，白棋就无法打入破坏黑棋的右边阵地了。

黑33至37先手后，再39位封，黑棋吃掉中间两个白子，同时保持对白32一子的压力，黑棋已获优势。

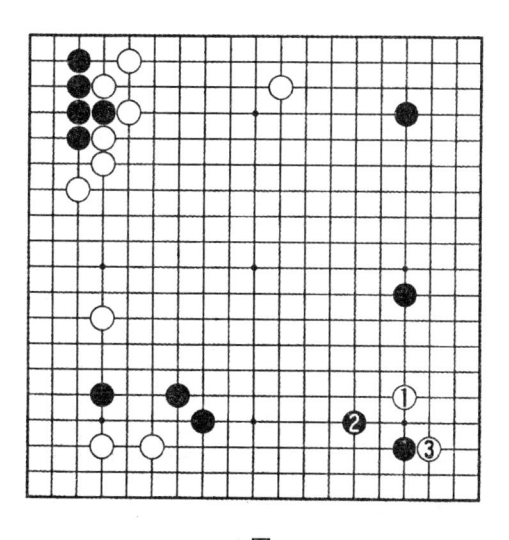

1图

全国赛

1978年　中国

黑　上海陈祖德

白　黑龙江聂卫平

（黑胜1子）

对白6，黑7是取实地的稳健下法。

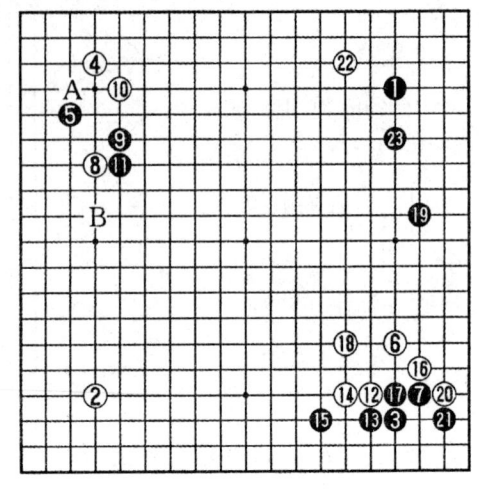

第1谱　1—23

白12保留左上角A位或B位的选择，先在右下角行棋。

黑17是形的要点。

对白22，黑23是和黑19拆相关联的着法。

1图

黑如1位夹，则白2点三三，应接至白10，黑棋走到了上边，但右边黑❷子的位置却变得很不恰当。

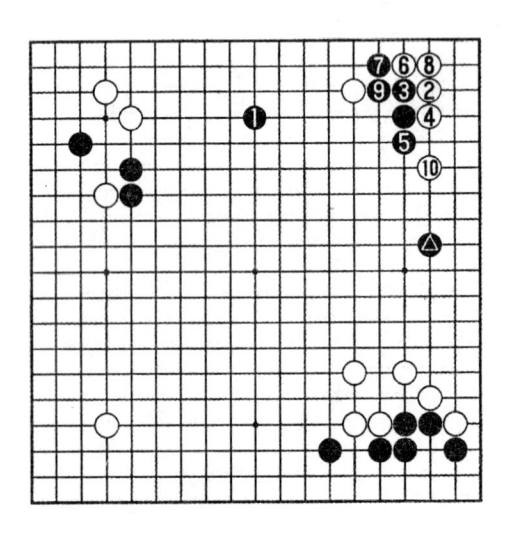

1图

白 28 手筋，以下双方应接至白 38 活棋，得失大体相当。

白 42 是极其厚实的下法，白棋先走厚，以便今后消减黑中间厚势。

黑 43 扩大中腹形势。

白 44 好点。

2 图

对白 1，黑如 2、4 围空，这样并无把握。如图黑棋的厚势没有得到充分发挥。

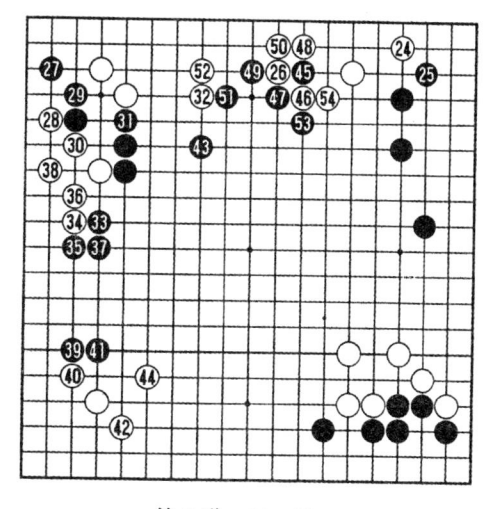

第 2 谱 24—54

黑 45 锐利，黑棋这样下是想利用厚势作战，以取得最大效果。

白 46、48 以下采取稳健的应对方法，避免发生激战。但黑棋先手压缩白地，并壮大了形势，作战成功。

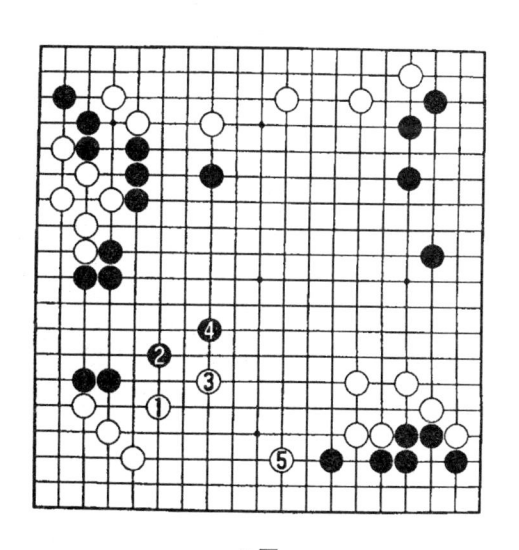

2 图

第4届全运会

1979年　中国

黑　山西杨晋华

白　浙江马晓春

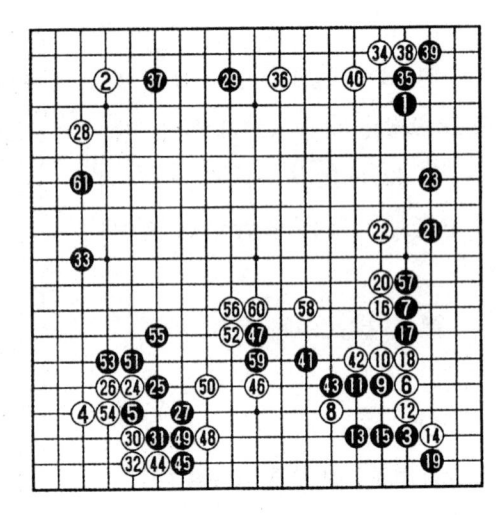

谱　1—50

第4届全运会

1979年　中国

黑　浙江朱菊菲

白　四川孔祥明

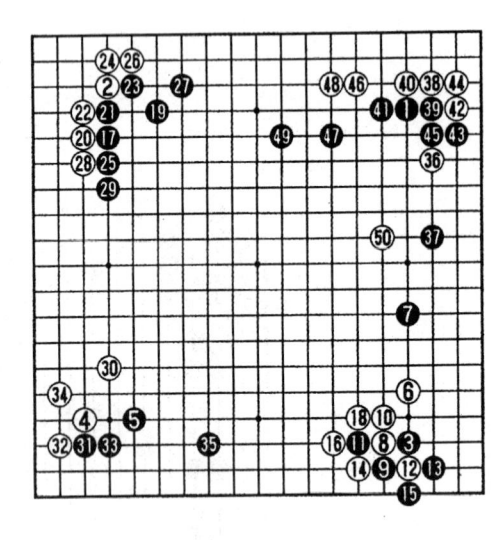

谱　1—50

中日围棋友谊赛

1980 年

黑　中国曹大元

白　日本山崎吉广七段

（黑中盘胜）

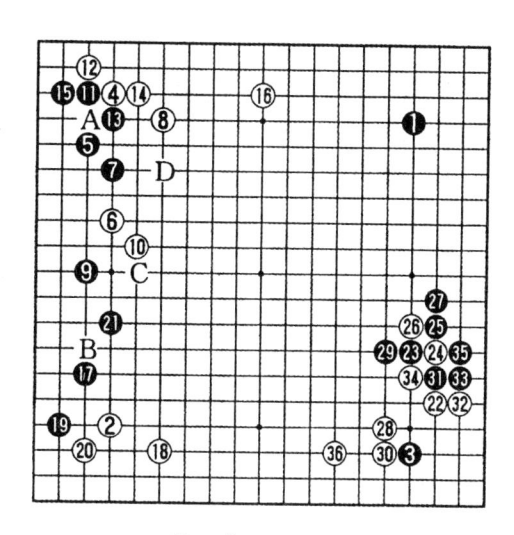

第 1 谱　1—36

白 8 时，黑 9 是求变的下法。

白 10 不妥，此时当在右下挂角，保留 A、B、C 等处的选择。

黑 11 必着。

黑 17 至 21 大致如此，今后黑 D 位关出，将对白 6、10 两子形成威胁。

对黑 23，白 24 以下的定式选择不当，至白 36，白棋不利。

1 图

如图的下法更优于实战。

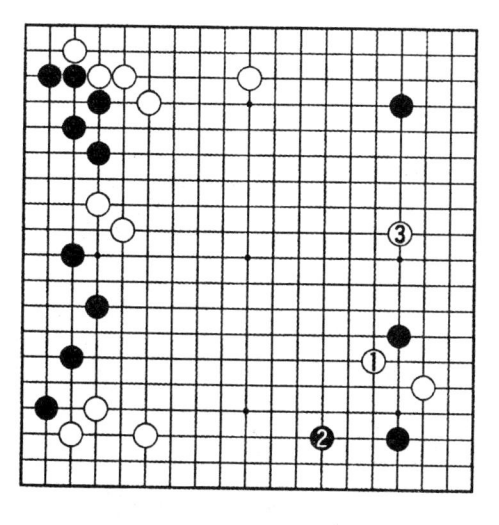

1 图

黑 37 不好，此手当 39 位拆，白大致只能 38 位补，黑再 37 位守角。

白 38 缓手。

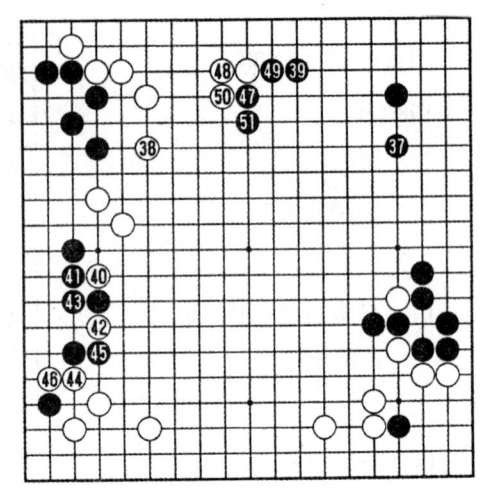

第 2 谱　37—51

2 图

白 1 拆二已是当务之急，这样双方在实地上还能保持平衡。

实战黑 39 拆，黑棋实地领先。

白 40 以下的着法少见，至 46，白棋局部得利，但让黑 47 位压，白棋全局更加落后。

白 40 当立即从 51 位关起，此手是双方形势消长的要点，白棋占到 51 位之点，尚可与黑争胜。

实战黑 51 长，大大地扩张了右上方的黑阵，黑棋已成必胜之势。

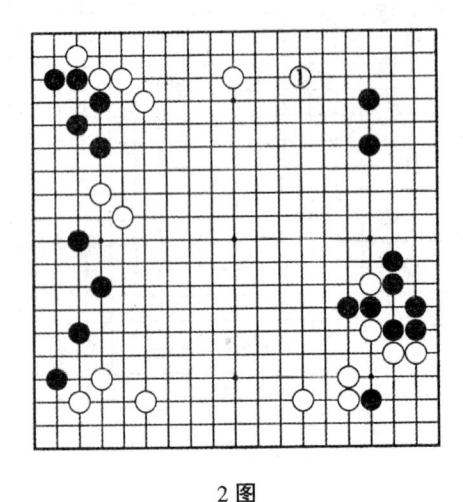

2 图

第 2 届新体育杯

1980 年　中国

黑　聂卫平

白　吴淞笙

（黑胜 $1\frac{1}{4}$ 子）

右下是定式，结果白得实地，黑取外势。

黑 23 是配合右下外势的选择。

白 28 继续坚持取实地。

白 32 松，当 A 位挖后再 32 位拆，这样形状较好。

白 36 不好。

1 图

白 36 当如图在 1 位厚实地尖，这样棋势尚早。

实战黑 37 后，白棋已难应对。至黑 51 冲断，白棋形势已落下风。

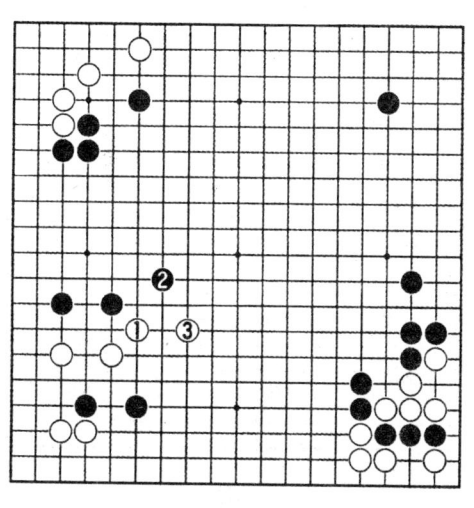

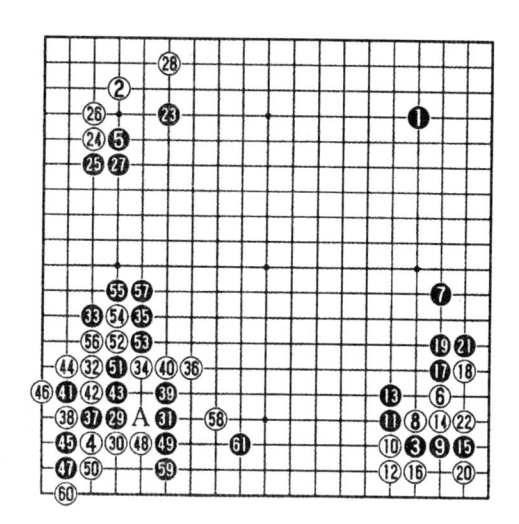

1 谱　1—61

1 图

全国赛

1980年　中国

黑　浙江马晓春

白　河南刘小光

（黑中盘胜）

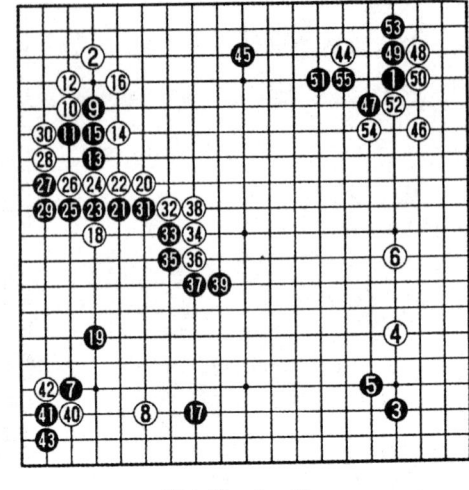

黑17脱先夹击白8一子，是一种布局趣向，但白18夹攻左上黑棋十分严厉。故黑13时就脱先较好，这样左上黑棋较轻，更容易处理。

白20不好，让黑21以下很轻松地弃子取势，并乘势扩张左下阵地，白棋即成劣势。

1图

白20当在图中1位飞，大规模攻击黑棋，这样黑棋难以弃子，白即可借攻势获利。

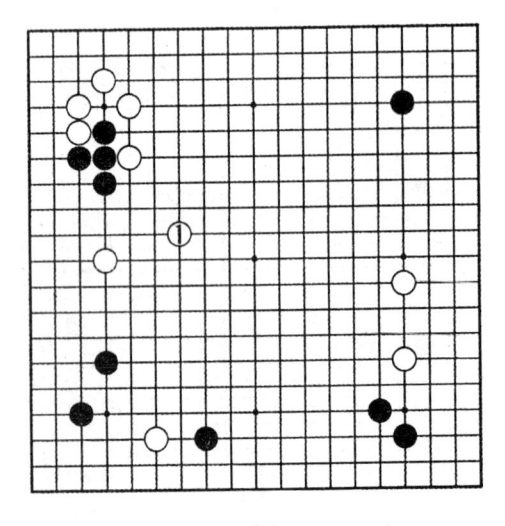

第1谱　1—55

1图

第 3 届新体育杯

1981 年　中国

黑　聂卫平

白　曹大元

　　（黑中盘胜）

白 8 脱先夹击黑 5 一子，是一种布局趣向。

黑 9 大跳。

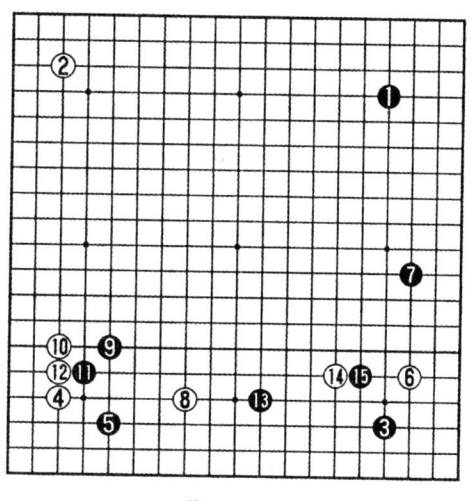

1 谱　1—15

1 图

黑 1 大跳，白如 2 位应，则黑 3 夹。如图白棋左边处在低线，△两子受到威胁，这是黑棋理想的结果。

实战白 10 一间拆，是针对 1 图求变的下法。

黑 11 尖，宁可局部受损，也要抢占 13 位好点。

对白 14，黑 15 当然反击。

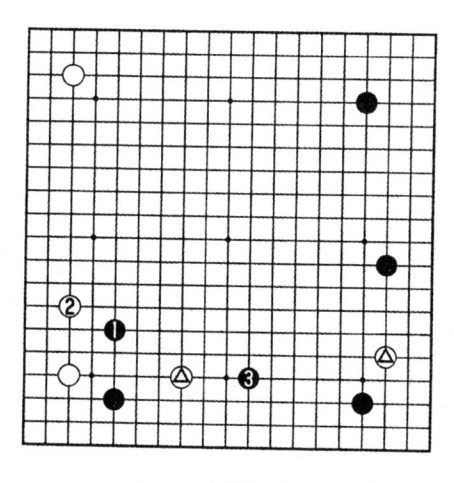

1 图

白 18 好手。白 18 如在 A 位退，则黑 20 位断，白棋形很重，作战不利。

2 图

对白 1 碰，黑如 2 位断，则白弃一子转换。如图结果，黑 △ 一子显得重复，黑不利。

白 22 不可省。

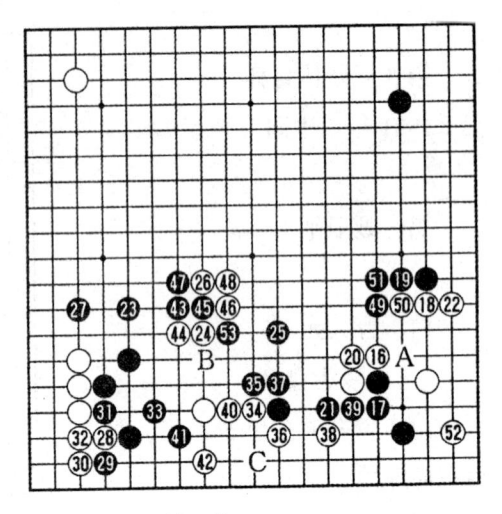

第 2 谱　16—53

黑 23 在 B 位镇也是好点，但将立即引发激战。实战黑 23 至 27 是更从容的下法。

黑 33 厚实，瞄着 B 位靠断。

白 34 补掉黑 B 位靠断。

白 42 不好，此手当在 C 位一手补净，如谱白形薄，以后还得补。

黑 53 断严厉，由于下边白棋尚未活净，白棋被动。

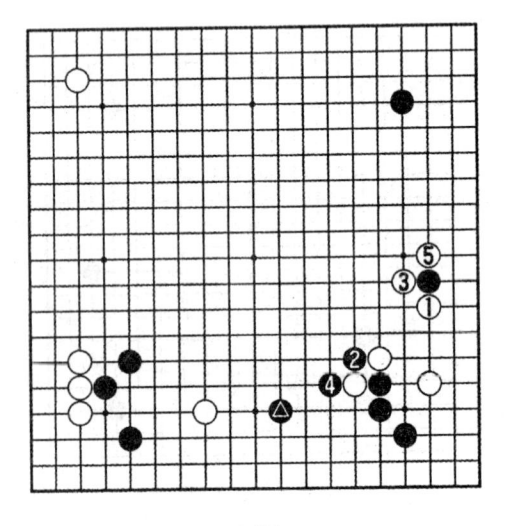

2 图

第 5 届新体育杯

1983 年　中国

黑　刘小光七段

白　钱宇平六段

　　（白胜 1/4 子）

黑 17 守角是布局强手。

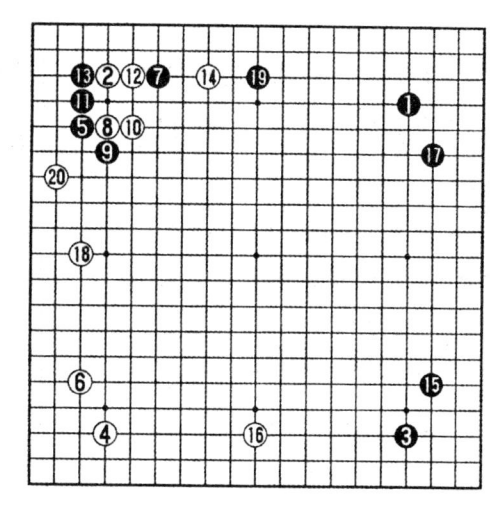

第 1 谱　1—20

1 图

　　按通常的下法，黑棋在 1 位逼是局面的好点，但这样白棋很可能不占 A 位大场而走 2 位挂。以下至白 6 拆，全局将成细棋格局。

　　实战黑 17 后，白棋在上边不易选点行棋，故白 18 占左边大场。黑再占 19 位好点，就完全避免了出现 1 图结果的可能。

　　白 20 好手。

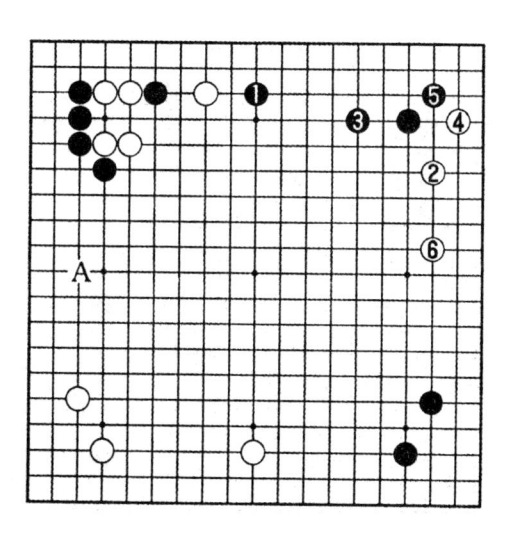

1 图

黑21以下是求变化的下法，但结果并不见好。黑21可在23位接。

黑33以下借侵消白阵取势，作战手法漂亮。至黑37飞，成外势对实地的格局。

白38潜入黑角再取实地。

黑39守角，白再占40位好点，白棋布局成功。

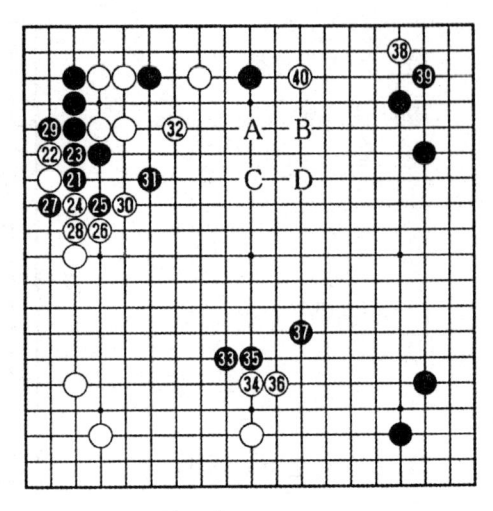

第2谱 21—40

2图

黑39如图在1位尖继续取势是更有力的下法，黑棋牺牲角地，但形成大阵势，这样充分可战。

从2图的结果来看，当初白38亦可考虑下在40位，以下黑A、白B、黑C、白D，如此白棋不错。

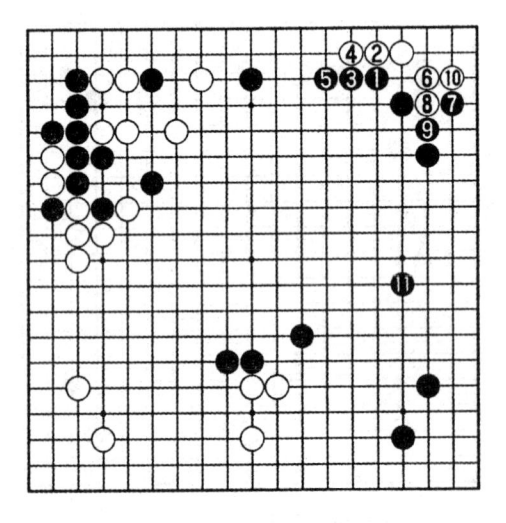

2图

第 4 届国手战

1984 年　中国

黑　曹大元八段

白　陈临新六段

（白胜 $1\frac{1}{4}$ 子）

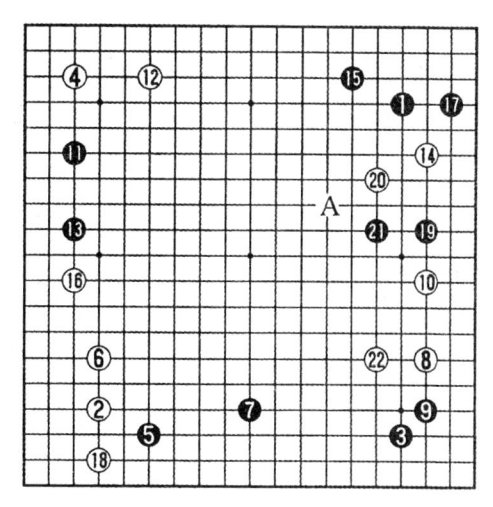

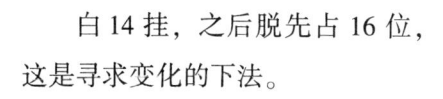

白 14 挂，之后脱先占 16 位，这是寻求变化的下法。

黑 17 好点。

白 18 不妥。

1 图

白 18 时，白如图 1 位关补是冷静的下法，这样仍是从容之局。

实战白 18 脱先守左下角，被黑 19 打入，白棋形势急迫起来。

白 20、黑 21，白棋已很难下。之后黑棋有 22 位和 A 位两个攻击的好点。

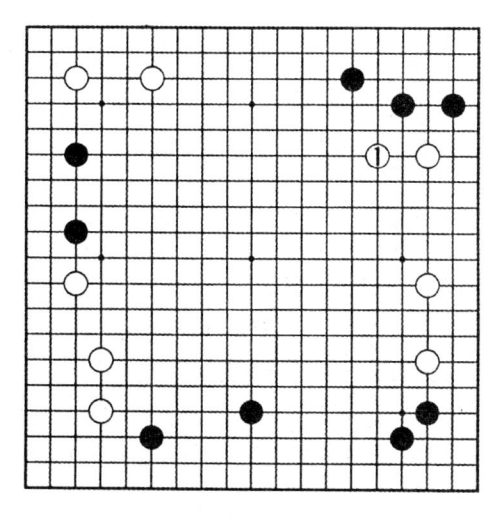

第 1 谱　1—22

1 图

黑 23 攻击白两子，白棋被动。

黑 25 当在 27 位长，黑 29 当在 A 位长，这样黑棋的攻势更大。

白 30 当直接 32 位飞。实战的棋形较薄。

黑 33 是要点。

对黑 33，白 34 应法不好。

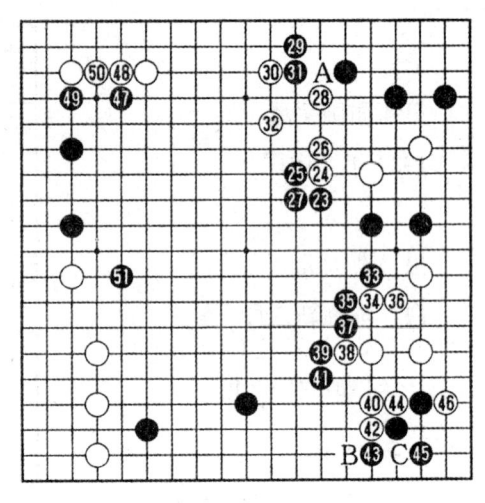

第 2 谱 23—51

2 图

白 34 当如图从 1 位跳出，黑 2 位补，尽管形势仍是黑有利，但白棋要比实战好得多。

实战白 34 靠，黑 35 扳，以下黑借攻势在外侧筑成厚势，白大损。

白 44、46 下法正确。白 44 如在 B 位扳，黑 C 位接，整块白棋还有可能被攻击。

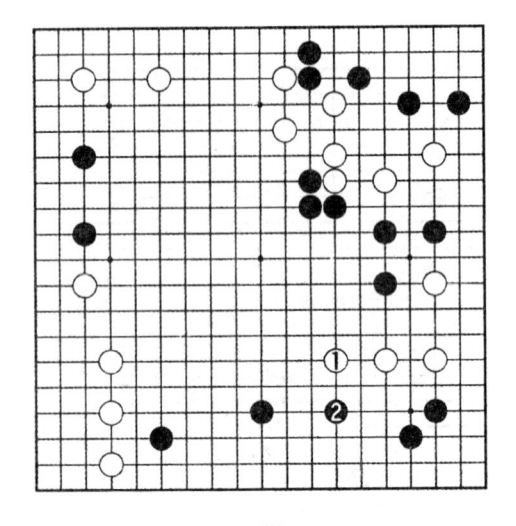

2 图

全国精英赛

1985年　中国

黑　刘小光八段

白　钱宇平七段

（黑中盘胜）

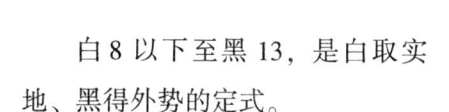

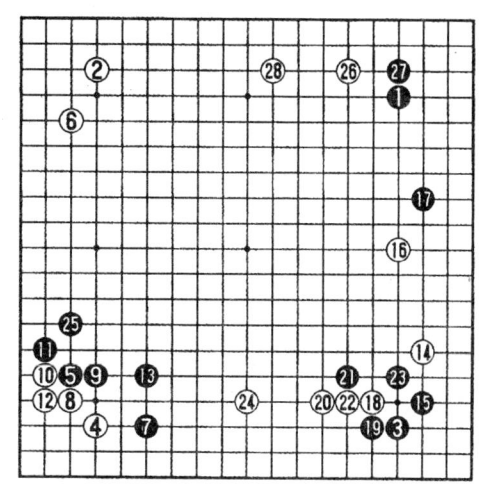

白 8 以下至黑 13，是白取实地、黑得外势的定式。

第 1 谱　1—28

黑 21 先点，再 23 尖出作战，这是行棋的次序。

白 24 拆。

黑 25 虎是十分厚实的着法。

1 图

黑 1 拆是显眼的大场，这样下也可考虑。黑 1 后，白 2、4 是好手，由于有 A 位的弱点，黑棋形薄，白也充分下得。

白 26、28 占据大场。

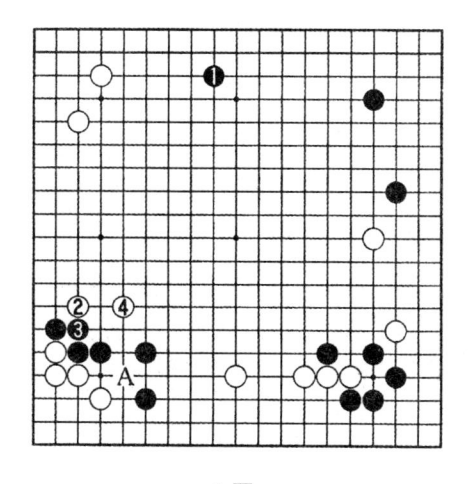

1 图

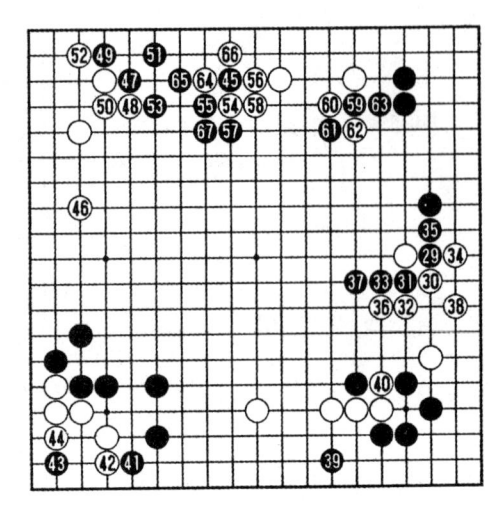

由于黑棋全盘厚实，黑29、31扭断白棋作战。

白32以下至白40，双方应接大致如此。

黑45打入是紧要之处，黑棋布局顺利。

白46抢先占据大场，然后再设法在上边作战。

2图

白1拆二是上边要点，但这样黑将占到4位大场，白不见有利。

黑47见左上白棋已厚，想乘机使白棋重复。

白54、56意在争先。

黑57破坏白棋构想，抢先手在59位扩张右上阵地，至黑67接，黑棋已成优势。

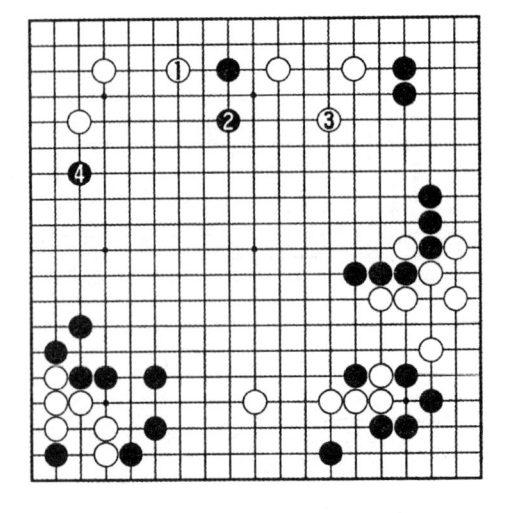

第2谱 29—67

2图